언어학사강의

권재일

- 서울대학교 인문대학 언어학과 및 대학원 언어학과 졸업(문학박사)
- 현재 서울대학교 인문대학 언어학과 교수
- 저서: 《국어의 복합문 구성 연구》(1985), 《한국어 통사론》(1992), 《한국어 문법의 연구》(1994), 《한국어 문법사》(1998), 《언어학과 인문학》(1999, 공저), 《국어지식탐구》(1999, 공저), 《한반도와 중국 동북 3성의 역사 문화》(1999, 공저), 《한반도와 만주의 역사 문화》(2003, 공저), 《구어 한국어의 의향법 실현방법》(2004), 《20세기 초기 국어의 문법》(2005), 《허웅 선생의 우리말 연구》(2005, 공저), 《말이 올라야 나라가 오른다》(2005, 공저), 《남북 언어의 문법 표준화》(2006), 《인문학의 학제적 연구·교육 현황과 활성화 방안》(2006, 공저), 《사라져 가는 알타이언어를 찾아서》(2008, 공저), A Study of the Tacheng Dialect of the Dagur Language (2008, 공저), 《문법 교육론》(2010, 공저), 《중국의 다구르어와 어웡키어의 문법-어휘 연구》 (2010, 공저), 《언어의 이해》(2010, 공저), 《중앙아시아 고려말의 문법》(2010), 《언어 다양 성 보존을 위한 알타이언어 문서화》(2011, 공저), 《북한의 <조선어학전서> 연구》(2012), 《한 국어 문법론》(2012), 《세계 언어의 이모저모》(2013), 《허웅 선생 학문 새롭게 읽기》(2013, 편저), 《남북 언어의 어휘 단일화》(2014), 《어이마라어 연구》(2015, 공저), 《아이마라어 어 휘》(2015, 공저).
- 역서: 《일반언어학 이론》(R. 야콥슨, 1989).

언어학사강의

초판 1쇄 발행 2016년 11월 10일
초판 2쇄 발행 2018년 2월 26일

지 은 이 ǀ 권재일
펴 낸 이 ǀ 박찬익
편 집 장 ǀ 권이준
책임편집 ǀ 강지영
펴 낸 곳 ǀ ㈜ **박이정**
주   소 ǀ 서울시 동대문구 천호대로 16가길 4
전   화 ǀ 02) 922-1192~3
팩   스 ǀ 02) 928-4683
홈페이지 ǀ www.pjbook.com
이 메 일 ǀ pijbook@naver.com
등   록 ǀ 2014년 8월 22일 제305-2014-000028호

ISBN 979-11-5848-259-6 (93700)

* 책값은 뒤표지에 있습니다.

언어학사강의

권 재 일

(주)박이정

먼저 이 책의 성격에 대해 밝혀 두고자 한다. 글쓴이는 오랫동안 교실에서 언어학사를 강의해 왔다. 그리고 틈틈이 언어학사에 대한 연구도 수행해 왔다. 그러나 교실 강의에서는, 글쓴이의 연구 내용도 포함하였지만, 주로 앞선 여러 학자들의 저서를 참조하여 강의하였다. 이 책은 글쓴이가 그동안 '말'로 강의한 내용을 그대로 '글'로 옮겨 놓은 것이다. 그래서 책이름을 "언어학사연구"라 하지 않고 "언어학사강의"라 하였다. 따라서 이 책의 내용은 기본적으로 다음과 같은 두 가지 성격을 지닌다.

첫째, 언어학사의 전체적인 흐름을 파악하여 언어학사의 시대구분을 설정한 것, 언어학사 각 시대의 역사적 배경, 연구 대상과 연구 방법의 의의와 평가, 그리고 그 계승·발전 과정에 대해 서술한 것은 글쓴이의 몫이다.

둘째, 언어학사 각 시대별 연구의 구체적인 내용은 주로 앞선 여러 학자들의 저서를 참조하였다. 따라서 부분적으로는 글쓴이 자신의 연구도 있지만, 대부분의 내용은 다음 저서에서 가려 뽑아서 강의한 것이다. 그래서 하나하나 인용 표시를 하지 못하였다. 이에 대해 다음 저서의 지은이들께 깊은 감사의 말씀과 정중한 양해의 말씀을 올린다.

강범모 (역) 2007, 《언어학의 역사 – 스토아학파로부터 촘스키까지》, 한국문화사. (R. Robins 1997)

권재일·김윤한·김효중·문양수·허창운 1999, 《언어학과 인문학》, 인문학연구총서 4, 서울대학교출판부.

김방한 (역) 1982, 《언어학사》, 형설출판사. (M. Ivić 1965)

김방한 1970, 《언어학논고》, 서울대학교출판부.

김방한 1985, 《언어학논고 (2)》, 서울대학교출판부.

Allan, K. 2013, *The Oxford Handbook of the History of Linguistics*, Oxford University Press.

Ivić, M. 1965, *Trends in Linguistics*, Mouton & Co.

Koerner, E. F. K. 1999, *Linguistic Historiography: Projects & Prospects*, John Benjamins Publishing Co.

Koerner, E. F. K. & A. Elizabeth (eds.) 1995, *Concise History of the Language Science: From Sumerians to the Cognitivists*, Pergamon.

Newmeyer, F. 1980, *Linguistic Theory in America − The First Quarter-Century of Transformational Generative Grammar*, Academic Press.

Robins, R. 1997, *A Short History of Linguistics* (4th ed.), Longman.

Sampson, G. 1980, *Schools of Linguistics*, Stanford University Press.

Thomas, M. 2011, *Fifty Key Thinkers on Language and Linguistics*, Loutledge.

Waterman, J. 1970, *Perspectives in Linguistics − An Account of the Background of Modern Linguistics* (second ed.), The University of Chicago Press.

세상 만물은 시간의 흐름에 따라 변화해 왔다. 학문 역시 시대가 바뀌면서 변화해 왔다. 또는 발전해 왔다. 이처럼 학문이 시대의 흐름에 따라 변화해 온 또는 발전해 온 역사를 학문의 연구사라고 한다. 학문의 연구사는 시대의 흐름에 따라 그 학문의 연구 대상이 어떻게 바뀌었는지, 그 학문의 연구 방법이 어떻게 바뀌었는지를 연구한다. 언어학이란 학문이 시대가 바뀜에 따라 연구 대상과 연구 방법이 어떻게 바뀌었는가를 연구하는 분야가 바로 언어학 연구사, 즉 언어학사이다.

언어학의 주요 연구 대상은 언어의 구조와 언어의 역사이다. 그래서 이 책에서는, 예를 들어, 어떤 시대에는 언어 구조 가운데 말소리에 대한 연구가 중심이 되었으며, 어떤 시대에는 역사에 대한 연구가 중심이 되었으며, 또 어떤 시대에는 언어 구조 가운데 문법에 대한 연구가 중심이 되었다와 같이 언어학의 연구 대상의 변화 과정을 서술하였다.

언어학을 연구하는 관점에는 귀납적으로 자료를 중심으로 언어 사실을 기술하는 경험주의 관점과 연역적으로 가설을 설정하고 이를 검증하여 언어 현상을 설명하는 이성주의 관점이 있다. 그래서 이 책에서는, 예를 들어, 어떤 시대에는 이성주의에 입각한 연구가 중심이 되었으며, 어떤 시대에는 경험주의에 입각한 연구가 중심이 되었으며, 또 어떤 시대에는 경험주의와 이성주의 연구가 공존하였다와 같이 언어학의 연구 방법의 변화 과정을 서술하였다.

언어학사는 역사적 연구이다. 역사적 연구란 기본적으로 어떤 현상에 대한 과거, 현재, 미래를 이어 주는 연구이다. 그래서 언어학사 연구는, 언어 연구의 역사적 전개 과정을 서술하고, 지금 시대의 언어 연구의 현황을 분석하여, 이를 바탕으로 앞으로의 언어 연구가 나아갈 바람직한 방향을 전망하는 것이다. 이를 위해 이 책은 언어학의 연구 대상과 연구 방법이 변화한 계기를 정확하게 파악하여 연구사의 시대를 구분하고, 연구의 역사적인 흐름을 생명체적으로 기술하여, 연구 사실들이 서로 영향을 주고받으며 계승해 가는 역사적인 모습을 서술하였다.

언어학사를 통해 보면, 어떤 특정 이론은 갑자기 형성된 것이 아니라 항상 앞 시대 이론을 비판적으로 수용함으로써 형성되었다. 따라서 역사적으로 앞선 이론을 이해하고 지금 시대의 다양한 여러 이론을 수용한다면 균형 잡힌 연구를 수행할 수 있게 된다. 그래서 언어학사에 대한 폭넓고 올바른 이해는 언어 연구에 있어 매우 중요한 의의를 지닌다. 이것이 바로 이 책이 지향하는 바이다.

아무쪼록 이 책을 통하여 언어와 언어 연구에 관심을 가지는 모든 독자들이 언어학사의 발자취를 되살펴, 언어학을 새롭게 이해하고, 나아가서 인류 문화를 발전시키고 우리 삶의 질을 향상시키는 데에 기여하게 되기를 희망한다. 거듭 앞선 여러 저서의 지은이들께 감사하며, 강의하는 동안 분야별로 귀한 도움말을 주신 여러 전문 분야 교수님께도 감사한다. 그리고 기꺼이 이 책의 출판을 맡아 주신, 그 동안 언어학과 국어학 책을 출판하여 학계에 크게 기여해 온, 주식회사 박이정의 박찬익 사장님께 고마움의 인사를 드린다.

2016년 10월 9일
권재일

제1부
총론

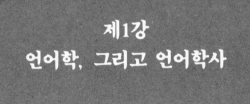

제1강
언어학, 그리고 언어학사

제1강
언어학, 그리고 언어학사

1. 언어학의 연구 대상과 방법

언어는 의사소통의 수단인 동시에 인류 문화를 이끌어온 원동력이기 때문에 언어의 본질과 구조에 관심을 가지고 이를 탐구하는 것은 매우 뜻 깊은 일이다. 언어에 대한 과학적 탐구는 인간의 인지능력이 간직하고 있는 비밀을 밝혀 인간의 본성을 이해하는 데에 기여할 뿐만 아니라, 언어와 관련한 여러 영역, 즉 언어교육, 언어정책, 언어장애치료, 컴퓨터 언어학 등과 같은 응용에도 기여한다.

어떤 현상에 대하여 과학적인 방법으로 인식하는 것을 학문이라 한다. 그러한 학문의 성격을 가장 잘 이해하는 길은 그 학문이 '무엇을 연구하는가', '어떻게 연구하는가'를 이해하는 일이다. 무엇을 연구하는가를 이해하는 것은 연구 대상을 이해하는 것이며, 어떻게 연구하는가를 이해하는 것은 연구 방법을 이해하는 것이다.

언어학이란 인간의 언어와 관련한 여러 현상들을 과학적인 방법으로 연구하는 학문을 말한다. 이러한 언어학이 어떤 학문인가를 알기 위해서 먼저 언어학은 무엇을, 어떻게 연구하는가, 즉 연구 대상과 연구 방법이 무엇인가를 이해할 필요가 있다.

1.1. 언어학의 연구 대상

1.1.1. 말소리 연구

언어의 말소리를 연구하는 분야에는 음성학과 음운론이 있다. 음성학과 음운론은 같이 말소리를 연구하지만, 두 분야의 관점은 조금 다르다. 음성학은 우리가 쓰는 구체적인 말소리가 음성기관을 통해 어떻게 만들어지며, 그러한 말소리의 물리적인 성질은 어떠한지를 연구한다. 음성학은 실험도구를 이용해서 말소리의 물리적인 현상을 연구하기도 하는데, 최근에는 컴퓨터의 다양한 프로그램을 활용하여 음성인식, 음성합성, 그리고 언어치료 등과 같은 여러 분야에서 큰 성과를 이루어 우리 생활을 한결 윤택하게 하고 있다. 음성인식이란 컴퓨터가 사람의 말소리를 알아듣게 하는 것을 말하고, 음성합성이란 컴퓨터가 사람의 말소리를 만들어 내는 것을 말한다.

음운론은 우리 머릿속에 인식되어 하나하나 구별되는 추상적인 말소리, 즉 음운을 체계적으로 연구한다. 어떤 언어에 나타나는 자음과 모음, 그리고 말소리의 높이, 길이, 세기의 목록을 확정하고 이들이 서로 어떠한 관계를 맺고 있는지를 밝힌다. 한국어의 /ㅂ/ 소리는 같은 파열음인 /ㄷ, ㄱ/과는 어떤 공통점과 차이점을 가지며, 같은 입술소리인 /ㅃ, ㅍ/과는 어떤 차이가 있는지 연구하여 음운의 특징을 밝힌다. 그뿐만 아니라 음운이 서로 이어질 때 어떤 모습으로 바뀌는가에 대해서도 관심을 가진다. 예를 들어 '같이 갑니다'에서 왜 [ㄱㅏㅌㅣ]가 [ㄱㅏㅊㅣ]로 발음되고, [ㄱㅏㅂㄴㅣㄷㅏ]가 [ㄱㅏㅁㄴㅣㄷㅏ]로 발음되는지를 밝힌다.

1.1.2. 말뜻 연구

언어의 말뜻을 연구하는 분야는 의미론이다. 의미론은 단어와 문장의 의미 관계를 연구한다. 단어끼리 서로 어떠한 의미 관계를 맺고 있는지를 밝히기 위해 의미의 확대, 의미의 축소, 그리고 은유 표현, 문장의 중의성 등에 대해 연구하며, 또한 같은 소리에 서로 다른 뜻을 가진 단어(다의어, 동음이어), 같은 뜻이 서로 다른 말소리로 나타나는 단어(동의어, 유의어), 서로 의미가 대립되는 단어(대립어) 등을 찾아 연구한다.

형제자매를 가리키는 말이 말레이말에서는 sudarā 한 단어로, 영어에서는 brother와 sister 두 단어로 실현되지만, 한국어에서는 '형, 누나, 오빠, 언니, 동생' 등으로 분화되어 있다. 어휘의 의미 체계는 이를 사용하는 사회의 문화와 밀접한 관계를 맺고 있다. 이와 같은 언어마다 서로 다른 의미 관계를 잘 분석해 낸다면, 외국어 자동번역기를 개발하거나 외국어를 효과적으로 교육하는 데에 결정적인 도움이 될 것이다.

단어끼리 서로 어떠한 의미 관계를 맺고 있는지를 밝히는 분야를 어휘의미론이라 하고, 문장의 의미가 어떻게 해석되는지를 밝히는 분야를 문장의미론이라 한다. 문장의 의미는 중의성을 가지는 등 꽤 복잡한 양상을 보인다. 그래서 주로 논리적인 방법으로 문장의 의미를 해석한다.

그리고 실제 언어 상황에 나타나는 발화 의미에 대해서도 관심을 가진다. 이를 화용론이라 한다. 화용론이란 누가, 누구에게, 언제, 어디서 말하는 상황이냐에 따라서 같은 문장이라도 매우 다양하게 해석되는 의미에 관심을 가진다. 이러한 언어사용의 의미를 잘 판단하는 것은 원활한 의사소통을 위해 매우 중요하다. 원활한 의사소통은 모든 사회 활동의 기반이 되기 때문에, 언어를 연구하는 가치는 결코 소홀히 할 수 없다.

1.1.3. 문법 연구

언어의 문법 구조를 밝히는 분야는 문법론이다. 문법론은 언어에 내재해 있는 규칙과 원리를 찾아 설명한다. 단어를 구성하는 데에 일정한 규칙과 원리가 있는가 하면, 단어와 단어가 모여 문장을 구성하는 데에도 일정한 규칙과 원리가 있다.

전통적으로 문법론은 형태론과 통사론으로 나뉘는데, 형태론은 형태소가 단어를 구성하는 원리를, 통사론은 단어가 문장을 구성하는 원리를 대상으로 한다. 또한 문장에 나타나는 여러 가지 문법 기능들, 이를 문법 범주라 하는데, 문법론은 이에 대해서도 관심을 가진다.

문법 이론은 역사적으로 전통언어학의 문법 이론, 구조주의 문법 이론, 변형생성문법 이론 등으로 변천해 왔다. 전통언어학의 문법은 언어의 표면 현상에 관심을 두어 품사에 관해 정의를 내리며 문법의 규범화에 치중하였다. 구조주의 문법은 주어진 언어 자료를 가능한 한 완전하게 그리고 간결하게 기술하는 것이 그 목적이었다. 이러한 점에서 미국의 구조주의 문법 이론을 기술언어학의 문법 이론이라 한다. 변형생성문법은 토박이 화자의 언어능력을 해명하며, 언어 현상을 지배하는 규칙이나 원리를 과학적인 방법론으로 형식화하였다. 변형생성문법 이론은 기술언어학의 문법 이론이 드러낸 한계점을 극복하여 촘스키에 의해 성립된 이론이다.

1.1.4. 언어 변화 연구

언어는 시간의 흐름에 따라 역사적으로 변화한다. 몇 백 년 전의 한국어 기록을 보면 지금의 언어와는 상당히 다름을 알 수 있다. 말소리가 그러하고, 단어가 그러하고, 문법 규칙이 그러하다. 15세기 한국어에서 'ᄀᆞᅀᆞᆯ'이었던 단어가 지금은 '가을'로 바뀌었다. 이처럼 시간에 따라 언어는 바뀔 수 있다. 이러한 특성에 따라 언어를 연구하는 방법도 달라진다. 첫째, 시간에 따르는 변화를 고려하지 않은, 특정한 한 시기의 언어 체계에 초점을 맞추어 연구하는 것을 공시언어학이라 한다. 둘째, 이와는 달리 시간의 흐름에 따라 언어가 변화하는 모습을 연구하는 것을 통시언어학이라 한다.

통시언어학은 역사언어학과 비교언어학으로 다시 나뉜다. 역사언어학은 각 시대의 문헌을 단계적으로 거슬러 올라감으로써 언어의 변화 과정을 연구한다. 그러나 문헌이 없는 역사 이전의 언어 변화는 같은 계통의 여러 언어들의 비교를 통해 밝힌다. 이를 비교언어학이라 한다. 친근 관계에 있는 여러 언어들은 하나의 공통조어로부터 분화해 왔다고 가정할 수 있는데, 비교언어학은 이들 언어 사이의 친근 관계를 증명하고, 그 공통조어의 모습을 재구해서 공통조어로부터 같은 계통의 언어들이 분화해 내려온 역사적 변화를 밝힌다. 따라서 비교언어학의 목표는 같은 계통의 언어 사이에 나타나는 대응 체계를 찾아 언어의 변화 과정을 밝히는 것이다. 비교언어학은 역사적인 친근 관계를 인정하기 위한 비교이므로 반드시 같은 계통의 언어 사이의 비교이어야 한다.

1.1.5. 언어 변이 연구

언어는 시간에 따라 변할 뿐만 아니라, 지역에 따라서도 달라질 수 있다. 한국에는 각 지역마다 사투리가 쓰이고 있음을 우리는 잘 알고 있다. 또한 사회 계층이나 세대 차이와 같은 사회 요인에 따라서도 말이 달리 나타난다. 어른들의 말과 청소년들의 말에 크고 작은 차이가 있음을 우리는 보고 있다. 이처럼 한 언어 안에 존재하는 언어의 다양한 차이를 방언이라 한다. 지역방언을 연구하는 분야를 방언학 또는 방언지리학이라 하고, 사회방언을 연구하는 분야를 사회방언학, 또는 사회언어학이라 한다. 방언지리학에서는 방언의 음운, 의미, 문법 등에 대해 지리적 변이, 즉 언어 분화를 탐구한다. 방언 조사를 통해 방언 지도를 작성하여 등어선을 긋고, 이를 통해 방언 경계를 파악하여 방언 분화를 연구한다. 사회방언학은 여러 사회 요인에 의한 언어의 다양한 차이에 대하여 관심을 가진다.

1.1.6. 일반언어학과 개별언어학, 이론언어학과 응용언어학

언어학은 언어의 일반 원리를 연구하는가 또는 어느 한 개별언어의 구조를 연구하느냐에 따라 일반언어학과 개별언어학으로 구별된다. 한국어학, 영어학, 스페인어학 등이 개별언어학이다. 그리고 언어의 본질과 변화에 관한 이론 수립을 목적으로 하는 이론언어학과 이를 실용적인 목적으로 응용하는 응용언어학으로 나누기도 한다. 응용언어학은 이론언어학의 성과를 인간 삶의 질을 향상시키는 데 응용하는 분야이다. 응용언어학 가운데, 특히 컴퓨터언어학은 우리의 언어생활을 훨씬 더 풍요롭게 하는 분야로 현대 언어학에서 주목받고 있다.

1.2. 언어학의 연구 방법

어떤 현상을 과학적으로 연구할 때에는 다음과 같이 세 단계의 과정을 거치게 된다. 주어진 현상에 대한 수집·관찰이 첫째 단계이며, 수집·관찰된 자료에 대한 분석·기술이 둘째 단계이다. 셋째는 그 현상에 대한 해석·설명의 단계이다. 이와 같은 과정은 언어학에 있어서도 마찬가지다. 언어와 관련한 여러 현상들에 대하여 자료를 정확하게 수집하며, 이를 분석하여 구조적으로 기술하고, 나아가 이것을 체계적으로 설명하려는 것이 바로 언어학이 지향하는 연구 방법이다.

이 가운데 어느 단계가 더 중요하고 덜 중요하고를 따질 수 없다. 자료 수집이 제대로 되어 있지 않으면 그 다음 단계는 모두 헛일이 되고 만다. 그렇다고 자료만 잔뜩 모았다고 해서 언어 연구가 이루어진 것은 아니다. 이를 정확하게 분석하고 합리적으로 설명해야 한다. 그래서 어느 단계도 소홀히 해서는 안 되는, 대단히 체계적이고 합리적인 과정이 언어를 연구하는 방법이다.

그런데 언어를 연구하고자 할 때에는 크게 두 가지 접근 방법이 있다. 하나는 자료를 수집하여 이를 정확하게 분석하여 기술하는 데에 초점을 두는 접근 방법이고, 다른 하나는 언어 현상을 합리적으로 설명하기 위하여 가설을 설정하고 이를 위해 자료를 검증하는 접근 방법이다. 전자를 경험주의에 입각한 언어 연구의 접근 방법이라 하고, 후자를 이성주의(다른 용어로, 합리주의)에 입각한 언어 연구의 접근 방법이라 한다.

서양 철학에서 경험주의란, 실증주의에 근거하여 모든 지식의 기원을 경험에 두는, 경험적 인식을 절대시하는 사상을 말한다. 경험주의에 따르면, 개념의 의미는 그것이 실제적인 경험과 연결되었을 때만 파악될 수 있으며, 어떤 명제의 정당성은 반드시 경험에 의존해야 한다.[1] 이성주의란, 이성이나 논리가 세계를 지배하고 있다고 보고, 가능한 한 자연 이성에 의해 세계를 인식하려는 사상을 말한다. 이성주의는 본능이나 감각에 의존하지 않고 인간이 지니는 사고와 이성에 근거하여 논리적 인식을 바탕으로 하는 논증 지식을 중요시한다.[2]

---

1 근대 경험주의 철학의 선구자는 17세기 영국의 베이컨(F. Bacon)과 로크(J. Locke) 등이다. 베이컨은 참다운 학문은 경험에서 출발하여야 한다고 했으며, 현실 세계에 대한 경험적 지식을 절대시하였다. 로크는 감각은 지식의 시작이며 첫째 단계라고 했으며, 백지와 같이 아무 성질도 없는 마음에 여러 가지 지식을 공급할 수 있는 것을 경험이라고 하였다. 그의 경험론적 철학 체계는 버클리(G. Berkeley) 흄(D. Hume)에게 영향을 주었으며 프랑스의 실증론, 유물론에도 영향을 미쳤다. 교육학에 있어서는 코메니우스(J. Comenius), 루소(J. J. Rousseau), 페스탈로치(J. Pestalozzi) 등이 경험주의 관점에 서 있다.

2 대표적인 이성주의 철학자는 프랑스의 데카르트(René Descartes)이다. 감각적 경험주의를 경시하고 수학적 인식을 원형으로 하는 논증 지식을 중시한다. 이러한 견해는 고대 그리스 플라톤의 이데아론에까지 거슬러 올라간다. 데카르트가 "나는 생각한다."(cogito)라는 입장에서 수학 추론을 모델로 하여 생득관념에서 논증된 지식만이 진리라고 한 것에서 잘 알 수 있듯이, 이성적인 사고에 의한 인식만이 진리를 보증한다고 하는 견해이

경험주의에 입각한 언어 연구는 자료를 바탕으로 하여 이를 분석하고 기술하는 방법이기 때문에 논리적으로는 귀납적인 방법에 속한다. 이에 비해 이성주의에 입각한 언어 연구는 가설을 설정하고 이를 검증하여 언어 현상을 설명하고 언어의 본질, 언어능력을 밝히는 방법이기 때문에 논리적으로는 연역적인 방법에 속한다. 언어 연구의 역사적 흐름을 살펴보면 이러한 두 연구 방법은 서로 순환하면서 오늘날에 이르고 있다.

2. 언어학사의 연구 대상과 방법

모든 학문은 시대가 바뀌면서 변화해 왔다. 또는 발전해 왔다. 이처럼 학문이 시대의 흐름에 따라 변화해 온 또는 발전해 온 역사를 학문의 연구사라고 한다. 학문의 연구사는 시대의 흐름에 따라 그 학문의 연구 대상이 어떻게 바뀌었는지, 그 학문의 연구 방법이 어떻게 바뀌었는지 연구한다.

언어학이란 학문이 시대가 바뀜에 따라 연구 대상과 연구 방법이 어떻게 바뀌었는가를 연구하는 분야가 바로 언어학 연구사이다. 흔히 언어학 연구사를 줄여 언어학사라 한다. 이제 이러한 언어학사의 연구 대상과 연구 방법에 대해 살펴보기로 하자.

2.1. 언어학사의 연구 대상

앞에서 언어학의 성격을 이해하기 위해서는 언어학의 연구 대상과 연구 방법을 이해해야 한다고 하였다. 따라서 그 시대의 언어학을 이해

다. 이러한 사상은 그 후 스피노자(B. De Spinoza), 라이프니츠(G. W. Leibniz), 볼프(C. Wolff) 등의 철학자로 이어졌다.

하기 위해서도 그 시대 언어학의 연구 대상과 연구 방법을 서술해야 한다. 각 시대의 연구 대상과 연구 방법을 서술한 것을 통하여, 시대의 흐름에 따라 언어 연구의 대상과 방법이 어떻게 변화하였는가를 서술할 수 있을 것이다.

이렇게 보면, 언어학사의 연구 대상은 바로 언어 연구의 대상이 시대의 흐름에 따라 어떻게 변화해 왔는가와 언어 연구의 방법이 시대의 흐름에 따라 어떻게 변화해 왔는가를 살피는 것이다.

언어학의 주요 연구 대상은 언어의 구조와 언어의 역사이다. 언어의 구조란 말소리의 구조, 말뜻의 구조, 문법의 구조를 말한다. 예를 들어 A시대에는 언어 구조 가운데 말소리의 구조에 대한 연구가 중심이 되었으며, B시대에는 역사에 대한 연구가 중심이 되었으며, C시대에는 구조 가운데 문법 구조에 대한 연구가 중심이 되었다와 같이 언어학의 연구 대상의 변화 과정을 서술할 수 있을 것이다. 또 문법에 대한 연구에서 어느 시대에는 형태론이, 어느 시대에는 통사론이 주로 연구되었다고 기술할 수 있을 것이다.

언어학을 연구하는 관점은 앞에서 경험주의와 이성주의가 있다고 하였다. 귀납적으로 자료를 중심으로 언어 사실을 기술하는 방법론과 연역적으로 가설을 설정하여 이를 검증하여 언어 현상을 설명하는 방법론이 있을 때, 예를 들어 A시대에는 경험주의에 입각한 연구가 중심이 되었으며, B시대에는 이성주의에 입각한 연구가 중심이 되었으며, C시대에는 경험주의와 이성주의에 입각한 연구가 공존하였다와 같이 언어학의 연구 방법의 변화 과정을 서술할 수 있을 것이다.

결과적으로 언어학사는 언어학의 연구 대상과 연구 방법이 시대의 바뀜에 따라 어떻게 변화해 왔는가를 밝히는 학문이라 하겠다.

2.2. 언어학사의 연구 방법

언어학사 역시 역사적 연구이다. 역사적 연구란 기본적으로 어떤 현상에 대한 과거, 현재, 미래를 이어 주는 연구이다. 그래서 언어학사 연구는, [1] 언어 연구의 역사적 전개 과정을 서술하고(언어 연구의 과거), [2] 지금 시대의 언어 연구의 현황을 분석하여(언어 연구의 현재), [3] 이를 바탕으로 앞으로의 언어 연구가 나아갈 바람직한 방향을 전망하는 것이다(언어 연구의 미래). 이를 언어학사의 관점이라 한다.

따라서 언어학사의 관점은 어떤 언어 현상에 대한 연구 사실을 바탕으로 연구 대상과 연구 방법을 통시적으로 서술하는 것이다. 즉, 일정한 서술 태도를 가지고, 연구 대상과 연구 방법이 변화한 계기를 정확하게 파악하여 연구사의 시대를 구분하고, 연구의 역사적인 흐름을 생명체적으로 기술하여, 연구 사실들이 서로 영향을 주고받으며, 계승해 가는 역사적인 모습을 서술하는 것이 언어학사의 연구 방법이다.

이와 같은 방법에 따라 언어학사를 서술함으로써 언어학의 연구 대상과 연구 방법의 역사적인 변화 양상을 이해하게 된다. 자칫 언어학사의 흐름을 제대로 이해하지 못하고 연구를 하게 되면 자신이 접한 이론만을 절대시하여 학문적으로 독단과 오류에 빠지게 될 위험이 있을 것이다. 언어학사를 통해 보면, 어떤 특정 이론은 갑자기 형성된 것이 아니라 항상 앞 시대 이론을 비판적으로 수용함으로써 형성된다. 따라서 역사적으로 앞선 이론을 이해하고 지금 시대의 다양한 여러 이론을 인정하고 수용함으로써 균형 잡힌 연구를 수행하게 될 것이다. 그래서 언어학사에 대한 이해는 언어 연구에 있어 중요한 의의를 가진다.

아울러 언어학사를 이해함으로써 앞으로의 언어학 발전에 기여할 수 있을 것이며, 언어학과 이웃하는 다른 학문을 이해하고 발전시키는 데에 기여할 것이다.

2.3. 언어학사의 시대 구분

역사 연구에서 시대 구분은 매우 중요하다. 역사 변화는 동질성을 가지는 시대 단위로 나누어지기 때문이다. 언어학사 역시 역사 연구이기 때문에 당연히 시대 구분이 필요하다. 언어학사 시대 구분에는 다음과 같은 두 가지 전제가 필요하다. 첫째는 기준의 문제이고, 둘째는 과학적 학문으로서 언어학의 출발 문제이다.

첫째, 어디에 기준을 두고 시대를 구분할 것인가? 당연히 연구 대상이 변화하는 시점, 연구 방법이 전환되는 시점이 기준이 될 것이다. 그런데 이론이 전환되면 거기에 따라서 대체로 연구 대상이 결정되기 때문에 이론의 전환이 언어학사의 기본 기준이 될 수 있다.

둘째, 과학적인 학문으로서 언어학의 출발은 언제일까? 옛날 사람들도 언어에 대한 관심과 흥미가 있었다. 이러한 관심은 그 사회의 특유한 필요성에 의하였다. 구체적으로는 종교의 필요성, 철학의 필요성, 또는 정치의 필요성에 의해 언어에 대한 관심을 가지게 되었다. 예를 들어, 종교가 그 사회를 지배해 온 시대에서는 자기들의 종교 문헌에 쓰인 언어에 관심을 가졌다. 고대 인도에서 산스크리트어는 아주 오래 전에 이미 문법이 정교하게 기술되었다. 이것은 바로 종교 문헌에 쓰인 언어를 알고자 하는 욕망, 그것은 종교 문헌을 성스럽게 보존하려는 의도로 언어에 관심을 가진 경우이다. 그러나 이렇게 18세기까지 이루어진 언어에 대한 관심 또는 연구는 모두 그 사회의 특유한 필요성에 의한 것이어서, 그때까지의 언어학은 체계적으로 확립된 연구 방법과 연구 대상을 가진 고유한 학문으로서 존재하지는 못하였다. 그래서 언어에 대한 체계적이고 과학적 연구가 시작된 것은 19세기 비교언어학 연구부터라 할 수 있다. 이를 과학적 언어학의 출발이라 하겠다.

이와 같은 두 가지 전제를 바탕으로 언어학사의 시대는 대체로 다음과 같이 구분한다. 먼저 체계적이고 과학적인 언어학 연구를 기준으로 하여 18세기까지와 19세기 이후로 나눈다. 19세기 이후는 인도유럽언어에 대한 비교언어학이 중심이었던 19세기와 소쉬르 이후 성립된 구조주의 언어학이 중심이 된 20세기 이후로 나눈다. 그리고 20세기는 구조주의 언어학 시대와 촘스키의 변형생성문법 이론이 중심이 된 시기로 나눈다. 이러한 언어학사의 시대 구분을 정리하면 다음과 같다.

[1] 18세기 이전: 옛사람들의 언어에 대한 관심
[2] 19세기: 인도유럽언어에 대한 비교언어학
[3] 20세기 전기: 구조주의 언어학
[4] 20세기 후기: 변형생성문법 이론

참고로 언어학사에 대한 대표적인 저서의 차례를 통해 언어학사 시대를 대체로 어떻게 구분하고 있는지를 살펴보기로 하자.

Ivić, M. 1965, *Trends in Linguistics.*

1. Before the 19th Century

   (1) Linguistic Research in Ancient Greece

   (2) The Indian Grammatical School

   (3) From the Days of the Roman Empire to the end of the Renaissance

   (4) From the Renaissance to the end of the 18th Century

2. The 19th Century: Comparative Linguistics

   (1) The Epoch of the First Comparativists

   (2) The Biological Naturalism of August Schleicher

   (3) Humboldtism in Linguistics

   (4) The Neo-grammarians

3. The 20th Century

(1) Non-Structural linguistics

(2) Structural linguistics

Waterman, J. 1970, *Perspectives in Linguistics*.

1. The Study of Language in Ancient Times

2. Medieval and Early Modern Periods

3. The 19th Century

4. The 20th Century to 1950

Robins, R. 1997, *A Short History of Linguistics*.

1. Greece

2. Rome

3. The Middle Ages

4. Renaissance and after

5. The eve of modern times

6. Comparative and historical linguistics in the 19th century

7. Linguistics in the present century: first period

8. Linguistics in the present century: second period

3. 언어학사의 흐름

앞으로 제2강부터 언어학사를 구체적으로 서술하기에 앞서 이제 언어학사의 전체적인 흐름을 먼저 살펴보기로 한다.

3.1. 언어학의 뿌리: 옛사람들의 언어에 대한 관심

언어에 대한 과학적 연구는 19세기에 이르러 비로소 시작되었다. 그러나 비록 과학적 연구에는 이르지는 못했지만 인류는 아득한 옛날부터 언어에 관심을 가지고 탐구하여 왔다. 옛사람들의 언어에 대한 관심은, 앞에서 말한 바와 같이, 주로 그들이 생활하고 있는 사회의 어떤 특유한 필요성에 의해서 일어났다. 종교, 철학, 정치와 같은 필요성에 의해 언어에 관심을 가지게 되었다. 종교가 큰 역할을 해 온 사회에서는 자신들의 종교 의식에 쓰이는 언어, 특히 자기들의 종교 문헌에 쓰인 언어를 이해하고 이를 순수하게 보전하려 노력하였다. 인도의 언어 연구가 바로 이에 속한다.

3.1.1. 인도의 언어 연구

고대 인도에서는 경전을 적은 산스크리트어를 순수하고 변함없이 유지하려는 목적으로 이미 기원전에 산스크리트어 문법을 연구하였다. 특히 문법학자 파니니는 언어 사실을 객관적으로 기술하였고, 거의 수학적이라 할 만큼 고도로 간결하면서도 정밀하게 언어 현상을 정의하였는데, 이는 현대 구조주의 언어학의 선구자로까지 높이 평가되고 있다. 이러한 사실은 그 사회에 특유한 상황, 즉 종교적 필요에 의해서 나타난, 언어 연구의 출발이라 하겠다. 다만 이들의 문법 연구는 그 뒤에 다른 지역에 널리 계승되지 못한 아쉬움이 있다.

3.1.2. 그리스의 언어 연구

고대 그리스인들의 언어에 대한 관심은 철학에 대한 사색에 바탕을 두고 있었다. 고도의 문명과 비교적 자유로운 사상을 특징으로 하는 고대 그리스의 문화적 분위기에서 자연스럽게 언어에 대한 관심이 일어났다. 따라서 실용적인 테두리를 벗어나 언어의 기원, 언어의 본질에 관심을 집중시켰다. 이들의 관심 가운데 가장 대표적인 것은 말소리와 뜻의 관계가 논리적인 필연성인가 아니면 자의적인 우연성인가 하는 논의였다. 또한 문법범주와 문장 구성을 지배하는 원리도 고찰했는데, 이것은 유럽의 전통문법의 창시였을 뿐만 아니라, 그 뒤 로마 시대, 중세 시대를 거치는 규범문법 연구의 전통으로 이어졌다.

3.1.3. 로마와 중세의 언어 연구

로마인들의 언어 연구는 그리스인들의 언어 연구를 충실히 계승하였는데, 특히 기원전 1세기에 문법가 바로가 쓴 《라틴어》는 그 당시뿐만 아니라 후세의 규범문법 연구에 모범이 되었다. 중세의 언어 이론은 당시의 일반적인 문화와 철학 사상에 근거하였다. 그래서 철학자들은 언어 속에 논리적 판단이 직접 반영되고 있는 모습을 찾으려 노력하였다.

중세의 그리스도교는 라틴어 연구에 크게 기여하였으며, 또 유대인은 성서의 히브리어를 깊이 연구하였다. 아랍인은 그들의 종교 경전인 코란을 바르게 읽을 수 있도록 연구하였다.

3.1.4. 르네상스 시대

근대 르네상스 시대의 언어 연구는 데카르트의 이성주의 사상이 이론적 기반이 되었다. 그것을 대표하는 것이 포르루아얄문법이었다. 17세기에 아르노와 랑슬로라는 학자는 논리는 모든 인류에게 단일하고 보편적이고 공통적인 것으로, 논리의 도움을 받는다면 세계 모든 언어의 본질에 맞는 보편문법을 구축하게 된다고 하였다. 보편문법은 이성주의에 입각하여 언어를 설명하려는 것으로, 현대의 변형생성문법 이론의 배경이 되기도 하였다.

르네상스 이후 유럽 사회에는 다양한 언어에 대해 시야가 확대되면서 여러 낯선 언어들이 소개되기 시작하였다. 그 가운데 가장 획기적인 사실은 그때까지 잘 알려지지 않았던 인도의 산스크리트어의 소개였다. 최초의 위대한 산스크리트어 연구자는 영국의 존스였다. 그는 산스크리트어가 그리스어, 라틴어 등과 밀접한 관계가 있으며, 이들 언어는 이제는 존재하지 않는 어떤 한 공통된 언어에서 분화한 것이라고 생각하였다. 그의 이러한 생각은 19세기에 전개된 비교언어학의 기초가 되었다.

3.2. 근대 언어학의 성립: 19세기의 비교언어학

3.2.1. 비교언어학

언어학에서 19세기는 인도유럽언어에 대한 비교언어학의 시대이다. 비교언어학의 탄생은 과학으로서 언어학이 성립되었다는 점에서 매우 중요한 의미를 지닌다. 19세기 초에 이르러 이미 구체적인 언어 자료가 언어 연구의 주된 대상이 되었다. 이러한 구체적인 언어 사실에 대한 적극적인 관심은 19세기 언어학의 일관된 특징이었다. 따라서 언어의 보편적이고 논리적인 구조를 추구한 18세기 이전의 언어학 전통과는 사뭇 다르다. 그리고 산스크리트어의 소개는 언어학이 과학적 연구로 발전하는 데에 중요한 사건이었다. 산스크리트어가 유럽 언어학계에 소개되면서 언어 현상에 대한 새로운 견해가 등장했으며 마침내는 새로운 연구 분야가 탄생되기에 이르렀다. 이것이 바로 비교언어학이었다. 언어들 사이의 친근 관계에 관심을 가지고 이들을 비교하여 공통조어를 재구하는 비교방법이 발달하였다. 비교언어학은 무엇보다도 실증주의와 역사주의에 입각하였다. 언어의 보편·논리 구조를 추구하던 이전의 학문 전통과는 달리 새로운 연구 풍토가 생겨나서 구체적인 언어 자료를

실증적으로 연구하게 되었고, 역사주의 없이는 언어학이 성립될 수 없다
는 신념이 모든 언어 연구의 기반이 되었다.

3.2.2. 비교언어학의 성립

초기 비교언어학은 독일의 보프, 그림, 덴마크의 라스크 등의 학자들
에 의해 형성되었다. 보프는 산스크리트어를 다른 몇몇 인도유럽언어들
과 비교하였으며, 그림은 게르만어 자음의 변화 관계를 체계적으로 고찰
하고, 그들 관계를 지배하는 일정한 법칙이 있다는 것을 확인하였다.

다윈의 진화론의 영향을 받은 슐라이허의 언어 연구는 언어가 인간으
로부터 독립해 있으며, 또 언어는 일반적 생물 진화 법칙에 따라서 변화
하는 생명체라는 생각에서 출발하였다. 즉, 언어는 탄생하여 일정 기간
생존하며 다른 더 젊은 언어를 낳고 이 젊은 언어는 옛 언어를 대신하지
만 이것 역시 또 젊은 자손에게 자리를 물려준다. 이렇게 언어는 생명체
이며 그 발전은 자연의 다른 현상에서 볼 수 있는 발전과 같은 방식을
취한다고 보았다. 그래서 언어의 유형을 고립어, 교착어, 굴절어로 설정
하고, 언어는 그 순서대로 발전한다고 하였다.

3.2.3. 젊은이문법학파

1870년대에 파울을 비롯한 젊은 학자들에 의해 비교언어학은 절정에
이르렀다. 이들은 이미 확립된 비교방법을 더욱 엄밀하게 하여, 음운
변화는 예외 없는 일정한 법칙에 따라 일어난다고 하였다. 그들은 역사
주의만이 언어의 과학적 연구에 가장 적합한 방법론이라고 확신하였다.

3.2.4. 훔볼트

19세기 또 다른 위대한 언어학자는 훔볼트였다. 훔볼트는 언어를 역

사적으로 해명하려 했을 뿐만 아니라, 여러 개별언어에 기초해서도 해명하려고 하였다. 훔볼트는 개별언어 각각이 가지는 특유한 사실을 바탕으로 보편문법을 찾아내려 하였다. 또한 훔볼트는 언어란 그 민족의 정신세계를 드러내며 세계관을 반영하는 것이라고 주장하였다.

3.3. 현대 언어학의 발전: 20세기 구조주의 언어학

언어학에서 20세기는 구조주의 언어학의 시대라 한다. 구조주의 언어학은 언어의 체계에 관심을 가진다. 언어학뿐만 아니라 20세기의 과학적 사고의 특징인 체계에 대한 관심은 구체적인 사실 속에서 어떤 추상적인 질서를 찾아내는 것이기도 하다. 이러한 구조주의 언어학은 언어 구조의 체계화에 관심을 두고, 이미 알려진 사실에 대한 새로운 해석으로 관심 영역을 확대했으며, 다른 학문 분야와 서로 방법론을 주고받았다.

3.3.1. 소쉬르

언어학에서 구조주의 관점을 처음으로 제시한 학자는 스위스의 언어학자 소쉬르이다. 그는 새로운 언어 이론을 제시하여 당대 학자들에게 큰 영향을 미쳤다. 그래서 소쉬르는 오늘날 구조주의 언어학의 창시자로 불린다. 소쉬르의 제자였던 바이이와 세슈예가 스승의 강의노트를 바탕으로 하여 출판한 《일반언어학강의》(1916)는 언어학뿐만 아니라 20세기 학문과 사상에 큰 영향을 주었다. 그는 언어란 체계이며, 체계로서 연구되어야 한다고 하였다. 개개의 사실을 고립시켜 보지 말고 항상 전체로서 보아야 하고, 또한 모든 사실은 체계 안에서 결정된다고 하였다. 소쉬르는 또한 언어란 의사소통이라는 목적을 달성하기 위한 사회현상이라고 하였다. 그리고 그는 언어의 통시적 연구와 공시적 연구를 명확하게 구별하려 하였다. 통시적 연구는 언어의 역사를 연구하는 것이며, 공시적 연구는 언어 체계에 관심을 두고 언어의 본질과 기능을 연구하는 것이라고 하였다. 소쉬르는 또한 언어 기호의 자의성 문제를 제기하였으며, 기호학을 창시하기도 하였다. 소쉬르는 언어는 기호 체계이며 기호는 뜻과 말소리, 즉 시니피앙과 시니피에가 결합한 것이며, 이들의 관계는 자의적이라고 하였다.

구조주의 언어학의 창시자 페르디낭 드 소쉬르

3.3.2. 유럽의 구조주의 언어학

구조주의 언어학은 유럽과 미국에서 동시에 발전했지만, 서로 접촉은 거의 없었다. 유럽의 구조주의 언어학은 소쉬르의 영향을 받은 데 비해서 미국의 구조주의는 그렇지 않았다. 유럽의 구조주의는 세 학파로 나뉜다. 첫째는 제네바학파로서, 소쉬르의 견해를 계승한 고전적인 구조주의이다. 둘째는 프라하학파로서, 구체적인 언어 사실에 관심을 가진 기능주의에 입각한 언어학이다. 프라하학파의 대표적인 언어학자 야콥슨은 양분 대립에 입각하여 모든 언어의 음운 기술에 적용할 수 있는, 보편적이고 타당한 변별자질들을 체계적으로 기술하였다. 셋째는 코펜하겐학파로서, 기호논리학에 바탕을 둔 언어 기호의 일반 이론을 구축하였다.

3.3.3. 미국의 구조주의 언어학

미국의 구조주의 언어학은 언어 구조의 유형을 탐구한 사피어에 의해 시작되어, 언어 단위의 분포에 관심을 기울인 블룸필드에 의해 확립되었다. 특히 미국의 구조주의 언어학은 기술언어학이라고도 한다. 기술언어학은 원래 아메리카 원주민들의 문화를 연구하는 데서 출발하였다.

아메리카 원주민들의 문화를 연구하기 위해서 인류학자들이 제일 먼저 관심을 가지게 된 것은 언어에 관한 문제였다. 이러한 배경에서 낯선 언어를 연구하는 방법론이 싹텄다. 그 결과 낯선 언어를 연구하기 위해서는 그 언어를 우선 정확하게 관찰하고 분석하여 이를 바탕으로 언어를 기술하는 것이다.

이러한 기술언어학 이론은 결과적으로 다음과 같은 특징을 가지게 되었다. 낯선 언어를 연구 대상으로 하였기 때문에 자료를 중심으로 이를 기술하는 방법론이 되었다. 따라서 귀납적이고 철저히 객관적인 연구 방법론이 성립되었다. 언어 자료를 분석하여 기술하였기 때문에 언어의 음성부터 분석하여, 음운의 체계를 세우고, 이를 바탕으로 형태소를 분석하고 나가서 문장 구조를 기술하였다. 따라서 층위적인 연구 방법론이 성립되었다. 그 결과 음운론의 연구와 형태론의 연구는 그 방법론이 확립되어 주요 연구 분야로 자리 잡았으나 통사론에 대한 방법론은 거의 확립되지 못하였다. 아울러 연구 방법론이 철저히 객관적이었기 때문에 주관적인 성격을 가지는 의미에 대한 연구 즉, 의미론의 연구는 거의 소홀히 되거나 배제되었다. 그래서 언어의 본질을 밝히는 데에는 한계를 드러냈었다.

3.3.4. 변형생성문법 이론

변형생성문법 이론은 앞에서 언급한 기술언어학의 한계를 극복하면서 촘스키에 의해 성립된 언어 이론이다. 이 이론의 목표는 인간의 인지능력인 언어능력을 설명하려는 것이다. 이 목표를 달성하기 위하여 문장 구조의 적격성을 설명하고, 그 문장의 의미를 해석하려 하였다. 그래서 가설검증적이고 수리논리적인 방법을 도입하였다.

어떤 이론이 한계를 드러내면 이를 극복할 수 있는 새로운 이론이 나타나게 된다. 촘스키가 제안한 변형생성문법 이론은 미국의 기술언어학의 한계를 극복하려는 데에서 출발하였다. 그래서 기술언어학 이론과는 배경, 연구 방법, 연구 대상 등 모든 것이 대조적이다. 촘스키가 1957년 《통사 구조》라는 책을 출판함으로써 변형생성문법 이론을 제시하였으며, 이는 지금까지의 언어학 연구 방법을 혁신하였다. 그 후 이 이론은 수정·보완되어 오늘날 가장 대표적인 언어 이론으로 발전하였다. 물론 60년 세월이 흐르는 동안 이 이론은 비판을 받기도 하였지만, 다른 어떤 언어 이론들보다 설득력 있고 강한 영향력을 가진 이론으로 발전하였다. 그래서 변형생성문법 이론은 언어과학의 여러 분야뿐만 아니라, 다른 여러 학문 분야에까지 상당한 영향을 미쳤다. 인간의 마음을 해명하려는 인지과학의 형성과 발전에도 크게 기여하였다.

3.4. 한국 언어학의 뿌리

옛 조상들이 처음으로 언어에 대한 창의적인 관심을 가진 것은 표기법 문제였다. 표기법에 대한 관심은 삼국시대에 이미 비롯하였으며, 오랜 시일을 두고 끊임없이 노력하여 온 결과, 궁극적으로는 훈민정음이라는 독창적이고 과학적인 글자를 창제하기에 이른 것이다. 세종대왕의 훈민정음 창제는 한국의 언어학 수준을 높였다는 점에서 언어학사에서 그 의의가 크다. 체계적인 음운 이론을 바탕으로 자음과 모음 그리고 운소까지 갖춘, 새로운 음소문자를 만든 것이다.

미국 언어학자 토마스가 2011년에 《언어와 언어학을 빛낸 50인의

훈민정음을 창제한 탁월한 언어학자 세종대왕

사상가》라는 저서를 펴냈다. 그 중에서는 앞에서 살펴본 파니니, 바로, 아르노와 랑슬로, 훔볼트, 그림, 보프, 소쉬르, 사피어, 블룸필드, 야콥슨, 촘스키 등이 포함되어 있다. 그런데 그 50인 중에는 한국의 세종대왕이 포함되어 있다. 이것은 세종대왕 언어학, 한국 언어학의 탁월한 성과를 한마디로 대변해 준다고 할 것이다.

　주시경은 언어 연구를 현대적으로 발전시킨 한국의 대표적인 언어학자이다. 그는 말은 나라의 힘과 겨레 정신의 근본 바탕이 된다는 생각을 품고서 말과 글을 바로잡기 위한 이론을 세우기 위해 말소리와 문법을 연구하였다. 그의 연구 성과는 《국어문법》(1910)에 체계적으로 제시되어 있는데, 그의 독창적이고 합리적인 이론은 한국어 연구의 기반을 마련하였다.

제2부
18세기까지의 언어 연구

고대인들에게도, 비록 과학적인 연구에는 이르지 못하였지만, 언어에 대한 관심과 연구가 있었다. 이러한 관심과 연구는 그 사회의 특유한 필요성에 의해 일어났다. 구체적으로는 종교, 철학, 정치와 관련한 필요성에 의해 언어에 대한 관심을 가지고 연구하게 되었다.

예를 들어, 종교가 그 사회를 지배해 온 시대에서는 자기들의 종교 문헌에 쓰인 언어에 관심을 가졌다. 고대 인도에서 산스크리트어는 아주 오래 전에 이미 문법이 정교하게 기술되었다. 이것은 바로 종교 문헌에 쓰인 언어를 알고자 하는 욕망, 그것을 성스럽게 보존하려는 의도로 언어에 관심을 가지고 연구한 경우이다. 중세 시대의 기독교는 라틴어 연구에 힘을 쏟았다. 유대인은 성서 히브리어를 연구하였다. 아랍인은 신자들이 코란을 바르게 읽을 수 있도록 하고 또한 이슬람교를 널리 전파하기 위하여 아랍어의 문법을 연구하고 사전을 펴냈다.

고대 그리스는 문명의 발달과 자유로운 사상을 바탕으로 한 철학적 분위기에서 언어에 대한 관심과 연구가 활발히 일어났다. 이것은 철학과 관련한 필요성에 의한 것으로, 언어에 대한 관심과 연구가, 위에서 살펴본, 종교 문헌 분석이라는 목적과는 다른 것이었다. 철학의 범위 안에서 언어에 대한 본질과 구조에 대해 관심을 가지면서, 문법범주, 문장성분과 문장의 구성 원리, 그리고 사고와 언어의 관계 등에 대해 연구하기에 이르렀다. 이를 통해 지금까지 이어오는 언어철학과 규범문법이 출발하게 된 것이다.

정치와 관련한 필요성에 의해 언어를 연구하기도 하였다. 유럽 봉건 시대 이후 정치권력이 중앙집권화 되면서 규범문법 연구가 촉진되었다. 중앙집권화 시대에는 절대 권력을 유지하기 위한 수단으로 규범언어의 통일을 추진한다. 프랑스 군주제의 발생과 더불어 언어를 규범화하려는 프랑스의 전통이 생겨난 것도 여기에 속한다.

동양에서는 표기 수단인 글자를 창제하면서 자연스럽게 언어에 대해 관심을 가지고 연구하게 되었다. 중국은 중국어의 특성을 반영하는 글자, 즉 한자를 만들면서 중국어의 특성을 확인하게 된다. 성조를 가졌다는 사실과 대체로 단음절 어휘라는 사실을 확인하고서, 말소리에 관심을 지지게 되어 성운학이라는 학문을 형성하여 연구해 왔다. 한국은 중국의 한자를 빌려 썼다. 그 결과 중국어와는 다른 한국어의 음운 구조, 문법 구조에 대해 인식하게 되면서 언어에 관심을 가지게 되었다. 더 나아가서 한자를 빌려서는 한국어를 제대로 표기할 수 없다는 것을 인식하고 한자를 이용하여 음절문자를 만들어 보았다. 그러나 음절수가 지나치게 많다는 사실을 알고서 음소문자의 필요성을 깨닫고 새로운 음소문자를 창제하기에 이른다. 따라서 한국은 한국어 음운 구조에 맞는 글자를 만들면서 15세기 당대로서는 대단히 뛰어난 음운 이론을 수립하게 된 것이다. 이처럼 동양에서의 언어에 대한 관심과 연구는, 부분적이기는 하지만, 글자 창제의 필요성에 의한 것이라 하겠다.

그러나 18세기까지 이루어진 동양과 서양의 언어에 대한 관심과 연구는 모두 그 사회의 특유한 필요성에 의한 것이어서, 그때까지의 언어학은 연구 대상과 연구 방법을 체계적으로 확립한 고유한 학문으로서 성립되지는 못하였다. 그래서 중국에서는 언어와 글자에 대한 연구를 소학(小學)이라고도 하였다.

이제 제2부에서는 고대로부터 18세기까지 이어온 이와 같은 옛사람들의 언어에 대한 관심과 연구에 대해 살펴보기로 한다. 서양의 고대 그리스 시대를 시작으로 고대 로마 시대, 중세 시대, 근대 시대의 언어 연구를 살펴보고, 이어서 동양의 인도, 중국, 일본 등의 언어 연구를 차례로 살펴본다. 그리고 나서 당대 음운 연구의 큰 업적을 이룬 한국의 훈민정음 창제에 대해서 살펴본다.

아울러 이러한 연구 방법으로서 이성주의와 경험주의가 어떻게 반영되어 있었는가에도 관심을 가지고자 한다. 대체로 보면, 시대의 흐름에 따라 이성주의와 경험주의가 순환하였다.

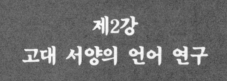

제2강
고대 서양의 언어 연구

제2강
고대 서양의 언어 연구

1. 고대 그리스 시대의 언어 연구

고대 그리스 시대의 언어 연구는 자유로운 사상을 바탕으로 진리를 추구하였던 철학 전통에 근거하여, 언어의 기원은 무엇인가, 언어의 본질은 무엇인가, 그리고 언어의 문법 구조는 어떠한가와 같은 문제를 탐구하였다. 이는 서양 최초의 언어에 대한 체계적인 인식이었다는 점에서 의의가 있다. 이제 이러한 고대 그리스 시대의 언어 연구에 대해 살펴보기로 하자.

1.1. 배경

옛사람들의 언어 문제에 대한 관심은 동양에서나 서양에서나 모두 언어를 시각 기호인 글자로 적어 보려는 데에서 출발하였다. 서양에서 글자 체계의 발달은 오랜 시간을 걸쳐 이루어졌다. 글자에 이은 그 다음 언어 문제에 대한 관심은 문법과 관련한 것이다. 기원전 17세기 무렵 점토판에 설형문자로 기록된 바빌론 시대의 문법 연구가 전해 온다. 수메르어(Sumerian) 어형 변화표와 이에 대응하는 아카디아어(Arcadian)

어형 변화표를 통해 사라져 가던 수메르어를 보존하려 하였다.

고대 그리스인들의 언어에 대한 관심은 대략 기원전 6세기부터 시작되었다. 고대 그리스인들은 모든 사물에 대해서 깊이 관찰하였다. 20세기 미국의 구조주의 언어학자 블룸필드가 그의 저서 《언어》(*Language*, 1933)에서 고대 그리스인들은 다른 사람들이 당연하게 여기는 것에 대해 의문을 품는 재능을 가지고 있다고 말할 정도였다. 그리하여 그들은 언어에 대한 관찰도 게을리 하지 않았다.

고대 그리스 시대 문화의 특징을 한마디로 말하자면 자유로운 사상을 추구하는 문화라고 할 수 있다. 이러한 문화에서는 철학에 대한 사색이 중심이 된다. 철학에 대한 사색이란 사물이나 현상에 대해 '그것이 무엇일까'를 기술하고, 또한 '왜 그럴까'를 설명하는 것을 말한다. 이러한 철학에 대한 사색은 언어에 대해서도 적용되었을 뿐만 아니라, 언어가 이러한 사색에 도움을 주기도 하였다. 이러한 결과 고대 그리스 시대에서 언어에 대한 관심과 연구는 철학에 대한 사색에서 출발하였다고 할 수 있다. 그래서 당시 대부분의 철학자들은 자신들의 철학적 견해를 완벽하게 다듬거나 또는 더욱 정확하게 하기 위해서 언어 문제에 관심을 가졌다.

1.2. 연구 대상과 연구 방법

고대 그리스인은 여러 가지 관점에서 언어에 관심을 가지고 연구하였다. 언어의 기원에 대한 문제, 언어의 본질에 대한 문제, 단어 및 문장 구조와 문법범주에 대한 문제를 대상으로 하였다. 그래서 고대 그리스 언어학자들의 관심 분야는 어원론, 본질론, 문법론 등이었다.

그리스 시대 초기에는 철학적인 배경을 바탕으로 언어의 본질은 무엇이며, 언어의 문법 구조는 어떠한가에 대한 관심을 가짐으로써 언어학의 연구 방법으로 본다면 이성주의에 입각한 방법론이었다. 그러나 그리스 시대 후기에 이르러서는 문학 작품을 중심으로 하는 문헌 자료를 분석하는 연구가 행해지면서 경험주의에 입각한 방법론이 시작되기도 하였다.

1.3. 언어의 기원과 어원 연구

고대 그리스의 철학자 플라톤

대부분의 고대인들이 언어가 어떻게 해서 생겨났을까 하는 문제에 대해 관심을 가졌듯이 그리스인들 역시 언어의 기원에 대해 관심을 가졌다. 플라톤[1]은 그의 저서 대화편 중 크라튈로스(*Cratylos*)에서 언어 문제를 다루었는데, 그리스 시대 언어 연구의 시발점이라 할 만하다. 크라튈로스의 주제가 언어의 기원, 그리고 단어와 그 의미 사이의 관계에 관한 것인 만큼 그리스 철학자들에게 언어의 기원은 늘 큰 관심의 대상이었다.

언어의 기원은 오랜 옛날부터 인류가 사색했던 문제이다. 고대 그리스의 역사가 헤로도토스(Herodotos, 기원전 5세기)는 다음과 같은 이야기를 기록하고 있다. 이집트의 왕 프사메티코스(Psammetichos)는 갓 태

---

1 플라톤(Platon, 기원전 427~347): 고대 그리스의 철학자. 인류 지성사의 가장 핵심적인 인물로 꼽힌다. 소크라테스의 제자로서 아테네 교외 아카데미아에 학교를 열어 제자들을 교육하였으며, 30권이 넘는 대화편을 썼다. 그는 유명한 이데아설을 제창하였는데, 이데아는 비물질적, 영속적, 초세계적인 절대적 참실재이며, 이에 대하여 물질적, 감각적인 존재는 잠정적, 상대적이며 감각에 의한 경험적인 사물 세계는 이데아의 그림자라 하였다.

어난 두 아기를 외진 곳에 격리하여 어떤 언어를 자연스럽게 말하는가를 조사하였다. 전설이 전하는 바에 의하면, 그 아기들이 최초로 말한 것은 bekos라는 단어였고 이것은 프리지아어(Phrygian)에서 '빵'을 의미하는 단어였다고 한다. 그리하여 프리지아어가 세계에서 가장 오래된 언어라고 하였다. 언어의 기원에 관한 중심 생각에는 언어는 신이 창조해 준 것이라는 주장, 즉 언어신수설과 자연의 소리에서 성립되었다는 주장이 있었다.

어원 탐구는 초기 그리스 학자들에게 큰 관심의 대상이었다. 어원 탐구란 단어 형태를 그 의미를 설명해 줄 수 있는 다른 단어 형태로 연결시키는 것이다. 단어의 의미가 쉽게 드러나도록 단어를 분석하는 것이라 하겠다. 신이 내려준, 음성적으로 적절한, 몇 안 되는 최초의 단어로부터 문명사회에서 요구되는 수많은 단어들로 어떻게 확대되었는지에 밝히는 것이다.

플라톤의 대화편 크라튈로스에 제시한 어원 몇 예를 살펴보자. anthropos(사람)는 anathron ha opopen(자기가 본 것을 알아본다)로부터 나온 단어이며, Poseidon(바다의 신)은 posi desmos(아마도 물 사이로 걷기 때문에 발로 일어서지 못함)로부터 나온 단어라 하였다. 이러한 어원 탐구 가운데는 장난스러운 것도 일부 있다고 한다.

1.4. 언어의 본질

고대 그리스 학자들이 그 다음에 관심을 가진 것은 언어의 본질에 대한 문제였다. 언어의 본질이란 언어 기호를 구성하는 두 가지 기본 요소인 개념과 형식, 즉 말뜻과 말소리의 관계가 어떠한가의 문제이다. 이 두 요소가 맺어진 관계가 필연적인가 아니면 그렇지 않고 자의적인가 하는 문제이다. 20세기 구조주의 언어학자 소쉬르가 논의한, 바로 언어 기호의 시니피에(개념)와 시니피앙(청각영상)의 관계에 대한 문제이다.

고대 그리스 시대에 누가 이 논의를 먼저 시작했는지 정확하게 알려져 있지 않다고 한다. 프로타고라스(Protagoras, 기원전 480~410)라 하기도 하고, 피타고라스(Pythagoras, 기원전 572~497)라 하기도 하는데, 언어 기호의 둘 사이의 관계에 대한 논의는 여러 세기에 걸쳐 지속되었으나, 결정적인 결론에는 도달하지는 못하였다. 이제 개념과 형식이 맺어진 관계가 필연적인가 자의적인가 하는 두 가지 견해에 대해 구체적으로 살펴보기로 하자.

첫째는 개념과 형식이 필연적인, 직접적인, 논리적인 관계를 가진다는 견해이다. 자연적인 연관성을 중시하는 견해이다. 이를 phūsei(자연적으로)라 하고 이를 주장하는 학자들을 유추론자(analogist)라 하였다. 헤라클리토스(Heraclitos, 기원전 500년 무렵)와 플라톤이 대표적이다.

유추론자들은 언어는 자연이 준 것이지 인간의 협약에 의한 것은 아니라고 하였다. 언어는 본질적으로 규칙적이고 논리적이어서 단어의 말소리인 형식과 그 속에 담겨 있는 말뜻인 개념 사이에는 완전한 조화가 있다고 보았다. 이러한 조화가 존재하는 것을 증명하고, 이 조화를 지속적으로 유지하려는 노력으로 유추론자들은 단어의 어원 탐구에 관심을 가졌다. 유추론자들이 이렇게 꾸준히 어원 탐구에 관심을 가진 것은 인간 지성과 언어의 기본 구조 사이에는 동일성이 존재한다고 믿었기 때문이다. 플라톤은 헤라클리토스의 인간 지성과 언어 구조의 상호 관계에 관한 주장을 지지하면서 유추론자의 관점에 섰다.

둘째는 개념과 형식이 맺어진 관계가 논리적인 것이 아닌, 자의적인, 우연한, 관용적인 관계이라고 보는 견해이다. 관습과 협약을 중시하는 견해이다. 이를 thēsei(협약에 따라)라 하고, 이를 주장하는 학자들을 자율론자(anomalist)라 하였다. 데모크리토스(Democritos, 기원전 410~360)가 대표적이다.

자율론자들은 단어의 개념과 형식 사이에 필연적인 상호 관계가 있다고 보지 않았는데, 그 근거로 언어의 모든 면에서 나타나는 불규칙성을 들었다. 데모크리투스는 언어가 불완전하다는 것을 근거로 언어신수설을 부정하였고, 자율론자들은 이를 지지하였다. 동음이어나 동의어가 존재한다는 사실, 언어형식은 시간의 흐름에 따라 변화한다는 사실, 단어의 문법 기능이 규칙적이 아니라는 사실 등을 통해 언어가 불완전하다고 주장하였다. 문법 기능이 규칙적이지 않다는 것을, 동사가 명사에서 파생할 수 있으나, 모든 명사에서 파생되지는 않는다는 사실에서 입증하려 하였다.

아리스토텔레스[2]와 다음에 살펴볼 스토아학파는 다른 견해를 제시한다. 아리스토텔레스는 유추론을, 스토아학파는 자율론을 선호하였다. 스토아학파는 의성어에 의존하면서 언어의 자연성에 기울었다. 스토아학파는, 이름은 처음에 그것이 지시하는 사물의 소리를 모방하면서 자연적으로 생겨난 것으로 보았다. 이러한 아리스토텔레스와 스토아학파는 기본적인 세계관의 차이에서 출발하여 언어 현상과 이에 대한 접근 방법에 있어 대조를 보였다. 한편 에피쿠로스(Epicuros, 기원전 341~270)는 중간적 입장을 취한 학자이다. 그는 단어 형식이 자연적으로 생겨나지만 관습에 의해 수정된다고 하였다.

고대 그리스의 철학자 아리스토텔레스

이러한 언어의 본질에 대한, 개념

---

2 아리스토텔레스(Aristoteles, 기원전 384~322): 고대 그리스의 철학자. 여러 분야 학문 분야의 기초를 쌓고 논리학을 창시하였다. 플라톤의 제자로서 플라톤의 이데아 견해를 비판하고 독자적인 입장을 취하였지만, 플라톤의 관념론에서 완전히 벗어나지는 못하였다. 학문 연구는 일반적인 것의 획득이고, 이 획득은 감각에 기초한 지각에 의해 인식함으로써 성립한다고 하였다.

과 형식의 관계에 대한 논쟁은 언어 연구 초기에 주요 과제였으며, 이를 통해 그리스어를 좀 더 관심 있게 살펴본 계기가 되었다는 점에서 의의가 있다. 두 상반된 주장을 지지하거나 비판하기 위해서 그리스인들은 단어 구조의 형식 유형, 의미 유형을 구체적으로 살피게 되었다. 그 결과 그리스인들은 언어 분석에 대한 관심이 높아졌다.

1.5. 언어의 구조

고대 그리스인들은 논리 체계로서 언어에 대해 관심을 가졌다. 먼저 사고와 언어의 관계를 규명하였다. 논리 중심으로 문법 현상을 고찰한 것이다. 따라서 논리범주에 따라 언어의 품사 개념을 발전시켰다. 기원전 5세기의 수사학자들과 소크라테스가 그 출발점이라 하겠다.

소크라테스(Socrates, 기원전 470~399)는 완전한 표현의 자유를 옹호하면서, 비판 정신으로 기존 사상에 도전하였고 젊은이들도 그렇게 하기를 교육하였다. 소크라테스는 문법 현상에 대한 직접 언급은 없지만, 언어 분석은 사고의 분석과 더불어 품사 분류에 이르러야 한다고 하였다. 소크라테스는 언어(logos)의 최소 단위로 오노마(onoma)라는 개념을 설정하였다. 그러나 극단적인 글자 중심의 분석에 이르렀다. 예를 들어 글자 rho[ρ]를 '운동'의 의미로 해석하였다. '흐르다'를 뜻하는 그리스어 단어는 'rho'(운동) 글자를 포함한 rhoein이라는 예를 들었다. 기원전 5세기 프로타고라스와 아리스토파네스(Aristophanes)는 문법적 성에 대해 관심을 가지기도 하였다.

그리스의 문법 연구는 주로 고전 작가들의 아티카 그리스어를 대상으로 삼았다. 기본적으로는 문법 기술은 단어를 기반으로 단어의 어형 교체를 연구 대상으로 삼았다. 이러한 단어 기반 문법은 다음과 같은 내용을 포함한다. 첫째, 분리 가능한 언어형식으로서 단어를 인식하는 것. 둘째, 단어를 분류하기 위하여 단어 부류, 나아가서 품사를 확립하는 것. 셋째, 문장 안에서 단어 간의 관계를 실현하는 문법범주를 설정하는 것이다.

고대 그리스에서 문법에 대한 관심은 플라톤의 대화편 크라튈로스에서 시작되었다고 말할 정도로 플라톤이 최초로 언어의 문법을 연구하였다. 플라톤은 소크라테스의 onoma 개념을 발전시켜, 철학적 그리고 논리적 관점에서 단어의 범주로서 품사를 정의하려 하였다. 우선 단어의 범주를 양분하였다. '거기 대해서 무엇인가 진술되는 것'을 오노마타(onomata)라 하였는데, 이는 명사에 해당한다. 'onomata에 관하여 진술되는 것'을 레마타(rhēmata)라 하였는데, 이는 동사에 해당한다. 이들은 나중에 각각 주어와 서술어의 개념으로 발전하여 단어 분류와 통사 분석의 기초가 되었다. 그리고 onomata와 rhēmata에 의해 어떤 사상을 표현하는 것을 언어라 하였다.

아리스토텔레스는 고대 그리스의 가장 뛰어난 지성인이었다. 그는 그때까지 알려진 인간 지식의 거의 모든 분야, 즉 윤리학, 정치학, 수사학, 논리학, 물리학, 생물학, 자연사 분야에 관여하였다. 아리스토텔레스의 언어에 관한 견해는 수사학과 논리학에 관한 내용에 담겨 있다. 언어는 정신적 경험의 표상이며, 글자는 언어의 표상이라는 아리스토텔레스의 언어에 대한 견해는 《명제론》(*De Interpretatione*)에 처음 나타나 있다.

아리스토텔레스는 플라톤의 언어 연구를 바탕으로 거기에 자신의 생각을 더하였다. 아리스토텔레스에 이르러서 문법의 개념이 좀 더 분명해지고 철학적 그리고 논리적 기준의 도입으로 문법 분석이 더욱 정교해졌다. 그래서 그를 고전적인 전통문법의 창시자라 부른다.

그는 우선 단어를 정의하려 하였는데, 단어를 의미를 가진, 더 작은 의미 단위로 나누어질 수 없는 문장의 요소라 하였다. 그리고 단어를 분류하는 기준을 설정하였다. 먼저 실제로 지시하거나 지시되는 독자적인 의미를 지니는 것과 그렇지 않는 것으로 양분하였다. 다시 독자적인 의미를 지니는 단어를 분류하는 데에 '시간'이라는 기준을 설정하였다. 시간이 문법 기능에 관여한다는 것을 인식한 것이다. 따라서 시간이 개입되는 것을 레마(rhēma: 동사), 시간이 개입되지 않은 것을 오노마(onoma: 명사)라 하였다. 독자적인 의미를 지니지 않는, 즉 명사나 동사에 속하지 않는 단어를 순데스모이(syndesmoi)라 하였다. 논리적 사고를 연결하는 데 나타나는 단어, 나중에 접속사, 전치사, 관사, 대명사 등으로 더 분화된 것이 syndesmoi이다. 이렇게 하여 문법의 품사 개념이 성립되고 발전해 나아갔다. 이러한 품사를 설정한 것은 그리스어 기술과 분석을 위한 기반이 되었다는 점에서 언어학사적인 의의가 크다.

품사의 개념과 기준을 수립한 데 이어 아리스토텔레스는 문장 구성의 원리를 제시하였다. 문장을 구성하는 다양한 성분들의 관계에 주목하였다. 여기서 격의 개념이 싹 트게 되었다. 문장은 일정한 독자적 의미를 지닌 말소리의 결합이며, 또한 문장의 각 성분 역시 스스로 의미를 지닌다고 하였다. 명사와 동사라는 품사의 개념을 수용하여 문장성분인 주어와 서술어의 개념으로 발전시켰다. 또한 동사와 서술어를 구별하여, 동사가 아닌 서술어를 확인하여 동사문 외에 형용사문, 명사문을 제시하였다. 서술어에는 주어에 관한 정보를 제공하는 모든 것이 포함되는데, 주어에 대한 정보에는 동작뿐만 아니라 성질도 포함되기 때문에 형용사라도 서술어가 될 수 있다고 보았다. 그래서 아리스토텔레스는 서술어가 동사보다 더 광범위한 기능을 가진다고 보았다.

고대 그리스인들은 문법뿐만 아니라 음성학에도 관심을 가졌다. 이들은 말소리의 음성학적 분류를 시도하고, 음절 개념을 도입하였다. 이는 각 글자의 발음을 구체적으로 설명하는 형식이었다. 플라톤은 말소리를 모음과 자음으로 나누고, 자음은 지속음과 정지음으로 나누었다. 정지음은 앞뒤에 모음 없이는 발음할 수 없는 소리라 하였다. 그리고 악센트 차이도 인식하였다.

1.6. 스토아학파

고대 그리스 시대의 언어 연구는 그 이후 스토아학파(Stoic School, 기원전 4세기 후반), 알렉산드리아학파(Alexandria School, 기원전 2~3세기)로 계승되었다. 이 두 학파는 그리스 시대의 언어 연구를 계승한 것은 공통적이지만, 철학 사상과 문학 사상의 대립으로 나타났다. 이러한 스토아학파의 철학자와 알렉산드리아학파의 문학 비평가 사이의 대립은 결과적으로 언어학 발달에 기여하게 된다. 스토아학파의 언어 연구는 알렉산드리아학파에 영향을 주었으며, 알렉산드리아학파는 로마 시대와 중세 시대의 언어 연구, 문법 교육의 방법을 효과적으로 제시하였다.

아리스토텔레스 이후 아테네에서 형성된 철학의 다양한 학파 가운데 언어학사에서 크게 영향력을 끼친 것은 스토아학파였다. 이 학파는 제논(Zenon, 기원전 313년 무렵)에 의해 창립되었는데, 전통적인 그리스 시대의 언어 연구를 계승했지만, 자신들의 고유한 연구 방법을 발전시켰다. 스토아학파는 언어 연구와 논리 연구를 구분하여 언어 연구의 개념을 정밀화하였다. 이는 철학이라는 넓은 영역 속에서 언어 연구를 독립적으로 인식하기 시작하였음을 뜻한다. 스토아학파는 언어 연구를 음성학, 문법론, 어원론으로 구분하였다. 그 가운데 가장 핵심이 되는 업적은 문법론 분야였는데, 점차 용어와 내용을 발전시켰다.

스토아학파 문법 연구의 가장 큰 성과는 품사와 문법범주를 정교화한 것이라 하겠다. 품사의 수가 늘어났으며, 정의를 정교하게 하였다. 아리스토텔레스의 syndeamoi 가운데서 굴절하는 부류(대명사, 관사 같은 부류)를 굴절 변화가 없는 부류로부터 분리시켜 arthra라 하였다. 따라서 굴절 변화가 없는 것만 syndesmoi라 하였다. syndesmoi는 나중에 전치사와 접속사로 나누었다. 그리고 아리스토텔레스의 명사를 고유명사와 보통명사로 분리하였다. 보통명사 중에서 부사 부류를 분리하여

mesotes(가운데 있는 것)로 이름 붙였는데, 이것이 통사적으로는 동사에 속하나 형태적으로는 명사 어근과 관련되어 있어 이렇게 이름 붙인 것이다. 보통명사를 제외하고는 모두 후대 학자들에게 계승되었다.

스토아학파는 동사를 격의 범주에서 제외하고, 격의 범주를 명사에만 한정하였다. 그들은 주격과 다른 격과의 대립, 즉 기본형인 직격(casus rectus)과 굴절형인 사격(casus obliqui)의 대립을 도입하였다. 서술어 유형에도 관심을 가지고 그리스어 동사를 타동사, 자동사, 비인칭동사로 분류하여 이를 통해 문장 구조를 기술하였다. 문법범주로서 능동과 피동을 구분하여 설정하였으며, 시간 표현으로 시제 범주와 양상 범주도 설정하였다. 현재, 과거 등의 시제와 완료, 미완료 등의 양상을 분류하였다.

스토아학파는 음성학 연구에도 업적을 남겼다. 그리스어 음절 구조를 연구하여 다음과 같은 세 가지 종류로 말소리를 구분하였다. 첫째, 실제 의미 있는 담화의 일부로 나타나는 소리의 연속체. 둘째, 음절 형성의 규칙에 따라 나타날 수 있으나 실제로는 나타나지 않은 소리의 연속체. 셋째, 그 언어에서 음운론적으로 불가능한 소리의 연속체.

1.7. 알렉산드리아학파

고대 그리스 시대의 언어 연구의 중심은 점차 문헌 언어를 정밀하게 기술하는 것으로 옮겨 갔다. 예를 들어 작품 일리아드와 오디세이를 문헌학적으로 기술하려 하였다. 이렇게 형성된 학파가 알렉산드리아학파이다. 문헌학자 아리스타르코스(Aristarchos, 기원전 215~144)가 알렉산드리아학파의 대표이다.

철학 사상에 기반을 두고 출발한 스토아학파와는 달리 알렉산드리아학파는 문학에 기반을 두고 출발하여, 알렉산드리아학파의 학자들은 전적으로 문학 연구의 일부로서 언어에 관심을 가졌다. 그래서 문학

텍스트를 수정하고 적절한 표준을 결정하였다. 특히 아리스타르코스는 호메로스 연구에 특별한 관심을 가지고 이를 언어학적으로 분석하였다. 그는 다음에 살펴볼 트락스의 스승이기도 하다.

알렉산드리아학파는 철학적 방법론에서 벗어나, 그리스 문법 연구를 집대성하여 전통문법을 확립하고 정교화하였다. 특히 실제 문헌을 주석, 주해하고 사전을 편찬하였다. 알렉산드리아학파의 사전편찬자들은 어휘를 수집하고 기술하였으며, 주석가들은 난해한 어휘와 방언형, 시적 표현에 대해 설명하였으며, 수사학자들은 웅변술을 개발하였으며, 문헌 주해자들은 고전문헌을 주석하였다.

트락스(Dionysios Thrax)[3]는 알렉산드리아학파를 대표하는 문법학자이다. 그에 의해서 문법학이 독립된 학문으로 발전했다고 할 수 있다. 글을 잘 쓰고 읽는 기술이라는 뜻으로 *Grammatikē Technē* 라 이름 붙인 《문법론》은 그의 대표 저서이다. 성, 수, 격, 인칭과 같은 굴절범주, 그리고 품사, 주어와 서술어 등의 문장성분과 같은 내용이 구체적으로 나타났는데, 특히 트락스의 8품사 분류는 후대 문법 기술에 큰 영향을 미쳤다.

그는 문법을 시인들과 산문가들의 글을 다루기 위해 일반적으로 필요한 것을 훈련하는 연습이라고 정의하며, 다음과 같은 여섯 부문으로 나뉘었다. 첫째, 적절한 운율로 (크게 소리 내어) 정확히 읽는 방법. 둘째, 작품 속의 문학 표현에 대한 설명. 셋째, 문법과 주제에 관한 주석. 넷째, 어원의 발견 방법. 다섯째, 유추적 규칙성을 찾아내는 방법. 여섯째, 문학 작문에 대한 평가.

---

3 디오니시오스 트락스(Dionysios Thrax, 기원전 170~90): 알렉산드리아에서 활약했던 고대 그리스 시대의 문법학자. 그는 《문법론》(*Grammatikē Technē*)이라는 그의 문법서 첫 부분에서 문법에 대해 '시인들과 산문가들의 글을 다루기 위해 일반적으로 필요한 것을 훈련하는 연습'으로 정의하여, 당시 코이네 그리스어를 구사했던 사람들에게 고대 그리스 문학을 가르치기 쉽게 하는데 관여하였다.

문법에 대한 위와 같은 정의는 언어 연구가 무엇을 대상으로 하는지, 왜 이러한 연구를 해야 하는지를 명확히 하고자 한 것이다. 실용적이고 문학 작품을 대상으로 하는 언어 연구의 방향을 제시한 것이다. 그래서 문법 기술의 자료를 고전 작가의 작품에서 가져왔으며, 결과적으로 경험 주의에 입각한 언어 연구가 되었다. 이제 이 《문법론》의 구체적인 내용에 대해 살펴보자.

먼저 문법의 기본 단위를 설정하였다. 문법의 가장 큰 단위로 문장을 설정하였고, 가장 작은 단위로 단어를 설정하였다. 문장은 어떤 완결된 사상을 표현하는 단어들의 결합이라고 정의하였다.

품사는 여덟 유형으로 확립하였다. 이러한 부류는 지금까지 유럽 언어의 문법 기술에 절대적인 영향을 미치고 있다. 스토아학파가 나눈 보통명사와 고유명사를 하나로 합쳤다. 동사에서 분사를 분리하고, syndesmoi는 접속사와 전치사로 분리하였다. arthra는 관사와 대명사로 분리하였다. 그리고 따로 부사를 설정하였다. 구체적인 풀이는 다음과 같다.

onoma 명사
격변화하는 단어. 구체적 또는 추상적 대상을 지시한다.

rhema 동사
격변화하지 않지만, 시제, 인칭, 수에 따라 굴절하는 단어. 수행되거나 진행되는 행위 또는 과정을 나타낸다.

metoche 분사
동사와 명사의 특성을 함께 가지는 단어.

arthron 관사
명사 앞 또는 뒤에 붙어 격변화하는 단어.

antonymia 대명사
명사를 대신하고 인칭 표시가 된 단어.

prothesis 전치사

　문장 구성과 통사 구조에서 다른 단어 앞에 나타나는 단어.

epirrhema 부사

　굴절이 없고 동사를 수식하거나 동사에 첨가되는 단어.

syndesmois 접속사

　담화를 연결하고 문장의 순서를 부여하고 해석의 공백을 채워 주는
단어.

각 품사의 정의에 따라 그것에 적용할 수 있는 문법범주에 대해서도
기술하였다. 명사에 수반되는 속성은 다음과 같다.

　[1] 성: 남성, 여성, 중성
　[2] 유형: 기본형, 파생형(형용사의 비교급, 최상급 등)
　[3] 형식: 단순형, 복합형 (단어를 구성하는 어근의 수에 따라)
　[4] 수: 단수, 양수, 복수
　[5] 격: 주격, 호격, 대격, 속격, 여격

동사에 수반되는 속성은 다음과 같다.

　[1] 서법, 태, 유형, 형식, 수, 인칭, 시제, 활용
　[2] 시제: 기본 시제로 현재, 과거, 미래. 그 가운데 과거시제는 미완
　　　　료, 완료, 대과거, 부정과거(aorist)
　[3] 서법: 직설법, 가정법, 기원법, 명령법
　[4] 태: 능동태, 피동태, 중간태

　그 이후에 뒤스콜로스(Apollonios Dyskolos, 2세기 무렵)는 문장에서
단어들의 결합을 지배하는 법칙을 찾는 통사 연구를 제시하였다. 그는
여덟 품사를 재조정하여 각각의 단어 부류에 공통된 의미를 수립하고자

하였다. 그리고 명사와 동사가 가지는 상호 관계, 그리고 다른 부류의 단어들이 명사나 동사에 대하여 가지는 관계를 기반으로 통사 기술을 수행하였다. 이러한 통사 기술은 나아가서 주어와 목적어를 구별하였으며, 지배와 의존의 개념을 제시하였으며, 성분 구조의 관계를 제시하였다. 이러한 연구는 통사론에 대한 일반 이론이기보다는 고대 그리스어 통사 구조를 정교하게 설명한 것이라는 점에서 언어학사적인 의의가 있다.

또한 그의 아들 헤로디아노스(Herodianos)는 고대 그리스 작가의 언어를 통하여 언어사를 기술하였다. 그의 연구에는 그리스어 악센트와 구두법에 관한 기술이 포함되어 있다. 기록된 단어에 표시되는 악센트 부호가 나타내는 변별적인 음높이의 단계, 모음의 길이, 음절의 크기, 어두에서의 음절 첫모음의 기식 유무, 모음의 생략과 단어 합성에 나타나는 음높이 현상 등과 같은 다양한 운율 현상을 기술하였다.

1.8. 고대 그리스 시대 언어 연구의 언어학사적 의의와 한계

고대 그리스 시대 언어 연구의 언어학사적 의의와 이에 대한 한계를 살펴보면 다음과 같다.

첫째, 유럽 최초의 언어에 대한 체계적인 인식이며, 또한 언어에 대한 진지한 관심이었다. 그리스 철학자들은 최초의 언어 이론가였다. 그들은 또한 문헌의 정확한 연구와 그들 문화어에 대한 규범을 확정시키려는 데 관심을 가졌다. 결과적으로 고대 그리스 시대의 언어 연구는 고전 전통문법의 원리를 창시하였으며, 이 전통은 오랜 기간 계승되었다. 당대의 문법 이론, 문법범주, 용어가 오늘날까지 문법 기술의 주요 도구가 되었다. 그러나 그들은 언어 현상의 복잡성과 다면성을 미처 이해하지 못하여 그들의 연구가 과학적이지는 못한 한계가 있다.

둘째, 언어 본질에 대해 이해하려 하였다. 언어의 기원에 대해 진지하게 논의하였으며, 언어 기호의 두 요소 간의 관계를 논의하여 유추론과 자율론을 제기하였다. 그러나 언어의 가치를 사고 표현의 수단으로 간주한 한계가 있다.

셋째, 고전 전통문법의 원리를 창시하였다. 품사와 격의 개념을 제시하였다. 이는 규범문법 연구 전통의 시작이라 하겠다. 그러나 이러한 연구는 그리스어 자료에 한정되었으며, 규범문법에 국한되었다. 그리스 철학자들이 언어 현상에 진지한 관심을 보인 것은 사실이지만, 그들은 자신들의 그리스어가 인간의 사고를 표현하는 최상의 수단이며, 언어를 일반적으로 이론화하는 것도 그리스어의 자료에 의해서만 가능하다고 생각하였다.

넷째, 이러한 그리스 시대의 언어 연구의 성과는 바로 다음 시대로 계승되어 크게 발전되었다. 오늘날 전통 규범문법의 뿌리가 되었다는 점에서 그리스의 언어 연구는 언어학사적인 의의가 크다.[4]

2. 고대 로마 시대의 언어 연구

고대 로마 시대의 언어 연구는 그리스의 언어 연구를 계승한 것이라고 할 수 있다. 이제 이러한 고대 로마 시대의 언어 연구에 대해 살펴보기로 하자. 로마에서는 이미 기원전부터 그리스 문법의 영향을 받아서 라틴 문법을 기술하기 시작하였는데, 초기의 대표적인 학자는 바로이다. 그 이후 로마의 문법 연구는 꾸준히 계승되었으며, 그 결과 여러 저명한 문법학자가 나왔다.

---

4   고대 그리스 시대와 고대 로마 시대의 언어 연구에 대하여 고전 인도유럽언어 전문학자인 안재원 박사가 유익한 도움말을 제공하였다. 이에 감사한다.

2.1. 배경

전반적으로 로마 문화는 그리스 문화를 답습하였다. 로마가 그리스를 지배하면서 로마인들은 그리스인들과 접촉했던 초기부터 그리스인들의 우월성, 예술적 업적을 기꺼이 인정하였다. 그래서 로마인들은 그리스인들로부터 글자도 받아들이고 다양한 문화, 예술을 받아들였다. 언어 연구에 있어서도 마찬가지였다. 그래서 고대 로마 시대의 언어 연구는 그리스의 언어 연구를 계승한 것이라고 할 수 있다. 특히 철학적인 사색에 의한 연구보다는 문헌 연구를 받아들였다. 따라서 로마 시대 언어 연구의 주된 관심은 그리스 문법을 라틴 문법에 어떻게, 그리고 어느 정도 적용하느냐에 있었다.

2.2. 연구 대상과 연구 방법

로마 시대의 언어 연구는 앞 시대의 스토아학파와 알렉산드리아학파의 연구를 충실히 따랐다. 그래서 주로 문법 연구가 중심이 되었다. 굴절어미가 발달되어 있는 라틴어를 기술하기 위하여 문법형태의 기능을 밝히는, 형태 중심의 연구를 수행하였다. 그리고 문헌 자료를 분석하는 연구에 비중을 두었다.

로마 시대의 문법 연구가 그리스의 문법 연구 대상과 방법을 따르게 된 것은 우선 비교적 두 언어의 구조가 비슷했고 또한 로마가 그리스 문명을 수용하였기 때문이라고 볼 수 있다. 그러나 연구 대상과 방법에 있어서 로마 시대의 문법 연구는 규범적이고 교육적인 문법을 형식화하였다는 점이 그리스 시대의 문법 연구와는 다르다. 로마 시대의 규범적이고 교육적인 문법은 중세 시대의 문법 교육과 연구의 표준이 되었고 나아가 오늘날 전통문법, 규범문법의 기반이 되었다.

결과적으로 이러한 로마 시대의 언어 연구는 그리스의 이성주의에

입각한 언어 연구 방법에서 자연스럽게 경험주의에 입각한 언어 연구
방법으로 전환되었다고 하겠다.

2.3. 바로의 《라틴어》

로마 시대를 대표하는 문법서는 바로(Marcus Terentius Varro)[5]가 쓴
《라틴어》(*De Lingua Latina*)이다. 《라틴어》는 모두 25권이었는데, 현
재 제5부터 10권까지와 다른 책의 조각글이 전해 온다. 그래서 바로는
라틴어로 쓴, 기록이 남아 있는 최초의 언어 연구자라 하겠다. 그는 박식
하여 농업, 원로회의의 행정, 고대 풍습 등에도 관심이 컸다고 한다.
로마인 가운데 가장 탁월하고 독창적인 언어 연구자로서 바로는 스토아
학파 이론의 영향을 받았지만 알렉산드리아학파 이론도 이해하고 있었
다. 그의 문법에 관한 정의도 트락스의 정의를 따랐으며, 문법 이론도
상당 부분 트락스를 따랐다.

《라틴어》는 이와 같이 그리스 문법을 따르기는 했으나, 독자적으로
유추론자와 자율론자에 대한 서로 다른 견해를 분석하여 형식화하였다.
이러한 바로의 문법은 당대는 물론 후대에 높이 평가되었고 그들의 문화
어인 라틴어나 다른 언어의 문법을 연구하는 표준이 되었다. 《라틴어》
에 나타난 연구 분야는 구체적으로 어원론, 형태론, 통사론 세 분야이다.

어원론은 명칭이 사물에 부여된 유래를 찾아 연구하는 것이다. 그러
나 이 시대 어원 연구는 민간어원적인 해석에 머물렀다. 이에 대해 좀
더 구체적으로 살펴보자. 그는 사물을 지칭하기 위하여 언어에 부여된

---

5   바로(Marcus Terentius Varro, 기원전 116~27): 고대 로마의 학자. 카이사르 때 로마 최초의
    공공도서관장이다. 저서는 시를 포함한 도덕적 수필집 150권을 비롯하여, 라틴어·문학
    사·수사학·역사·지리·법률·종교·음악·수학·건축·농업·의학 등 모든 분야의 연
    구를 합쳐서 500권에 이르렀다고 한다. 그러나 현존하는 것은 《라틴어》 일부와 《농
    업》, 《풍자기》 뿐이다. 그는 학문의 목적을 행복 추구에 두고 행복은 육체적 선과 정신적
    선을 가짐으로써 달성된다고 하여 선이 많고 적음에 따라 행복이 결정된다고 주장하였다.

초기의 한정된 기초 단어로부터 언어가 발달해 나간다고 보았다. 그 다음 문명이 발달하고 인간의 생활이 풍부해짐에 따라 기초 단어들이 음성 형식의 변화를 통해 더 많은 수의 단어로 발달해 간다고 보았다. 고전 라틴어 bellum(전쟁)에 해당하는 duellum은 형식 변화의 경우이고, hostis의 경우 원래 '이방인'이란 의미였으나 나중에 '적'을 의미하게 된 것은 의미 변화의 경우라 하였다. 이러한 어

고대 로마의 문법학자 마르쿠스 바로

원 설명은 입증된 것도 있지만 그렇지 않은 것도 있어 이는 민간어원적인 해석에 그친 것이라고 하겠다.

언어 변화에 대한 해석은 그리스어를 인용하는 데에서도 나타났다. 그리스어와 라틴어가 기원적으로 공통조어에서 온 것인데도 두 언어 간의 접촉에 의해 라틴어 단어들이 그리스어 단어로부터 차용된 것이라고 생각하였다. 로마인들의 그리스 문화에 대한 우월 의식, 로마문자가 그리스문자에서 출발했다는 사실, 그리고 그리스 영웅들이 로마를 건국하였다는 신화 등이 반영된 결과라 하겠다.

바로는 언어 변화가 일어나는 동기를 제시한 바 있다. 언어 변화가 일어나는 여러 동기 가운데 대표적인 두 가지를 들면, 유용성의 추구와 아름다움의 추구이다. 모든 발화 행위가 유용성을 목적으로 한다면, 그것이 명백하고 간략해야 그 목적이 달성된다고 하였다. 발화의 이해를 돕기 위해서는 명백해야 하고, 신속한 파악을 돕기 위해서는 간략해야 한다는 것이다. 또한 아름다움의 추구가 언어를 변화시킨다고 하였다. 실생활의 예를 들어 우리가 옷을 입는 까닭은 추위를 몰아내기 위해서

(유용성)와 아름답게 보이기 위해서(장식성), 두 가지 동기라 하였다.

형태론은 조어법과 굴절법을 대상으로 한다. 바로는 파생과 굴절에 의한 단어 형성을 구분하였다. 접사가 어근에 일반적으로 적용되느냐 그렇지 않느냐의 차이로 굴절과 파생을 설명하였다. 또한 단어 형성 규칙의 한계를 논의하면서 그는 언어사용에서 더 많이 필요로 하는 단어가 더 분화된다는 사실을 언급하였다. 예를 들어 equus(수말)와 equa(암말)는 그 성의 차이가 사람들의 언어사용에서 중요하기 때문에 수컷과 암컷을 가리키는 단어가 분화되어 있지만, corvus(까마귀)는 성의 차이가 사람들에게 그리 중요하지 않기 때문에 성에 따라 단어 형태가 분화되어 있지 않다고 설명하였다.

단어의 굴절과 관련한 견해는 독창적이고 다양하게 제시하였다. 먼저 품사 분류에 대해 살펴보자. 품사 분류를 위해 두 가지 기준을 제시하였다. 첫째 기준은 격이 관여하느냐 그렇지 않느냐이다. 둘째 기준은 시제가 관여하느냐 그렇지 않느냐이다. 이 두 가지 기준으로 품사를 분류하면 다음과 같다.

	＋시제	－시제
＋격	분사	명사 (형용사 포함)
－격	동사	부사, 접속사

명사는 이름을 붙이고, 동사는 진술하고, 부사는 보조하고, 분사는 결합하는 것이다. 특히 분사는 명사와 동사의 특성을 공유하면서 하나의 절을 다른 절과 연결시키거나 그것에 내포될 때 중요한 역할을 수행한다고 하였다.

격에 대해서는 주격, 속격, 여격, 대격, 호격 외에 따로 탈격을 더 설정하였다. 그리스어의 다섯 개 격과 라틴어의 여섯 개 격의 차이를 인식하여 라틴어는 탈격을 가진다고 하였다. 탈격을 '그에 의해서 행동이 이루어지는 것'이라는 개념으로 설명하였다. 그것은 그리스어의 속격과 여격 형식이 나타내는 의미와 통사 기능이다.

시제에 대서는 과거, 현재, 미래를 설정하고, 완료와 미완료라는 양상의 개념을 제시하였다. 스토아학파가 시제 변화표에서 시간의 지시인 시제와 사건의 모습인 양상의 두 가지 문법범주를 구분한 것에 동의하였다. 여기에 능동과 피동을 더하고 완료와 미완료 양상 구분도 분명하게 기술하였다.

2.4. 도나투스와 프리스키아누스의 문법 연구

도나투스(Aelius Donatus, 4세기)와 프리스키아누스(Caesariensis Priscianus, 6세기)도 로마 시대의 대표적인 문법학자이다. 도나투스는 글을 잘 쓰고 읽는 기술이라는 뜻으로 *Ars grammatika*라 이름 붙인《문법론》을, 프리스키아누스는 문법에 대한 교리라는 뜻으로 *Institutiones grammaticae*라 이름 붙인《문법론》을 남겼다. 이들은 당대 문법의 개념과 기술에 큰 영향을 미쳤다.[6]

4세기에는 주로 라틴어의 정음법과 운율법에 힘을 기울였다. 그러나 프리스키아누스의 영향으로 6세기부터는 새로운 분야의 언어 연구가 수행되었다. 즉, 음성에 관한 연구가 본격적으로 시작되어 음절에 대한 개념도 설명되었다. 품사론이 더욱 정교화되었으며, 통사론 연구도 시도

---

6 도나투스(Aelius Donatus, 4세기), 프리스키아누스(Caesariensis Priscianus, 6세기): 도나투스는 4세기에 로마의 대표적인 문법학자이다. 도나투스는 로마 문명의 중심에서 젊은 이들에게 웅변술로서의 라틴 문법을 가르치면서 *Ars grammatika*를 저술하였다. 이는 대문법(Ars Maior)과 소문법(Ars Minor)으로 구성되어 있다. 프리스키아누스는 6세기 초엽의 로마의 문법학자이다. 로마 문명의 변방인 콘스탄티노플에서 문법을 가르쳤다. 저서《문법론》(*Institutiones grammaticae*)은 당대 가장 체계적인 라틴 문법서로, 중세 시대에 가장 높이 평가되었다.

되었다.

프리스키아누스는 트락스의 《문법론》(*Grammatikē Technē*)과 아폴로니우스에 의해 이미 완성된 그리스어 기술 방법의 틀 안에서 라틴어를 기술하는 것을 목표로 삼고, 고전 라틴어 문학의 언어를 체계적으로 기술하였다.

프리스키아누스의 《문법론》(*Institutiones grammaticae*)은 대략 기원후 500년에 쓰였다. 모두 18권으로 구성된 것으로 역사적으로 라틴 문법 저작을 대표한다. 비록 독창적인 것은 별로 없지만, 그리스 문법학자들의 용어, 범주들을 라틴어에 적용하는 데에 최선을 다하였다. 용어의 예를 들어 보면, 그리스 문법 용어를 라틴어로 번역한 것을 볼 수 있다. 명사 onoma를 nomen로, 대명사 antonymia를 pronomen로, 접속사 syndesmos를 coniuncio로 번역하였다.

음성과 관련해서는, 글자의 발음과 음절 구조에 대한 연구가 있었다. 여기서 글자(literae)란 최소의 말소리 단위로 정의되는 그리스어의 grammata의 번역어로, 글자의 이름, 글자의 모양, 글자의 소리가 그 속성이라 하였다.

형태에 관한 연구에서는 문법의 기본 모형으로 단어의 품사와 어형 변화표를 다루었다. 단어를 문장 구조의 최소 단위로, 문장을 완전한 생각의 표현으로 정의하였다. 품사 분류에서는 《문법론》(*Grammatikē Technē*)의 관사 대신에 감탄사를 넣어 8품사를 제시하였다. 품사 각각의 정의를 보면 다음과 같다.

nomen 명사(형용사 포함)
명사는 실질과 속성을 가리킨다. 모든 개체와 사물에 일반적인 또는 특별한 속성을 부여한다.

verbum 동사
동사는 행위 또는 행위 입음을 가리킨다. 그것은 시제와 양태를 가지고, 격 변화를 하지 않는다.

participium 분사

분사는 항상 동사에 의존하며, 동사와 명사의 범주, 즉 시제, 격을 공유한다.

pronomen 대명사

대명사는 고유명사를 대치할 수 있고 인칭에 따라 지정되는 것을 가리킨다.

adverbium 부사

부사는 동사와 함께 구성을 이룬다. 부사는 동사에 통사적으로 그리고 의미적으로 종속된다.

praepositio 전치사

전치사는 격 변화를 하는 단어들 앞에서 독립된 단어로 사용되며, 격 변화를 하는 단어 및 격 변화를 하지 않는 단어 앞에서 구성성분을 이룬다.

interiectio 감탄사

감탄사는 통사적으로 동사와 독립적이며 감정과 마음의 상태를 가리킨다.

coniunctio 접속사

접속사는 다른 단어 부류 둘 이상을 통사적으로 연결하는 관계를 가리킨다.

또한 단어의 기준형을 설정하였다. 기준형은 명사에서는 단수 주격, 동사에서는 일인칭 단수 현재 직설법 능동형을 말한다. 기준형에서 일련의 글자를 대치하여, 즉 굴절하여 다른 형식이 생겨나는 것으로 생각하였다.

라틴어 동사의 시제 기술에서는 《문법론》(*Grammatikē Technē*)에서 설정한 그리스어의 체계를 받아 들였다. 즉, 현재, 과거, 미래를 구분하고 과거를 미완료, 완료, 단순과거, 대과거 네 가지로 구분한다. 그리고 완료 형식에 나타나는 과거와 부정과거의 융합을 인정하였다.

통사 연구는 마지막 두 권에 포함되어 있는데, 형태 연구에 비해 자세하지 못하고 또한 명료하지 못하다. 통사 구조에 대한 체계적인 분석은 거의 없다.

한편 1199년에 알렉산데르 데 빌라-데이(Alexander de Villa-dei)의 라틴 문법서가 나와 라틴 문법 연구는 더욱 활발해졌다. 이는 실용 문법서로서, 단어를 구성하는 원리를 제시하고, 격의 용법과 일치의 원리를 기술하였다. 예를 들어 명사와 형용사가 분명하게 구별되고, 지배되는 명사의 격 의미를 결정하기 위해서 동사의 지배가 중요하다는 것이 지적되었다. 이렇게 하여 중세 시대까지 기본적인 문법 개념이 대체로 확립되었다.

2.5. 고대 로마 시대의 언어 연구의 언어학사적 의의와 한계

고대 로마 시대 언어 연구의 언어학사적 의의와 이에 대한 한계를 살펴보면 다음과 같다.

첫째, 고대 로마 시대의 언어 연구는 고대 그리스의 언어 이론을 답습하였으나, 그리스 문법을 바탕으로 라틴 문법을 독창적으로 확립하였다. 이는 과거를 계승하여 다음 세대로 이어지는 전통문법의 기반을 마련한 것으로 언어학사적인 의의가 있다. 특히 프리스키아누스의 업적은 언어 연구를 고대와 중세를 이어 주는 가교 역할을 하여, 중세 라틴 문법의 기반이 되었고 중세 언어철학의 근본을 형성하였다.

둘째, 문법형태의 기능을 밝히는 것을 중심으로 하여, 품사, 격, 시제 등의 기술을 형식화하였다.

그러나 로마 시대 언어 연구는 철저히 라틴어를 대상으로 하였고, 그것도 규범문법에 머물렀다는 한계를 안고 있다.

2.6. 그리스문자와 로마문자

인류가 시각 기호의 필요성을 생각하게 된 것은 언어가 가지는 단점 때문이었다. 언어는 시간을 뛰어넘어 전달할 수 없고, 또한 공간을 뛰어넘어 멀리까지 전달할 수도 없는 것이어서 불편한 것이었다. 이러한 언어가 가진 시간적, 공간적 제약을 극복하기 위해 인류가 생각해 낸 것이 바로 글자이다. 따라서 글자란 언어의 시간적, 공간적 제약을 극복하기 위해 인류가 발명하여 발전시켜 온, 언어를 눈으로 볼 수 있도록 하는 의사소통을 위한 규약의 체계라 하겠다.

인류가 처음 만든 글자는 상형문자인 표의문자이다. 글자와 뜻이 관련을 맺는다. 그런데 이러한 표의문자에서 표음문자가 발전하는데, 음절문자를 거쳐 음소문자에 이른다. 이집트의 상형문자 역시 점차 표음문자로 발전하였는데, 오늘날 세계적으로 가장 넓게 쓰이고 있는 로마문자와 같은 음소문자가 여기서 발생하였다.

음소문자에는 자음 중심의 음소문자가 있는가 하면, 자음 - 모음의 음소문자가 있다. 자음 중심의 음소문자는 자음 음소만을 표기하는 글자 체계이다. 이 체계는 고대 이집트글자에서 발생한 페니키아글자가 그 예인데, 처음에 단음절 단어를 표시했던 표의글자가 점차 단어의 뜻과는 상관없이 그 어떤 임의의 모음과 결합될 수 있는 자음을 표기하기 위해서 이용된 것이다. 페니키아글자는 완전한 자음 중심의 문자라고 할 수 있었는데, 22개의 자음과 반모음을 표기하는 기호로 구성되었으며 오른쪽에서 왼쪽으로 썼다. 자음 - 모음문자란 글자가 자음뿐만 아니라 모음도 같은 자격으로 표기할 수 있는 글자를 말한다. 이 글자는 그리스인들이 페니키아문자를 차용하여 쓰면서 그리스어 특성에 맞게 모음을 표기하는 글자를 새로 포함시킴으로써 발생하였다.

그리스인들은 페니키아글자를 기원전 11~10세기 무렵에 차용하였다. 차용한 페니키아글자는 자음만을 표기하고 모음을 표기하는 문자가 따로 없었다. 그런데 그리스어는 자음뿐만 아니라 모음도 중요한 역할을 하였으며 모음을 표기하지 않고서는 온전한 표기가 불가능하였다. 그리하여 그리스인들은 페니키아문자 중에서 그리스어를 위해서는 필요 없는 6개의 글자를 그리스어에 필요한 모음을 표기하는 글자로 바꾸었다.

예를 들어 A의 원형은 '성대파열음+모음'을, O는 '후두마찰음+모음'을, I는 'j+모음'을 표기하고 있었다. 그런데 이러한 자음은 그리스어에는 없는 것이어서 이 글자들을 모음만을 표시하는 데에 사용하고, 나머지 글자들은 페니키아에서와 같이 자음을 표기하는 것으로 차용하여, 여기에 거의 완전한 음소문자를 만들어 내게 되었던 것이다. 이렇게 하여 그리스인들은 페니키아문자를 차용하면서 그 글자 형태를 자기들의 상황에 맞게 고치고 세련되게 만들어 나갔다. 또한 오른쪽에서 왼쪽으로 써나가던 쓰기 방향을 왼쪽에서 오른쪽으로 써나가도록 바꾸었다.

이로써 실질적으로 완성된 음소문자가 그리스인들에 의해 처음으로 만들어진 것이다. 초기의 그리스 음소문자는 여러 방언에 맞추어 여러 변종이 생겼으나, 기원전 403년 무렵 아테네인들이 공식문서에 이오니아문자를 강제적으로 사용하는 법률을 제정하여 이것이 표준 그리스문자로서의 지위를 획득하고 현재에 이르게 되었다.

그리스문자는 동그리스문자와 서그리스문자로 나뉜다. 서그리스문자는 동그리스문자에 의하여 밀려나게 된다. 그러나 서그리스문자는 기원전 7세기말에서 6세기 초에 형성된 로마문자의 기초가 되었다. 동그리스문자는 오늘날의 그리스문자로 발전을 하였으며, 또한 오늘날의 러시아문자인 키릴문자로 발전하였다.

로마에 전파된 그리스문자 역시 각 지방에서 여러 가지 변종이 생겼는데, 그 중 에트루리아인들이 만들어 사용한 글자를 에트루리아문자라한다. 26개의 글자로 구성되었던 에트루리아문자는 이탈리아 각지에 그 세력을 넓히게 되자 이 글자의 변종이 이탈리아 각지에서 다시 만들어지게 된다. 그 가운데 기원전 7세기 무렵부터 자료를 남기고 있는 로마문자가 이탈리아 전 지역에 전파되어 로마제국의 공식 글자가 되었다. 그리하여 이 로마문자는 로마 교회의 권위와 로마제국의 식민지 확산으로 여러 지역에서 사용되는 글자가 되었다. 결국 로마문자는 그리스문자에서, 그리스문자는 페니키아문자에 기초하고 있고 페니키아문자는 표의문자인 상형문자에 기초하여 발생하고 발전한 만큼 그것은 상형문자로부터 오늘날과 같은 형태를 가진 글자로 발전하였다고 말할 수 있다.

오늘날 로마문자는 세계 여러 나라 언어에 차용되었다. 이탈리아어를 비롯한 로맨스어는 물론, 독일어, 영어와 같은 게르만어를 표기하는 글자이다. 로마문자를 차용한 나라들에서는 이를 자기 나라 언어의 음소 체계에 맞게 수정하고 보충하였다.

제3강
중세와 근대 서양의 언어 연구

제3강
중세와 근대 서양의 언어 연구

1. 중세 시대의 언어 연구

유럽 역사에서 중세 시대란 통일된 문화와 행정을 가진 로마제국이 무너진 시기로부터 르네상스 시대가 열리는 시기까지를 말한다. 전기 중세 시대는 12세기 이후의 후기 중세 시대와는 달리 암흑기라 한다. 전기 중세 시대에는 기존의 이론을 답습하는 데 그치고 새로운 연구를 개척하지는 못했으나, 후기 중세 시대에 이르러서는 새로운 연구가 시작되었다. 이제 이러한 중세 시대의 언어 연구에 대해 살펴보기로 하자.

1.1. 연구 대상과 연구 방법

6세기의 프리스키아누스의 《문법론》(*Institutiones grammaticae*)은 라틴 문법을 계승한 것으로 당대의 문법 기술에 큰 영향을 미쳤으며, 중세 시대 문법 연구의 표준이 되었다. 프리스키아누스 《문법론》에 기반을 두었던 중세 시대 언어 연구의 대상과 방법의 특징은 다음과 같다.

첫째, 언어 연구의 성격은 당대의 종교, 문화, 철학과 일치한다. 따라서 이 시대의 사상은 종교 중심이었기 때문에 다른 학문과 마찬가지로 언어 연구 역시 큰 발전은 없었다. 둘째, 언어 연구에 있어 라틴 문법을 그대로 답습하였기 때문에 큰 변화가 없었다. 그래서 일반적으로 전기 중세 시대는 언어학사에서 큰 의미가 없는 시대라 한다. 셋째, 그럼에도 불구하고 라틴어뿐만 아니라 다양한 언어에 관심을 가지게 되었다. 성경을 각 개별언어로 번역하게 되면서 개별언어의 특성에 관심을 가지게 되었으며, 신세계로 진출하게 됨에 따라 다양한 언어에 눈을 돌리게 되었다. 넷째, 그 결과 프리스키아누스의 《문법론》으로 자연스럽게 여러 언어의 문법을 기술하게 되었다. 라틴 문법을 근간으로 하여 그 체계에 다른 언어의 문법 기술을 맞추었다. 일종의 번안문법이 생겨났다.

다음으로는 구체적으로 언어 연구의 대상에 대해 살펴보자. 앞에서 언급한 바와 같이 전기 중세 시대의 언어 연구의 주된 대상은 라틴 문법에 관한 것이었다. 라틴어는 중세 시대에도 학문 언어로 유지되었고, 교회의 종교의식과 행정의 언어로서 그 권위는 더욱 높아졌기 때문이다. 또한 문법은 중세 7개 교양 교육의 하나였다. 교양 교육이란 문법, 변증법, 수사학의 3학과와 음악, 수학, 기하학, 천문학의 4학과를 말한다. 문법은, 이와 같이 교양 교육인 동시에 라틴어를 정확히 읽고 쓰는 데에 필수적인 것으로서, 중세 시대 학문의 기초였다. 물론 문법 연구는 신학, 즉 기독교 신앙과 기독교 교리 연구에 종속되었다.

이와 같이 라틴 문법의 내용은 주로 실용적이고 규범적인 것이었다. 기존 연구에 대해 주석하고 해설하는 것이었다. 그리고 유럽 여러 지역에서도 라틴 문법 연구가 이루어졌다. 예를 들어, 영국에서도 비드(Bede), 알쿠인(Alcuin)이 7세기와 8세기에 라틴어에 관한 문법 책을 썼으며, 11세기에 앨프릭(Aelfric)이 라틴어에 관한 문법과 회화 책을 썼다.

12세기(아마도 1125~1175)에 아이슬란드에서, 저자가 알려지지 않았지만, 독창적인 《첫번째 문법론》(First Grammtical Treatise)이라는 문법서가 나왔다. 주로 표기법에 관심을 가지고 로마문자를 개량하여 아이슬란드어를 적는 표기법에 관한 내용이었다. 표기법을 다루면서 음운 분석의 원리를 제시하였는데 음운 분석 방법이 현대 음운 이론과도 비슷하다. 예를 들어 환경에 따라 나타나는 변이음은 한 글자로 표기하였으며, 의미 차이가 나는 것은 글자를 구별하여 최소 대립쌍을 제시하였다. 그리고 음운 차이를 예문을 통해 제시하였다. 다음 문장에서 단자음은 l, 장자음은 L로 표기하였다.

Eigi eru ǫl ǫL at einu
Not all alses are alike.
모든 에일 맥주가 똑같지는 않다.

그리고 이 시기에는 라틴어 이외에 다른 언어에 대한 문법 기술이 나타나 문맹을 퇴치하고 교육 수준을 높이는 데에 도움을 주었다. 13세기에 아일랜드인들이 웨일즈어 문법을 기술하였고, 프로방스인들이 프로방스어 문법을 기술하였다.

12세기부터인 후기 중세 시대는 스콜라 철학[1] 시기였다. 스콜라 철학 안에서는 언어 연구가 중요한 위치를 차지하였고, 실제로 상당한 연구가 수행되었다. 물론 기독교 신앙의 권위의 일부로서 수행되었다.

그리고 후기 중세 시대로 오면서 문법의 논리화가 논의되었다. 라틴어에 입각하여 보편문법을 구성하려는 것으로, 언어 요소의 결합에 논리 법칙을 반영하려 한 것이다. 스콜라 철학자는 언어 현상 속에 논리적 판단이 직접 반영되고 있음을 보였다. 아벨라르(Peter Abailard, 1079~1142)나 그 이후의 룰루스(Raimundus Lullus, 1232~1315)와 같은

---

1 스콜라 철학(Scholasticism): 스콜라 철학은 기독교 신학에 바탕을 두고서 진리 탐구와 인식의 문제를 신앙과 결부시켜 생각하며, 인간 이성을 신의 계시로 이해한 철학 사상이다. 기독교 신앙을 체계적으로 정리하고 이를 이성적인 사유를 통하여 논증하려 하였다. 중세 사람들의 사유와 삶에 영향을 미쳤으며, 그 이후의 사상 발달, 논리학 발전에 기여하였다.

학자는 라틴어에 입각해서 보편문법을 구성하는 것이 유익하다고 생각하였다. 언어 연구에서 이러한 논리적 방법론은 근대 르네상스 시대의 언어 연구, 특히 이성주의에 입각한 언어 연구로 계승되었다.

1.2. 보편양태문법

후기 중세 시대 언어 연구에서 중요한 성과는 보편양태문법(speculative grammar)에 관한 연구이다. 보편양태문법에 대한 구체적인 이론은 《의미표현 방법론》(*De modis significandi*)라는 논문집에 나타나 있다. 이것은 스콜라 철학 전성기인 1200~1400년의 여러 양태론자(Modistae)의 연구 성과이다.

보편양태문법이란, 라틴 문법을 기반으로 하여 발달한 이론으로서, 단순한 규범문법이나 학교문법의 단계를 넘어선 독창적인 이론 문법이다. 보편양태문법은 도나투스와 프리스키아누스가 형식화한 라틴 문법 기술을 스콜라 철학에 융합한 것이다. 보편양태문법은 1204년 콘스탄티노플 함락 이후 그리스 문헌의 원전에 대해 관심을 가지고 주석하는데에서 시작하였다. 스콜라 철학의 관점에서 볼 때 도나투스와 프리스키아누스가 제시한 문법 기술은, 비록 교육적으로 유용하다 하더라도, 이론적으로는 충분한 것이 아니라 생각하였다. 그래서 문법을 이론적으로 발전시켰는데, 기술보다는 설명에 관심을 두게 되었다.

한편 오늘날 독일 중부 에르푸르트 출신의 토마스(Thomas of Erfurt)의 《보편양태문법》(*Grammatica Speculativa*, 1310년 무렵)이라는 저서는 후기 양태론자의 이론으로 논리적으로 정연하고 내적으로 일관된 문법 체계였다. 이 저서에서는 의미 작용의 양태가 가장 중요하다고 보면서 양태의 조직을 다음과 같이 제시하였다.

능동적 인식의 양태   피동적 인식의 양태
능동적 의미작용의 양태   피동적 의미작용의 양태

품사는 이러한 양태를 통해 현실을 표상하는 방법으로 구분된다고
하여 다음과 같이 품사 구분을 제시하였다.

nomen 명사
    존재 또는 변별 특성을 가지는 품사.

verbum 동사
    서술된 실질과 분리되며, 시간 과정을 나타내는 품사.

participium 분사
    서술된 실질과 분리되지 않으며, 시간 과정을 나타내는 품사.

pronomen 대명사
    변별 특성 없이 존재를 나타내는 품사.

adverbium 부사
    시간 과정을 나타내는 품사와 구성을 이루며, 그것을 수식할 뿐 통합
    관계를 가지지 않는 품사.

coniunctio 접속사
    두 개의 다른 표현을 연결하는 품사.

praeposititio 전치사
    격 변화하는 단어와 구성을 이루어 그것을 행위와 관련시키는 품사.

interiectio 감탄사
    동사 또는 분사를 수식하여 감정이나 정서를 가리키는 품사.

1.3. 중세 아랍의 언어 연구

아랍어에 대한 관심과 연구는 종교적인 배경에서 싹텄다. 비아랍권으

로 이슬람교 전파가 확대되고, 아울러 지배 영토가 넓어지면서 언어에 대한 관심이 확대되었다. 그들의 경전인 코란을 전파하기 위해 아랍어 문법을 연구하게 되었다. 그리고 넓은 영토를 통치하기 위하여, 즉 행정, 법, 경제의 필요에 따라 아랍어 교육이 필요했고 교육을 위해 당연히 아랍어 연구에 힘썼다.

코란의 본문은 번역하는 것도 고치는 것도 전통적으로 금지되어 있었고, 그리고 코란은 아랍어로 읽어야 하였다. 그래서 코란 언어의 순수성을 지키는 것이 언어 전문가들의 과제였다. 이러한 코란 언어 전문가를 양성하기 위해서 문법학교도 설립하였다. 가장 유명한 것은 메소포타미아의 쿠피(Kufi)와 바스라(Basra)에 있는 학교라 한다.

아랍어 문법 연구는 8세기 말엽 시바와이흐(Sibawajhi, ?~796)의 연구로 절정에 이르렀다. 시바와이흐가 쓴, '책'이라는 뜻의 알 키타브(*Al Kitab*)라 이름 붙인 문법서는 당대 가장 권위 있는 아랍어 문법서였다. 그는 아랍인이 아니라 페르시아인이었고, 문화적으로 강요된 언어 접촉이 문법 연구의 동기가 되었다. 그는 굴절하는 명사와 동사, 굴절하지 않는 첨사, 이렇게 세 단어 부류를 설정하였다. 동사 굴절의 기술은 대부분 3자음 어근에 기초하였는데, k-t-b(쓰다)로부터 kataba(동사과거형: 썼다) kitab(명사형: 책) 등이 파생하는 것을 기술하였다. 또한 아랍문자와 음성 기술 방법을 독자적으로 완성하였다.

이러한 아랍어 연구의 주요 성과와 특징은 다음과 같다. 그들은 문법의 전통을 그리스에서 수용하지만, 아랍어는 그리스어와 유형이 달랐기 때문에 아랍어 문법 연구는 특수한 방법으로 수행할 수밖에 없었다. 코란의 발음을 위하여 음성 연구가 이루어졌다. 코란은 정확하게 발음해야 했기 때문에 음성 연구에 힘을 기울였다. 역시 코란 언어의 이해를 위해 문법 연구가 이루어졌다. 아랍의 언어학자들은 언어 기호의 형식과 기능의 관계를 찾는 것이 중요하다는 것을 인지하였다.

또한 아랍인들은 아랍어 사전 편찬에 크게 힘을 기울였다. 이는 비아랍권의 통치를 위해 어휘집 편찬이 필요하였기 때문이었다. 비아랍권으로 아랍어를 전파할 목적과 아랍어를 정리하기 위한 목적이었다. 사전을 Al-qāmūs라고 했는데, 이것은 '끝없는 말의 바다'라는 뜻이라 한다. 피루자바디(Firūzābādy, 1329~1414)라는 사전 편찬가는, 전설에 의하면, 거의 100권에 달하는 사전을 직접 저술하였다고 한다.

아랍인들은 자기가 정복한 민족의 문화를 취사선택하고 그것을 기초로 해서 그들의 문화를 구축하였다고 한다. 그래서 표준 아랍어와 더불어 다양한 방언이나 여러 시대에서 유래한 어휘나 신어가 차별 없이 같은 차원에서 다루어 다양한 어휘를 제한 없이 받아들였다. 그 결과 다양한 어휘가 수용되어 아랍어는 풍부해졌다.

1.4. 중세 유대인들의 언어 연구

아랍어 연구의 발전은 중세 유대인들이 성경 언어를 연구하는 데에 영향을 미쳤다. 유대인은 아랍인으로부터 언어 분석 방법을 이어받아 성경 언어의 연구에 적용하였다. 아랍제국에는 많은 유대인들이 살고 있었다. 유대인의 언어인 히브리어는 아랍어와 친근 관계가 있다. 유대인은 이미 10~11세기에 이 친근 관계를 인식하고 있었다. 유대인은 히브리어를 아랍어뿐만 아니라, 같은 계통의 언어인 아람어와도 비교해서, 이 세 언어 간에 많은 공통점이 있다는 결론에 이르게 되었다. 이렇게 보면 유대인은 비교언어학의 개척자라 할 수 있는데, 물론 그 사실이 유럽에 널리 알려진 것은 훨씬 뒤의 일이다. 이를 통해서 볼 때 결과적으로 유대인의 언어 연구의 성과는 다른 지역의 언어학 발전에 직접적인 영향을 미치지는 못하였다.

2. 근대 시대의 언어 연구

2.1. 배경

서양의 근대 시대는 르네상스로부터 시작한다. 르네상스는 14세기 이후 이탈리아에서 유럽 전역으로 확대되었다. 구텐베르크(Johannes Gutenberg, 1398?~1468)에 의한 활판 인쇄술로 도서 출판이 활발해졌다. 그리고 거대한 종교 운동인 종교개혁이 16세기에 일어나 유럽을 중심으로 전개되었다. 이러한 몇 가지 역사적 발전으로 근대 시대가 출발하였으며, 새로운 세계의 성격을 형성하는 데 전반적인 영향을 미치게 되어, 언어 연구에도 영향을 미쳤다.

르네상스는 인본주의 사상을 근간으로 한다. 신을 중심으로 하는 사상에서 인간을 중심으로 하는 사상으로 옮겨 오면서 이러한 사상은 언어 연구에도 영향을 미쳤다. 그 결과 인간 사고의 본질과 인간의 인지능력에 관심을 가지면서 언어의 본질과 현상에 대해서도 본격적으로 관심을 가지게 되었다. 또한 르네상스는 고전에 관심을 가지면서 언어 연구는 라틴어를 중심으로 한 연구에서 다시 고전 그리스어와 고전 라틴어와 같은 고전어에 대한 문헌 연구에 관심을 가지게 되는 계기가 되었다. 이렇듯 르네상스 시대 학문의 가장 큰 변화는 이탈리아에서 시작된 고전 라틴어와 고전 그리스어 연구의 부활을 완성하는 것이었다. 학문적인 소통과 철학 연구를 위한 라틴어가 아닌 위대한 문명의 옛 언어로서 고전 라틴어를 연구하게 되었고, 아울러 이 시기 유럽의 학교는 그리스와 로마의 고전 문학과 고대 역사에 대한 연구가 중심이 되었다.

신대륙을 비롯한 새로운 세계에 눈을 돌리면서 유럽 지역 언어 이외의 다른 언어에 대해 관심과 흥미가 확대되었다. 낯선 지역에 대한 탐험과 여행, 그리고 기독교 선교사의 파견 등으로 지금까지 알려지지 않았던 새로운 여러 언어들이 유럽 학자들의 시야에 들어오기 시작하였다.

그 결과 유럽 지역 언어를 비롯한 유럽 지역 밖의 여러 언어들에 대한 문법서가 등장하게 되고, 아울러 외국어 교육에도 관심을 가지게 되었다.

유럽 지역 이외의 다른 대륙의 언어가 소개되면서 지금까지 생각하지 못했던 구조와 유형을 가진 언어들에 대해 이해하게 되었다. 또한 유럽의 일상언어들에 대한 관심도 높아졌다. 이렇게 하여 여러 다양한 언어와 일상언어에 대한 연구가 체계적으로 수행되었다. 그리고 다양한 언어로 성경이 번역되면서 번역 이론과 실제에도 관심을 가졌다.

이러한 배경에 따라 언어 연구의 방법도 경험주의에 입각한 방법과 이성주의에 입각한 방법이 함께 이루어졌다. 그것은 철학 사상이 언어 연구에 영향을 미친 결과이기도 하다. 프랑스 이성주의 철학은 언어 사실에 대한 논리적 접근을 촉진시켜 보편문법을 활성화하였다. 경험주의, 실용주의와 같은 영국 철학의 영향은 영국의 언어학자들이 구어 자료와 음성에 관심을 가지게 하였다.

2.2. 경험주의와 이성주의

서양의 16~18세기의 철학 사상은 경험주의와 이성주의의 대립이라는 특성을 보였고, 두 사상 속에서 언어 연구도 이에 따르게 되었다.

경험주의는 부분적이기는 하지만 중세 스콜라 철학 사상에 대항하면서 출발하였다. 이러한 철학 사상으로서의 경험주의는 특히 영국에서 발전하였다. 베이컨(Francis Bacon, 1561~1626)은 지식은 관찰에서 출발한다고 하면서 연역과 대립되는 귀납의 중요성을 강조하였고, 나아가서 로크(John Locke)[2], 버클리(George Berkeley), 흄(David Hume) 등이

---

2 존 로크(John Locke, 1632~1704): 영국의 경험주의 철학자, 정치사상가. 계몽철학과 경험주의 철학의 원조로서 자연과학에도 관심을 가졌다. 또한 교육에도 많은 관심을 보여 소질을 본성에 따라 발전시켜야 한다고 주장하였다. 옥스퍼드대학에서 철학·자연과학·의학

경험주의 철학 사상을 완성하였다. 경험주의의 가장 중요한 주장은 인간의 모든 지식은 외부로부터의 감각과 그것을 추상화하고 일반화하는 정신 작용에서 나온다는 것이다. 이러한 생각이 극단에 이르게 되면 선험적인 지식을 완전히 배제하게 되는 것이다.

이러한 경험주의에 대립하는 철학 사상이 이성주의이다. 데카르트(René Descartes)[3]와 그의 추종자들이 이성주의 철학 사상을 펼쳤다. 이성주의자들은 지식의 확실성을 인간의 이성에서 찾았다. 인간의 감각은 오류의 가능성을 배제할 수 없기 때문이라 하였다.

두 관점의 가장 대표적인 차이는 생득 관념에 관한 것이다. 로크, 버클리, 흄은 어떤 관념도 경험 이전에 인간의 정신 속에 심어져 있을 수 없다고 주장하였다. 그러나 데카르트를 비롯한 이성주의자들은 생득 관념을 우리 지식의 확실성의 기초로 간주하였다. 그것은

이성주의 철학자 르네 데카르트

등을 공부하고, 공사 비서관으로 독일에 체류하던 중, 샤프츠베리 백작의 고문이 되었다. 그러나 백작이 실각되자 반역죄로 몰려 네덜란드로 망명했다가 사면되어 귀국하였다. 귀국 후 《종교 관용에 관한 서한》(A Letter Concerning Toleration, 1689~1692), 《인간오성론》(An Essay Concerning Human Understanding, 1690), 《교육론》(Some Thoughts Concerning Education, 1693) 등을 저작하였다.

3 데카르트(René Descartes, 1596~1650): 프랑스의 철학자, 수학자, 물리학자, 생리학자. 근대 철학의 아버지라 불리며, 이성주의/합리주의 철학의 길을 열었다. 스콜라 철학의 교육을 받고 군대 근무 후, 당시 유럽 최초의 자본주의 국가인 네덜란드에 머물러, 자연과학과 철학을 연구하고 그에 대한 저술을 시작하였다. 데카르트는 "진리를 확실하게 인식하기 위하여 인간에게 허용된 길은 명증적 직관과 필연적 연역 이외에는 없다."라고 하여, 모든 명제를 자명한 공리로부터 연역해 내는 기하학적인 방법을 철학에 도입하였다. 이 방법을 통하여 데카르트는 중세 철학에서 탈피하였고, 근세 철학의 창시자가 되었다.

논리적, 수학적 개념이었다.

결론적으로 경험주의와 이성주의의 대립 관점은 인간 정신이 외부적으로 지각되는 자료의 피동적인 수용자(백지 상태)인가, 아니면 능동적인 참여자인가에 관한 것이다. 경험주의에 입각한 언어 연구는 언어를 외부로부터 관찰된 사용법, 즉 유명한 작가나 사회적으로 인정받는 화자에 기초하여 연구하는 것이라면, 이성주의에 입각한 언어 연구는 인간의 천부적 재능으로서 그리고 이성의 발현으로서 내부로부터의 인간 언어를 연구하는 것이라 하겠다.

2.3. 경험주의에 입각한 언어 연구

근대 시기에 이르러서 모든 언어는 그 자체가 고유한 구조를 지닌다는 생각을 바탕으로 개별언어에 관심을 돌렸다. 로마 시대 이래 라틴 문법 하나를 표준으로 삼아 다른 모든 개별언어를 기술하여 왔으나, 이제는 개별언어를 직접 관찰하여 그 언어 고유의 문법을 기술하는 데에 이르렀다.

자연과학 방법론이 대두되면서, 언어 연구에서 문법은 자연과학에 대한 논문과 비견될 수 있다는 의식이 일어났다. 또한 영국을 중심으로 구어 자료에 관심을 가지면서 음성에 대한 연구가 활발하게 전개되었다.

16세기와 17세기 영국의 경험주의에 입각한 언어 연구는 영어 음성의 체계적인 기술과 영어 문법의 형식적인 분석에서 시작되었다. 음성 연구가 영국에서 진지하게 발달한 것은, 대륙에서와 마찬가지로, 인쇄술이 발명되고 글자 해독이 전개됨에 따라 글자와 발음의 관계에 관심이 쏠렸기 때문이다. 그래서 16세기 이래 영국의 음성 연구의 과제는 표기법과 정음법이었다. 이러한 연구는 오늘날 음성학과 음운론에 해당하는 것이며, 베이컨에서 흄에 이르는 영국의 경험주의 사상, 그리고 영어 표기법의 특성이 오늘날 영국 음성학의 전통을 형성하였다.

음성학자 홀더(W. Holder)는 1669년 왕립학회에서 《음성 요소》 (*Elements of Speech*)라는 저서를 출판하였다. 이를 통해 음성의 조음 방법을 간결하고 정확하게 기술하여 조음음성학의 일반 이론을 수립하였다. 예를 들어, 한 조음기관이 다른 조음기관에 접근하는 방식을 유형으로 나누어 정지음의 경우는 완전 접근, 마찰음과 지속음의 경우는 부분 접근이라는 차이를 지적하였다.

영국에서의 영어 문법 연구는 자신들 언어에 대한 자부심과 경험주의 방법을 바탕으로 모든 문법범주를 실제 언어를 관찰한 결과를 근거로 설정하였다. 라틴어와 다른 방식으로 단어의 품사를 설정하였다. 결과적으로 영국의 경험주의 방법이 기술음성학을 성립하게 하였고, 영어의 독자적인 문법을 기술하게 하였다.[4]

한편 근대 시기에는, 앞에서도 밝혔듯이, 고전 그리스어와 고전 라틴어를 중심으로 문헌 연구에 대한 관심이 일어났으며, 이들 언어 외에도 유니우스(Franciscus Junius, 1589~1677)는 고트어와 게르만어, 영어, 스칸디나비아어, 프리지아어, 네덜란드어 등과 관련한 연구를 수행하였으며, 그 뒤를 이어 힉스(George Hickes, 1642~1715)는 고트어와 앵글로색슨어의 문법서를 출판하고 또 영어와 그 친근어에 관한 연구도 수행하였다. 이러한 연구는 18세기에 이르러 더욱 정밀화되었다. 18세기 말에 이르러서는 헝가리 언어학자 갸르마티(Garmathi)에 의해 핀우그르어의 비교 연구가 수행되기도 하였다.

18세기는 언어의 기원에 관한 고찰이 집중적으로 행해진 시기였으며, 언어 구조는 참으로 다양하다는 것이 널리 알려지기 시작한 것도 대체로

---

4 이와는 달리 윌킨스(John Wilkins, 1614~1672)라는 영국의 주교이자 자연철학자는 *An Essay towards a Real Character and a Philosophical Language* (1668)라는 책에서 보편 언어를 제안한 바 있다. 라틴어를 대신하여 학자나 철학자들이 중의적이지 않은 완벽한 언어로써 소통할 수 있는 보편언어를 창조하려 시도하였다.

이 무렵이었다. 이미 16세기에 스페인 선교사들이 아메리카대륙과 필리핀의 언어를 기술한 자료가 유럽에 소개되었으며, 18세기 말에 이르러서 이 세상에는 200여 언어가 존재한다고 알려졌다. 이른 시기에 아메리카 원주민 언어에 대한 문법서도 나왔다. 멕시코의 타라스칸어 문법서가 1558년에, 옛 잉카제국의 공용어였던 케추아어 문법서가 1560년에, 옛 아스테카제국의 공용어였던 나우아틀어 문법서가 1571년에, 과라니어 문법서가 1640년에 나왔다. 그리고 바스크어, 일본어, 페르시아어 문법서가 16~17세기에 나왔다.

팔라스(P. S. Pallas)는 1780년대에 유럽과 아시아의 200여 언어의 어휘를 포함하는, 비교 어휘집인 *Linguarum totius orbis vocabularia comparativa Augustissimae cura collecta*라는 사전을 러시아에서 출판하였다. 이렇게 하여 1810년에 이르러서는 이 세상에는 500여 언어가 존재한다고 알려졌다.

여기서 주목할 것은 유럽 학계에 그때까지 몰랐던 또 다른 인도유럽 언어인 산스크리트어가 알려진 것이다. 대표적인 산스크리트어 학자는 영국의 존스(William Jones, 1746~1794)였다. 그는 산스크리트어, 그리스어, 라틴어, 고트어, 그리고 켈트어까지 포함해서 이들 언어가 밀접한 관계에 있으며, 이제는 존재하지 않는 어떤 한 공통어에서 분화한 것이라고 주장하였다. 그의 이러한 주장은, 다음 제6강에서 살펴볼, 19세기의 인도유럽언어의 비교언어학 시대를 여는 계기가 되었다.

2.4. 이성주의의 입각한 언어 연구

이성주의에 입각한 언어 연구는 여러 측면에서 중세 스콜라 문법을 계승하였지만, 이성주의 언어학자들은 스콜라 문법학자들과는 달리 인간의 이성을 위에 두고 데카르트 사상을 그들 이론의 바탕에 두었다.

프리스키아누스처럼 라틴 문법에 대한 보편주의에 입각한 설명이 아니라, 여러 언어들의 서로 다른 문법에 담겨 있는 문법의 공통성을 찾고자 한 것이다.

이성주의 철학의 대표적인 학자는 데카르트이다. 그는 직접 언어 이론을 연구하지는 않았으나, 후대 언어학자들에게 방법론에 영향을 미쳤다. 그러한 점에서 데카르트는 근대 시대 이성주의에 입각한 언어 연구에 크게 공헌하였다고 하겠다. 언어의 보편성과 보편문법의 가능성을 제시한 점이 바로 그의 언어학사적인 의의이다.

인간의 지적 능력의 본성에 대한 연구로서 근대 시대의 이성주의에 입각한 언어 연구는 프랑스의 포르루아얄(Port-Royal) 수도원에서 이루어진 연구이다. 포르루아얄 수도원은 1637년에 세워진 종교교육기관으로서 1661년 정치적, 종교적 분쟁 때문에 해체되었다. 그러나 그들의 영향은 교육 사상에서 지속되었으며, 문법 분야에서 그들의 업적은 근대 시대의 이성문법, 일반문법을 발전시킨 것이다. 그래서 이들이 주창한 문법 이론을 포르루아얄문법(Port-Royal Grammar)이라 한다.

문법학자 랑슬로(Lancelot)[5]와 철학자 아르노(Arnauld)[6]가 1660년에 《일반이성문법》(*Grammaire générale et raisonnée*)이라는 저서를 출판하였다. 이는 데카르트 사상을 계승하여 논리적 사고를 바탕으로 보편문법을 확립한 문법서이다. 문법을 논리와 관련하여 연구하며 합리적인 설명을 추구하였다. 이 문법 이론은 이후 이성문법 연구의 표준이

---

5 랑슬로(Claude Lancelot, 1612~1694): 문법학자, 논리학자, 신학자. 1656년 소르본대학을 나와 포르루아얄 수도원에 은거하였다. 얀센학파의 대표로 얀센학파에 대한 박해가 심해지자 플랑드, 네덜란드 지역으로 망명하였다. 언어학 관련 저서로 랑슬로와 함께 쓴 《일반이성문법》, 피에르 니콜과 함께 쓴 《포르루아얄의 논리학》 등이 있다.

6 아르노(Antione Arnauld, 1616~1695): 프랑스어 문법가, 포르루아얄의 얀센학파 수도사. 역시 얀센학파에 대한 박해가 심해지자 다른 수도원에서 은둔하며 지냈다. 언어학 관련 저서로는 여러 가지 언어를 배우기 위한 《라틴어》, 《그리스어》, 《이탈리아어와 스페인어》, 《그리스어 뿌리의 정원》 등이 있다.

되었다. 예를 들어 영국의 해리스(James Harris)가 1751년에 저술한 《헤르메스 또는 언어 및 보편문법에 관한 철학적 연구》(*Hermes or a Philosophical Inquiry Concerning Language and Universal Grammar*)는 포르루아얄문법의 영향을 받는 연구이다.

《일반이성문법》에서 문법의 규범은 가능한 한, 논리적인 요구에 맞아야 하며, 논리가 모든 인류에게 단일·보편·공통인 것이므로 논리의 도움을 받는다면 세계의 모든 언어의 본질에 맞는 보편문법 이론을 구축할 수 있다고 하였다. 또한 "문법이란 말하는 기술이다. 말한다는 것은 인간이 의도적으로 만들어낸 기호를 사용하여 자기의 생각을 설명하는 것이다. 말하는 데 필요한 가장 편리한 기호는 소리와 음성이라는 사실을 알게 되었지만, 이들 소리는 사라져 버리기 때문에, 그것을 눈에 보이고 지속될 수 있도록 하기 위해서 사람들은 다른 기호를 만들었다. 그것이 글자이다. 여기에서 문법이라는 말이 유래한다.…… 따라서 이들 기호 안에서 두 가지 사항을 검토할 수 있다. 첫째는 소리와 글자의 본질에 대한 것이다. 둘째는 그것의 의미로써, 인간이 그들의 사고를 표현하기 위해서 기호를 사용하는 방법에 관한 것이다." 그래서 이 책 1부에서 첫째 사항을, 2부에서 둘째 사항을 다루었다. 그 주요 내용을 들면 다음과 같다.

제1부: 철자와 글자에 대해 말하다
소리로서의 철자, 그리고 첫째 모음 / 자음 / 음절 / 소리로서의 단어, 강세에 대해 논함 / 글자로 간주되는 철자 / 모든 종류의 언어로 쉽게 읽기를 가르치는 새로운 방법

제2부: 다양한 형태의 단어 의미가 근거하고 있는 여러 가지 원칙과 이유들을 다루다
명사(실사, 형용사, 고유명사, 총칭명사 또는 일반명사) / 단수와 복수 / 성 / 격, 그리고 격을 이해하기 위해 언급해야 하는 전치사 /

관사 / 대명사 / 관계대명사 / 전치사 / 부사 / 동사(동사, 동사의 인칭과 수) / 시제 / 양태 / 부정법 / 피동 – 능동 – 중립 / 비인칭동사 / 분사 / 동사형 명사와 목적 분사 / 조동사 / 감탄사 / 접속사 / 통사론 또는 단어 전체의 구성

제1부에서는 언어의 외적 형태인 철자와 글자에 대해 논하며, 여기에는 자음과 음절, 강세 등에 대한 내용을 포함하였다. 특히 제6장의 경우 '모든 종류의 언어로 쉽게 읽기를 가르치는 새로운 방법'을 다루고 있는데, 이들 저자들의 언어 연구는 교육에도 관심을 두고 있음을 보여 준다. 제5장에서는 기호와 소리에 관련된 다음과 같은 내용이 있다. "인간이 생각을 나타내는 기호로 소리를 택했으며, 또한 이 소리를 나타내는 기호로 어떤 형상을 만들어냈다."라는 말에서 글자라는 것이 과연 소리만을 나타내는지, 또는 소리가 나타내는 생각 자체를 떠올리는 데 도움을 주는 것인지가 핵심적인 문제로 제기되었다. 발음되지 않는 것이 의미의 구분에 어떤 역할을 하는가에 대해 저자들은 어느 정도 긍정적인 평가를 내린다. 발음되지 않는 철자, 대문자 사용, 발음과는 다른 표기—예를 들면 cinema와 같이 c의 발음이 [s]인 경우—는 의미를 파악하는데 도움이 되기도 하고, 관습적인 활용으로 인해 쉽사리 바꿀 수 없다는 것이다. 그리고 저자들은 발음이나 의미 유추에 도움이 되지 않는 철자를 없애고, 쓸모 있는 경우에 발음되지 않는 것을 표시해야 한다고 주장한다. 이러한 주장에는 언어의 이상적인 형태에 대한 생각이 깔려 있다.

저자들이 말하는 언어의 이상적인 형태는 '이성적인 원칙'을 따르는 것이다. 예를 들면 2부 제11장의 전치사에 대한 서술에서 하나의 관계에 하나의 전치사가 대응하는 것을 이성적인 원칙으로 파악한다. 결국 저자들이 말하는 이성이란 'A=B'의 일대일 대응 관계의 명제로 환원되는 것이며, 이러한 이성을 통해 언제나 동일한 결론을 유추한다는 것이다.

그리고 일반이성문법이란 인간 모두가 일반적으로 지니고 있는 이성

을 기준으로 언어 현상, 문법을 도출한 결과라고 하였다. 저자들은 제2부 제1장의 제목을 통해 "문법의 토대를 이해하려면 우리 정신 안에서 일어나는 일에 대해 알아야 한다. 이것으로부터 문장을 구성하는 단어의 다양성이 설명된다."라는 것을 천명한다. 인간이 이성을 통해 내리는 판단이 언어의 본질적인 층위에 있다는 주장이다. 명제를 중심으로 문법을 고찰한 것은 이전에도 있었지만, 언어 표현의 근본적인 층위에 '단언'을 설정하였다. 단언은 생각의 대상과 생각의 형태로 구성되는데 이 둘이 합쳐져서 의미를 구성한다고 주장하였다. 이와 같은 《일반이성문법》에 대한 소개는 한문희 (역) (2000) 참조.

포르루아얄문법의 언어학사적인 의의는 다음 두 가지로 요약할 수 있다. 첫째는 이성주의에 바탕을 두고 언어의 본질이 무엇인가를 규명하려 하였다. 둘째는 현대 언어학, 특히 변형생성문법의 이론적 배경이 되었다. 변형생성문법 이론을 제창한 촘스키(Avram Noam Chomsky)는 그의 이론에 대한 배경을 서술한 1966년의 책, 《데카르트 언어학》 (*Cartesian Linguistics*)에서 이 점을 분명히 밝혔다. 이것은 책이름이 데카르트 언어학이라고 한 것에서도 알 수가 있다. 촘스키는 자신의 변형생성문법의 기본 개념인 심층구조와 표층구조의 구별이 이미 일반이성문법에서 나타나 있다고 하였다.

관계대명사를 다루면서 랑슬로와 아르노는 문장 Dieu invisible a créé le monde visible.에 세 개의 절이 내포된 것으로 분석하였다. (1) Dieu est invisible. (2) Dieu a créé le monde. (3) Le monde est visible. 촘스키도 이들처럼 심층구조가 의미를 실현하며, 이것은 모든 언어에 공통된 것이라고 보는데, 심층구조가 바로 인간의 사고 형태를 반영한 것이기 때문이라 하였다.

결국 촘스키의 변형생성문법이, 데카르트 사상을 이어받은 르네상스 시대 이후 이성주의에 입각한 언어 연구 방법에 기반을 둔 이론이라고 할 때, 포르루아얄문법의 언어학사적인 의의는 크다고 하겠다.

2.5. 18세기의 언어 기원과 사상에 대한 연구

18세기 유럽의 언어 연구 발전에 영향을 준 두 가지 사항이 있다. 첫째는 유럽 내부의 문제이다. 그 시대 과학의 일반적 경향은 세계와 세계 속의 인간의 위치에 대해 새롭게 시도하는 것이었다. 성경에 대한 믿음과 과학의 발전 사이에 괴리 없이 객관적으로 인간을 연구하는 것이었다. 그래서 18세기에 현대 인류학이 태동하게 되었다. 둘째는 유럽 외부의 문제이다. 인도로부터 소개된 산스크리트어의 영향은 강력하고도 즉각적인 효력을 발휘하여 비교언어학에 큰 변화를 불러왔다. 이러한 두 가지 사항의 영향으로 사람들은 오래 전부터 관심사였던 언어의 기원 문제를 다시 생각하게 되고 다양한 각도에서 살펴보게 되었다.

언어의 기원과 발전을 추구하는 것은, 경험주의, 이성주의, 18세기 낭만주의[7] 철학자들 모두에게 관심의 대상이었다. 왜냐하면 인간은 언어로써 이성적 사고의 원리를 전달할 수 있으며, 언어로써 감정과 정서를 표현할 수 있기 때문이다. 프랑스 철학자 콩디야크(Étienne Bonnot, Abbé de Condillac, 1714~1780)는 《인간 지식의 기원에 대한 논고》(*Essai sur l'origine des connaissances humaines*, 1746)에서 지식론에 기반을 두어 언어의 기원을 논의하였으며, 역시 프랑스 철학자 루소(Jean-Jacques Rousseau, 1712~1778)는 《인간 불평등의 기원에 대한 담론》(*Discours sur l'origine et les fondements de l'inégalité parmi les hommes*, 1754)을 통해 낭만주의에 기반을 두어 언어의 기원을 논의하

---

7 낭만주의: 18세기 말엽에서 19세기 중엽까지 전개된 철학 및 예술 사조이다. 18세기 유럽은 17세기 프랑스에서 확립된 고전주의를 일반적으로 계승하면서 이성을 인식의 유일한 수단으로 삼은 계몽주의가 주류를 이루었다. 그러나 18세기 중엽이 되면서 인간을 있는 그대로 보려는 욕구가 분출하였고, 고전주의로부터 자국의 과거로 눈을 돌려 새로운 문화의 원천을 찾으려 하였다. 나아가서 1789년 프랑스혁명으로 모든 원리가 붕괴되는 정신의 폐허 위에 자신의 심성에 맞는 문화를 이룩하려고 한 것이 낭만주의 정신의 본질이었다.

였다. 이 두 사람이 언어 기원에 대하여 가지고 있었던 생각은 비슷하였다. 언어는 지시적이고 모방적인 몸짓과 자연스러운 몸짓에서 출발하였으나, 몸짓이 전달 수단으로서 비효과적이기 때문에 인간 언어의 음성 요소가 부가되었다는 것이다.

18세기 후반부에 이르러 언어의 기원 문제 해결에 많은 사람들의 관심을 가졌다. 예를 들어 1769년 프로이센 학술원에서 인간이 도움 없이 스스로 언어를 발전시켜 소유할 수 있는가, 그리고 만일 그것이 가능하다면 어떻게 그 일이 일어나는가라는 문제에 대한 논문을 현상 공모하기에 이르렀다. 이에 헤르더(Johann Gottfried von Herder, 1744~1803)가 '언어의 기원에 대한 논의'(Abhandlung über den Ursprung der Sprache, 1772)라는 논문을 제출하여 상을 받았다. 그는 언어와 사고가 분리될 수 없음을 주장하였다. 즉, 언어는 인간의 사고의 도구이며 내용이며 형식이라는 주장이다. 언어와 사고는 공통 기원을 가지며, 단계적으로 성장 과정을 거치며, 이 둘이 함께 발달한다는 주장이었다. 그래서 각각 민족의 사고방식과 문학은 그들의 언어를 통해서만 올바로 이해되고 연구될 수 있다는 것이다.

헤르더는 언어와 사고 가운데 어느 것이 앞서는가 하는 문제에 대하여, 이 둘은 각기 존재하기 위하여 서로 의존적이기 때문에 동일 기원을 가지며, 같은 정도의 단계를 거쳐 발전되어 와서, 궁극적으로 동물의 세계에는 존재하지 않은 고유한 능력을 가지게 되었다고 하였다. 이러한 헤르더의 사상은 나중에 훔볼트의 언어철학에 영향을 미치게 된다.

앞에서 언급한 영국의 보편문법 이론의 대표자인 해리스의 저서 《헤르메스 또는 언어 및 보편문법에 관한 철학적 연구》는 보편문법의 철학 기반을 아리스토텔레스에 두면서, 개별언어에 나타나는 구조적 차이점과 모든 언어에 나타나는 보편 원리라는 공통점을 구별하였다. 해리스는 단어와 그 단어가 지시하는 대상은 관습에 의해 연관되어 있으며, 언어란 협의에 의해 의미를 표현하는 정교한 말소리의 체계라고 하였다.

해리스는 다양한 언어의 표면적 차이를 인식하여, 동일한 기능이 라틴어에서는 굴절로, 영어에서는 전치사구로 실현되기 때문에, 개별언어의 순수한 형식문법으로부터 보편문법을 찾아야 한다고 주장하였다. 언어사용에서의 보편성을 강조하였으며, 그리고 반복적으로 그리고 지속적으로 존재하는 언어능력을 인식하고 이를 추상화하였다는 점에서 언어학사적으로 의의가 있다.

제4강
동양의 언어 연구

제4강
동양의 언어 연구

1. 인도의 언어 연구

고대 인도의 문법가들은 자신들의 종교 경전인 베다를 보전하고 전승하기 위해 언어에 관심을 가지고 산스크리트 문법을 연구하였다. 이러한 문법 연구의 절정은 기원전 4~5세기에 나타난 파니니 문법이다. 이것은 언어 현상을 객관적으로 정밀하게 관찰하고, 간결하면서도 체계적으로 언어 현상을 분석하여 기술한 고대 인도의 대표적인 문법서이다. 그러나 파니니와 그의 후계 학자들의 연구 성과는 외부와 단절되어 있었기 때문에 다른 세계의 언어 연구에 직접 영향을 미치지는 못하였다.

1.1. 배경

고대 인도의 언어 연구는 종교적인 필요와 관심에서 출발하였다. 종교가 큰 구실을 해 온 사회의 특권계층은 종교 의식에 쓰이는 언어, 특히 종교 경전에 쓰인 언어를 잘 알고, 이를 그대로 순수하게 보전하려 노력하였다. 인도의 이러한 배경은 고대 그리스 시대의 언어 연구가 철학적 사색에서 출발한 것과는 대조적이다. 또한 그리스의 언어 연구가 논리적이었던 방법과는 달리 인도의 언어 연구는 분석적이고 기술적이었다. 고대 그리스나 로마 시대의 언어 연구의 성과가 다음 세대에 계승되어 발전한 데 비해 인도의 언어 연구는 다른 세계에 전혀 계승되지 못하고 만 사실은 매우 안타깝다. 그래서 인도의 언어 연구 성과는 근대에 이르러서야 비로소 재인식되었다. 고대 인도어는 일반적으로 산스크리트어(Sanskrit)를 가리키는데, 고대 인도의 언어 연구 대상은 바로 문어인 산스크리트어이다. saṃskṛta-로 표기되며, sam(하나로, 함께) + kṛta(만들어진)로 분석되어 '완성된 언어'를 의미하는 이 언어는 문학 작품이나 종교 경전에 쓰인 베다의 언어이다. 당시 프라크리트어(Prakrit)라 불리는 구어가 존재했지만, 이는 연구 대상이 아니었다.

고대 인도인들의 언어관은 언어의 신성함에 있었다. 언어의 본질은 단지 밖으로 드러난 모습이 아니라 그 속에 들어 있는 의미가 중요하다고 보았다. 그래서 표현하기를, "언어는 남편에게 자신의 모습을 드러내는 아름다운 부인에게 비유되며, 언어란 통찰력을 가진 사람에게만 그 의미를 드러내며, 많은 사람들은 언어를 보지만 보지 못하고, 듣지만 진실로 듣지는 못한다."라고 하였다.

그들은 종교 경전인 베다의 보전에 언어 연구의 목적을 두었다. 베다(Veda)란 지식이란 뜻을 지니는데, 이는 인간의 창작물이 아니고, 신에 대한 찬가이며, 그 언어는 신성한 것으로 믿었다. 그래서 베다를 아는 자는 브라흐만(Brahman)을 통제할 수 있는 자이며, 그 비밀의 열쇠를 소유한 자들이 브라흐만 계급이라 하고, 그들의 임무란 베다를 정확히 이해하고, 발음하고, 시간이 흐르더라도 훼손되지 않도록 보전하고 전승하는 것이라 하였다.

고대 인도에서는 언어가 변화하는 것을 언어의 타락으로 보고, 특히 베다에 쓰인 언어가 변화하여 훼손되는 것을 막고자 하였다. 베다에 쓰인 소리를 아주 작은 잘못도 없이 정확하게 발음하고자 하였다. 그런데 산스크리트어는 많은 음운 변동 현상을 포함하고 있는데 그것을 산디

(sandhi)라고 한다. 함께 연결한다는 뜻을 지닌 산디는, 음운이 연결될 때 일어나는 변화를 말한다. 일반적으로 형태소와 형태소 사이, 즉 단어 내부에서 일어나는 산디를 내부 산디, 발화에서 단어와 단어 사이에서 일어나는 산디를 외부 산디라 한다. 그런데 이러한 음운 변동 현상은 베다를 정확하게 암송하는 것을 어렵게 하였다. 그래서 연속된 발화 과정에 따라 음운이 변동되는 자료를 세심하게 관찰하고, 그 환경과 규칙을 찾아 기술하고 최종적으로 기저형을 설정하였는데, 이를 기록한 것이 파다파타(Padapāṭha)였다. 따라서 고대 인도에서는 베다의 보전과 전승을 위해 언어에 관심을 가지고 연구하였다고 하겠다.

또한 당시 인도 사회는 엄격한 카스트 제도에 따라 세습 계급으로 나뉘어 있었고, 최상위 특권 계급의 문화를 나타내는 경전의 언어, 산스크리트어에 주의를 집중하였다. 특권 계급에 속하는 사람들은 자신들의 산스크리트어가 하층 계급이 사용하는 언어, 구어 때문에 변화하여 훼손되는 것을 원하지 않았다. 특권 계급은 자신들 언어의 순수성을 확보하기 위해 노력하였고, 문법학교를 설립하여 언어 사실을 충분히 관찰하고 기술할 수 있는 유능한 문법가를 양성하여, 산스크리트어를 보전하려고 노력하였다.

1.2. 연구 대상과 연구 방법

고대 인도의 언어 문법가들은, 마치 현대 기술언어학의 개념을 정확하게 이해했을 정도로, 객관적이고 체계적으로 산스크리트어를 연구하였다. 언어 현상을 정밀하게 관찰하여 기술하고, 이를 통해 그 기저형을 찾아 규칙화하였다. 그들은 지금의 음성학과 음운론, 문법론, 의미론, 방언학, 어원론에 해당하는 분야들을 연구하였다.

음성학과 음운론 연구를 보면, 음운을 모음(svara), 자음(vyañjana),

유성자음(ghoṣavat), 무성자음(aghoṣa) 등으로 나누었다. 그들은 복잡한 조음 과정을 관찰하여 구체적인 조음위치, 조음방법을 정밀하게 밝혀 음운을 유형화하였다. 또한, 음운과 음운이 결합하였을 때 나타나는 음운 변동 현상인 산디 현상을, 마치 20세기 기술언어학의 형태음운론과 같은 방식으로, 기술하였다. 예를 들어 파다파타 형태인 yat vāk vadantī avicetanāni(리그베다의 '말이 무지한 자들을 깨우칠 때'라는 뜻)을 이어 읽으면 yad vāg vadanty avicetanāni가 되는데, 여기에서 보면, yat → yad, vāk → vāg에서 유성음화 현상과 ī + a → ya에서 모음 변동과 같은 산디 현상을 기술하였다.

인도의 언어 연구에는 의미에 관한 연구도 있었는데 단어를 의미범주로 분류하였으며, 문법에 관한 연구에서는 품사 간의 의미를 구분하는 문제를 논의하였다.

1.3. 파니니

고대 인도의 문법가들이 연구한 베당가(Vedāṅga, 베다의 팔다리)라는 학문은 음성학, 운율학, 어원학, 문법학, 그리고 제의학, 천문학을 포함한다. 그 가운데 '분석하다'라는 뜻을 지닌 문법학(vyākaraṇṇa)을 중시하였는데, 문장 구성에 나타나는 현상을 규칙화하는 것을 주요 대상으로 하였다. 문법학의 대표적인 연구가 언어학사에서 유명한 바로 파니니(Pāṇini)의 문법 연구이다. 파니니의 생존 연대와 생애는 확실히 알려져 있지 않지만 기원전 4세기 무렵 인도 서북부, 지금의 파키스탄 지역인 샬라투라에서 출생하였다고 한다. 《아쉬타댜이》(Aṣṭādhyāyī, 번역하면 '여덟 개의 장')라 부르는 파니니의 문법서는 산스크리트어의 문법 구조를 아주 완벽하고 간결하게, 그리고 체계적으로 기술한 것으로 평가받고 있다.

브라흐만 경전은 처음에는 신성하다는 이유로 구송으로 몇 대를 내려왔으나, 세대가 흐름에 따라 산디 현상의 판단이 어렵게 되었다. 그러자 경전의 순수성 보장을 위하여 이것을 규칙화하기에 이르렀다. 산디 현상은 현대 언어학 용어로 말하자면 형태음운론적 현상을 말한다. 형태소와 형태소가 이어질 때 일어나는 내부 산디의 연음 현상이 바로 그 예이다. 이는 음성의 조음 현상을 정확하게 이해한 결과이다.

파니니 문법서의 내용은 문장, 의미, 음성을 포함한다. 문장은 단어로 분석하며, 단어는 어근과 파생접사로 분석한다. 그리고 의미는 변화가 어렵지만, 음성은 변화가 쉽다고 보아 산디 현상을 연구하게 된 것이다. 파니니 문법서는, 내용이 8장으로 이루어져 있다는 것을 의미하는 책 제목 *Aṣṭādhyāyī* 와 같이, 모두 8장 32절 3,983규칙으로 구성되어 있다. 그리고 각 규칙은 대체로 '규칙 본문', '해석', '주석'의 세 부분으로 구성되어 있으며, 규칙 본문은 각 절별로 제1규칙에서 마지막 규칙까지 고유 번호가 붙어 있다. 해설은 규칙 본문인 각 규칙을 전반적으로 설명하는 부분이고, 주석은 해설 부분의 내용에 대하여 구체적인 사례를 보여 주는 부분이다.

파니니 문법의 주요 부분은 산스크리트어 단어 형성 규칙에 대한 기술이다. 단어 형성 규칙들은 종교적으로 표현된 짧지만 간결한 진술인데, 단어 형성 과정의 다양한 현상과 과정을 기술한다. 각 규칙은 '실'이란 뜻을 지닌 수트라(sūtra)라고 부르는데, 이 용어는 종교 의식 절차를 가리키는 말이다. 그리고 동사 어근의 목록, 동일 방식으로 굴절하는 명사류 단어의 목록, 산스크리트어의 음성 목록 등이 부록으로 붙어 있다.

단어들이 문장을 구성하는 데에는 세 가지 조건이 있음을 제시하였다. 첫째는 아캉크샤(ākāṅkṣa)로, 단어들은 문장 구성에서 적합한 문법 요소로서 서로의 기대를 만족시켜야 하며, 그렇지 않을 경우 단어는 더 이상 의미 없는 목록에 불과하다. 둘째는 요갸타(yogyatā)로, 단어들은 의미적으로 서로 적합해야 하며, 그렇지 않으면 제대로 된 문장이 아니다. 셋째는 산니디(saṃnidhi)로, 단어들은 시간적으로 연속적으로 나타나야 하며, 그렇지 않으면 단어들은 하나의 발화체로 이해될 수 없다.

이렇듯 파니니 문법은 단어의 형태 분석이 중심이다. 이는 하나의 문장이라도 마치 하나의 긴 단어처럼 보이는 산스크리트어 특징에 기인한 것이다. 단어의 기능에 따라 품사를 분류하여 품사의 특징을 설명하고, 각각 단어가 확대되면서 파생과 굴절 현상을 보이는 부분을 설명하였다. 그리고 동사를 문장의 중심으로 보고, 동사와 다른 구성요소들 간의 관계를 토대로 문장의 성격을 설정하였다.

이제 구체적으로 단어 형성 규칙을 제시하면 다음과 같다. 예를 들어 bhū-(영어의 'to be')로부터 단어 형태 ábhavat(미완료 3인칭, 영어의 'he/she/it was')가 생성되는 과정이다. 아래 숫자는 적용된 규칙의 번호를 가리킨다.

bhū-a	3.1.2., 3.1.68.
bhū-a-t	1.4.99., 3.1.2., 3.2.111., 3.4.78., 3.4.100.
a-bhū-a-t	6.4.71., 6.1.158.
a-bho-a-t	7.3.84.
ábhavat	

위에서 마지막 형태 ábhavat만이 독립적으로 발음될 수 있는 실제 단어 형태이다. 그 앞의 형태들은 규칙 적용의 순서를 표시한 것인데, 이 규칙들은 물론 다른 많은 단어들의 형성에도 관여하는 것들이다. 특히 위의 과정을 보면 규칙은 순서에 따라 적용되고 있다. 이것은 현대 생성음운론의 규칙 순서와 비슷한 기술이다. 파니니 문법에서는 독립된 어근과 접사의 실체를 인정하였으며, 또한 현대 언어학 개념으로 말하면, 형태소의 변이형태에 해당하는 기술도 시도하였다. 스타닌(sthānin)

이라는 추상적인 기저 형태를 상정하고, 이를 형태음운 규칙과 산디를 통해 단어의 실제 형태로 바꾸었다.

이렇게 파니니 문법은 언어 현상을 객관적으로 정밀하게 관찰하고, 거의 수학적이라고도 할 만큼 매우 간결하면서도 체계적으로 분석하여 기술하였다. 그 구체적인 특징은 다음과 같다.

첫째, 기술 방식이 포괄적이다. 언어학 각 분과를 함께 아울러 문법의 모든 영역을 통합적이고 포괄적으로 기술하였다. 물론 규칙 앞에 일련번호를 붙여 규칙 간의 구별을 가능하게 하는 것과 같이 세부적으로도 기술하였다.

둘째, 암송을 위해 운문 형식을 취하였다. 책을 읽어서 문법을 익히도록 하는 것이 아니라 노래하듯 입으로 암송하여 어휘와 문법 규칙을 학습하도록 하였다. 그러기 위해 각 규칙은 짧은 운문 형식으로 외우기 편리하게 구성하였다. 구조의 간결성을 지향한 파니니 문법은 어떠한 동사도 활용 형태로 표시하고 있지 않다. 따라서 규칙을 해석하려면 생략된 부분을 보충해 넣어야 하는데, 이러한 생략은 기술의 간결성을 최대한 보장하기 위해 불가피한 것이었다. 암송을 위한 간결성의 예를 보이면 아래와 같다. 파니니 문법은 처음에 나오는 제1장 제1절 제1규칙을 vṛddhir āT=aiC로 제시하고 있는데, 이는 '증가'를 의미하는 브리띠 (vṛddhi)가 장모음 ā(=āT)와 이중장모음 ai, au(=aiC)를 나타낸다는 뜻이다.

vṛddhir āT=aiC (1.1.1.)
  vṛddhi denotes the vowel phonemes long ā(=āT) and
  the diphthongs ai, au(=aiC)

셋째, 기호 언어를 사용하여 기술하였다. 복잡한 문법을 간결하게 표현하기 위해 기호 언어를 사용하고 있다. 논리적이면서 체계적으로 암송에 도움을 주도록 배려한 것이다. 기호를 적절히 사용한다는 것은 기술과 이해 모두를 위해 경제적인 수단을 제공하는 것이다. 파니니 문법에 있는 많은 기호들이 현대 언어학에서 이용되고 있는데 그 가운데 가장 대표적인 것이 영(zero) 형태소이다.

넷째, 개념 형태와 표현 형태를 나누어 효율적으로 설명하였다. 어떤 언어든 개념 형태가 있고 여기에 각각의 문법 규칙이 적용되어 우리가 실제로 사용하는 표현 형태가 나오는데 파니니 문법은 이 과정을 잘 보여 준다. 한 예를 보면 다음과 같다.

	단수 대격: am	복수 호격: Jas
nadī(강)	nadyam; nadī + am	nadyaḥ; nadī + Jas
kalā(예술)	kalām; kalā + am	kalāḥ; kalā + Jas
vidyút(번개)	vidyútam; vidyút + am	vidyútaḥ; vidyút + Jas

다섯째, 규칙 상호 간의 관련 조항을 제시하였다. 파니니 문법은 포괄적으로 기술하였기 때문에 규칙과 규칙 사이를 연결해 주는 고리가 필요하다. 이 고리의 필요성을 관련 조항에 제시하여 흩어져 있는 각 규칙들 서로가 관련을 가지게 해 준다.

이렇듯 파니니 문법은 산스크리트어 단어 형성의 모든 면을 완전히 기술하고 있으며, 언어 기술에서 경제성을 추구하였다. 그래서 파니니 문법은 현대 언어학자들로부터 구조주의 언어학과 수리언어학의 가장 앞선 선구자로 높이 평가받게 되었다. 20세기 미국의 구조주의 언어학자 블룸필드는 그의 저서 《언어》(*Language*, 1933)에서 파니니 문법을 인류 지성의 가장 위대한 기념비 가운데 하나라고 표현하였다.

1.4. 파니니 이후의 학자

파니니 이후 그의 문법은 인도의 후계 학자들에게 영향을 미쳐 계승되었다. 다음 두 학자가 특별히 주목된다. 기원전 2세기의 파탄잘리와 기원후 7세기의 바르트르하리이다. 두 학자 모두 "개개의 언어에서 발화되는 모든 변이체에는 항구불변의 기저층이 있다."라는 이론을 구축하였다. 이를 말소리에 적용한다면, 기저층은 현대 언어학에서 단어 의미를 변별하는 말소리, 즉 음운에 해당한다.

1.4.1. 파탄잘리

파탄잘리(Patañjali)는 기원전 150년 무렵 활동한 인도 산스크리트어 문법학자이다. 정확한 출생년도와 사망년도가 알려져 있지 않다. 그는 파니니를 옹호하는 입장에서 파니니의 오류를 논증한 《위대한 주석서》(*Mahābhāṣya*)를 썼다. 이 책에서 그는 고전 산스크리트어의 문법 규칙을 확립하였다.

의미 연구에서 그는 단어를 의미의 관점에서, 부류를 나타내는 단어, 성질을 나타내는 단어, 행위를 나타내는 단어, 우연을 나타내는 단어 등으로 분류하였다. 인도 언어학자들은 의미와 관련하여, "문장은, 그 문장의 의미에 각각 의미를 기여하는 단어들로 구성된다."라고 주장하였다. 이를 위해 드바니(dhvani)와 스포타(sphoṭa)라는 개념을 제시하였다. 언어의 형식과 실질의 관계를 구분하여 포착한 것으로, 드바니는 실제 사건 또는 그것의 개별적인 실현을 말하고, 스포타는 각 드바니에 의해 실현되는 영속적인 실체를 말한다. 또한 그는 스포타에는 문장 스포타, 단어 스포타, 말소리 스포타 등이 있다고 생각하였다. 문장 스포타나 단어 스포타는 말소리의 연속체로 실현되는데, 단순한 말소리가 아니라, 의미 변별을 가져오는 추상적이고 영속적인 단위의 말소리라고 주장하였다.

파탄잘리는 말소리를 드바니와 스포타로 구분하고 스포타를 근본적인 것으로 생각하였다. 파탄잘리는 스포타를 일련의 길고 짧은 자음과 모음의 단위로 보았다. 즉, 스포타는 글자들의 배열에서 한 단어가 각각 지니는 소리가 아니라 전체 안에서 재융합된 소리라는 것이다. 따라서 발성이 되면 말소리들을 각각 순서대로 나타나지만, 스포타는 단어의 모든 소리가 조음된 후에 그 말소리의 형태가 내재하고 있는 의미와 함께 비로소 나타난다는 것이다. 스포타는 원래 '폭발'을 의미하는데, 따라서 스포타는 의미가 터져서 생성되는 것이라고 보았다.

1.4.2. 바르트르하리

파니니와 파탄잘리를 계승한 언어학자로는 바르트르하리(Bhartṛhari)가 있다. 대표 저서는 《와꺄빠디야》(Vākyapadīya)이다. 바르트리하리는 인도의 서정시인으로 갠지스강 유역 아방티 지역의 왕족 출신으로 7세기 무렵에 활동하였다. 그는 파니니와 달리 언어 연구를 단순히 언어 자체에만 국한시키지 않고 문학에까지 확대시켰다. 언어 이론에 대한 그의 공헌은 언어 현상을 불변요소인 스포타와 가변요소인 드바니를 구분하여 설명하고, 스포타 이론을 발전시킨 것이다.

스포타와 드바니의 구분은 소쉬르의 랑그와 파롤과 비교될 수 있는데, 이미 고대 인도에서 이러한 구분을 인식하였다. 스포타란 아직 음성이란 수단을 거쳐 실현화되지 않은 추상적인 대상을 가리키는 것이며, 드바니는 음성이 구체적으로 실현된 결과를 가리키는 것이다. 바르트르하리는 스포타가 드바니로 실현화되기 위해서는 음성 표시가 필요한데 음성 표시는 의미를 제대로 전달할 수 있는 변별력 있는 음성으로 표기되어야 한다고 하였다.

한편 스포타 개념은 문장을 설명하는 데에서도 볼 수 있다. 바르트르하리 이전의 인도 문법은 명사와 동사를 구분하는 품사 분류를 제안하였다. 그리고 그러한 구별의 적정성에 대한 논쟁이 문법학자와 철학자들 사이에서 이어졌다. 그러나 바르트르하리는 형태론적 견해를 버리고 통사론적 견해를 받아들였다. 단어들은 문장 구조 밖에서는 의미를 지니지 못하고 문장만이 의미의 완전한 실현이라고 보기 때문이다. 그리고 언어의 의미는 언어의 형태에만 의존해서 구별되는 것이 아니라, 시간과 공간에 따른 언어의 문맥, 상황의 문맥, 목적, 적합성 등에 의존하여 구별되는 것이라고 하였다.

1.5. 인도 문법 연구의 한계

파니니와 그의 후계 학자들의 연구 성과는 다른 세계로부터 고립되어 있었기 때문에 다른 세계의 언어학 연구에 직접 영향을 미치지는 못하였다. 이것이 인도 문법 연구의 언어학사적인 가장 큰 한계라 하겠다. 그래서 여러 세기가 지난 뒤에서야 인도의 문법 기술이 매우 간결하고 체계적인 것으로 언어학사에서 인정받게 되었다.

그러나 산스크리트어만을 중심으로 한 연구로서 다른 일반적인 언어 현상을 설명하지 못하였고, 언어 연구가 종교적 필요에 근거하고 있었기 때문에 언어 연구가 베다 경전 연구에 치우친 경향이 있었다. 또한 인도의 언어 연구가 통시태 연구에 힘을 기울였으나 어원을 비롯한 통시적인 연구 업적을 이루지는 못하였는데, 그것은 그들이 주로 산스크리트어를 이상적인 원형으로 파악하고, 전적으로 규범으로서의 기술을 목표로 하여 공시태 언어를 연구하였기 때문이다.

한 가지 덧붙이자면, 인도의 문법서는 이용자 중심이 아니라 문법가를 위한 문법서라는 것이다. 그래서 언어 기술이 극도로 간결성을 추구하게 되었다. 표현을 극도로 제한된 용어에 국한시켰기 때문에 전문가가

아닌 한 문법서를 이해하기에는 매우 어려웠다.[1]

2. 중국의 언어 연구

중국의 고대 언어 연구는, 비록 독자적인 학문 분야로 있지는 않았으나, 기원전으로 거슬러 올라가는 아주 오랜 역사를 지니고 있다. 다시 말해 언어를 중심 주제로 연구하였다기보다는 시문(詩文)의 운율(韻律), 자의(字意)에 대한 고증(考證), 전적(典籍)의 교감(校勘) 등을 주로 다루었다는 것이 고대 중국의 언어 연구의 성격이라 하겠다.

2.1. 배경

중국에서 한어(漢語)에 대한 관심과 연구의 역사는 오랜 편이다. 고대 중국에서는 오늘날 사전에 해당하는 자서(字書)나 경전에 대한 주해와 같은 문헌학 영역에서 언어 연구의 모습을 찾아볼 수 있다. 이렇듯 고대 중국의 언어 연구는 독자적인 학문으로 자리 잡지 못한 채, 이른바 소학(小學)이라는 이름으로 단편적인 연구에 머물렀다. 소학에서 가르치는 것은 경전 해석을 위한 언어에 대한 기초 지식인데, 소학을 배운 뒤에 비로소 대학(大學)을 공부할 수 있었다. 언어 자체를 연구 목적으로 하였다기보다는 학문을 위한 도구로서의 언어에 관심을 가지고 연구하였다고 하겠다.

중국의 언어 연구는 표의문자인 한자의 사용과 직결되어 있다. 중국인은 한자를 모양(形), 뜻(意), 소리(音)의 세 가지 요소로 파악했고, 그

---

1 인도의 언어 연구에 대하여 인도유럽언어와 산스크리트어 전문학자인 전순환 박사가 유익한 도움말을 제공하였다. 이에 감사의 뜻을 표한다.

래서 언어 연구에서 한자의 각 요소별로 글자의 형태를 연구하는 문자학, 뜻을 연구하는 훈고학(訓詁學), 소리를 연구하는 성운학(聲韻學)이 주요 연구 대상이었다.

중국의 언어 연구 발전 과정에서 인도 불교의 전파가 영향을 미치기도 하였다. 불교는 기원전 5~6세기 무렵 인도에서 발생하여 점차 아시아 지역으로 전파되었다. 중국의 언어 연구사에서 불교의 전래는 두 가지 중요한 의미를 지닌다. 첫째, 불경의 중국어 번역을 통해 대량의 새로운 어휘들이 중국어에 유입되었다. 둘째, 불경 번역을 통해 불경 언어인 산스크리트어와 차이 나는 중국어의 여러 특성을 이해하는 계기가 되었다. 산스크리트어의 굴절, 교착, 다양한 형태 변화 등은 중국어와 분명한 대조를 보였고, 산스크리트어의 어순(SOV)과 중국어의 어순(SVO) 차이에서도 중국어의 문법 특성을 인식할 수 있었다. 그뿐만 아니라 중국어에서 성조의 존재를 확인하게 되었다. 중국어에서 성조의 존재를 확인한 것은 심약(沈約, 441~513)의 《사성보》(四聲譜)이다.

2.2. 글자와 문헌에 대한 연구

《한서》(漢書) '예문지(藝文志)'(3세기 초엽)에서 어린이가 8살이 되면 소학에 들어가 육예(六藝)를 배웠다고 전한다. 육예(六藝) 가운데 하나인 '육서'(六書)는 한자의 여섯 가지 구성 원리이다.

[1] 지사(指事): 대상물에 대한 상징적 묘사. (上, 下)
[2] 상형(象形): 구체적 대상에 대한 그림. (日, 月)
[3] 형성(形聲): 의미를 나타내는 의부(義符)와 소리를 나타내는 성부(聲符)로 구성되는 글자. 《설문해자》(說文解字)에 이르면 형성자(形聲字)가 80~90%를 차지하게 된다. (江, 河)
[4] 회의(會意): 둘 또는 그 이상의 서로 다른 글자가 합쳐져서 새로운

의미를 구성한다. (武=止+戈, 信=人+言)

　[5] 전주(轉注): 역사적으로 원래와 다른 의미를 지시하게 된 글자.
　　(考/老)

　[6] 가차(假借): 의미적 연관성은 없으나 소리를 빌려서 만든 글자.
　　(而, 要)

　훈고학은 옛날 경전의 해석을 다루는 학문으로, 경전에 훈석을 다는 것이 주된 분야였다. 중국어는 고립어이고 형태 변화가 아주 적어서 문법 연구가 일찍 발달하지 않았고, 한자가 표음문자가 아니기 때문에 성운학의 발생도 비교적 늦어서, 중국 언어학 연구사에서 가장 먼저 나타난 것은 훈고학이었다. 훈고학에 대한 사회적인 요구는 어린이를 위한 글자 교육과 경전의 수집과 정리에서 비롯되었다. 또한 한나라(漢, 기원전 206~) 시대 이후 언어와 글자체가 많이 바뀌어 일반인이 옛 고전을 이해하는 것이 어려워진 점도 훈고학 발생의 중요한 이유였다. 이러한 필요 때문에 어린이에게 글자 교육을 위해 자서(字書)가 편찬되었다. 전해 오는 가장 오래된 자서로 진나라(秦, 기원전 221~) 시대의 《급취편》(急就篇)과 《창힐편》(倉詰篇)이 있는데, 이들은 운율을 이루는 3, 4, 7글자의 구절들로 구성되었다. 뒤이어 《이아》(爾雅, 기원전 2세기)는 일반 언어, 가족 관계, 음악, 지리, 동물 등에 관련된 단어들을 주제별로 분류하였다.

　이 시기 문자학의 가장 대표적인 책은 후한(後漢)의 허신(許愼)이 쓴 《설문해자》(說文解字, 121년 무렵)인데, 이는 현존하는 문자학 서적 가운데 가장 의미 있는 책이다. 이 책은 최초로 글자 구성에 기초하여 뽑아낸 540개 부수(部首)를 기준으로 글자를 분류하여 색인으로 활용하였으며, 글자 만드는 방법인 육서의 원리를 밝혔다.

　한나라 때부터 '성훈(聲訓)'이 많이 사용되었는데, 이것은 비슷한 발음의 글자로 다른 글자를 정의하는 것이다. 예를 들어 '震'은 '振이라'고

하였고, '日'은 '實이라'라고 하였다. 이러한 방식의 설명은《설문해자》에서도 보이며, 유희(劉熙)가 지은《석명》(釋名)이란 책에서 절정을 이룬다. 이 책은 중국 최초로 발음에 근거하여 어원을 탐구한 것으로, 한자를 주제별로 분류하였으며, 그 이름을 얻게 된 유래를 적은 책이다.

글자와 문헌 연구와 함께 중국에서는 방언에 대한 관심도 일어났다. 국가가 성립되고 영토가 확장됨에 따라 방언의 복잡함이 인식되었다. 중국의 방언 연구는 전한(前漢)의 양웅(揚雄, 기원전 53~18)이 쓴《방언》(方言)이란 책에서 시작된다. 이 책은 수십 년 동안 수많은 책과 셀 수 없이 많은 사람들을 만나 묻고 들어 쓴, 각 지역의 방언과 고대 어휘를 수집하여 해설한 책이다. 이 책은 한나라 시대 방언의 실태, 방언과 통용어의 관계, 고대 어휘의 뜻, 고대 말소리의 변화, 당시의 사회 상황 등을 연구하는 데 귀중한 자료이다.

비록 고대 중국의 글자와 문헌에 대한 연구, 방언에 대한 관심이 엄밀한 의미의 언어 연구에 이르지 못하였다 하더라도, 오늘날 언어 연구 발전의 기반이 되었다.

2.3. 성운학과 운서 편찬

2.3.1. 성운학의 발달

중국의 전통 음운론인 성운학은 한자(漢字)의 소리를 분석하고 그 역사적 변화를 연구하는 학문이다. 전통 성운학에서는 중국 글자의 소리, 즉 음절을 성모(聲母), 운모(韻母), 성조(聲調)와 같은 세 요소로 파악하였다. 성모는 어두자음이고 운모는 음절에서 성모 뒷부분이며 성조는 소리의 높낮이에 해당한다.

이러한 중국 성운학의 발달은 문학의 발전과 맥을 같이 한다. 한나라 이후 7세기 무렵 당나라의 중국 통일 후 경제적인 안정과 더불어 수많은 문인과 **빼어난** 문학 작품들이 등장하였다. 당나라 때는 문학적으로 근체시가 성립되는 시기로 이전의 고체시와는 다른 대단히 엄격한 율격을 지녀야 하였다. 예를 들어 평측(平仄), 압운(押韻)과 같은 규칙에 맞게 시를 지어야 하였다. 이러한 특성 때문에 성(聲)과 운(韻) 부분으로 나뉘는 음절에 관심을 가지게 되었고, 일반적으로 성보다는 운의 연구에 치우쳐 수나라와 당나라 시대에 많은 운서(韻書)들이 간행되었다.

중국에서는 고대부터 한자음에 대해 이미 높은 수준의 연구가 많이 이루어졌고, 이를 표기하기 위한 수단은, 고대부터 여러 방식이 전해 내려왔다. 이러한 방식을 모두 주음법(注音法)이라고 부르며, 그 가운데 언어학적 의의가 가장 큰 것은 반절법(反切法)이다. 반절법은 여러 다른 주음법의 문제점을 극복하고 더 효율적인 방식으로 한자음을 표기하기 위해 고안되었다. 반절법의 고안은 사성(四聲)의 인식과 함께 중국 고대 언어학사의 큰 성과라 할 수 있다. 다음은 《광운》(廣韻)이란 운서에 나타난 반절법의 한 예이다.

冬, 都宗切
冬은 都와 宗의 반절이다.

이때 반절에 사용된 '都(도)'를 반절상자(反切上字), '宗(종)'을 반절하자(反切下字)라 한다. 반절법에 의해 음이 표기된 '冬(동)'을 피절자(被切字)라고 한다. 반절상자와 피절자의 성모가 같고, 반절하자와 피절자의 운모 및 성조가 같은 것이 반절의 기본 원리다. 이를 도표로 나타내면 아래와 같다.

피절자	반절	
	반절상자	반절하자
冬(동) tūŋ	都(도) t(ū)	宗(종) (ʦ)ūŋ
平聲	平聲	平聲

이를 통해 반절법을 이용하기 시작한 시기에 이미 학자들은 한자의 말소리를 단순히 음절로 본 것이 아니라, 음절을 분석해 보기 시작했음을 알 수 있다. 이는 반절법 사용이 운서의 발달과 연관이 있으며, 이 이후로 중국 성운학이 크게 발달하였다는 사실을 뒷받침해 준다.

2.3.2. 운서 편찬

반절로 한자의 소리를 표기하기 시작하면서, 각각의 한자들을 말소리가 비슷한 부류끼리 묶으려는 시도가 생겼다. 위진남북조(魏晉南北朝, 221~589) 시대를 거치며 시부(詩賦)가 성행함에 따라, 운율을 엄밀하게 지키기 위해 한자음의 소리를 올바르게 기술할 필요가 생긴 것이 결정적인 계기가 되었다. 이러한 수요에 맞추어 한자음을 성조, 운모, 성모에 따라 분류하여 기술한 운서가 출간되기 시작하였다.

최초의 운서는 3세기 무렵 위나라(魏)의 이등(李登)이 지은 《성류》(聲類)와 이후 진나라(晉)의 여정(呂靜)이 지은 《운집》(韻集)으로 알려져 있다. 그리고 남북조 시대에 이르러 산스크리트어 불경 번역을 통해 인도 음성학의 영향을 받으면서 중국어의 성조에 대한 자각이 생겼고, 양나라(梁)의 심약(沈約)은 사성(四聲)을 처음으로 정리하였다. 중국어의 성조는 시간의 흐름에 따라 변화하였는데, 원래는 평성(平聲)과 상성(上聲), 거성(去聲), 입성(入聲)의 네 가지 성조로 구분되었다. 성조는 시를 지을 때 적용되는 운율 규칙에서 중요한 위치를 차지한다. 시에서는 성조가 평성(平聲)과 측성(仄聲)으로 나뉘는데, 측성은 평성을 제외한 상성, 거성, 입성을 모두 포함한다.

수나라(隋, 581~618)의 육법언(陸法言)은 601년 네 가지 성조를 바탕으로 종래의 운서들을 집대성한 운서인 《절운》(切韻)을 편찬하였다. 그 이후 이 책은 여러 차례 개정·증보되었으며, 이를 총망라하여 1008년 송나라(宋, 960~1279)의 진팽년(陳彭年) 등이 《광운》(廣韻)을 편찬하였다. 이 시기에 편찬된 여러 다른 운서들은 모두 그 체계가 《절운》의 것을 따랐기 때문에, 이들을 통틀어 절운계 운서라 부른다.

시간이 흐름에 따라 음운 변화를 반영한 새로운 운서들이 나타났고, 송나라 시대를 거치며 중국어의 음운 체계가 변화함에 따라 여러 운서들에서 큰 틀은 《절운》을 따르면서도 운의 가짓수를 줄이려는 경향이 나타났다. 이를 가장 잘 드러내는 운서가 황공소(黃公紹)의 《고금운회》(古今韻會)를 요약하여 웅충(熊忠)이 편찬한 《고금운회거요》(古今韻會舉要, 1297)이다. 이는 표면적으로는 전통적인 절운계 운서의 형식과 음운 체계를 따르고 있지만, 내부적으로는 자모운(字母韻)이라는 새로운 형식을 통하여 당시의 음운 변화 상황을 보여 주고 있다. 이후 1324년 주덕청(周德淸)이 《중원음운》(中原音韻)을 편찬했는데, 당시의 실제 구어에 초점을 맞추어 혁신적으로 기술하였다.

원나라(元, 1271~1368) 시대에 들어서, 중국어는 모든 면에서 큰 변화를 겪는다. 그 중 하나는 문어체의 큰 변화이며, 다른 하나는 음운의 변화이다. 이를 잘 반영한 운서가 바로 주덕청의 《중원음운》이다. 이는 당시 전문적으로 곡을 하거나 짓는 사람들이 음과 글자를 분별하기 위한 참고서로 만들어졌다. 《중원음운》에 수록된 글자들은 북곡(北曲)의 압운에 의거해 배치되었으며, 모든 글자들을 19개의 운류(韻類)로 나누었다. 또한 기존의 사성 중 하나인 입성(入聲)을 나머지 세 성조에 넣고, 평성을 음평(陰平)과 양평(陽平)으로 나누었다. 결과적으로 기존의 평성, 상성, 거성, 입성의 네 가지 성조 체계는 근래 시기에 음평, 양평, 상성, 거성의 사성 체계로 변화한 것이다.

운서는 한자음을 기술하는 데 중요한 역할을 했지만, 그 분류는 어디까지나 성조, 운모, 성모에 의한 것이었다. 운서에서는 자음(字音), 즉 음절을 분석하여 기술하고 분류하였으나, 각각 음운의 성질에 대한 기술은 없었다는 한계를 지니고 있다. 이는 운서의 목적 자체가 시를 짓기 위한 참고서, 즉 일종의 발음사전이었기 때문이다.

그러나 중국어의 개별 음소의 특성에 대한 연구 역시 체계적인 관점에서 이루어졌는데, 이는 운도(韻圖)에서 다루었다. 운도는 운서에서 실현되지 않은 성운조(聲韻調)의 상호 관계를 체계적으로 정리하여 표시한 도표이다. 등운학(等韻學)은 이러한 운도에 관한 학문으로, 중국어 음운을 체계적으로 기술하는 학문이라 하겠다.

2.3.3. 성운학 연구의 성과

위진남북조 시대 이후 중국의 언어 연구는 음운론, 즉 성운학이 우세를 차지하였다. 이전까지 중국의 학문 풍토는 표의문자를 사용함으로 인해 글자 중심의 성향이 강했고, 언어 연구 역시 문헌학에 치중하였다. 그러나 불교와 함께 전래된 인도 언어 연구 방법의 영향으로, 주음법이 발달하며, 시부의 수요로 인해 운서가 발달하면서 중국의 언어 연구는 음운 연구를 중시하게 되었고, 이 분야에서 매우 높은 성과를 이루었다. 당시 언어학자들의 정확한 음운 기술은 오늘날 그 당시 중국어의 발음을 재구하는 데 큰 도움이 될 뿐 아니라, 옛 문헌이 한자로 표기되어 있는 한국어의 옛 말소리 연구에도 중요한 자료로 사용되고 있다.

그럼에도 불구하고, 중국의 성운학 연구는 한계점 역시 지니고 있다. 가장 중요한 문제는 중국의 음운 기술이 철저히 글자의 독음을 기술하는 데에 초점을 맞추고 구어는 배제하였다는 것이다. 또 운서와 운도를 통해 기술된 한자음의 체계가 그 당시의 음운 체계를 그대로 반영하지 못한다는 점이다. 운서의 편찬 계기 자체가 시부의 수요 증가에 따라 한자음을 체계화하고 분류하여 사람들이 따를 수 있는 기준을 마련하고자 한 것이었지, 시대 흐름에 따른 한자음의 변화는 큰 고려 대상이 아니었다.

2.4. 허사 중심의 문법 연구

중국어에서 허사(虛辭)는 뜻이 추상적이어서 단독으로 구를 이루지 못하고, 문장의 문법 관계를 나타내는 글자를 말하는데, 개사(介詞)·연사(連詞)·조사(助詞) 등이 이에 속한다. 역사적으로 허사를 언급했던 저서에서 그것이 가리키는 구체적인 의미에는 어느 정도 차이가 있지만, 기본적으로 허사는 구체적인 사물을 가리키는 것이 아니라 문장에서 문법 관계나 정서적 표현을 나타내는 어휘이다. 한자는 표의문자이며, 각각의 글자는 독립적인 의미를 지니지만, 허사는 중심 의미에서 파생되거나 소리만을 빌려 쓰이게 된 글자들로서 어떤 대상을 가리키기보다 문법 표지로 해석된다. 예를 들어 '而'와 같은 경우 원래 《설문해자》에서 '턱수염'의 의미로 풀이하지만, 일반적으로 '말이을 이'라는 접속사로 사용한다.

허사에 대한 인식은 한나라 때 이미 나타나기 시작하였으며, 최초의 중국어 문법서인 마건충(馬建忠)의 《마씨문통》(馬氏文通, 1898년(상)~1899년(하))에서 오늘날 현대 중국어의 연구에 이르기까지 허사에 대한 연구는 끊임없이 이어지고 있다. 대체로 허사가 이와 같이 문법 표지로 기능한다는 점에서 허사 연구는 중국어 문법의 대표적인 연구 대상이었다.

한편 문법화 연구가 언어학계의 중심 과제로 떠오른 것은 현대 언어학에서의 일이지만, 문법화라는 개념 자체가 언어 연구의 과제로 등장한 것은 오랜 역사를 가지고 있다. 이러한 문법화에 대한 초기의 언급은 "현재의 허사는 과거에는 모두 실사였다."라고 주장한 원나라 때 주백기(周伯琦, 1271~1368)로 거슬러 올라간다. 추상적인 것은 구체적인 것에서 나온 것이라는 사실을 확인했다는 점에서 문법화 연구사에서 높이 평가된다.

2.5. 철학과 언어 - 순자(荀子)의 '정명(正名)'

중국의 문자학이나 문헌학이 발달하기 훨씬 이전 시대에 이미 중국의 사상가들은 철학의 필요성에 의해 언어에 대한 관심을 보였다. 노자(老子)는 중국 최초로 사물의 이름과 실질의 관계를 자의적인 것이라 주장하였다. 공손룡자(公孫龍子)는 사물의 이름은 사람들이 정하기 나름이지만, 그 이름이 정해지고 나면 그에 따라야 한다고 말하였다. 묵자(墨子)는 언어를 통한 의사소통은 마음의 사유 작용을 통해 일어난다고 주장했으며, 이름과 실체가 부합되지 않는 이자일의(異字一意), 일자이의(一字異意) 등의 현상을 지적하였다.

순자(荀子) 역시 명(名)과 실(實)의 관계는 약속에 의한 것으로, 언어는 사회적 산물이어서 이에 따라야 한다고 주장하였다. 그리고 그는 언어는 민족의 특성을 갖추고 있고 사고는 인류의 공통성을 갖추고 있다고 주장하였다. 중국에서 철학과 언어에 대해서 순자의 정명(正名) 사상을 중심으로 살펴보기로 한다. 정명 사상에 대해서는 김성수(2013) 참조.

순자의 일생은 기원전 313년에서 238년 무렵으로 추정될 뿐, 정확하게 알려져 있지 않다. 순자는 유가철학(儒家哲學)에 그치지 않고, 언어 문제에도 많은 관심을 가졌다. 순자의 언어 인식은 기본적으로 유가철학에 바탕을 두고 있지만 그가 살던 시대의 정황은 이전과 달랐기 때문에 공자, 맹자의 언어 인식과는 많은 차이가 있었다. 기존의 유가철학은 언어 인식에 소극적이었던 반면에 순자는 언어 인식에 적극적이어서 언어 중심의 사고로 세상을 다스릴 것을 제시하였다. 구체적인 실천 방안으로 이름(名)을 바로 세워, 즉 정명(正名)을 통해 난명(亂名)을 바로 잡고, 논리를 바로 세워 난리(亂理)를 바로 잡고자 하였다.

세상의 혼란은 무엇보다도 바르지 못한 이름에서 비롯된다는 것이라는 것이 순자의 생각이었다. 여기서 이름이란 사물의 이름인 명칭에서 시작하여 올바른 가치관에 의한 명분, 합리 타당한 명제, 논리 정연한 정론까지 다 포함하는 개념이다. 이것들이 정립되지 않는다면 세상은 바로 설 수 없다고 하였다. 결국 순자는 어지러워진 이름을 바로 잡으려 한 것이었다.

순자는 이름이 본래 그에 해당하는 고정된 의미를 갖고 있다고 생각하는 것은 아니었다. 그래서 이름이 사회의 약속을 얻어야 비로소 실질 의미를 갖는다 하였다. 그러나 순자는 일단 이름과 실질을 얻은 언어는 그 고유한 의미와 명실상부할 것을 철저하게 요구한다. 모든 이름은 특정한 의미인 실질이 모여서 이루어진 언어라는 것이다. 즉, 이러한 생각은 언어의 자의성과 사회성에 대한 주장이라 할 수 있다.

순자는 이름의 원리를 매우 치밀한 분석으로 설명하였다. 실질이 같으면 동명(同名)으로 하고, 다르면 이명(異名)으로 짓는다. 단명(單名), 겸명(兼名), 공명(共名)은 이름의 의미 층위의 개념과 같다. 단명은 하위 개념의 명칭, 겸명은 중위 개념의 명칭, 공명은 상위 개념의 명칭이다. 예를 들면 남자는 단명이고, 사람은 겸명, 영장류는 공명이다.

순자는 난세의 근원을 이단들이 일으킨 이름의 혼란으로 보았다. 순자가 생각한 치세의 관건은 이름의 본령을 확립하는 것이고, 그러기 위해서는 변설(辯說)을 하지 않을 수 없는 것이며, 그 변설은 군자가 맡아서 해야 하는 것이라 하였다. 그러므로 군자가 변설에 충실하지 않는다면 책임을 다하지 못하는 것이 되고, 그 책임을 다하기 위해서는 변설의 당위성을 알고, 변설의 기술을 익혀야 할 것을 강조하였다. 변설을 통해서 잘못된 세상을 바로잡아야 한다는 것인데, 이는 결국 언어로써 세상의 문제를 해결하자는 언어철학 사상이라 할 수 있다.

2.6. 중국 언어 연구의 언어학사적 의의

중국 언어 연구의 언어학사적 의의는 다음과 같다. 먼저 매우 이른 시기부터 언어 현상에 대해 관심을 가지고, 이를 학문이 다루어야 할 분야 중 하나로 인식하였다는 것이다. 선진(先秦) 시대 여러 사상가들은 언어에 대해서 깊이 생각하였는데, 이는 서양의 고대 그리스 철학자들의 언어 연구에 비해 시기적으로나 내용적으로나 뒤지지 않는다.

연구 대상이 매우 다양하였다는 점도 중국 언어 연구의 큰 의의이다. 일찍부터 방언 연구의 중요성을 깨닫고 이를 연구하였으며, 언어 연구에 있어 현재의 언어를 기술하는 것은 물론이고, 언어의 변천도 중요하게 다루었다.

표의문자인 한자의 사용은 중국 언어 연구의 한계점이기도 하지만, 이는 동시에 중국의 언어 연구의 가장 큰 의의이기도 하다. 훈고학과 성운학의 발전은 모두 표의문자인 한자 사용이라는 독특한 환경에서 기인한 것이다.[2]

3. 일본의 언어 연구

고대 일본에서 언어에 대한 관심도 그들의 글자생활에서 싹텄다. 한자를 빌려 쓰는 가운데, 일본어의 특성을 확인하게 되었으며, 이를 통해 새로운 음절문자 가나를 만들기에 이른 것이다.

일본 역시 5세기 이전에는 고유 글자가 없었으며, 중국의 한자를 차용하여 글자생활을 하였다. 그리고 헨타이간분(変体漢文)이라는 글자 체계를 사용하였는데, 이것은 한국의 이두와 비슷하다. 한자를 활용한 문

---

2 고대 중국의 언어 연구에 대하여 중국언어학자인 신용권 박사가 유익한 도움말을 제공하였다. 이에 감사한다.

법 표지를 추가하고, 어순을 일본어에 맞게 하였다. 이를 통해 일본어의 문법 특성을 이해하게 되었다. 일본어 어순의 특성, 높임법을 나타내는 문법 관념 등을 이해하게 되었다. 가장 오래된 문헌으로는 《고사기》(古事記)가 있다. 일본의 고전시집인 《만엽집》(萬葉集)에서는 한자를 소리를 빌려 활용하는 한편 뜻을 가리키기 위해서도 활용하였다.

한자를 사용하여, 한국의 이두식 한자와 같은 방향으로 발전시켜서, 완전한 음절문자로 성공한 것이 일본이다. 한자의 음을 가지고, 일 음절에 일 글자를 대응시켜 사용하였다. 이러한 방법으로 일본어를 표기하기는 그리 어려운 일이 아니었다. 그것은 일본어 자체의 음절 조직이 매우 간단했기 때문이다. 일본어의 음절은 원칙적으로 '모음'형과 '자음+모음'형이고, 모음이 다섯밖에 안 되기 때문에 그리 음절 수가 많지 않다. 음절마다 한 글자씩 배정하여도 글자 수가 많지 않다. 이리하여 한자의 약체를 써서, 또는 그 흘림체를 극도로 간략화해서, 그들의 음절문자인 가나문자를 만들어 냈다.

9세기경부터 학술적 표기에서 加－カ(ka), 幾－キ(ki), 久－ク(ku), 計－ケ(ke), 己－コ(ko)와 같은 가타카나(片仮名)가 활용되기 시작하여 11세기에 이르러 1음절 1글자로 고정되었고, 대략 동일한 시기에 기록이나 표현에서 흘림체를 쓴 加－か, 幾－き, 久－く, 計－け, 己－こ와 같은 히라가나(平仮名)를 쓰게 되었다. 그 이후 한자 단어에 가나를 이용한 문법 표지를 덧붙이는 식으로 글자생활을 하였다.[3]

---

3 한자의 보조 수단이던 가타카나가 11세기부터 일본어를 표기하게 되면서 이후 학술 연구, 사전 등 저술에 쓰이게 되었다. 설화, 소설, 일기류에 쓰이던 히라가나는 구어적이고 대중적인 특성으로 16세기에는 한자 발음을 표기하기에 이르렀다. 19세기 후반 메이지유신 이후 한자－가타카나가 공식문이 되고 초등학교에서 처음 배우는 글자도 가타카나였다. 그러나 히라가나의 대중성이 확대되어 신문, 소설 등은 히라가나를 많이 쓰게 되었다. 1946년 국어 개혁으로 히라가나 문어체로 법령문, 공문서 등이 작성되고 초등학교에서 처음 배우는 글자는 히라가나가 되었다. 가타카나는 외래어 표기에만 쓰이게 되었다. 이에 대해서는 강인선(2014) 참조.

중국어는 단음절 단어인 언어이기 때문에 중국에서는 지금껏 표의문자인 한자를 그대로 써 왔으며, 이러한 한자를 차용하여 음절문자를 만들어 쓴 일본의 경우, 일본어는 음절수가 매우 적기 때문에 그것을 그대로 자기네 글자로 발전시켜 지금까지 쓰고 있다. 그러나 한국의 경우, 한국어는 음절 구조가 매우 복잡하여 음절문자를 쓴다면 글자가 수천 개가 있어야 하기 때문에 음절문자로는 표기를 효율적으로 할 수 없었다. 그래서 자음과 모음을 분리해서 음소문자를 만들 수밖에 없었다.

일본에서는 근대 이전에 사전들이 편찬되었다. 이는 어휘를 정리하여 뜻과 소리를 해석한 연구라 할 수 있다. 일본의 첫 사전은 지금은 전해오지 않는 《신자》(新字)로, 중국어로 한자를 풀이하고 일본어로 주석을 단 형식이었다. 훈독을 처음으로 다룬 사전은 900년경 승려 쇼쥬(昌住)가 편찬한 《신찬자경》(新撰字鏡)이다. 이 사전은 총 21,300여 글자의 음독과 훈독을 담았는데, 160여 개 부수들을 의미별로 분류했다는 점에서 의의가 있다. 934년 무렵 미나모토노 시타고(源順)가 편찬한 《왜명유취초》(倭名類聚鈔)는 일본 최초의 분류어휘집으로, 우주, 인간, 식물 등 24 범주로 이루어져 있다. 이 사전은 각 단어의 정의는 물론 출전, 중국어, 일본어 만요가나 발음까지 두루 싣고 있다. 그 이후에는 주로 음성 분류를 기반으로 하는 사전들이 편찬되어 나왔다. 이렇게 하여 일본의 사전 편찬 방식은 자형에서 의미, 음성으로 발전하였다.

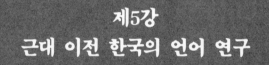

제5강
근대 이전 한국의 언어 연구

제5강
근대 이전 한국의 언어 연구

1. 한국의 언어 연구 흐름

근대 이전 한국의 언어 연구에서는 훈민정음 창제와 그 바탕이 된 음운 연구가 가장 대표적인 업적이다. 그래서 세종대왕의 훈민정음 창제와 음운 연구는 언어학사에서 주목된다. 따라서 근대 이전 한국의 언어 연구의 흐름은 다음과 같이 세 시기로 구분해 볼 수 있다. 첫째는 훈민정음 창제 이전의 글자 생활과 이를 통해 드러난 한국어 구조에 대한 관심, 둘째는 훈민정음 창제, 셋째는 훈민정음 창제 이후의 한국어 연구이다. 이렇듯 언어에 대한 관심과 인식은 표기 체계로서 글자생활과 관련된 것이었다.

첫째, 훈민정음 창제 이전 시기의 언어에 대한 관심과 인식에 대해서 살펴보자. 언어에 대한 구체적인 연구 결과가 없기 때문에, 엄밀하게 보면, 언어학사의 대상이 되지 못한다. 먼 옛날 한국에서 언어에 대한 관심은 다른 나라와 마찬가지로 실용적인 필요에 의해 시작되었다. 그것은 바로 글자생활을 위한 것이었다. 글자생활을 위해서는 글자가 있어야 하는데 한국에는 글자가 없었다. 글자가 없을 경우에는 새로운 글자를 만들거나 아니면 이웃 글자를 빌려 쓰게 된다. 그래서 이미 삼국시대부터 바로 이웃에 있는 중국어를 적는 글자, 한자를 빌려 쓰게 된다. 그래서 한자가 들어왔고, 한국어를 기록하는 데에 한자를 이용하였다. 그러나 한자를 빌려 한국어를 표기함으로써 중국어와는 다른 한국어의 특징을 인식하기에 이른다. 특히 중국어와는 달리 한국어에서는 어미와 같은 문법형태가 있다는 사실, 중국어와는 어순이 다르다는 사실 등을 인식하기에 이른다.

둘째, 훈민정음의 창제와 그 바탕이 된 음운 연구에 대해 살펴보자. 한자 사용의 불편으로, 또한 한자의 자형을 줄여 만든 음절문자의 불편으로 음소문자의 필요성을 절감한 바탕에서 훈민정음이 창제되었다. 세종대왕의 훈민정음은 당대 한국의 탁월한 음운 연구의 성과를 보여준다. 발음기관을 상형하여 음소문자를 만들었으며, 자음과 모음을 처음부터 따로 만들었으며, 초성 – 중성 – 종성의 음절 3분법을 창안하였다. 또한 모음조화 현상을 이해하고 글자에 반영하였고, 당시 언어인 중세 한국어 음운의 운율을 정확히 파악하고 이를 표기에 반영하였다. 결론적으로 훈민정음 안에는 음운론의 중요 개념들이 모두 서술되어 있다는 점에서 놀랍고도 훌륭한 언어학적 성과로 평가할 수 있다.

이 시기는 조선 왕조가 건국되면서 유교사상이 나라의 이념이 되었다. 이리하여 송나라의 성리학이 학문 연구의 지침이 되었다. 역학(易學)과 운학(韻學)을 수용하여 훈민정음 창제 이외에도 한국 한자음을 정리하기도 하고 중국 한자음을 정리하기도 하였다. 《동국정운》(東國正韻, 편찬: 1447, 간행: 1448)은 한국 한자음을 독자적으로 정리하기 위해 편찬된 운서이고, 《홍무정운역훈》(洪武正韻譯訓, 1455)과 지금 전해오지 않는 《사성통고》(四聲通攷, 세종 무렵)는 중국 한자음을 정리하기 위해 편찬된 운서이다.

셋째, 훈민정음 창제 이후의 언어 연구에 대해 살펴보자. 이 시기에는 운학과 정음학에 대한 연구, 그리고 어휘 정리와 의미 연구가 중심이 되었다. 실제 훈민정음 창제 이후 언어와 문자에 대한 관심은 침체기를 거쳤는데, 17세기 이후 관심을 회복하게 된 계기는 실학이라는 학풍이었다. 실증주의에 입각한 실학은 언어 문제에도 관심을 불러일으켰다. 이 시기에는 훈민정음 창제의 배경이 되었던 운학을 발전하였고, 실학의 영향으로 새로운 과제도 나타났다. 운학 연구와 훈민정음 연구를 통해 자음과 모음에 대한 음운 연구가 활발하게 전개되었다. 새로운 과제로는 방언, 어휘 등에 관심을 가지고 어휘 자료를 정리하는 것이었는데, 이를 통해 어휘 분류, 어원 해석, 의미 분석 등에 대한 연구가 시작되었다.

그 이후 18세기, 19세기를 거치면서 한국어에 대한 사전 편찬과 문법 기술이 시작되었다. 이는 전적으로 서양 선교사들의 기독교 선교 목적, 즉 종교적 필요성에 의해 이루어졌다. 낯선 언어를 이해하기 위해서는 기본적으로 사전이 편찬되어야 하며, 또한 문법이 기술되어야 한다. 그래서 선교사들은 성경을 한국어로 번역하여 전파하기 위하여 어휘를 정리하여 사전을 편찬하고, 다음으로는 문법을 체계적으로 기술하였다. 이렇게 하여 한국의 언어 연구는 서양 언어학 연구 방법을 받아들이게 되었고, 그 이후에는 서양인이 아닌 한국인에 의해 한국어 문법이 연구되기에 이르렀다. 19세기 이후 한국인에 의해 수행된 한국어 문법 연구는 주시경의 연구가 대표적인데, 이것과 그 이후 현대 한국의 언어 연구에 대해서는 제15강에서 서술하기로 한다.

2. 훈민정음 창제 이전의 글자생활

고대 한국의 언어 연구는 기록이 없어 확인할 수 없다. 특정 어휘를 신비롭게 여겨 어원에 관심을 가졌다고 할 증거 역시 없다. 그러나 고대 한국에서 언어에 대한 관심은 글자생활에서 싹텄다는 것은 충분히 짐작할 수 있다. 고유 글자가 없었으므로 이른 시기 중국에서 한자를 빌려 쓰게 되었다. 그러나 중국어와 한국어는 언어 특성에 차이가 있어 한국어의 기록에 적합하지 않았다. 이에 한자를 활용하여 한국어를 표기하려는 여러 시도가 있었다.

한자를 빌려 쓰고자 할 때, 자연스럽게 한국어의 구조에 대해 관심을 가지게 된다. 그래서 한자를 표기하는 중국어와 한국어가 다르다는 것을 인식하기에 이르렀다. 어휘가 기본적으로 단음절 구조이며, 문법형태가 거의 없는 중국어와 달리, 한국어는 어휘가 다음절 구조이며, 문법관념을 표현하기 위하여 문법형태(조사와 어미)가 있음을 인식하였으며, 한국어는 중국어와는 어순이 다르다는 것도 인식하기에 이르렀다. 한국어의 음운과 음절 구조가 중국어의 음운과 음절 구조와 다르다는 것도 인식하였다. 이것이 고대 한국에서 언어에 대한 인식과 관심의 출발이었다.

결과적으로는 중국어 특성에 맞는 글자인 한자를 가지고 제대로 된 글자생활을 하기는 어려웠다. 그래서 한자를 활용해서 한국어를 적으려는 노력으로 여러 가지 방법이 고안되었는데, 대체로 한자의 뜻을 빌려 쓰기도 하고, 한자의 소리를 빌려 쓰기도 하였다. 그리고 한국어 어순에 맞게 문장을 적기도 하였다. 그리고 한자의 자형을 줄여 음절문자로 쓰기도 하였다.

《삼국유사》(三國遺事)에 실려 있는 향가 처용가의 한 구절 '東京明期月良 夜入伊遊行如可'의 예를 들어 보자. 이는 "東京 볼긔 ᄃ래 밤 드리 노니다가" 정도로 해독된다. '볼긔'의 '볼-'은 '明', '달'은 '月', '밤'은 '夜', '드리'의 '들-'은 '入', '노니다가'의 '노니-'는 '遊行'과 같이 한자의 뜻을 이용하여 적었다. 그러나 중국어에 없는 한국어의 문법형태는 주로 한자의 소리를 이용하였다. '볼긔'의 '-의'는 '긔'로 읽어 '期'로 표기했는데, 이 때 '期'가 가진 본래의 뜻과는 전혀 무관하다. 'ᄃ래'의 '-애'는 '良'으로, '드리'의 '이'는 '伊'로, '노니다가'의 '-다가'는 '如可'로 적은 것도 모두 소리를 빌려 적은 것이다. 나중에는 이러한 문법형태를 적기 위해 한자의 형태를 줄여서 ß =은(隱), ᚠ =며

(弥), ㄴ=니(尼), ㅭ=든(等), ㅣ=다(多) 등과 같은 새로운 음절문자를 만들기에 이르렀다. 일본의 가나 역시 이러한 과정을 거쳤는데, 일본어의 경우 음절수가 적어서 이와 같은 음절문자가 정착할 수 있었으나, 음절 자체가 많을 뿐 아니라 음절 구조가 복잡한 한국어에서는 이러한 음절 표기가 정착할 수 없었다. 그래서 음절문자는 지극히 제한된 범위에서만 쓰여 한국어의 일반화된 표기법에 이르지 못하였다.

결국 한자 사용의 어려움에다, 음절문자가 실패함으로써 한국 민족은 새로운 음소문자를 절실히 필요로 하게 되었다. 이것은 바로 훈민정음이 나타나게 된 배경이기도 하다.

3. 훈민정음 창제

3.1. 세종대왕의 생애

세종대왕(1397~1450)은 한국의 조선 왕조 제4대 왕이다(1418~1450). 제3대 왕 태종의 셋째아들이며, 이름은 도(祹)이다. 원래 태종의 뒤를 이을 왕세자는 첫째아들인 양녕대군이었으나 태종은 자신이 이룩한 정치적 안정과 왕권을 이어받아 훌륭한 정치를 펴기에 양녕대군이 적합하지 못하다고 판단하여, 셋째아들인 충녕대군을 천성이 총민하고, 학문에 독실하며, 정치하는 방법도 잘 안다고 판단하여 왕세자로 삼았다. 이어 1418년 8월 태종의 선위를 이어받아 왕세자 충녕대군이 왕위에 오르니, 이 분이 바로 한국 역사상 가장 정치적으로 안정을 이루어 정치·군사·경제·사회·문화·과학 전반에 걸쳐 국가의 기틀을 마련한 세종대왕이다.

세종대왕은 집현전을 통해 많은 학자를 양성하고, 유교정치의 기반이 되는 의례·제도를 정비하고, 다양하고 방대한 편찬 사업을 추진하였다. 또한 훈민정음을 창제하고, 농업과 과학 기술, 의약 기술을 발전시키고,

음악을 정리하고, 법제도, 세금제도를 정비하였다. 또한 국방을 튼튼히 하여 국토를 확장하는 등, 민족국가의 터전을 확고히 하였다.

특히 집현전 운영은 세종대왕의 업적 가운데 뛰어난 것이다. 집현전은 1419년 3월에 설치하였는데, 조선이 표방한 유교정치와 외교관계를 원만히 수행하는 데 필요한 인재를 양성하고 학문을 진흥하는 데에 목적이 있었다. 이에 따라, 뛰어난 젊은 학자들을 뽑아 여러 특전을 주어 집현전에서 학문에 전념하도록 하였다. 그 결과 수많은 인재를 배출했는데, 이는 바로 세종 시대의 찬란한 문화와 유교정치의 발전을 이루게 한 원동력이 되었다. 또한 세종 시대에 전개된 다양하고 방대한 편찬 사업은 이 시대의 문화와 사상 수준을 높였고, 정치·제도의 기틀도 세웠다. 물론 이러한 편찬 사업은 세종대왕이 주도하였으며, 집현전 학자들이 협력하였다.

세종 시대가 조선 왕조 역사상 가장 빛나는 시대가 될 수 있었던 것은 정치적인 안정 위에 세종대왕을 보필한 훌륭한 신하와 학자가 있었기 때문이라 할 수 있다. 그것은 오직 세종대왕의 훌륭함에서 비롯된 것이라 하겠다. 세종대왕의 훌륭한 인품은 노비에게 출산 휴가 제도를 마련한 백성을 위하는 마음에서도 확인할 수 있다.

훈민정음의 창제는 세종대왕 치적 가운데 가장 빛나는 성과이다. 훈민정음은 세종대왕 자신이 직접 창제한, 한국 문화유산 중에서도 가장 훌륭한 유산이다. 이제 이러한 훈민정음 창제에 대해서 살펴보기로 하자.

훈민정음은 세종대왕이 세종 25년(1443년) 음력 12월에 창제하여 세종 28년(1446년) 음력 9월 상순에 반포한 글자이다. 잘 알다시피 훈민정음은 창제한 사람, 창제한 날짜가 정확하게 알려져 있으며 창제한 원리를 적은 기록이 전해 오는 이 세상에서 유일한 글자이다. 그 기록인 《훈민정음 해례》는 한국의 국보이며 1997년에는 유네스코 세계기록유산으로 지정되어 있다. 또한 백성들의 문해 능력을 높인 세종대왕의 훈민정음 창제 정신을 기려 유네스코는 1990년부터 해마다 9월 8일 세계 문해의 날을 맞이하여, 세계 곳곳에서 글자 모르는 사람들에게 글자를 보급한 개인과 단체에게, 세종대왕 문해상(UNESCO King Sejong Literacy Pirze)을 시상하고 있다.

3.2. 글자 창제의 원리를 적은 책, 《훈민정음》

'훈민정음'에는 두 가지 뜻이 있다. 하나는 세종대왕이 창제한 글자 이름으로서 훈민정음인데, 지금 우리가 '한글'이라 부르는 글자이다. 다른 하나는 한글이라는 글자를 창제한 원리를 적은 책 이름으로서 《훈민정음》(訓民正音)이다. 《훈민정음 해례》(訓民正音解例)라고도 부른다.

세종대왕이 1443년 12월에 창제한 훈민정음에 대해 기록한 책 《훈민정음》은 한문본 두 가지, 한글로 풀이하여 간행한 언해본 세 가지가 전해 온다. 한문본으로, [1] 세종실록에 실린 《훈민정음 예의》(訓民正音例義)와 [2] 간송미술관에서 소장하고 있는 《훈민정음 해례》가 있다. 간송미술관 소장의 원본은 1446년 세종 28년에 정인지 등 여덟 명이 세종의 명으로 훈민정음을 설명한 한문 해설서이다. 이 책은 경상북도 안동 이한걸 씨 집에 소장되어 있던 것으로 1940년 여름에 세상에 처음 알려졌으며, 이때 제목이 적혀 있을 첫 장을 포함한 첫 두 장이 떨어져 나가 31장밖에 되지 않았지만, 이 책은 새로 만든 글자의 창제 원리와 그 음가, 운용법을 밝히고 해설한 책으로 인류문화사 어디에도 찾아볼 수 없는 값진 책이라고 평가할 수 있다. 조선어학회(지금의 한글학회)에서 1946년 영인본을 발행하여 널리 보급하였으며, 이를 바탕으로 훈민정음에 대한 연구가 활발히 진행되었다.

언해본으로는 [1] 《월인석보》(세조 5년: 1459년) 첫 머리에 실리고 서강대학교 소장인 《세종어제훈민정음》과 앞부분 서너 장만 다르고 이와 같은 박승빈 소장의 《훈민정음》, [2] 월인석보 본을 모본으로 다시

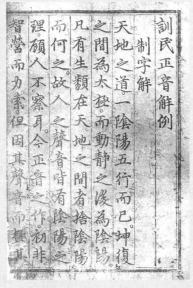

훈민정음 해례본

새겨서 펴낸 희방사(喜方寺) 복각본, 그리고 필사본인 [3] 일본 궁내성의 《훈민정음》 등이 있다.

《훈민정음 해례》는 33장 1책의 목판본이다. 이 책은 크게 보아 세종 임금의 글["서문"과 "예의(例義)"] 4장과 집현전 학자들이 쓴 훈민정음에 대한 설명["해례(解例)"와 "정인지 서(序)"] 29장, 두 부분으로 구성되어 있다. "예의(例義)"란 음가와 그 운용법에 대한 내용이고, "해례(解例)"란 '풀이'와 '보기'로서, 제자해(制字解) 초성해(初聲解), 중성해(中聲解) 종성해(終聲解), 합자해(合字解)와 용자례(用字例)이다.

한편 "정인지 서"에서는 우리말이 소리는 있어도 글자가 없어 한자를 빌려 쓰고 있고, 아울러 이두문자와 한자의 어려움으로 인해 백성들이 겪는 불편함을 지적하면서, 새로운 글자 창제의 필요성과 당위성을 밝히

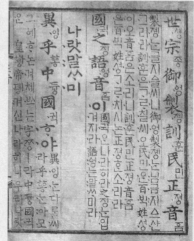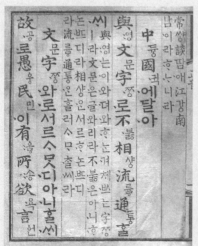

훈민정음 언해본

고 있다. 또한 이 글자는 배우기 쉬워서 그 파급 효과로 한문책의 해석이
쉬워지고 의사소통도 원활해진다는 등, 이 글자의 우수성을 밝히고 있다.[1]

3.3. 훈민정음 창제의 배경

한자를 빌려 쓰는 데 실패한 한국의 글자생활이 나아갈 길은 다음과
같은 두 가지 가운데 하나를 택하는 수밖에 없었다. 하나는 한자가 아닌
이웃의 다른 음소문자를 빌려 쓰든지, 아니면 새로운 음소문자를 만들어

---

1 정인지는 집현전 대제학이다. '정인지 서'는 일반적인 서문과 달리 책의 끝에 있는데
   임금의 글과 같은 책에 들어 있는 신하의 글이므로 뒤로 간 것이다. 아울러 임금의 글은
   크게 썼고, 신하의 글은 그보다 작게 썼는데 그렇게 하기 위하여 전자는 7행에 행마다
   11자가 들어가 있으며, 후자는 8행에 행마다 13자가 들어가 있다. 한편 이 책의 글씨는
   당대 명필이자 세종대왕의 셋째아들인 안평대군 용(瑢)이 썼다.

내든지 하는 것이다. 그런데 중국 문화에 젖은 당시 한국의 지식인들이 한자 아닌 다른 글자를 빌려온다는 것은 생각하기 어려운 일이었다.

훈민정음을 창제하게 된 것은 근본적으로 이와 같은 배경과 세종대왕의 새로운 인식의 결과라 할 수 있다. 세종은 조선 건국과 함께 민족에 대한 자의식을 높일 필요성을 강하게 인식하였으며, 나라의 부강을 위한 경제적, 사회적 발전에는 백성들에게 지식을 보급하는 것이 선행조건임을 실감하였을 것이다. 세종은 학문을 사랑하고, 백성들 생활에 지대한 관심을 가졌을 뿐만 아니라, 독창적인 사고와 진취적인 성격을 가졌었기 때문이다. 훈민정음 서문에서 세종은 다음과 같이 말하고 있다.

> "우리나라의 말소리는 중국과 달라서 중국어를 적는 글자인 한자와는 서로 통하지 않는다. 따라서 일반 백성은 말하고자 하는 바가 있어도 마침내 한자로는 제 뜻을 펼 수 없는 사람이 많다. 그래서 내가 이를 딱하게 여기고 새로 스물여덟 글자를 만들었다. 이것은 사람들이 쉽게 익히고 나날이 편하게 쓰도록 위함이다."

여기서 우리는 훈민정음의 창제 배경이 세종의 민족 자주 정신과 민본 정신에 있음을 확인할 수 있다. 세종은, 한국어는 중국어와 달라 중국 글자로써는 우리의 글자생활을 해 나갈 수 없으므로 훈민정음을 만들게 되었다고 하였으니, 이는 강한 민족 자주 정신을 나타낸 것이다. 그리고 세종은 어리석은 백성을 위해 이 글자를 만든다고 하였으니, 이는 글자 생활을 누리지 못해 사람으로서 살아갈 권리를 제대로 누리지 못했던 백성들을 위한 강한 민본 정신을 나타낸 것이다.

3.4. 훈민정음의 창제 원리

세종대왕은 훈민정음을 창제한 후 집현전 학자들에게 이에 대한 해례를 짓게 하였다. 그래서 훈민정음의 창제 원리는《훈민정음 해례》에 상세히 소개되어 있다.

세계 거의 대부분의 글자는 대개 다른 글자를 차용하여 거기에 약간의 개정을 더한 것으로서, 글자의 독창이란 좀처럼 없는 일이다. 그러나 훈민정음은 6세기 전에 세종대왕이 직접 창제한 글자이다. 앞에서도 말한 바와 같이, 한국 민족은 한자를 차용하여 음절문자를 만들기에 실패하고 말았는데, 그것은 한국어의 음절 구조가 음절문자로 표기하기에는 너무나 복잡하였기 때문이다. 이리하여 세종대왕은 드디어 아주 조직적인 음소문자를 창조해 내기에 이른 것이다.

훈민정음 각 글자의 기본적인 제자 원리는 상형(象形)의 원리이다. 초성은 발음기관을 본떠 만들었으며, 중성은 천지인(天地人) 삼재(三才)를 상형하여 만들었다. 먼저 초성의 제자 원리부터 살펴보자. 초성의 제자 원리는 조음기관의 상형과 이의 가획과 변형이다.

"아음(牙音)인 ㄱ는 혀뿌리가 목구멍을 닫는 꼴을 본떴으며, 설음(舌音)인 ㄴ는 혀가 윗잇몸에 붙는 꼴을 본떴으며, 순음(脣音)인 ㅁ는 입의 꼴을 본떴으며, 치음(齒音)인 ㅅ는 이의 꼴을 본떴으며, 후음(喉音)인 ㅇ는 목구멍 꼴을 본떴다."

이 설명에 의하면, 초성을 만든 첫 번째 원리는 발음기관을 본뜬, 상형의 원리이다. 이리하여 'ㄱ, ㄴ, ㅁ, ㅅ, ㅇ'의 기본 글자 다섯을 만들어 냈다. 이를 각각 어금닛소리, 혓소리, 입술소리, 잇소리, 목소리라 하였다.

초성을 만든 두 번째 제자 원리는 가획(可劃)의 원리이다. 'ㄱ, ㄴ, ㅁ, ㅅ, ㅇ' 다섯 글자를 기본 글자로 하여, 획을 하나씩 더하여 'ㅋ, ㄷ ㅌ, ㅂ ㅍ, ㅈ ㅊ, ㆆ ㅎ'의 아홉 글자를 만들어 내었다.

"ㅋ은 ㄱ에 비해 소리 남이 세다. 그러므로 획을 더한다. ㄴ에서 ㄷ,

ㄷ에서 ㅌ, ㅁ에서 ㅂ, ㅂ에서 ㅍ, ㅅ에서 ㅈ, ㅈ에서 ㅊ, ㅇ에서 ㆆ, ㆆ에서 ㅎ을 만드는데, 그 소리에 의해서 획을 더하는 뜻은 한가지다."

즉, 어금닛소리, 혓소리, 입술소리, 잇소리, 목소리의 다섯 소리에 각각 기본 글자 하나씩을 만들고, 각 소리에 속한 소리들을 이 다섯 글자를 토대로 하여 만들었다. 이리하여 한글은 같은 조음 위치에서 나는 소리들을 비슷한 모양의 글자로 체계적으로 표현해 낼 수 있게 되어 과학적이고 배우기 쉽고 쓰기 쉬운 탁월한 글자가 되었다.

그런데 자음 17자 중 나머지 세 글자, 'ㆁ, ㄹ, ㅿ'은 예외적으로 만들었다. 즉, ㆁ은 ㅇ에, ㄹ은 ㄴ에, ㅿ은 ㅅ에 각각 획을 더한 모양으로 만들었으나, 이것은 단순히 'ㅇ, ㄴ, ㅅ'과 그 꼴을 달리했을 뿐이지, 소리의 세기 때문에 획을 더한 것은 아니라 하였다.

중성은 'ㆍ, ㅡ, ㅣ, ㅗ, ㅏ, ㅜ, ㅓ, ㅛ, ㅑ, ㅠ, ㅕ'의 열 하나인데, 이에 대해서는 "ㆍ는 '呑' 글자 가운뎃소리와 같다."와 같은 방법으로 설명하고 있다. 자음은 그 성격상 조음 방법을 쉽게 파악할 수 있어, 발음 기관의 모습을 본떠 만들었지만, 모음은 그 조음 방법을 쉽게 파악할 수 있는 것이 아니기 때문에, 중성을 만드는 원리를 완전히 다른 차원에서 구하였다.

"ㆍ는 하늘이라 하고, ㅗ는 ㆍ와 같되 입을 오므리고(ㅗ與ㆍ同而口蹙), ㅏ는 ㆍ와 같되 입을 편다(ㅏ與ㆍ同而口張). ㅡ는 땅이라 하고, ㅜ는 ㅡ와 같되 입을 오므리고(ㅜ與ㅡ同而口蹙), ㅓ는 ㅡ와 같되, 입을 편다(ㅓ與ㅡ同而口張). ㅗ와 ㅏ는 모두 ㆍ와 같고, ㅜ와 ㅓ는 ㅡ와 같다."

이와 같은 설명은 ㆍ, ㅗ, ㅏ가 한 부류이고, ㅡ, ㅜ, ㅓ가 한 부류임을 분명히 인식한 증거이다. ㅣ는 이 두 부류 가운데 어디에도 넣지 않았으니, 이것은 그것과 독립된 자리에 있음을 인식한 증거이다.

　이러한 것을 바탕으로 보면 세 부류의 소리를 정했으며, 그 기본 소리를 'ㆍ, ㅡ, ㅣ' 세 개로 삼았다. 이 세 소리는 '하늘, 땅, 사람'의 삼재를 상형한 것이다. 삼재는 이 우주를 형성하는 가장 중요한 요소로서, 하늘이 먼저 열리고, 다음으로 땅이 만들어지고, 다음으로는 사람이 그 하늘과 땅 사이에서 생겨났다. 'ㆍ'는 하늘을 본떠 둥글게 하고, 'ㅡ'는 땅을 본떠서 평평하게 하고, 'ㅣ'는 사람을 본뜨되 그 서 있는 모양으로 하였다. 이렇게 하여 세 종류의 기본 글자를 만들어 냈다.

　이 세 글자를 바탕으로 하늘인 'ㆍ'에서는 'ㅗ, ㅏ'를, 땅인 'ㅡ'에서는 'ㅜ, ㅓ'를 만들고, 그리고 여기에 사람인 'ㅣ'가 관여하여 'ㅛ, ㅑ, ㅠ, ㅕ'를 만들어 11자를 완성하였다.

　종성은 초성 글자를 그대로 다시 쓸 수 있도록 하였는데, 이 방법을 고안해 냄으로써 글자의 수가 대폭 줄어들게 되어, 훈민정음이 성공할 수 있는 중요한 계기가 되었다. 이리하여 28자를 만들어 내고 난 뒤, 초성, 중성, 종성을 합하여 한 음절을 적는 데 필요한 방법을 정하였으며, 두세 글자가 겹쳐지는 병서(竝書)글자도 만들었다. 'ㄲ ㄸ ㅃ ㅆ ㅉ'와 같이 같은 글자를 이어쓰는 것을 각자병서라 하고, 'ㅺ ㅼ ㅽ ㅄ ㅶ' 등과 같이 서로 다른 글자를 이어쓰는 것을 합용병서라 한다. 한편 'ㅇ'을 이용한 연서(連書)글자도 만들었다. 순경음자 'ㅸ'이 그러하다. 이와 같은 자음 글자 및 모음 글자 외에도 성조를 표시하는 방점도 만들어, 운소를 표기하기 위한 체계도 마련하였다.

　이처럼 훈민정음은 현대 언어학의 관점에서 보더라도 조금도 손색이 없을 만큼 훌륭한 글자이다. 중국의 성운학을 기본으로 하여 만들어졌지만, 각 글자와 그것이 표시하는 음소 사이에 존재하는 관련성을 체계적으로 반영하도록 만들어졌다. 이런 관점에서 한글을 자질문자라 하는데, 이렇게 하여 자연 발생적으로 생겨난 대부분의 다른 글자들과는 비교가 되지 않을 정도로 매우 과학적이고 독창적인 글자가 탄생하게 되었다.

3.5. 훈민정음 창제의 의의

세종대왕은 직접 15세기에 당시의 한국어 특성을 잘 파악하여 한국어를 표기할 수 있는 가장 적합한 글자 체계를 창안하였다. 중국의 성운학을 바탕으로 하되, 당시 중국 성운학에 없던 개념을 창안하여 전혀 새로운 글자 체계를 창제하였다. 이러한 훈민정음의 언어학사적인 의의를 몇몇 들어 보면 다음과 같다.

첫째, 글자 발달의 최고 단계인 자질문자를 창안하였다. 영국 리스대학 교수 샘슨(Geoffrey Sampson)은 인류가 사용해 온 각종 글자 체계를 분류해 기술하면서 훈민정음은 기본적으로 음소문자이지만 다른 음소문자와 한 부류로 묶을 수 없음을 밝히고 있다. 한글은 'ㄷ – ㅌ – ㄸ'처럼 기본 글자에 획을 더하거나 같은 글자를 반복함으로써 음소 자질을 체계적으로 나타내 주고 있고, 이러한 특징은 다른 글자 체계에서는 찾을 수 없다. 그래서 샘슨은 한글을 따로 자질문자로 분류하고 있다.

둘째, 발음기관을 상형하여 인류보편적인 글자로 창제하였다. 이에 대해서는 바로 위에서 서술한 바와 같이, 훈민정음의 제자 원리는 상형과 가획으로 요약할 수 있는데, 그것을 뒷받침하고 있는 이론은 오늘날의 언어학적 관점으로 보아도 학술적 가치가 대단하다.

셋째, 훈민정음은 자음과 모음이 처음부터 따로 만들어진 글자이다. 상형문자에서 발달한 글자는 자음글자만 있는 것이 일반적이다. 페니키아문자도 자음글자만 있었으며 현재 아랍문자도 자음글자만 있고, 영어를 비롯하여 현재 여러 언어의 글자로 쓰이는 로마문자에서 보는 모음글자는 페니키아문자에서 그리스문자로 정착될 때 비로소 추가된 것이다. 이러한 글자의 발달 단계를 고려하면 처음부터 자음글자와 모음글자를 분리하여 분명한 원리에 의해서 창제한 것은 놀라운 사실이 아닐 수 없다. 이렇게 자음글자와 모음글자를 구별하여 만든 글자는 세계 문자사에서 매우 드문 일이다.

넷째, 훈민정음은 초성 – 중성 – 종성의 음절 3분법을 창안하였다. 중국의 음성 표기법을 보면 하나의 음절을 두 부분으로 나누고 있는데, 즉 한 글자(음절)의 음을 성모와 운모로 나누는 것이다. 예를 들어 '동'이란 음절을 'ㄷ'과 '옹'으로 나눈다. 그런데 훈민정음은 이러한 성운학의 원리를 답습하지 않고 한 음절을 세 부분으로 나누는 새로운 원리를 발견하였다. '동'을 'ㄷ', 'ㅗ', 'ㅇ'으로 나누는 즉, 하나의 음절이 초성, 중성, 종성으로 이루어져 있는 것으로 파악하였다. 이것은 당시의 성운학에서는 볼 수 없던 개념이었다.

다섯째, 훈민정음은 모음조화 현상을 이해하고 글자에 반영하였다. 모음의 기본 글자를 이 세상의 중요한 세 가지, 즉 하늘, 땅, 사람을 기본으로 잡고 그 글자를 각각 ﹒, ㅡ, ㅣ로 형상화하였다. 한 부류의 모음은 ﹒를 각각 ㅡ와 ㅣ의 위쪽과 오른쪽에 두었으며(ㅗ, ㅏ), 다른 한 부류의 모음은 ﹒를 각각 ㅡ와 ㅣ의 아래쪽과 왼쪽에 두어(ㅜ, ㅓ), 모음글자끼리 어울릴 때도 'ㅘ, ㅝ'처럼 같은 부류끼리 어울리는 글자를 만들었다.

여섯째, 훈민정음의 또 하나의 언어학적으로 주요한 사실은 당시 언어인 중세 한국어 음운의 운율 실현을 정확히 파악하고 그것을 표기에 반영한 점이다. 즉, 당시 언어의 소리의 높낮이를 기술하고 표기한 것인데, 낮은 소리인 평성은 점이 없으며, 높은 소리인 거성은 점이 한 개, 낮았다가 높아지는 소리인 상성은 점이 두 개이다. 이처럼 소리의 높낮이를 정확하게 표기한 글자 또는 글자 체계는 세계 어디에도 찾아보기 어렵다.

지금까지 언어학사적 관점에서 훈민정음의 창제에 대해 살펴보았는데, 결론적으로 훈민정음 안에는 음운론의 중요 개념들이 모두 서술되어 있다는 점에서 놀랍고도 훌륭한 언어학적 성과로 평가할 수 있다.

3.6. 훈민정음을 바라보는 눈

훈민정음 창제의 언어학사적인 의의, 즉 훈민정음을 바라보는 눈을 훈민정음 연구에 대한 대표 저서인 최현배(1940), 《한글갈》(정음사)과 최근에 출판된 국내외 대표 저서를 통해 살펴보자. 국내는 김주원 (2013), 《훈민정음 - 사진과 기록으로 읽는 한글의 역사》(민음사)를 통해, 국외는 노마 히데키(2010), 《ハングルの誕生》(일본 헤이본사): 한국어 번역(2011), 《한글의 탄생 - 〈문자〉라는 기적》(돌베개)를 통해 살펴보자.

《한글갈》에서 훈민정음 서문에 대해 다음과 같이 서술하였다. "남의 글자 한문은 우리말과 통하지 않는 글자일뿐더러, 본시 어렵기 짝이 없는 글자이기 때문에, 우리 배달 겨레에게는 이중으로 어려워, 백성들이 다 배워 낼 수가 없다 함이다. 세종 대왕은 천종의 성인이로되, 한학의 정통에 많은 노력과 세월을 허비하였으니, 시간과 경제의 여유가 없는 일반 대중이야 얼마나 그것이 어려운 일인가 함을 아프게 느낌이다. 일반 서민이 글자를 깨치지 못하였기 때문에, 제가 하고 싶은 말이 있어도, 그 뜻을 펴지 못한다 함이다. 이 새 글자는 상하, 귀천을 막론하고 누구든지 쉽게 익혀서 일상생활에 편리하게 쓰도록 하는 것이라 하였다. 곧 민중 문화의 보급과 생활의 향상을 꾀함에 그 목적이 있다 함이다."

《한글갈》에서 훈민정음의 가치를 다음과 같이 밝히고 있다. "한글은 그 짜임이 가장 과학스럽고도 그 자형이 정연하고 아름다우며, 그 글자 수가 약소하고도 그 소리가 풍부하며, 그 학습이 쉽고도 그 응용(맞춰씀)이 광대하여, 글자로서의 모든 이상적 조건을 거의 다 갖추었다 할 만하니, 이 글자를 지어낸 세종 대왕 한 사람 당대의 밝은 슬기가 능히 천고 만인의 슬기를 초월하였다 하여도 과언이 아닐 것이다. 그래서, 이 글자를 보는 이로 하여금 저절로 찬탄을 금ㅎ지 못하게 하니, 이는 고금이 다름없고, 안팎이 한가지니라." 그리고 "한글은 과학스런 조직을 가지고 민중 교화의 사명을 띠고 난 글자이다. 대한 나라의 참된 독립과 자유의 발전도 여기에서 꽃피며, 배달 겨레의 민주주의스런 번영과 행복도 여기에서 열음열어, 겨레의 이상 밝은 누리의 실현도 이로써 이룰 수 있는 것이다. 한글은 겨레의 생명이요 자랑이며, 나라의 힘이요 소망이다."

《훈민정음—사진과 기록으로 읽는 한글의 역사》에서 지은이는 훈민정음은 "시대의 요구에 의하여, 하늘이 내린 성인이자, 밤낮 책을 손에서 놓지 않았던 세종임금이, 때마침 이루어진 송(宋)의 성리학을 받아들여, 당대의 언어를 철저히 분석한 것을 바탕으로 하여 새로운 글자를 창제하고, 신하들의 반대를 무릅쓰고, 반포한 것"으로 규정지었다. 이어서 훈민정음의 상형 원리에 대한 언어학적 의의로 '인류 보편성', '언어학 이론과의 합치', '디자인의 단순성과 미학적인 아름다움'을 들었다. "인간의 발성기관을 본떠서 글자를 만들겠다는 발상은 인류 역사상 전무후무한 것이다. 이는 인간이라면 누구나 지니고 있는 발음기관을 본뜬 것이므로 전 인류적 보편성을 지닌 것이 된다." 언어학 이론과의 합치에 대해서는, "예를 들어 설음이라고 하면, 구체적으로 '혀가 잇몸에 닿는 소리, 즉 치조음'이라고 정의하여 현대 언어학에서 말하는 능동부(혀)와 고정부(잇몸)이 상호작용으로 파악하고, 그 모양을 고도로 추상화하여 ㄴ 모양으로 도형화한 것이다." "이런 과정을 통하여 추출된 모양을 보면 네모(수직선, 수평선), 세모(빗선), 원의 가장 기본적인 도형을 모두 변별적으로 이용하여 음절 즉 한 단위를 구성하도록 만들었다."

《한글의 탄생—〈문자〉라는 기적》에서 지은이는 민족주의의 맥락이 아닌 보편적인 관점에서 한글의 구조를 통찰하여 '소리가 글자가 되는' 놀라운 시스템을 찾아내고, 하나의 글자 체계를 뛰어넘은, '말과 소리와 글자'가 함께하는 보편적인 모습으로 한글을 그려 내면서, 한글의 탄생은 앎과 글쓰기생활(=에크리튀르)의 새로운 혁명이며 또한 새로운 미를 만들어 내는 형태(=게슈탈트)의 혁명이라고 선언하였다.

"한글이라는 문자를 안다는 것은, 동아시아에서 태어난 한 가지 독특한 문자 체계를 아는 일에 그치는 것이 아니다. 음, 즉 소리로 성립된 '말'을 도대체 어떻게 해서 '문자'로 만들어 낼 수 있는지, 생각해 보면 정말 신비로운 일이 아닐 수 없다. 한글이 태어나는 모습을 본다는 것은 그 신비로움 속으로 파고 들어가는 일이다. 공기의 떨림을 우리는 언어 음으로 듣는다. 이러한 과정에서 성립된 '말해진 언어'는 도대체 어떻게 해서 '문자라는 시각적인 장치'를 통한 '쓰여진 언어'가 되는 것일까? 한글의 구조를 보고 있노라면 우리는 '음이 문자가 되는' 놀라운 시스템 을 발견하게 된다. 한글의 탄생 ― 그것은 문자의 탄생이자 '지(知)'를 구성하는 원자의 탄생이기도 하고, '쓰는 것'과 '쓰여진 것', 즉 '에크리 튀르'의 혁명이기도 하다. 새로운 미를 만들어 내는 '게슈탈트=형태'의 혁명이기도 하다."

이어서 훈민정음이 자음글자와 모음글자로 따로 창제한 것에 대해서 언급하고, 나아가서 음소의 개념을 발견하고 이를 글자 창제에 반영한 것에 대해서는 다음과 같이 서술하였다. "문자를 만들기 위해서는 해당 언어의 모든 음소를 획정하고, 각각의 음소에 하나씩 자모로서의 형태를 할당해 주면 된다. … 놀랍게도 15세기의 '훈민정음'은 언어학이 20세 기가 되어서야 마침내 조우한 '음소'라는 개념에 거의 도달해 있었다. '정음'이 자모로서 하나하나 형태를 부여한 음의 단위는, 오늘날 우리가 '음소'라고 부르는 단위였던 것이다." 덧붙여, "정음의 시스템은 음소의 평면과 음절 구조의 평면이라는 두 개의 층이 아니라, 여기에 형태음운 론적 평면이 더해진 3층 구조로 되어 있다."라는 사실을 언급하고서, 책 맨 마지막에 훈민정음의 가치를 다음과 같이 한 번 더 강조하였다. "정음은 '문자 자신이 문자 자신을 말하는 책'으로서 세계사 속에 등장 하였다. '훈민정음'이라는 책은 이런 점에서 그 존재의 양상 자체가 희유 稀有하다. 그 존재 방식 자체가 세계 문자사상 비할 데 없는 광망光芒을 발하는 것이다."

그 밖에 국외 학자들이 바라본 훈민정음에 대해 더 살펴보자. 19세기 말엽 한국에 온 미국인 교육자 헐버트(Homer Hulbert, 1863~1949)는 "그 단순함과 말소리 표기 능력에 있어 한글과 견줄 문자는 세상 어디에도 없다."라고 하였다. 그 이후 외국 학계가 한글의 우수성과 독창성에 주목하기 시작한 것은 1960년대에 들어서면서부터이다. 미국 하버드대학 교과서로 출판된 라이샤워(Edwin O. Reischauer)와 페어뱅크(John K. Fairbank)의 공저 《동아시아: 그 위대한 전통》(*East Asia: The Great Tradition*, 1960)에서 15세기 한국의 문화에 대하여 논하면서 한글이 오늘날 사용되는 글자 체계 중 가장 과학적이라고 할 수 있을 것이라 하였다.

그로부터 4년 뒤 네덜란드 레이던대학 교수 포스(Frits Vos)는 미국에서 열린 중국, 일본, 한국의 언어와 글자에 관한 세미나에서 발표한 논문 '한국 문자: 이두와 한글'에서 한국인이 세계에서 가장 좋은 알파벳을 발명했다고 감탄했다. 한글에 대한 예찬에 날개를 달아 준 것은 시카고대학 교수 맥콜리가 1966년 미국 언어학회지 《언어》에 실은 서평이었다. 맥콜리는 동양 삼국의 언어와 글자에 대한 논문 모음집에 대한 평을 하는 가운데 한글이 조음음성학적 분석을 바탕으로 만들어진 알파벳이며 소리의 음성적 특징을 시각화하는 데 있어 우수함을 인정하였다. 이후 각종 언어학개론의 문자론에서 한글에 대한 언급이 이루어지기 시작했다.

독일인 최초로 한국학 박사학위를 받은 함부르크대학 교수 사세(Werner Sasse)는 '서양이 20세기에 들어서 완성한 음운 이론을 세종대왕은 그보다 5세기나 앞서 체계화했고 한글은 전통 철학과 과학 이론이 결합한 세계 최고의 글자'라고 극찬했다.

한글이 세계에서 가장 과학적이며 체계적임을 명시한 비언어학자가 있었다. 과학 잡지 《디스커버》(*Discover*) 1994년 6월에는 한글이 얼마나 과학적인 체계를 갖춘 글자인지를 밝힌, 생리학자·지리학자·논픽션작가인 다이아몬드(Jared Diamond)의 '표기법의 힘'(Writing Right)이라는 논문이 실렸다. 그는 "한글의 자음과 모음 글자가 한 눈에 구별되며 모음은 점과 수직선, 수평선의 조합으로 이루어지고 자음은 조음 위치와 조음 방법을 정확히 본뜬 기하학적 기호로 이루어진다. 이들 자음과 모음은 사각의 공간 안에 잘 조합되어 한 음절을 표기할 수 있다. 그래서 28개의 글자만 기억하면 아주 빠른 속도로 글을 읽고 이해할 수 있다." 라고 지적하면서, 한글이 세종대왕의 의지로 창제되었다는 데 감탄하였다.

제3부
19세기의 비교언어학

19세기 언어 연구를 말할 때, 흔히 두 가지를 꼽는다. 첫째는 역사적으로 과학적인 언어 연구가 시작한 시점이라는 것과 둘째는 그 특징이 인도유럽언어 비교언어학이라는 것이다. 그런 만큼 19세기는 언어학사에서 중요한 의미를 지닌다. 언어의 과학적인 연구란 언어 자료를, 그것이 문어 자료이든 구어 자료이든, 객관적으로 수집하여 분석한 사실을 기술하고, 기술한 내용을 합리적인 방법으로 설명하는 것을 말한다. 이러한 방법론이 19세기에 와서 확립되었다. 그리고 인도유럽언어의 비교언어학이란 19세기의 언어 연구의 대상이 주로 인도유럽언어였다는 것이며, 연구 방법은 비교언어학이었다는 것이다. 물론 다른 언어에 대한 연구, 다른 분야의 연구가 당연히 있었겠지만, 이와 같은 연구 대상과 연구 방법이 주류를 이루었다는 뜻이다.

이제 제3부에서는 이러한 인도유럽언어의 비교언어학이 어떻게 성립되었으며, 어떻게 발전해 나갔는가에 대해 살펴보기로 한다. 아울러 비교언어학은 아니지만, 19세기의 주요 언어학의 성과로서 훔볼트의 언어철학을 비롯하여 심리주의 언어학, 언어지리학 등에 대해서도 살펴본다.

19세기 언어 연구의 특징은 첫째는 연구 대상으로 구체적인 언어 사실에 관심을 가졌다는 것이고, 둘째는, 연구 방법으로 비교방법이 발달하였다는 것이고, 셋째는 역사주의를 바탕으로 하였다는 것이고, 넷째는 심리주의 언어관에 입각하였다는 것이다. 이에 대해 좀 더 구체적으로 살펴보기로 하자.

첫째, 19세기의 언어학의 연구 대상의 특징은 구체적 언어 사실에 관심을 두었다는 점이다. 18세기와는 달리 19세기 초에는 구체적인 언어 자료가 언어 연구의 주된 대상이 되었는데, 이렇듯 구체적인 사실에 대한 관심과 실증주의적 방법론은 19세기 언어학의 전반적인 특징이었다. 이 때문에 언어의 논리 구조를 보편적으로 추구하려 한 18세기의 학문적 전통은 단절되었다.

둘째, 19세기 언어학의 연구 방법의 특징은 비교방법이 발달하였다는 점이다. 19세기 초엽부터 비교언어학 연구가 집중적으로 이루어졌다. 이 시기 학자들은 주로 인도유럽언어를 대상으로 하는 비교언어학을 연구하였다. 우랄어족, 알타이어족, 아프로아시아어족 등에 대해서도 당시 알려져 있었으나, 그들 어족의 친근 관계에는 그다지 관심을 두지 않았다. 비교방법이 가장 발달한 것은 1870년대, 젊은이문법학파가 언어 연구를 주도했을 때였다. 비교방법은 이때에 체계적이고 엄밀한 성격과 그 이론적 기반을 확립하였다.

셋째, 19세기 언어학은 역사주의를 바탕으로 하였다. 19세기 초엽부터 언어 연구에 있어서 낭만주의의 한 산물인 역사주의가 발전하기 시작한다. 이것은 무엇보다도 로맨스어 연구에서 출발한다. 로맨스어의 뿌리인 라틴어가 문헌 자료로 알려져 있었던 것은 역사적 연구를 하는 좋은 조건이 되었다. 특히 19세기 후반부의 젊은이문법학파 활동 시기에는 역사주의가 언어학의 확고한 바탕이 되었다.

넷째, 19세기 언어학은 심리주의적인 언어관에 입각하였다. 18세기 언어학의 주류는 논리학적 언어관이었는데 19세기 언어학의 주류는 심리학적 기준을 도입하는 언어관이었다. 언어학에서의 심리주의는 19세기 전반에 걸쳐 언어학의 기본 개념을 형성하는 데 결정적인 영향을 미쳤다.

이러한 19세기 비교언어학의 전개 과정은 시대의 흐름에 따라 비교언어학의 성립과 발전의 두 시기로 나눌 수 있다. 비교언어학 성립의 시기는 고전 비교언어학 시대로서, 19세기 전반부에 해당한다. 한 공통조어에서 여러 언어가 분화되어서 이들이 친근 관계를 이룬다는 사실을 체계적으로 연구하고, 이를 조직적으로 증명하여, 비교언어학이란 학문을 세운 학자는 19세기 초기의 보프, 라스크, 그림 등이다. 비교언어학 발전의 시기는 젊은이문법학파 시대로서, 19세기 후반부에 해당한다. 젊은이문법학파 학자들은 역사주의 없이는 언어학이 성립할 수 없다는 신념을 밝히면서, 비교언어학 방법론의 발전에 매우 큰 업적을 남겼다.

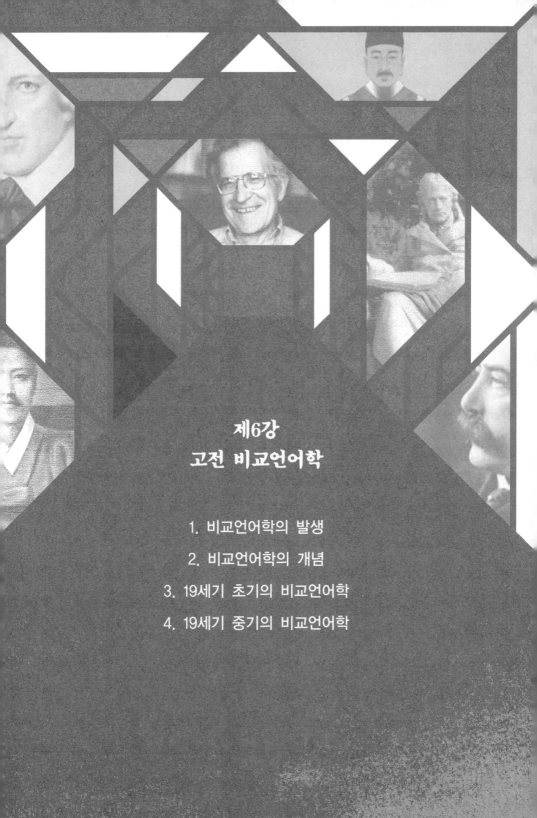

제6강
고전 비교언어학

제6강
고전 비교언어학

1. 비교언어학의 발생

1.1. 인도유럽언어 비교언어학의 씨앗

19세기의 언어 연구의 특징이 인도유럽언어를 대상으로 하는 비교언어학이라고 해서 역사언어학과 비교언어학만이 연구되었다는 뜻은 아니다. 당연히 다른 분야의 연구도 수행되었다. 또한 19세기 언어학이 비교언어학 시대라 해서 그 이전에 비교언어학이 수행되지 않았다는 뜻은 아니다. 그 이전에도 비교언어학의 씨앗이라 할 만한 연구가 수행되었다. 그 이전의 비교언어학 연구는 대부분 단편적으로 이루어졌기 때문에 그 다음 세대 다른 학자들에게 계승·발전되지 못하였다.

제3강에서 살펴본 바 있는, 12세기 아이슬란드에서 발간된, 저자가 알려지지 않은 《첫번째 문법론》에서 단어 형태의 유사성에 기초하여 아이슬란드어와 영어의 친근 관계를 주장한 바 있다. 그러나 동일 집단의 언어들이 역사적으로 관련이 있다는 데 대한 연구는 단테(Dante Alighieri, 1265~1321)로부터 시작되었다. 중세 이후 유럽 각 지역에서 개별언어의 지위가 격상된 것과 관련하여, 단테는 하나의 언어로부터 방언이 생겨나고 더 나아가서 다른 언어가 생겨나는 것을, 시간의 경과에 따른, 그리고 언어사용자의 지리적 확산에 따른 결과로 설명하였다. 그러한 생각을 바탕으로 유럽 각 지역의 개별언어를 게르만계, 라틴계, 그리스계 등으로 분류하였다. 이러한 연구는 언어의 분류 기준을 동일한 의미를 가진 단어가 각 개별언어마다 서로 어떻게 실현되는가를 기준으로 삼아 살펴보았다는 점에서 의의가 있다.

프랑스의 스칼리거(Joseph Justus Scaliger, 1540~1609)는 언어의 친근 관계에 대한 당시의 다음과 같은 잘못된 두 가지 견해에 대해 비판하였다. 첫째 견해는 그리스의 어떤 방언에서 여러 다른 요소가 더해져서 라틴어가 생겼다는 것이고, 둘째 견해는 모든 언어들이 히브리어에서 유래되었다는 것이다. 그는 유럽의 여러 언어들을 4개의 큰 어족과 7개의 작은 어족으로 분류하였다. 큰 어족은 현재의 로맨스어파, 그리스어파, 게르만어파, 슬라브어파이다. 한 어족에 속한 언어 사이에 나타나는 어휘의 유사성에 입각하여, 각 어족의 신(God)을 지칭하는 단어를 기준으로 삼아 구분하여, 각각 Deus언어, Theos언어, Godr언어, Boge언어로 불렀다.

16세기 이탈리아의 톨로메이(Claudio Tolomei, 1492~1556)는 음운 변화를 지배하는 일관된 법칙에 주목한 세계 최초의 학자이다. 라틴어의 pl이 이탈리아어에 이르러서는 pi로 규칙적으로 변화한 것을 제시하였다. 그러나 이러한 인식은 그 이후 따로 계승되지 못하였다.

라틴어	plenus	plus
이탈리아어	pieno	più

17세기에 이르러서는 스웨덴 학자들이 좀 더 발전된 모형을 제시하였다. 게르만어의 가장 오래된 문헌어인 고트어 성경을 통해 라틴어와 고트어의 굴절형을 나란히 제시하면서 이 두 언어가 한 조상으로부터

유래한 가까운 언어라고 주장하였다. 그리고 하나의 조상 언어가, 이를 사용하는 주민들이 이동하여, 유럽과 아시아 지역으로 확장되어 오늘날 페르시아어, 그리스어, 로맨스어, 슬라브어, 켈트어, 고트어, 게르만어 등으로 분화되었다고 하였다.

그 이후 독일의 라이프니츠(Gottfried Wilhelm Leibniz, 1646~1716)는 한 지역에 살고 있던 원래 주민들이 새로운 정복자들에 의해 쫓겨나서 그 언어를 잃게 되었을 경우 원래 주민의 언어가 강이름과 같은 지명에 남아 있게 된다는 것을 지적하였다. 그는 또한 역사언어학이나 비교언어학에서 어원 연구의 중요성을 인식하고 어휘 조사의 필요성을 강조하였다.

18세기 말엽에 이르러서는 헝가리 언어학자 갸르마티(Garmathi)가 핀우그르어의 비교 연구를 수행하였다. 또한 아델룽(Johan Christoph Adelung)은 여러 차례의 언어 조사를 통해 그 이전의 체계적이지 못했던 자료 수집의 시대와 그 이후의 친근 관계에 의한 언어 분류의 시대를 이어 주는 다리 역할을 하였다. 그는 《미트리다테스, 또는 일반언어학》(*Mithridates oder Allgemeine Sprachenkunde, mit dem Vaterunser als Sprachprobe in beinahe fünfhundert Sprachen und Mundarten*)이라는 네 권의 사전을, 1806년부터 1817년까지 베를린에서 출판하였다. 이 사전은 당시 알려져 있던 세계의 500여 언어를 개관하며 그 구조와 친근 관계를 제시하였다. 언어학의 다양한 문헌을 참조하고 있어 언어에 대한 과학적 시야를 넓히는 데 공헌하였다.

1.2. 존스의 산스크리트어 소개

산스크리트를 소개한 윌리엄 존스

비교언어학 탄생에 가장 결정적으로 기여한 것은 유럽 학계가 그때까지 몰랐던 또 다른 인도유럽언어인 산스크리트어의 존재를 알게 된 것이다. 그때까지 언어의 비교는 주로 그리스어와 라틴어가 연구 대상이었다.

산스크리트어 학자로 최초로 산스크리트어의 존재를 유럽 학계에 소개한 사람은 영국의 존스(Sir William Jones)[1]이었다. 그는 산스크리트어, 그리스어, 라틴어, 고트어, 그리고 켈트어까지 포함해서 이들 언어가 밀접한 관계에 있으며, 이제는 존재하지 않는 어떤 한 공통의 언어에서 분화한 것이라고 주장하였다. 여기서 언어 사이에 보이는 유사성에 대한 새로운 관점에 입각하여 비교언어학이란 새로운 학문이 탄생하게 되었다. 그리하여 드디어 언어 연구가 하나의 독자적인 학문으로 자리 잡게 되는 19세기의 비교언어학 시대를 열게 되었다.

1786년 2월 2일, 인도의 법원 판사인 존스는 캘커타의 왕립아시아학회에서 비교언어학과 관련된 유명한 논문을 발표하였다. 그 논문에서 그는 인도의 고전어 산스크리트어와 라틴어, 그리스어, 게르만어 사이의 친근 관계를 확실하게 정립시켰다.

---

1   윌리엄 존스(Sir William Jones, 1746~1794): 영국 런던 출생의 법률가, 동양학자. 옥스퍼드대학을 졸업하고, 1783년부터 캘커타 고등법원 판사로 인도에 머물면서, 영국 최초로 산스크리트어를 연구하고 인도학을 창시하였다. 산스크리트어와 그리스어, 라틴어의 유사성을 제시한 비교언어학의 업적 외에도 베다문학, 고전산스크리트 문학, 비교신화학, 인도고대법전 등을 번역한 업적도 크다.

"산스크리트어는 그것이 아주 오래된 언어임에도 불구하고 매우 훌륭한 구조를 가지고 있다. 그리스어보다도 완벽하며 라틴어보다도 풍부하며, 그 둘보다도 더욱 섬세하다. 그렇지만 동사의 어근과 문법의 형태와 관련하여 이 두 언어와의 유사성이 두드러진데 그 유사성은 우연이라고는 절대 말할 수 없는 것이다. 그 유사성은 너무나 강하여 이 세 언어를 연구하는 문헌학자들은 그것들이, 지금은 이미 존재하지 않는, 공통의 언어에서 출발하였다고 생각할 수밖에 없다. 비록 그 정도가 약하기는 하지만, 같은 이유로, 고트어와 켈트어도 산스크리트어와 동일한 기원에서 출발하였다고 생각할 만하다."

존스 이전에도 산스크리트어가 고대 및 현대 유럽어와 특별한 관련이 있을 것이라고 추측한 바 있지만, 그것은 매우 단편적이고 고립된 것이었다. 존스는 "실로 너무나 뚜렷하게 닮았기 때문에 이들 언어가 아마도 현존하지 않는 어떤 공통된 근원에서 유래한 것으로 보아야 할 것이다."라는 주장을 통해 언어 간의 유사성을 확인하고 공통조어의 개념을 시사하여 비교언어학의 기본 개념을 제시하였다. 그리고 "언어는 끊임없이 유동하는 상태에 있으며, 역사를 지니고 있다. 언어의 생성 발달은 역사적인 관점에서 연구될 수 있다."라는 주장을 통해 언어 변화에 대한 견해를 제시하였다.

이러한 주장을 잘 보여 주는 한 예를 보기로 하자. 다음 표는 동일 어원인 라틴어(Lat.) genus '출생', 그리스어(Grk.) génos '인간', 산스크리트어(Skt.) janas(<*genes) '인종'의 굴절을 보여 주는, 친근관계의 비교를 보여 주는 예이다.

	주격 단수	속격 단수	탈격 단수	주격 복수	속격 복수
Lat.	genus	generis	genere	genera	generum
Grk.	génos	géneos	génei	génea	genéōn
Skt.	janas	janasas	janasi	janassu	janasām

여기서 그리스어와 라틴어만을 비교한다면, 아무런 결론도 얻을 수 없을 것이다. 다만 서로 비슷하다는 것과 끝 음절에 라틴어에는 -r-이 있고 그리스어에는 없다는 것만을 알 수 있을 뿐이다. 그러나 여기 산스크리트어를 추가해서 셋을 비교하면 사정이 달라진다. Skt. janas가 원시 상태에 가장 가까운 것으로 가정한다면, Grk. géneos는 *génesos에서 -s-가 모음 사이에 있을 때 탈락했으리라는 결론을 얻게 될 뿐만 아니라 또 라틴어에서는 -s-가 -r-로 변화했으리라는 결론도 얻게 된다. 또한 문법의 관점에서 보면 산스크리트어는 어간의 개념을 명확하게 해 준다. 그것은 janas-라는 고정 단위를 보여 주고 있기 때문이다. 여기서 보면, 산스크리트어의 굴절형이 기원적인 -s를 모두 가지고 있는 것을 알 수 있다. 이렇게 산스크리트어와 비교함으로써 인도유럽언어의 친근 관계를 확정하게 되고 나아가서 공통조어를 재구하려는 비교언어학 방법론의 탄생을 보게 되는 것이다.

2. 비교언어학의 개념

2.1. 비교언어학

몇 백 년 전의 한국어의 기록을 보면 오늘날의 언어와는 상당히 다름을 알 수 있다. 말소리가 그러하고, 단어가 그러하고, 문법 규칙이 그러하다. 15세기 한국어에서 'ᄀᆞ술'이었던 단어가 지금은 '가을'로 바뀌었다. 이처럼 시간에 따라 언어는 바뀔 수 있다.

이러한 특성에 따라 언어를 연구하는 방법도 둘로 나뉜다. 첫째는 공시언어학으로, 시간에 따르는 변화를 전혀 고려하지 않은, 특정한 한 시기의 언어 체계에 초점을 맞추어 연구하는 것이다. 둘째는 통시언어학으로, 시간에 따라 언어가 변화하는 모습을 연구하는 것이다.

통시언어학은 역사언어학과 비교언어학으로 다시 나뉜다. 각 시대의 문헌 자료를 바탕으로 단계적으로 거슬러 올라감으로써 언어의 변화 과정을 연구하는 것을 역사언어학이라 한다. 그러나 문헌 자료가 없는 역사 이전의 언어 변화는 계통이 같은 여러 언어들의 비교를 통해 추정 하는데, 이를 비교언어학이라 한다. 친근 관계에 있는 여러 언어들은 하나의 공통조어로부터 분화해 왔다고 가정할 수 있다. 비교언어학 (comparative linguistics)은 이들 언어 사이의 친근 관계를 증명하고, 그 공통조어의 모습을 재구해서 공통조어에서 같은 계통의 언어들이 분화 해 내려온 역사적 변화를 밝히는 학문이다. 이에 대해 좀 더 구체적으로 살펴보자.

2.2. 언어의 유사성

언어 기호의 말소리와 뜻이 맺어진 관계는 자의적인 관계다. 그러므 로 동일한 뜻을 표시하는 데도 언어에 따라 그 말소리는 각각 다르다. 그러나 모든 언어 기호가 긱 언어에 따라 완전히 다른 것은 아니다. 이를테면 의성어는, 언어마다 완전히 같지는 않지만, 서로 비슷하다. 닭 울음소리 '꼬끼오'는, 일본어에서는 kokekko, 독일어에서는 kikeriki, 프랑스어에서는 cocorico, 영어에서는 cock-a-doodle-doo이어서, 상당한 정도로 비슷하다는 것이 인정된다.

한국어의 '많이'는 독일어의 manch와 말소리가 서로 비슷하다. 한국 어의 '푸르-(다)'와 영어의 blue의 말소리도 서로 비슷하다. 그러나 이 러한 유사성은 우연의 일치이다. 또, 한 언어가 다른 언어에서 어떠한 말을 차용하게 되는 일은 흔히 있는 것으로서, 이러한 경우에는, 다른 언어의 발음을 그대로 재현하기는 어렵지만, 대체로 비슷하게 받아들이 게 된다. 한국어의 '남포'나 일본말의 rampu는 모두 차용어로서 영어의

lamp와 말소리가 비슷하다.

그런데 언어에 따라서는, 이러한 의성어나 차용어에 의한 유사가 아닌, 또는 우연적인 유사가 아닌, 유사성이 여러 언어 사이에 나타나는 일이 있다. 예를 들어 '사람, 손, 집, 겨울'을 나타내는, 영어, 네덜란드어, 독일어, 덴마크어, 스웨덴어 어휘를 비교해 보면 그 유사성을 금방 알 수 있다. 이러한 유사성은 원래 같았던 한 언어에서 분화되어 내려왔다고 볼 수밖에 없다.

	영어	네덜란드어	독일어	덴마크어	스웨덴어
사람	mɛn	man	man	man?	man
손	hɛnd	hant	hant	hɔn?	hand
집	haws	høys	haws	hu:?s	hu:s
겨울	'wintə	'winter	'vinter	'ven?der	'vinter

2.3. 언어의 분화

그러면 어떻게 언어는 분화될까? 언어가 넓은 지역에서 사용될 때에는 각 지역에 따라 독자적인 변화가 일어나기도 한다. 특히 지역 간 교류가 없을 때에 개별적인 변화가 커져서 서로 이해하기 어렵게 되면, 서로 다른 언어로 분화하고 만다. 언어 분화의 대표적인 예는 같은 언어를 사용하던 민족의 이동에 의한 것이다. 같은 언어를 사용하던 민족이 이동하여 서로 멀리 떨어져서 교류가 없어지면 각기 다른 변화를 밟게 된다. 이렇게 하여 결국 서로 다른 언어로 분화된다.

언어 분화의 대표적인 예는 라틴어와 여기서 분화해서 생긴 로맨스어이다. 기원전 3~4세기 무렵 이탈리아에는 여러 언어가 사용되고 있었는데, 중부에 있던 라티움의 언어, 즉 라틴어는 로마제국이 발전하여 영토를 확대하면서 사용 지역도 확산되었다. 먼저 이탈리아가 라틴어로 언어 통일을 이루었다. 다음에는 오늘날 프랑스 지역인 갈리아 지방으로 확대 되고, 더 나아가서 이베리아반도까지 라틴어가 사용되었다. 도나우강 유역의 루마니아에까지 영향을 미쳤다. 이렇게 로마제국의 성장과 함께 라틴어가 유럽 남부 전역에 확산되었다. 그러나 기원후 4세기 무렵부터 로마제국이 차차 붕괴되기 시작하면서 정치적, 문화적 중심을 잃은 라틴 어는 그 넓은 지역에서 각각 독자적인 변화를 겪게 된다. 그 결과 10세기 무렵에는 여러 언어로 분화되었다. 여기서 오늘날의 이탈리아어, 프랑스 어, 스페인어, 포르투갈어, 루마니아어 등이 나타나게 된 것이다. 이들 언어가 바로 로맨스어이다.

이렇게 분화된 여러 언어들은 서로 친근 관계에 있다고 하고, 이들 언어가 분화하기 이전의, 라틴어와 같이, 공통 기원이 된 언어를 공통조 어라 한다. 공통조어에서 분화된, 친근 관계에 있는 여러 언어들은 계통 이 같은 언어로서, 어족을 형성한다. 이렇게 언어를 어족이라는 개념으 로 묶어 분류할 수 있는데, 이것이 바로 언어의 계통론적 분류이다.

2.4. 같은 계통 언어에 대한 증명

같은 계통의 언어임을 증명하는 것으로 먼저 생각되는 것은, 그 언어 들이 서로 같거나 비슷한 어휘를 가지고 있어야 한다는 점이다. 앞에서 예시한 영어, 네덜란드어, 독일어, 덴마크어, 스웨덴어 등은 거의 비슷한 어휘를 공통으로 가지고 있다. 그러나 이러한 비슷한 공통 어휘의 수는 많아야 한다. 몇 개의 어휘만이라면 우연으로 일치되는 일도 있을 것이 고, 차용어인 경우도 있을 것이다. 그러므로 비슷한 공통 어휘의 수효가 많으면 많을수록 같은 계통의 언어라는 것이 더욱 확실해진다.

그러나 이것만으로는 충분하지 않다. 친근 관계의 증명에서 요구하는 유사성이란 비교되는 어휘들에 나타나는 음운 사이에 일정한 대응 법칙이 성립되어야 하는 것이다. 앞에 예를 든 영어, 네덜란드어, 독일어, 덴마크어, 스웨덴어의 몇 단어에서는, 단어 첫소리는 모두 같으니 이 이상 더 논의할 필요가 없으나 모음은 약간씩 다르다. 즉, 영어의 /aw/에 해당하는 자리에, 독일어는 동일한 소리로 대응하고 있으나, 다른 언어들은 /øy/, /uː/가 되어서 상당히 달라져 있다. 그러나 영어의 /aw/에 해당하는 자리에 네덜란드어, 독일어, 덴마크어, 스웨덴어 각각 /øy/, /aw/, /uː/, /uː/로 대응하는 것은 유독 이 단어에만 국한된 것이 아니라 여러 단어 사이에 똑같은 대응이 성립된다. 이와 같이 여러 단어가 동일한 모음으로 서로 대응하고 있다. 이러한 대응이 성립될 경우에는, 이러한 단어들은 우연의 일치라고는 생각할 수 없고, 따라서 그 친근 관계가 명백하게 증명되는 것이다. 공통조어의 음운 x가, A 언어에서는 a로 변하고, B 언어에서는 b로 변하였다면, A 언어의 a 음운이 나타나는 자리에는 B 언어에서는 규칙적으로 b 음운이 나타나게 될 것이다. 같은 계통의 언어 사이에 나타나는 이러한 현상을 음운 대응 법칙이라 한다.

2.5. 비교방법

같은 계통의 언어를 비교해서 공통조어의 모습을 재구하는 방법을 비교방법이라 한다. 비교언어학의 방법론인 비교방법은 친근 관계의 가설과 규칙성의 가설을 방법론의 전제로 삼는다. 친근 관계의 가설이란 언어 간의 유사성을 공통조어를 가정하여 설명하는 것이고, 규칙성의 가설은 음운 변화가 규칙적이라는 것을 가정한다.

같은 계통의 언어는 고대로 거슬러 올라갈수록 그 성격이 가까워진다. 프랑스어와 이탈리아어는, 시대를 거슬러 올라가면 점점 가까워져서 드디어 한 언어, 라틴어로 귀착하게 된다. 영어와 독일어 역시 마찬가지로 고대에 올라갈수록 가까워지는데, 이 경우에는 이 언어들이 귀착될 한 공통조어가 잔존하지 않았다. 그러나 서로 가까워지는 방향으로 따라 올라가게 되면, 그 한 가지로 귀착될 점을 어느 정도는 찾아 볼 수 있게 될 것이다.

영어, 독일어를 포함하는 언어들을 인도유럽어족 가운데 게르만어파 라 하는데, 이 친근어들에서 '아버지'를 표시하는 고대 어형들은 다음과 같다.

고트어(Gothic)	['fadar]
고대아이슬란드어(Old Norse)	['faðer]
고대영어	['fɛder]
고대프리슬란드어(Old Frisian)	['feder]
고대색슨어(Old Saxon)	['fader]
고대고지독일어(Old High German)	['fater]

이 여러 어형은 얼핏 보아도 같은 계통의 언어임을 알 수 있다. 그리고 그 어형은 아주 가까워서, 이들의 더 거슬러 올라간 귀착점을 우리는 다음과 같이 추측해 볼 수 있다. '아버지'를 의미하는 게르만 공통조어는 *['fader]이었을 것으로 재구된다. 비교방법에서 * 표시한 것은 문헌에서 실제 존재하지 않는 재구한 형태라는 뜻이다.

3. 19세기 초기의 비교언어학

한 공통조어에서 여러 언어가 분화되어서 이들이 친근 관계를 이룬다 는 사실을 체계적으로 연구하고, 이를 조직적으로 증명하여 비교언어학 이란 학문을 세운 학자는 19세기 초기의 라스크, 보프, 그림 등이다. 이제 이 세 학자의 연구에 대해 살펴보기로 하자. 이들 외에도 슐레겔 형제(August Wilhelm von Schlegel, 1767~1845, Karl Wilhelm Friedrich von Schlegel, 1772~1829)가 있었다. 동생의 저서 《인도인의 언어와 지혜》(*Über die Sprache und Weisheit der Indier*, 1808)에서 언어 간의 친근 관계를 밝힐 수 있는 것으로 언어의 내부 형태 구조를 중요시하였다. 비교문법(vergleichende Grammatik)이라는 용어를 처음 사용하였으며, 사실상 산스크리트어와 그리스어, 라틴어의 굴절형태와 파생형태를 비교하였다.

3.1. 라스크

19세기 초기 대부분의 비교언어학자들은 독일 학자들이었다. 그런데 덴마크 출신 학자가 있었는데 바로 라스크(Rasmus Kristian Rask)[2]이다. 그는 비교언어학 방법론의 원리를 창시한 학자이자 음운 대응의 비교방법을 최초로 제시한 학자이다. 그의 전공은 고대아이슬란드어였는데, 그는 명료하게 인도유럽언어를 분류하였다. 언어 연구에 뛰어난 재능을 가진 그는 코펜하겐대학에서 언어학을 전공하고 아이슬란드에 건너가 아이슬란드어를 연구하여 이 언어와 유럽의 다른 언어와의 관계를 밝혀 그들 간의 친근 관계를 논증하였다. 이러한 그의 연구는 1814년 덴마크 학술원의 현상 논문으로 제출하여 상을 받고 1818년에 인쇄한 '고대 노르웨이어, 즉 아이슬란드어 기원에 관한 연구'(Undersögelse om det Gamle Nordiske eller Islandske Sprogs Oprindelse)이다. 이 논문은 고대 스칸디나비아어의 기원을 밝히고 또 고대에서 중세를 거친 스칸디나비

---

2 라스크(Rasmus Kristian Rask, 1789~1832): 지금은 덴마크 영토인 당시 독일령 브란데킬데에서 출생한 덴마크의 언어학자. 비교방법의 원칙을 확인하고, 비교언어학의 발달에 공헌하였다. 그는 고대아이슬란드어 연구에서 게르만어와 그리스어, 라틴어, 발트어, 슬라브어들 사이의 음운 대응의 규칙성을 제시하고, 이러한 여러 언어가 서로 가까운 관계에 있다는 것을 시사하여 비교방법의 원칙을 확인하였다. 이밖에 핀우그르어를 연구하고 페르시아어와 팔리어 등의 문헌을 수집하여 비교언어학 발달에 공헌하였다.

아어와 게르만어의 관계를 규명하여, 이들 언어를 비교하는 근본 원리를 설정하였다.

그리고 게르만어 단어와 다른 인도유럽언어 단어 사이에 음운 대응의 관계가 있음을 발견하였다. 단어 형태를 체계적으로 비교하여 한 언어의 어떤 소리가 다른 언어의 단어 형태에서 어떻게 대응하는가를 보여 주었다. 예를 들면, 다른 인도유럽언어의 p가 게르만어에서는 f로 변화한다. 다른 인도유럽언어인 라틴어와 게르만어인 영어를 보면, pater : father, pēs : foot와 같이 나타난다. 게르만어 자음의 추이를 통해 음운 대응의 규칙성을 제시한 것이다. "두 언어의 필수 단어에서 한 언어로부터 다른 언어로 가는 글자의 규칙성이 발견될 만큼 두 언어의 형태가 일치한다면, 둘 사이에는 근본적인 친근 관계가 존재한다."라고 하였다. 이러한 게르만어 자음 대응의 규칙성에 관한 연구는 라스크의 큰 업적이다. 이것은 나중에 독일 학자 그림에 의해서 체계화되었다. 그러나 라스크는 비교 연구에서 아직 산스크리트어를 이용하지 못하였다.

라스크는 또한 문법 구조를 중시한 비교 연구를 수행하였다. "원시민족의 문화 연구의 가장 최선의 방법은 언어의 연구이며, 그것도 언어의 전체 구조의 조직적인 검토이며, 그 중에서도 문법 구조의 연구가 중요하다."라고 강조하였다. 라스크는 문헌기 이전 원시민족의 문화를 연구하기 위해서는 언어 연구가 최선의 방법이라 하였다. 관습, 제도, 종교 등은 시대에 따라서 변화하기 쉬우나, 언어는 비록 시대 변화가 있더라도 그 근본은 동요하지 않아 오랜 시일이 지나도 옛 모습을 찾아볼 수 있다고 하였다. 그러나 언어 연구에서는 단순히 단어의 산발적인 유사성을 찾아 그것을 비교하는 것보다는 문법 구조에 대한 조사가 가장 중요하다고 하였다. 단어는 친근 관계가 아니더라도 차용에 의해서 유사성을 보여 주는 예가 많으나, 문법 구조는 외적인 영향에 의한 변화는 거의 입지 않기 때문에 언어 간의 비교에서 중요하다고 하였다. 이처럼 그는 문법 구조의 비교가 중요하다고 하면서도 음운 대응의 규칙성을 중요시

하였다. 어떤 언어가 다른 언어와 대명사나 수사 같은 가장 본질적이고 구체적인 단어를 공통적으로 가지고 있으며, 그러한 단어들 사이에 음운 대응이 뚜렷하여 법칙을 설정할 수 있으며, 또한 굴절 체계와 문법 구조의 비슷함이 뚜렷하다면, 그들 언어는 같은 어족에 속하는 친근 관계가 있다고 설명하였다.

고전 비교언어학자 라스무스 라스크

그러나 그의 논문은 덴마크어로 쓰였기 때문에 그의 업적은 널리 알려지지 못하였다. 가장 먼저 비교언어학 이론을 제시했음에도 불구하고, 다음 세대 언어학자들에게 그리 큰 영향을 주지 못한 아쉬움이 있다.

3.2. 그림

그림(Jacob Grimm)[3]은 《독일어 문법》(*Deutsche Grammatik*)을 지은 당대 대표적인 게르만어학자이다. 《독일어 문법》 제1권은 1819년, 개

---

3   야콥 그림(Jacob Grimm, 1785~1863): 독일 헤센공국 하나우에서 출생한 독일의 게르만어학자, 비교언어학자, 유명한 동화 집성가. 마르부르크대학에서 법률을 공부하고 사서(司書)로 지냈다. 뒤에 동생 빌헬름 그림(Wilhelm Grimm, 1786~1859)과 함께 괴팅겐에 부임, 그곳 대학의 사서 겸 교수가 되었다(1830~1837). 1841년 동생과 함께 프로이센 왕 프리드리히 빌헬름 4세의 초빙으로 학사원 회원이 되고, 대학에서 강의하였다. 그는 언어학에서 과학적 방법으로 그림법칙을 수립하였으며, 《독일어 문법》(*Deutsche Grammatik*) 전 4권을 집필하여 게르만어학의 기초를 확립하였다. 동생과 함께 《독일어 사전》(Deutsches Wörterbuch, 1852~1843) 전 16권을 편집하였고, 또 이들 형제는 협력하여 게르만 민속 중에서 동화를 찾아 《어린이와 가정의 동화》(*Kinder-und Hausmärchen*, 1812~1814) 2권을 집성하였다. 이는 오늘날 그림동화집으로 알려져 있다.

정판은 1822년, 제2권은 1826년, 제3권은 1831년, 제4권은 1837년에 간행되었다. 이 책은 통사론을 제외한 문법의 모든 분야를 포함하고 있으며, 게르만어 전체(고트어, 독일어, 네덜란드어, 영어, 프리지아어, 스칸디나비아어 등)를 대상으로 비교한 비교문법 책이다. 이 책은 게르만어와 다른 인도유럽언어의 자음 대응에 대해 체계적으로 고찰하고 그들의 관계를 지배하는 일정한 법칙이 존재한다는 것을 공식화하였다. 라

그림법칙을 수립한 야콥 그림

스크는 이러한 사실을 발견하기는 하였으나 그것을 공식화하지는 않았는데, 그림은 이 사실을 체계적으로 기술하였다. 그림이 라스크의 논문을 읽은 후 출판한 《독일어 문법》 제1권 개정판(1822)의 '글자에 관하여'에서 이러한 내용을 처음 제시한 것인데, 1940년 출판한 제3판에서는 글자와 소리의 혼동을 피하려 '소리에 관하여'로 바꾸었다.

그림의 이러한 연구는 게르만어의 음운 구조를 역사적으로 기술한 것으로 비교언어학 발전에 큰 영향을 미쳤다. 그는 여러 시대 여러 언어의 어형을 비교하여 자음이 역사적으로 변화한 모습을 체계적으로 밝혀 비교언어학의 새로운 방법론을 세웠다. 이렇게 밝힌 게르만어와 다른 인도유럽언어의 자음 대응을 그림법칙(Grimms Gesetz)이라 부른다. 그림법칙은 인도유럽언어와 게르만어 사이의 음운 추이(Lautverschiebung)를 체계화하여 공식화한 것으로, 음운 변화가 무질서하게 일어나는 것이 아님을 밝히고, 그것을 지배하는 잠재적 '원리'와 변화의 '원인'을 찾으려 하였다. 그림법칙이란 용어는 뮐러(Max Müller)가 붙였다.

구체적으로 그림법칙은 다른 인도유럽언어와 비교하여 게르만어에서

세 가지 조음위치에서 세 가지 조음방법으로 발음되는 자음들 간의 관계를 기술한 것이다. 그리스어, 고트어, 고대고지독일어 사이의 관계를 음운 추이로 설명하였는데, 음운 추이를 두 단계로 나누어 제시하였다. 제1차 음운 추이는 게르만어의 음운 추이로서, 인도유럽언어의 고전어인 그리스어와 게르만어의 가장 오래된 문헌어인 고트어 사이의 음운 추이이고, 제2차 음운 추이는 고대고지독일어의 음운 추이로서, 고트어와 지금의 독일어로 직접 이어진 고대고지독일어(High German=H.G.) 사이의 음운 추이이다.

우선 다음과 같이 인도유럽언어를 대표한 그리스어(Grk.)와 게르만어를 대표한 고트어(Goth.) 사이의 대응을 살펴보자. 각 항의 위쪽이 그리스어이고 아래쪽이 고트어이다. 즉, p의 경우 그리스어는 poús, 고트어는 fōtus이다. p 소리가 f 소리로 변화한 것이다. 아울러 t 소리는 þ 소리로 변화한 것이다. 표의 맨 오른쪽 그리스어의 f 소리는 고트어에서 b 소리로 변화하였고, θ 소리는 d 소리로, x 소리는 g 소리로 변화하였다.

p	poús		*b	___		f	phérō	
	fōtus	'foot'		___			bairan	'bear'
t	treîs		d	déka		θ	thygátēr	
	þreis	'three'		taihun	'ten'		dauhter	'daughter'
k	kardíā		g	génos		x	chórtos	
	hairtō	'heart'		kuni	'race'		gards	'yard'

다음 예는 t 소리가 그리스어에서 고트어로, 그리고 고트어에서 지금의 독일어로 이어진 고대고지독일어로 변화하는 것을 보인 것이다.

Grk.	t	d	θ	phrātōr	deka	thygátēr
Goth.	θ	t	d	broþar	taihun	dautar
H.G.	d	z	t	bruoder	zehan	tohter

이제 t 소리뿐만 아니라 p 소리, k 소리 모두를 전체적으로 정리하면 다음과 같다.

Grk.	p	*b	f	t	d	θ	k	g	x
Goth.	f	*p	b	θ	t	d	x	k	g
H.G.	b(v)	f	p	d	z	t	g	x	k

여기서 보는 바와 같이 그림은 무성정지음 p, t, k를 T(tenues), 유성정지음 b, d, g를 M(mediae), 무성마찰음 f, θ, x를 A(aspiratae)라 하고 T→A→M이라는 세 시대적 변천 단계를 제시하였다.

(1) T M A
(2) A T M
(3) M A T

그림은 위와 같은 단계를 구별하고 (1)→(2)→(3)의 각 단계를 거쳐서 발달이 완성되었다고 설명한다. 즉, 다음 표와 같은 순환의 변화가 일어난다고 하였다.

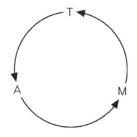

위와 같이 음운 추이는 순환적으로 일어나는 것 같으나, 실제는 제1차 추이와 제2차 추이에는 여러 세기의 거리가 있어서 동일한 변화의 계속

은 아니다. 기원전에 일어난 제1차 추이에 대해서 제2차 추이는 8세기에 일어난 것으로 그 두 변화에는 아무런 인과 관계가 없으며 서로 단독적 변화일 것이다. 그림은 순환 틀에 맞추기 위해서 그리스어의 p와 게르만어의 f에 대응하는 M이 고대고지독일어에는 없음에도 M이 있다고 보았고, 또 그리스어 k에 대응하는 고트어 x는 고대고지독일어에서도 역시 x와 대응하는데도 g를 설정하였다. 이와 같이 순환 틀에 맞추기 위해서 과오를 범하였다고 할 수 있다. 또한 고대고지독일어에 g가 있을 때는 고트어에도 대응하는 g가 있는데 그림은 이를 인식하지 못하고 고트어에 x를 설정하였다. 그래서 인도유럽언어(I.E.)와 게르만어 사이에 일어난 제1차 추이는 오늘날 다음과 같이 이해되고 있다.

I.E.	p	t	k	b	d	g	bh	dh	gh
Ger.	f	θ	h	p	t	k	b	d	g

그런데 다음 예에서 보면, 위의 대응표에 맞지 않는 예외가 보인다. '아버지'를 뜻하는 그리스어 patér와 고트어 fadar를 보면, 즉 모음 사이에 있는 그리스어 -t-가 고트어에서 -θ-와 대응하지 않고 -d-와 대응하고 있다. 이러한 예외를 규명한 것이 덴마크 언어학자 페르너(Karl Adolph Verner, 1846~1896)이다. 그에 따르면, 인도유럽언어 공통조어에서 -t-의 뒤에 악센트가 있으면 -d-로, 앞에 악센트가 있으면 위의 대응표에서와 같이 -θ-로 변화한다.

페르너는 1877년 '제1차 음운 추이의 예외'(Eine Ausnahme der ersten Lautverschiebung)라는 연구에서 그림법칙을 수정·보완하였다. 페르너는 그림법칙에 보이는 게르만어 음운 대응의 예외 가운데 많은 것들이 인도유럽언어의 그 이전 단계에서 단어 악센트 위치에 따라 체계적으로 설명될 수 있다는 것을 밝혔다. 규칙의 예외에 대한 규칙이 있음에 틀림 없으며, 문제는 그것을 찾아내는 일이라고 하였다. 이를 페르너법칙이라 하는데 그 내용은 다음과 같다.

인도유럽언어 공통조어의 무성 *p, *t, *k에 대응하는 게르만어의 어중 무성마찰음은 바로 앞에 있는 모음에 악센트가 있을 때에는 무성 그대로 유지되지만, 이 마찰음 바로 앞에 있는 모음에 악센트가 없을 때는 무성음이 유성음으로 변화한다. 이렇게 그림법칙은 페르너에 의해서 완성된 것이라 할 수 있다.

이외에도 게르만어의 무성파열음이 무성마찰음 다음에 올 때 무성마찰음으로 변하지 않는 예에서와 같이 음성 환경에 그림법칙 예외의 원인이 있는 현상도 발견되었다. 언어 현상에서의 체계적인 규칙성을 밝힌 그림법칙이나 이에 대한 예외 현상들을 설명하려는 일련의 시도는 비교언어학에 큰 영향을 미쳤으며, 이러한 과정을 거치면서 비교언어학의 방법론은 완성되어 갔다.

3.3. 보프

독일의 보프(Franz Bopp)[4]는 최초로 산스크리트어와 여러 인도유럽언어와의 관계를 비교하여 음운 대응의 원리를 제시한 학자이다. 그는 또한 문법 요소의 궁극적인 기원과 역사를 밝히려 한 학자였다. 예를

---

4 프란츠 보프(Franz Bopp, 1791~1867): 독일 마인츠에서 출생한 비교언어학자. 1821년부터 베를린대학 교수가 되었다. 프란츠 보프의 '그리스어, 라틴어, 페르시아어, 게르만어의 동사 활용 체계와 비교한 산스크리트어의 동사 활용 체계에 대하여'는 비교언어학의 효시가 된 연구이다. 그는 산스크리트어 자료를 연구하여 라틴어, 그리스어, 페르시아어, 게르만어의 문법 요소를 비교하여 이들 언어가 동일한 기원에서 발전되어 나온 것임을 증명하였다. 이런 이유로 비교언어학이 초기에는 비교문법이라고 불리기도 하였다. 또한 보프는 1833~1852년에 《산스크리트어, 젠드어, 아르메니아어, 그리스어, 라틴어, 리투아니아어, 소슬라브어, 고트어, 독일어의 비교문법》(*Vergleichende Grammatik des Sanskrit, Zend, Armenischen, Griechischen, Lateinischen, Lithauischen, Altslawischen, Gotischen und Deutschen*) 전 3권의 저서를 출판하였다.

고전 비교언어학자 프란츠 보프

들어 그는 동사에 나타나는 많은 문법 요소를 산스크리트의 to be에 해당하는 as와 bhu에 결부하려 하였다. 라틴어의 scrip-s-i(완료), 그리스어의 e-tup-s-a(불확정과거), tup-s-o(미래)에서 산스크리트어의 as를 발견하였다. 이러한 노력으로 문법 요소의 유래를 밝혀냈다.

보프는 무엇보다도 비교언어학 연구에 산스크리트어를 도입하였다는 것이 큰 업적이다. 1816년에 '그리스어, 라틴어, 페르시아어, 게르만어의 동사 활용 체계와 비교한 산스크리트어의 동사 활용 체계에 대하여'(Über das Conjugationssystem der Sanskritsprache in Vergleichung mit jenem der griechischen, lateinischen, persischen und germanischen Sprache)라는 논문을 통해 비교방법에 산스크리트어를 도입하였다. 이 논문은 비교언어학 시대뿐 아니라 독립된 과학으로서의 언어학 시대의 첫 출발을 가져온 것이라 하겠다. 이미 보프 이전에도 산스크리트어가 알려져 있었고 또 인도유럽언어와 친근 관계가 있다는 것도 알려져 있었다. 그러나 문법 구조를 비교 연구의 기초로 하여 산스크리트어와 인도유럽언어의 여러 언어를 비교함으로써 공통 기원으로 소급할 수 있는 가장 오래 된 공통어를 발견하려 한 것은 보프의 가장 큰 업적이다. 다시 말하여 보프의 언어학사적인 의의는 최초로 산스크리트어를 도입하여 여러 인도유럽언어와 비교하고 문법형태의 가장 오래 된 공통어를 찾으려 하였다는 데 있다.

보프의 연구 방법은 논리에 기울어진 면이 없지 않았고 초기의 학자로서의 한계도 있었다. 그는 모든 단어가 단음절인 어근에서 파생한 것으로 생각하였다. 그리고 이러한 어근에는, as(=to be), tan(=to spread)

과 같은 동사를 구성하는 동사 어근과 ta(=it), ma(=I)와 같은 대명사를 구성하는 대명사 어근이 있다고 하고, 격어미나 굴절어미는 인칭대명사가 근원이라고 하여 후대에 비판을 받았다. 또한 논리문법의 영향을 받아서 문장의 요소를 주어, 서술어, 계사로 나누고 계사는 주어와 서술어를 연결하는 것이라고 하였다. 한 예를 들면, 라틴어의 potest(=it is possible)에서 -t-는 3인칭 단수 주어, -es-는 계사, pot-는 서술어라고 하면서 -es-와 같은 요소는 모든 동사의 필수 요소라고 하였다. 그리고 pot-의 기본 의미는 power이고 'it is power'라는 뜻에서 'it is able→it is possible'의 뜻을 가지게 되었다고 보았다.

3.4. 그 밖의 학자들

초기 비교언어학자들은 본격적인 언어 분석 방법을 개척했을 뿐만 아니라, 여러 인도유럽언어에 관한 자세한 정보를 제공하고 또 수집된 자료를 비교방법의 관점에서 해석하였다. 그들은 또한 일반 언어 이론을 정밀화하는 데 특히 주의를 기울였다. 이러한 학자들 중, 앞에서 살펴본 학자 외에, 더 제시하면 다음과 같다.

《그리스어 어원학 개요》(*Grundzüge der griechischen Etymologie*)를 지은 쿠르티우스(Georg Curtius, 1820~1885)는 고전문헌학에 비교방법을 도입하였다. 조이스(Johan Kaspar Zuess, 1806~1856)는 《켈트어 문법》(*Grammatica Celtica*)을 출판하여 켈트어 연구의 기반을 닦았다. 디스(Friedrich Diez, 1794~1876)의 저서 《로맨스어 문법》(Grammatik der romanischen Sprachen, 1836~1844)은 로맨스어를 연구하고 이를 통해 비교방법을 확인하는 데에 크게 기여하였다. 체코의 도보로프스키(J. Doboovsky, 1753~1829)는 최초로 슬라브어에 관한 비교 연구를 하였고, 슬로베니아의 미클로지히(Franz Miklosich, 1813~1891)는 《슬라브

어 비교문법》(*Vergleichende Grammatik der Slavischen Sprachen*, 1852~1875)을 출판하였는데 슬라브어 연구의 발전에 기여하였다. 포트 (August Friedrich Pott, 1802~1887)는 본격적으로 어원 연구를 시작하였는데, 어원 연구는 언어 자료의 오래된 모습을 추적하는 것이지, 현존하는 단어의 원형이나 본래의 의미를 추적하는 것이 아니라고 설명하였다.

이 가운데 특히 《로맨스어 문법》을 지은 디스는 비교방법의 발전에 크게 공헌하였다. 로맨스어는 공통조어인 속라틴어에서 2000년을 내려오는 역사를 입증할 수 있는 풍부한 문헌과 다양한 언어가 존재하였고, 또한 공통조어인 속라틴어가 자료로 존재하였다. 이는 언어 변화 과정을 상세히 고증할 수 있는 가능성이 있고 가상이 아닌 구체적인 입증 자료를 보존하고 있다는 데에 큰 의의가 있었다. 이에 비해 인도유럽언어의 공통조어는 가상적인 재구형만 있어 구체적인 실체를 알 수 없을 뿐만 아니라, 분화한 친근어의 역사도 잔존하는 소수의 문헌에 의해야만 하였다. 따라서 정확하게 실증되는 로맨스어 역사와 문헌으로 존재하는 공통조어는 비교방법의 오류를 바로잡는 데에 기여하였다. 이것은 고전 비교언어학 방법이 유효하다는 것을 로맨스어 연구를 통해 입증한 사례이다.

4. 19세기 중기의 비교언어학

4.1. 슐라이허

슐라이허(August Schleicher)[5]는 19세기 중반에 가장 영향력 있었던 비

5　아우구스트 슐라이허(August Schleicher, 1821~1968): 독일 마이닝겐에서 출생한 인도유럽언어와 슬라브어를 연구한 비교언어학자. 1840년 가을 라이프치히대학에 입학하여 신학을 공부하다가 1841년 튀빙겐대학으로 옮겨 신학, 철학, 셈어를 공부하였다. 2년 후 신학을 그만두고 본대학에 들어가 라센(Christian Lassen)과 함께 동방 언어를, 디스

교언어학자이다. 그는 비교적 짧은 생애에 역사언어학과 언어학 이론에 많은 저작을 남겼다. 그 가운데 가장 잘 알려진 것은, 《인도게르만어의 비교문법 일람》(*Compendium der vergleichenden Grammatik der indogermanischen Sprachen*: 1861)이다. 지금까지의 비교언어학 연구 성과를 정리한 것으로 기원언어의 특성, 형태, 그리고 자손언어와의 관계에 관심을 두었다.

비교언어학자 아우구스트 슐라이허

슐라이허에 이르러 고전 비교언어학은 절정에 이르렀다. 그는 인도유럽언어 공통조어를 재구하였으며 심지어 《인도유럽언어 공통조어로 쓴 동화》(*Eine Fabel in indogermanischer Ursprache*: 1868)와 같이 재구한 공통조어를 가지고 동화를 쓰기도 하였는데, 이것은 너무나 지나친 일이라 평가 받았다.

그는 당시까지의 고전 비교언어학 연구를 집대성하고 체계화하였다. 생물학적 자연주의에 입각하여 언어의 진화는 자연 법칙에 지배되는 것이지, 인간의 의사에 의해 규제 받지 않는다는 생각을 기반으로 하였다. 이러한 이론은 다음과 같은 두 가지의 이론적 배경을 바탕으로 하였다. 하나는 다윈(Charles Robert Darwin)의 생물학적 진화론이며, 다른 하나는 헤겔(Georg Wilhelm Friedrich Hegel)의 변증법 이론이다. 특히 종(種)의 진화에 관한 획기적인 이론을 제기한 다윈의 견해는 당대 학계에 큰 영향을 미쳤다. 다윈의 생물에 관한 진화 원리는 보편적인 것으로 인간 활동의 다른 영역에서도 이 원리가 발견되어야 한다고 많은 사람들

(Friedrich Diez)와 함께 독일어 방언을 공부하였다.

이 확신하였다. 그래서 슐라이허는 연구 방법을 생물학적 자연주의 이론에서 찾은 것이다. 그의 주요 연구 내용은 다음과 같다.

첫째, 언어의 친근 관계를 계통수설(Stammbaumtheorie)로 설명하였다. 각각의 개별언어들은 기원언어에서 차례로 분화해 나온 것으로 보았다. 언어가 인간으로부터 독립해 있으며 그 발전 진로가 일반적 생물학적 진화 법칙에 의해서 결정되는 생명체라는 생각이다. 즉, 언어는 탄생하여 일정 기간 생존하며 다른 더 젊은 언어를 낳고 이 젊은 언어는 옛 언어를 대신하지만 이것 역시 또 젊은 한 자손에게 자리를 물려준다. 마치 인간에게 족보가 있는 것처럼 언어도 계통수를 가진다는 것이다.

이러한 슐라이허의 이론은 당시 큰 주목을 끌었으나, 비판적인 평가도 받았다. 슐라이허의 계통수설을 비판한 학자는 제자 슈미트(Johannes Schmidt, 1843~1901)였다. 슈미트는 파동설(Wellentheorie)을 주장하였다. 어떤 언어 환경에서 언어 혁신이 일어나면 점차 세력을 얻어 물결처럼 퍼지면서 다른 언어에 영향을 미쳐서 결과적으로 언어가 분화된다는 주장이다.

둘째, 인도유럽언어의 공통조어 재구 방법을 확립하였다. 초기 비교언어학자들이 유럽의 여러 언어가 산스크리트어와 더불어 하나의 커다란 어족을 이룬다는 것을 인식하였다면, 슐라이허는 거기에 그치지 않고 그들의 공통조어를 재구하려 하였다. 동일 계통의 언어를 비교하여 단어나 문법형태가 일치하면 그것을 논증하고 그 가능한 기원형을 밝히려하였다. 그리고 그 일치가 음운 법칙에 비추어 보아 완전한 것이라면, 그 일치는 각 친근어가 발전해 온 동일한 근원이 되는 언어가 하나 존재하였으리라는 것을 가정한다. 슐라이허의 연구 목적은 본질적으로 이러한 가상적인 공통 단계, 즉 인도유럽언어의 공통조어를 재구하려는 데 있었다. 비교언어학에서 재구형을 *로 표시하는 것도 슐라이허에서 시작된 것이다.

셋째, 언어의 유형론적 분류를 시도하였다. 문법범주를 어떻게 실현

하느냐에 따라 언어를 고립어, 교착어, 굴절어 등으로 분류하였다. 언어
는 생명체이며 그 발전은 원칙적으로 자연의 다른 부분에서 볼 수 있는
발전과 동일한 형태를 취한다고 하였다. 그러한 관점에서 언어의 세
가지 기본적인 유형을 제시하였다. 고립어(어근어, radical languages,
중국어와 같이 문법 관계나 통사 기능이 항상 어순에 의해서 표시되는
언어), 교착어(agglutinative languages, 헝가리어와 같이 단어의 기본형
에 여러 가지 언어요소가 결합되어 문법 관계가 표시되는데, 그 요소는
항상 명확하고 고유한 의미와 독립된 형태를 지니는 언어), 융합굴절어
(amalgamating flexional languages, 라틴어와 같이 어근에 부가되어 융
합하는 독립성이 없는 언어 요소에 의해서 문법적 의미의 차이가 표시되
는 언어). 슐라이허에 의하면, 이들 세 가지 유형은 이 세계의 기본 형태,
광물, 식물, 동물의 순서대로 직접 대응한다고 하였다.

슐라이허는 고립어가 가장 발달되지 못한 원시적인 상태에 있고 굴절
어가 가장 발전된 상태에 있으며 그 중간 단계에 교착어가 있다고 하였
다. 그리고 슐라이허는 생물학적 관점에서 모든 세포 생명체의 '출생
→ 성숙 → 노쇠 → 죽음'과 같은 흐름을 언어에서도 생각하였다. 그리
고 퇴화해서 재생할 수 없는 발전 단계에 이르면 쇠퇴와 타락의 결과가
된다고 보았다. 오늘날 이러한 슐라이허의 이론을 믿는 사람은 없다.
그가 가장 발달하였다고 하는 굴절어인 인도유럽언어에서 보더라도 고
대에 풍부했던 굴절 체계가 현대에 와서는 단순화되었다. 가장 좋은
예로 영어를 들 수 있다. 슐라이허에 의하면, 영어는 타락한 언어가 될
것이다. 그러나 영어의 경우, 굴절어미의 소멸로 그 대신 전치사가 발달
하여 더 정확하고 다양한 표현을 하게 되었다. 또한 굴절어, 교착어,
고립어와 같은 언어의 유형론적 분류는 공시적인 어떤 특징을 기준으로
한 것이기 때문에, 이 분류가 곧 언어의 발전 단계를 반영하는 것이라고
보는 것은 옳지 않다.

넷째, 슐라이허는 언어와 사고와의 관계에 대해, 언어는 음성으로 표

현되는 사상이라 하였다. 따라서 사고가 없는 언어나 언어를 떠난 사고
는 있을 수 없으며, 단어의 의미는 그 어근에 있고 항상 발견이 가능하다
고 하였다.

위에서 본 바와 같이, 초기 비교언어학이 고전어의 문법형태를 비교
하는 일종의 문헌학적 태도였다면, 슐라이허는 기존의 언어 사실을 체계
화하여 여기서 일반 법칙을 설정하려는 자연과학적 태도였다고 하겠다.
그러나 그의 비교방법, 특히 공통조어의 재구에서 그가 생각한 공통조어
의 개념 그 자체의 결함을 지적할 수 있다. 슐라이허가 생각한 공통조어
는 실질적으로 거의 완전히 동질적인 것이었다. 그러나 실제 비교언어학
에서의 공통조어는 일정하지 않는 시간적·공간적 넓이를 포함하고 있
다. 즉, 공통조어에서도 방언의 형성을 가정하지 않을 수 없고 또한 시간
적인 폭을 가정하고 그 사이에 일어난 변화도 생각하지 않을 수 없는
것이다.

이러한 슐라이허의 연구 업적은 고전 비교언어학의 업적을 젊은이문
법학파에게 영향을 건네주어 이 둘을 이어 주는 다리 역할을 한 언어학
사적인 의의가 있다.

4.2. 슈미트

슐라이허의 계통수설은 당시 큰 주목을 끌었으나, 비판적인 평가도
받았는데, 계통수설을 비판한 학자는 바로 그의 제자 슈미트이었다. 그
의 저서 《인도유럽언어의 친근 관계》(*Die Verwandtschaftsverhältnisse
der indogermanischen Sprachen*, 1872)에서 슈미트는 다음과 같이 주장
하였다. 어떤 언어 환경에서 나타난 언어의 변화는 슐라이허가 생각한
바와 같이 나뭇가지가 갈라지는 모양으로 확산해 가는 것이 아니라 그
진행은 물결의 파동이 퍼져 나가는 것과 같다. 변화의 영향을 받은 언어

지역은 클 수도 있고 작을 수도 있으나 그것은 우연한 것이다. 따라서 어떤 언어 지역 A와 그 양쪽의 언어 지역 B, C 세 지역의 언어 특징 목록을 비교했을 때 셋이 완전히 같다든가 또는 셋 사이에 공통점이 전혀 없다든가 하는 일은 없다. 새로 생긴 특징은 A 지역의 경계를 넘어서 B 지역을 포함하는 경우도 있고 C 지역을 포함하는 경우도 있다. 또한 B와 C 지역 양쪽을 포함하는 경우도 있고 개신이 A 지역의 경계를 넘지 않는 경우도 있다. 슈미트는 자기 생각을 자세히 설명할 때 동심원의 그림을 이용하였다. 그가 설명한 파동이라는 개념 때문에 그의 이론을 파동설이라 부른다. 슈미트는 자기의 학설을 예시하기 위해서 인도유럽언어의 몇 가지 등어선을 지적한 바 있다. 이들 등어선은 게르만어파와 발트슬라브어파를 한 어군으로 통합하고 또 그리스어와 산스크리트어를 한 어군으로 통합하고 있다. 그러나 슈미트가 지적한 등어선은 인도유럽언어를 켄툼어군(centum: 게르만어파와 그리스어파)과 사템어군(satem: 발트슬라브어파와 산스크리트어) 두 주요 어군을 나누는 선과 교차하고 있다. 인도유럽언어 조어의 k는 다음과 같이 대응한다. 이것은 어파와 관계가 없이 크게 동방어군인 사템어군과 서방어군인 켄툼어군으로 구별되는 것을 보여 주는 것이다.

centum 어군		satem 어군	
그리스어	k	산스크리트어	š
라틴어	k	아베스타어	s
고트어	h	고대교회슬라브어	s

인도유럽언어 공통조어(PIE.) *k가 서방어군에서는 원음을 그대로 보유하고 있는데 동방어군에서는 모두 s 또는 š로 변화한다. '100'을 의미하는 수사가 라틴어에서는 centum, 아베스타어에서는 satem이다. 그러므로 라틴어가 서방어군을 대표하는 것으로 보아 켄툼어군이라 하고,

또 아베스타어가 동방어군을 대표하는 것으로 보아 사템어군이라 부른 것이다. 이렇게 인도유럽언어가 크게 동‑서 두 어군으로 구별되는 것은 방언의 경계선이 어떤 언어 현상에 따라서 다름을 단적으로 말해 주는 것이다. 이러한 현상은 또한 인도유럽언어 공통조어에 이미 방언적 차이가 존재했음을 반영하는 것으로 보았다.

그리하여 슈미트의 파동설은 슐라이허의 계통수설보다 언어 분화의 실제에 더 가까운 것으로 여겨졌다. 슈미트의 파동설은 그 이후 방언 연구에 의해서 확인되었다. 그러나 파동설이나 계통수설은 언어 분화 현상을 설명하는 데 모두 공헌했으며, 상호 배타적으로 대립되는 이론이라기보다는 언어 분화 과정의 중요한 각 측면을 설명하는 상호 보완적인 이론이라고 보는 것이 좋을 것이다.

4.3. 뮐러

뮐러(Friedich Max Müller, 1823~1900)는 슐라이허의 이론을 받아들인 학자다. 뮐러는 다음과 같은 점에서 슐라이허와 일치한다. 언어의 과거는 역사적인 사실로 볼 것이 아니라, 모든 자연 현상에 공통된 자생적인 성장 과정으로 보아야 하기 때문에, 언어학은 자연과학 속에 한 자리를 차지해야 한다는 것이다. 또 그는 언어와 사고의 관계 규정에도 슐라이허를 지지하였다. 뮐러는 언어란 인간의 사상을 직접 표현하는 기관으로 생각하였다.

그러나 그는 결정적으로 한 가지 중요한 점에서 슐라이허와 의견을 달리하였다. 뮐러는 언어에는 생명 있는 자율적인 생명체로서의 특성이 있음을 인정하지 않고 오히려 인간이 발화 과정과 불가분의 관계에 있다고 주장했다.

뮐러는 당시의 학자들에게 생물학적 자연주의의 사상을 보급하는 데 크게 공헌하였다. 이 사상을 옹호하는 사람들은 언어와 사고의 직접적인 연결 관계가 발화 현상에 매우 또렷이 나타나 있다고 판단하였다. 따라서 그들은 구어 문제에도 관심을 크게 가졌는데, 이것은 이들 학자들의 큰 업적이었다. 언어의 진화는 자연 법칙에 지배되는 것이지 인간의 의지에 의해 규제 받는 것이 아니라는 생각은 곧 젊은이문법학파로 이어졌다.

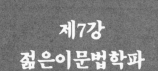

제7강
젊은이문법학파

제7강
젊은이문법학파

1. 젊은이문법학파의 형성

1870년대, 언어학에 대한 열정으로 가득 찬 언어학자들, 레스킨(August Leskien, 1840~1916), 델브뤼크(B. Delbrück, 1842~1922), 오스토프 (Hermann Osthoff, 1847~1909), 브루크만(Karl Brugmann, 1849~1919), 그리고 파울(Hermann Paul, 1846~1921) 등이 독일 라이프치히대학에 모여 있었다. 그래서 처음에는 이 학자들을 라이프치히학파로 불렀다. 그러나 언어학사에서 이들을 젊은이문법학파(Junggrammatiker)라는 이름으로 부른다. 이 이름은 그들뿐만 아니라 그들과 같은 방법론으로 연구하는 후대의 비교언어학자들에게도 적용되었다. 이 이름은 원래 라이프치히학파의 젊은 세대 학자들이 원로 언어학자들의 보수적인 학문 태도에 도전했을 때 원로 언어학자들이 붙인 것이다. 원로 언어학자들은 새로 등장한 비교언어학 방법론의 가치를 깎아내려 이들에 대해 '젊은이'라는 말을 사용하였다. 그러나 라이프치히학파 젊은 학자들은, 오히려 이 이름이 새롭고 참신한 연구 방법론을 암시한다는 뜻에서 환영하였다. 이렇게 해서 젊은이문법학파라는 이름은 원로학자들과 젊은 학자 자신들 모두가 사용하게 되었으며, 이 이름은 언어학사에서 진지하고도 참신한, 그리고 명예로운 학파의 상징이 되어 오늘날까지 사용되고 있다.

2. 젊은이문법학파의 특징과 업적

젊은이문법학파는 매우 엄밀한 비교방법을 통해 비교언어학을 완성시켰다. 이들의 학문적 특징과 업적을 살펴보면 다음과 같다.

첫째, 젊은이문법학파는 역사주의만이 과학 지식 추구에 가장 적합한 방법론이라고 확신하고 언어사 연구에 몰두하였다. 다시 말하면, 언어학에서 역사적인 것이 아닌 것은 과학적인 언어학이 아니라고 하였다. 그들은 기회가 있을 때마다 역사주의를 강조하였는데, 파울이 가장 강력하게 주장하였다. 이러한 관점에서 인도유럽언어의 역사 연구, 특히 인도유럽언어 공통조어의 재구에 대한 연구가 포괄적이고 확고하게 수행되었다.

둘째, 젊은이문법학파의 가장 큰 업적은 고전 비교언어학에서 확립한 비교방법을 엄밀화하였다는 데에 있다. 음운 변화는 예외 없이 일정한 법칙에 따라 일어난다는 점을 강조하였다. 물론 과거에도 음운 변화 규칙의 일관성에 관해 언급된 적이 있었지만, 그러나 젊은이문법학파 이전에는 음운 변화가 예외 없이 절대적이고 일관된 법칙에 따라 일어난다는 것을 명확하게 주장하지 않았다.

그리고 이들은 음운 변화에 예외가 있다면, 그것은 심리적 요인이 개입된 유추에 의한 것이라 하였다. 즉, 기대되는 음운 변화가 일어나지 않은 경우, 그 이유는 유추에 의한 것이라고 하였다.

셋째, 이들은 언어의 구체적인 세부 사실에 관심을 가졌다. 언어의 세부 사실에 면밀하게 주의를 기울여 모든 언어 사실을 검토하고, 각 단계에 작용하는 법칙을 신중하게 고찰하여, 설정된 음운 법칙에 대해 있을 수 있는 모든 예외를 엄밀하게 설명하려고 하였다. 젊은이문법학파는 심지어 언어의 세부 사실에 지나치게 집착한 결과 때로는 언어 구조 전체를 보지 못한 한계를 드러내기도 하였다. 실제 언어 구조 안에서는 어느 요소도 그 자체로만 존재하는 것이 없고 전체 속의 다른 요소와 관련해서만 존재하기 때문이다. 그러나 그들의 엄밀한 연구 결과 언어의 구체적인 세부 사실에 관한 많은 지식이 축적되고 다음 세대의 새로운 연구에 확고한 기초가 되었다.

넷째, 젊은이문법학파는 언어 변화의 요인에 대해서 깊이 생각하였다. 언어는 스스로 생겨서 사라지는 생명체가 아니라 인간과 불가분의 관계에 있으며, 또한 그 변화를 지배하는 요인은 어느 시대에도 동일한 것이라 하였다. 그래서 언어 변화를 지배하는 법칙의 일관성을 믿고, 그러한 법칙은 인간이 조정할 수 없는 것이라고 보았다. 그리하여 이러한 변화 요인을 사라진 언어나 문헌을 통해서 찾지 않고 현실 언어 자료에서 찾으려고 하였다. 이러한 점에서 젊은이문법학파는 방언에 관심을 가지게 되었다. 언어의 끊임없는 변화 과정은 실제 살아있는 언어, 방언과 같은 데에서 가장 구체적으로 관찰할 수 있다고 믿었기 때문이다.

슬라브어학자 레스킨과 인도유럽언어학자 브루크만은 음운 법칙에 보이는 규칙성을 특히 강조한 학자다. 레스킨이 1876년에 발표한 '음운 법칙은 예외가 없다'(Die Lautgesetz kennen keine Ausnahme)는 크게 주목받았다. 그는 만약 수의적이고 일관성이 없는 변화를 받아들인다면, 언어학의 연구 대상인 언어는 과학적으로 연구될 수 없다고 말하는 것과 같다고 하였다.

그러나 더 결정적인 것은 브루크만과 오스토프가 1878년에 발표한 《형태론 연구》(Morphologische Untersuchungen)이다. 이것은 젊은이문법학파의 학문 신념의 선언서라 할 만큼 이 학파의 이론 수립을 확고히 한 것이다. 모든 음운 변화는, 기계적인 절차로서, 같은 방언, 같은 시기에 예외를 인정하지 않는 법칙에 따라 일어나며, 같은 환경에 있는 소리들은 같은 방식으로 변화한다고 하였다. 이렇게 하여 과학으로서의 비교언어학은 음운 변화의 규칙성을 바탕으로 한다는 것을 명백하게 하였다.

브루크만은 가장 옛 시기 인도유럽언어의 재구를 한층 더 확실하고 포괄적으로 하였다. 브루크만은 가장 가까운 동료 델브뤼크와 함께 인도 유럽언어학의 고전적 저서 《인도유럽언어 비교문법 개요》(*Grundriss der vergleichende Syntax der indogermanischen Sprachen*)를 출판하였다. 1~2권은 브루크만이 1886년~1892년에 준비하였으며, 3~5권은 델브뤼크가 준비하여 1893년~1900년에 《인도유럽언어의 비교통사론》(*Vergleichende Syntax der indogermanischen Sprachen*)이라는 제목으로 출판하였다. 델브뤼크는 젊은이문법학파가 비교적 관심을 적게 가졌던 통사론에 관해서도 연구하였는데, 위 저서는 인도유럽언어의 역사통사론에 관한 대표적인 연구이기도 하다.

결론적으로 젊은이문법학파 학문의 의의는 우선 일관적 법칙성과 철저한 역사주의에 입각한 방법론을 내세운, 새롭고 진보적인 연구관에 있다. 기존에 미처 보지 못했던 많은 언어 자료들을 세심히 관찰하였고, 또한 방언에 대한 진지한 연구 태도와 성과도 학문의 큰 의의로 들 수 있다.

그러나 언어의 내적 특성을 경시하여 언어 현상의 전체 모습을 완전히 파악하지 못한 점, 역사주의 방법론을 너무 강조하여 언어 구조에 대한 공시적 관찰이 이루어지지 못한 점, 그리고 다양한 언어에서 자료를 들어 설명하지 못한 점은 젊은이문법학파 연구의 한계로 지적할 수 있다.

이렇게 젊은이문법학파는 진지한 태도로 연구하고 그들의 견해를 열정적으로 발표하여 당시 학계를 놀라게 하였고, 이로써 비교언어학, 나아가서 언어학 일반에 큰 성과를 이루었다.

3. 파울과 그의 《언어사원리》

3.1. 생애

역사주의만이 과학적 지식 추구의 가장 적합한 방법론이라고 확신하고 이를 실천한 젊은이문법학파의 뛰어난 이론가는 파울이었다. 그는 1846년 마그데부르크에서 태어나 1866년 베를린대학에 입학하였는데, 그곳에서 슈타인탈(Heymann Steinthal, 1823~1899)을 만났으며, 그에게 심리언어학에 대한 깊은 영향을 받았다. 그 이후 1867년 당시 인도유럽언어 비교언어학의 중심지인 라이프치히대학에 가게 되었으며 그

젊은이문법학파의 헤르만 파울

곳에서 슬라브어학자 레스킨을 만났고, 브라우네(Braune), 지페르스(Sievers) 등과 같은 동료를 만나 그들로부터 큰 영향을 받았다. 특히 레스킨은 파울에게 매우 큰 영향을 미친 학자라고 할 수 있는데, 파울은 그에게서 젊은이문법학파의 언어관을 받아들여 게르만어 음운론과 형태론을 연구하였다.

그 이후 프라이부르크대학을 거쳐 1893년에 뮌헨대학으로 와서 70세인 1916년까지 교수로서 강의를 계속하였다. 그는 젊었을 때 눈병을 앓았던 것이 악화되어 시력을 잃어버린 상태에서 《독일어 사전》(*Deutsches Wöterbuch*, 1897)과 다섯 권의 《독일어 문법》(*Deutsche Grammatik*, 1916~1920)을 완성하였다.

파울은 젊은이문법학파의 가장 뛰어난 이론가였으며, 독일어 역사 연구의 제일인자였다는 평가를 받는다. 젊은이문법학파의 다른 학자들이 보통 실제 자료의 예를 들어 개념을 제시했던 것에 비해 파울은 방법론적 문제를 이론적으로 완성하려는 데 관심을 두었다. 그러한 바탕에서 그는 언어학의 고전 중의 고전이라 불리는 《언어사원리》(*Prinzipien der Sprachgeschichte*, 1880, 최종판 1920)를 출판하였다. 이 책은 젊은이문법학파의 방법론적 원리뿐만이 아니라, 19세기 비교언어학 이론의 결정체라고 하겠다. 물론 평가에 있어서 찬사와 비판을 함께 받았다. 이 책에는 젊은이문법학파의 학문적 업적의 위대함과 함께 방법론의 한계도 나타나 있기 때문이다.

3.2. 《언어사원리》와 비교언어학 방법론

파울은 언어학이 인류 문화를 연구하는 학문이라는 확신에서 자신의 언어 연구를 수행하였다. 파울의 생각은 다음과 같았다. 어떤 문화를 이해하기 위해서는 그 문화가 형성되는 데 직접 영향을 미친 역사를 이해할 필요가 있다. 한 사회의 문화는 역사와 함께 형성되고 변화하므로, 역사를 이해하는 것은 그 문화의 근본과 특성을 파악하는 데 필수적이다. 언어 활동은 언어 역사의 한 과정이기 때문에 언어를 연구하는 것은 바로 언어의 역사를 연구하는 것이다. 이와 같은 생각에서 파울은 "언어학에서 역사적인 것이 아닌 것은 과학적인 것이 아니다."라고 주장하게 된 것이다.

3.2.1. 《언어사원리》

파울은 《언어사원리》에서 언어 변화의 실증적 과정을 음운 변화, 의미 변화, 유추의 3부분으로 구분하고, 특히 음운 변화의 중요성을 강조

하였다. 이러한 《언어사원리》의 내용을 책의 차례를 통해 제시해 보면
다음과 같다.

서론
제1장 언어 발전의 본성에 대한 일반 관찰
제2장 언어 분화
제3장 음성 변화
제4장 의미 변화
제5장 유추
제6장 통사론의 기본 사실
제7장 통사론에서의 의미 변화
제8장 타락
제9장 고유 창조
제10장 고립어와 그 반작용
제11장 신어 형성
제12장 유추에 의한 형성에서의 기능적 변화의 영향
제13장 어원적으로 연결된 단어군에서 전의
제14장 의미 분화
제15장 심리범주와 문법범주
제16장 통사 분포의 전의
제17장 일치
제18장 표현의 경제
제19장 단어형성과 굴절
제20장 품사 분류
제21장 언어와 글자
제22장 언어 혼성
제23장 공통 언어

3.2.2. 언어 변화의 원인

파울은 언어 변화를 심리적인 요인에서 찾으려 하였다. 그는 문화 연구는 사회 연구를 의미한다고 보면서 다음과 같이 주장하였다. 언어는 사회 집단 전체의 공유물로서, 이를 개인적인 언어 활동과 구별하였다. 그러한 사회 집단의 언어는 그 사회의 고유한 균질적인 언어로서, 이것은 사회 집단의 대표자라 할 수 있는 각 개인언어의 균질적인 언어형이다.

그러나 파울은 참된 언어 현실은 집단의 언어가 아니라고 강조한다. 집단의 언어는 심리적 실체에 지나지 않는다. 그러므로 유일한 언어적 현실은 개인언어, 즉 실제 언어의 구현이다. 우리가 사용하는 언어는 특수한 청각 - 운동 감각의 조직 속에 존재한다. 인간은 듣고 또한 사고함으로써 언어가 풍부해진다. 또한 각 개인은 무의식적으로 언어를 하나의 형식으로 머릿속에 저장한다. 그러나 그것을 다시 재생할 수는 없다. 그리고 이러한 개인언어는 언어규범에서 약간 차이날 수 있다. 그 차이는 확대될 가능성이 항상 있다. 파울은 이렇게 하여 언어 변화가 일어난다고 설명한다.

파울은 언어 변화의 생리적 요인도 강조한다. 좀 더 쉽게 조음하려는 욕구를 느끼고 무의식적으로 그런 욕구를 만족시키려는 데에서도 언어 변화가 일어난다고 설명한다.

3.2.3. 음운 변화

파울의 언어사 연구에서 가장 중점을 둔 것이 음운사이다. 음운사 연구에서 음운 변화를 기술하고 그 원인을 규명하며, 나아가서 언어의 여러 단계 사이에 나타나는 각 개별 형태의 대응을 음운 법칙으로 정립하는 것을 주요 과제로 삼았다. 여기서 말하는 음운 법칙은 두 가지로 생각할 수 있는데, 첫째는 동일 기원의 단어 사이의 규칙적인 음운 변화에 의한 대응 형식이며, 둘째는 동일 언어 간의 음운 추이이다. 그러나 파울은 음운 법칙을 첫째 뜻으로 해석하였다. 그리고 이 음운 법칙의 설정은 무엇보다도 어원의 기초가 되는 것으로서, 음운 법칙에 의해서, 전해지지 않는 과거 형태를 다른 알려져 있는 형태로써 재구하는 데에 그 가치가 있는 것이다.

3.2.4. 의미 변화

파울은 의미를 일반 개념을 표시하는 추상적인 관습 의미와 실제 언어 행동에서 구체적으로 표시되는 임시 의미로 구별하고, 의미 변화를 심리적으로 설명하였다. 파울은 언어 관습의 변화를 적극적인 과정과 소극적인 과정으로 구별하였는데, 적극적인 과정은 신어 형성이고, 소극적인 과정은 의미 교체이다.

신어 형성에는 여러 방법이 있는데 이 방법을 밝히는 것이 언어사 연구의 중요한 과제라 하였다. 신어 형성 방법 가운데 가장 보편적인 것이 유추에 의한 방법이라 하였다. 그밖에 혼성이란 방법도 있는데, 이것은 동의 관계나 인과 관계가 있는 표현 형식이 의식 속에 함께 있어 이들이 섞여서 신어가 형성되는 것이다.

3.2.5. 유추

유추는 원래 심리학의 개념으로, 두 개의 특정 사물이 몇 가지 특성을 공유할 때, 이것에 의하여 한 쪽에서 볼 수 있는 특성이 아마 다른 쪽에도 있을 것이라고 추정하는 것이다.

유추에 의한 언어 변화는 심리적인 연상에 의하여 일어나는 것으로서, 하나 또는 그 이상의 어떤 형태를 모형으로 하여 그것을 다른 형태가 규칙적으로 모방함으로써 일어나는 변화이다. 다시 말하면 어떤 언어 요소가 이미 존재하는 다른 언어 요소를 본받아서 그 형태를 바꾸는 것이다. 이러한 변화는 규범의 관점에서 본다면 규칙의 예외이다. 따라서 유추의 개념은 음운 법칙으로 설명이 불가능한 음운 변화를 설명하기 위한, 음운 변화의 예외 현상을 설명하기 위한 수단이었다.

3.2.6. 파울 이론에 대한 비판

파울의 언어 연구는 지나치게 언어사 연구를 강조하였다. 역사적인 것이 아닌 것은 과학이 아니라는 극단적인 역사주의의 태도를 취하였던 것은 다음 세대에 와서 비판받았다. 통시적 연구에 대한 지나친 강조에 대한 반발로 다음 세대부터는 공시적 연구의 중요성이 부각되기 시작하였다.

또한 언어 내용보다는 형식에 중요성을 둔 것도 비판을 받아서, 파울의 《언어사원리》에서 언어 내용에 대한 개념이 언급되지 않았던 것에 대한 비판도 있었다. 이러한 비판으로 다음 세대부터는 언어의 내용이나 의미와 같은 언어의 내적 측면에 대한 연구가 강조되었다.

4. 젊은이문법학파 이후

4.1. 소쉬르

현대 언어학의 대표적인 언어학자 소쉬르의 업적은 크게 두 가지로 구분된다. 하나는 다음 제10강에서 구체적으로 살펴볼 구조주의 언어학을 창시한 일반언어학에 대한 업적이고, 여기 못지않은 또 하나의 업적은 인도유럽언어 비교언어학에 남긴 빛나는 공헌이다. 그것은 인도유럽언어의 모음 체계에 관한 연구로서, 인도유럽언어 비교언어학에서 혁신적인 의의를 지니고 있다.

바로 그 소쉬르의 《인도유럽언어의 원시 모음 체계에 관한 논고》 (*Mémoire sur le système primitif des voyelles dans les langues indo-europénnes*)인데, 1879년 인쇄된 것으로 되어 있으나, 실제는 그보다 1년 앞서 발표되었다. 이 논문은 그 뒤 1922년 독일에서 출판된 《소쉬르 학술 논문집》(*Recueil des publications scientifiques de F. de Saussure*)에 다시 수록되어 있으며, 268페이지에 이르는 대작이다.

소쉬르는 제네바대학에 입학한 다음해인 1876년부터 2년 동안 라이프치히에서 공부하게 되는데, 그 다음에는 베를린에 갔다가 다시 1879년에 라이프치히에 돌아온다. 이 시기는 젊은이문법학파가 형성된 시기로 레스킨, 브루크만 등과 교류하면서 영향을 받았다. 당시 인도유럽언어 공통조어의 모음 체계는 산스크리트어의 모음 체계와 같이 3개의 기본모음, 즉 a, i, u로 이루어져 있는 것으로 생각하였다. 그러나 소쉬르는 인도유럽언어 공통조어의 모음 체계가, 아직 확실한 것은 아니었지만, 당시 일반적으로 생각하고 있는 것과는 다를 것이라고 가정하였다.

그래서 소쉬르는 인도유럽언어 공통조어 어근에는 기본모음 *e가 있었던 것으로 가정하고 기본모음 *e에서 다른 모음이 파생된 것으로 가정하였다. 그것은 이미 소멸하여 음가를 알 수 없는 어떤 음성, 즉 자음과 자음 사이에서는 모음 기능을 하고 다른 위치에서는 자음 기능을 수행하는 가상적 공명음에서 파생된 것으로 보았다. 소쉬르는 A, O라는 공명음을 가정하였다. 그래서 '*eA- > *aA- > ā-'와 같은 장모음화 과정을 설명하였다. 다음 예를 보자.

phāmi	<	*pheAmi
phōnḗ	<	*pheOnē
phatós	<	*phAtos
histāmi	<	*histeAmi
statós	<	*stAtos

그리고 그리스어 phā-mi 'I say', pha-men 'we say'와 ei-mi 'I (shall) go', i-men 'we (shall) go'의 비교를 통해, phā-mi 와 ei-mi의 모음은 각각 인도유럽언어 공통조어의 *pheA-, *ei-에서 온 것이며, 여기에 나타난 A와 i는 단수를 표시한다. 가상의 A 소리는 앞에 오는 모음을 장음화시키면서 탈락되거나, 그리스어, 이탈리아어, 독일어에서 자음 사이에서 a로 변하고 산스크리트어에서는 i로 변하는 것으로 파악하였다. 따라서 인도유럽언어 공통조어 어근인 *stheA 'stand'는 산스크리트어에서 sthā-로, 그리스어, 이탈리아어, 독일어에서 stā-로 나타나며, 분사 형태인 *stA-tós는 그리스어에서 statós, 라틴어에서 status, 산스크리트어에서 sthitá-로 변한 것이다. 가상음 O는 자음 사이에서는 o로 변하고, 그리스어와 라틴어에서는 선행하는 e 모음을 장음화시켰다. 소쉬르는 이렇게 하여 인도유럽언어 전반의 모음 체계를 규칙화하려 하였다.

이러한 연구는 당시에 그 설명과 전개가 설득적이어서 당시의 학자들에게 깊은 인상을 주기도 하였지만, 라이프치히 학자들로부터 많은 비판을 받아 학계에서 완전히 받아들여지지 못하였다. 그러나 1927년 폴란드 인도유럽언어학자 쿠리오비츠(Jerzy Kuryłowicoz, 1895~1978)가 인도유럽어족의 가장 오래된 언어의 하나인 히타이트어를 연구하는 과정에서 소쉬르가 가정했던 바로 그 위치에 후두음(laryngeal) h가 있었다는 것을 발견하였다. 이렇게 하여 소쉬르의 이론은 완벽하게 인정을 받게 되었다.

4.2. 메이예

프랑스의 비교언어학자 메이예(Antione Meillet)[1]는 그의 '게르만어의

---

1   메이예(Antione Meillet, 1866~1936): 프랑스의 언어학자. 고등학술연구소 소장, 콜레주 드 프랑스 교수를 역임하였다. 인도유럽언어를 비교하여 공통조어와의 관계를 찾고, 그 역사를 밝히려고 하였다. 그가 다룬 언어는 그리스어, 라틴어, 슬라브어, 페르시아어,

일반 특징'(Caractères généraux des langues germaniques)에서 페르너법 칙을 수정하여 제시하였다. 인도유럽언어 공통조어의 무성 *p, *t, *k에 대응하는 게르만어의 어중 무성마찰음은 바로 앞에 있는 모음에 악센트가 있을 때에는 무성 그대로 유지되지만, 이 마찰음 바로 앞에 있는 모음에 악센트가 없을 때는 무성음이 유성음으로 변화한다는 페르너법 칙에 대해, 메이예는 마찰음과 s 음은 두 유성음 요소 사이에 있으며 또 선행하는 요소가 어두 모음일 경우에는 유성음으로 변화하지만, 그 선행 음절에 악센트가 있을 경우에는 유성음으로 변화하지 않는다고 수정하였다.

4.3. 독립파의 대표자 슈하르트

독립파라는 용어는 젊은이문법학파와 같은 시대에 속하면서도 그들과 떨어져서 그들 자신의 언어학 견해에 따라 독자적인 노선을 걸은 학자를 가리킨다. 그러한 학자는 많지 않았다. 언어지리학자와 카잔학파 학자를 제외한다면, 대표적인 독립파 학자는 후고 슈하르트(Hugo Schuchardt, 1842~1928)이다. 그는 진취적이고 독창적인 언어학 이론을 가진 것으로 평가된다.

슈하르트는 젊은이문법학파와 같은 세대에 속하면서도 그들과 협력하지 않고 오히려 젊은이문법학파를 비판하였다. 그러나 슈하르트는 보수적인 입장에서 젊은이문법학파를 비판한 것이 아니라 그 반대였다. 젊은이문법학파 이론의 중심 생각, 즉 언어 변화는 자연 법칙의 맹목적

히타이트어 등 다양하였다. 음운 변화의 사회적·심리적 요인, 친근어 사이에 일어나는 평행적 변화 등 많은 독창적 견해로 비교언어학 방법론 확립에 공헌하였다. 주요 저서로 《인도유럽언어 비교문법 서설》(*Introduction à l'étude comparative des langues indo-européennes*, 1903), 《역사언어학에서의 비교방법》(*La méthode comparative en linguistique historique*, 1925) 등이 있다.

인 힘과 같이 확고하고 일관된 법칙을 따라 일어난다는 것과 언어 변화에는 예외가 없다는 것을 받아들이지 않고, 언어 변화를 일으키는 다른 요인을 찾으려고 하였다. 이렇게 하여 그는 언어 변화에 있어서의 지리적 요인의 중요성과 언어 변화의 출발이 개인의 역할에 있음을 지적하였다.

슈하르트는 혼합언어에 대해서도 획기적인 생각을 전개하였다. 비교언어학의 전통에 따르면 언어의 계통 관계는 순수한 것이었다. 즉, 모든 언어는 기원적으로 단일 어족에 속하는 것이었다. 그러나 슈하르트는 크레올어이나 피진어에 주의를 돌렸다. 이것은 전혀 계통 관계가 없는 언어가 서로 혼합한 결과 생긴 언어이다. 이러한 생각으로 슈하르트는 비교언어학자의 전통적 개념과 대립하게 되었다.

슈하르트의 독창성은 또 젊은이문법학파에게는 전혀 문제되지 않았던 단어 의미 문제에 대한 깊은 관심에서도 찾을 수 있다. 어원과 의미 문제를 다룬 연구지 《언어와 사물》(*Wörter und Sachen*)이 1909년에 창간되었을 때 기고한 그의 논문은 이 분야의 연구에 대한 관심을 높이는 데 큰 영향을 미쳤다. 이 역시 오늘날 의미 연구의 고전적인 가치를 지니고 있다.

그러나 그의 이념은 그가 죽은 뒤에야 널리 알려지기 시작하였다. 그가 생존했을 때에는 젊은이문법학파의 전성기로 그에 대해 관심을 가지지 않았기 때문이다.

4.4. 언어지리학 연구

젊은이문법학파는 자료를 중시하고 자료 속에서 음운 법칙을 찾으려 하였다. 그리고 대부분의 언어 현상을 역사적 관점에서 다루려 하였다. 이러한 젊은이문법학파의 역사주의에 입각한 언어 연구와 관련을 맺은 두 분야는 음성학과 방언학이었다. 음성학은 살아 있는 언어에 관심을 두었기 때문에 글자는 사라진 언어의 실제 발음에 대한 단서를 제공하기에는 부적절함을 강조하였다. 그 결과 역사언어학에서 기록된 글자와 당시의 실제 발음을 혼동하지 않게 되었다.

방언학은 민족 문제를 중시한 이래 언어 연구의 중요한 분야로 인식되었다. 젊은이문법학파에 이르러 방언을 언어 변화의 중요한 단서를 제공할 수 있는 것으로 이해하였다. 방언이 인도유럽어족의 가장 최근의 분화를 보여 주기 때문이었다. 그래서 방언 조사, 방언 지도 출간 등을 통한 방언 연구가 젊은이문법학파 시기에 본격적으로 시작되었다. 이처럼 처음으로 방언 연구에 대해서 진지하게 관심을 갖게 된 것이 젊은이문법학파였다. 그들은 언어 변화를 살아 있는 언어, 방언이라는 테두리 안에서 가장 잘 관찰할 수 있다고 믿었다. 비록 큰 성과를 이루지는 못하였지만, 언어지리학자들은 여러 방언이 형성되는 요인, 즉 지리적, 사회적, 역사적 요인의 중요성을 인식하여 젊은이문법학파의 한계를 극복하려 하였다. 이제 언어지리학자들의 연구에 대해 살펴보자.

언어지리학의 기원은 1870년 무렵으로 젊은이문법학파가 방언에 관심을 보이기 시작했을 때이다. 그것은 음운 법칙의 일관성에 관한 이론을 증명하기에 방언 현상이 적합하다고 젊은이문법학파들이 확신하고 있었기 때문이다. 그러나 이러한 연구에서 기대했던 만큼 성과를 얻을 수 없었고, 방언도 문어와 같이 많이 불규칙성을 포함하고 있다는 것을 알게 되었다.

언어지리학의 이론적 성과는 실제 방언 조사 활동을 통해 방언 지도를 준비하는 과정에서 이루어졌다. 프랑스 방언학자들이 이 분야의 개척자였으며, 그 이후에는 이탈리아 학자들이 중요한 성과를 거두었다. 19세기 말엽에는 주로 로맨스어와 게르만어에 속하는 유럽의 개별언어의 방언 지도 작성에서 큰 성과가 나타났다. 최초로 작성된 방언 지도인 《독일언어지도》(*Deutscher Sprachatlas*, 1876년 착수)는 독일 언어학자 벵커(Georg Wenker, 1852~1911)가 작성한 것이다. 조사질문지를 훈련 받지 않은 시골 학교 교사들에게 맡겨서 그 결과를 신뢰할 만하지는 못하였지만, 최초의 방언 지도로서 큰 의의를 지니고 있다.

언어지리학의 제창자로서 유명한 질리에롱(Jules Gilliéron)[2]은 프랑스 언어학, 특히 파리(Gaston Paris)의 영향을 받았다. 그의 저서 《프랑스언어지도》(L'atlas linguistique de France)는 1897년부터 1901년에 걸쳐 수집된 자료를 기초로 하여, 1902년부터 1912년에 걸쳐 출판되었다. 질리에롱은 2,000개의 질문으로 된 조사질문지를 작성하여 조사하였다. 조사는 훌륭한 현장조사자 에드몽(E. Edmont), 단 한 사람이 참여하였다. 이 언어지도는 방언학에서 고전적인 업적으로 평가된다.

언어지리학을 제창한 쥘 질리에롱

다른 여러 로맨스어학자들도 질리에롱의 방식을 따라 방언을 조사하였다. 가치 있는 업적을 이룩한 것은 스위스 학자인 야베르크(K. Jaberg)와 유트(J. Jud) 두 사람이었다. 이 두 학자는 1925년부터 1940년에 걸쳐 《이탈리아와 남부스위스 언어 및 민속 지도》(Sprach- und Sachatlas Italiens und der Südschweiz)를 작성하였다. 도시와 농촌의 방언을 조사하여 이룩한 그들의 방언학 연구 방법은 큰 성과를 이루었다.

언어지리학의 주된 성과는 어휘 연구에서 나타났다. 현존하는 단어와 그것이 일반 언중의 언어 속에 퍼져 있는 모습을 조사하는 언어지리학자

---

2   질리에롱(Jules Gilliéron, 1854~1926): 스위스 출생의 프랑스 언어학자, 언어지리학의 창시자. 파리고등학술실무학교에서 수학 후 1883년부터 평생 모교에서 로맨스어와 방언학 강의를 하였다. 언어 현상을 지도의 형태로 나타낼 것에 창안하여 같은 의미의 단어의 지리적 변이를 그린 언어지도를 통해 언어의 역사를 추정하는 방법을 확립하였다.

는 그 단어의 의미, 어형 변화, 통사 기능을 고려하여 그 단어의 역사를 재구성하는 것을 목적으로 하였다. 그렇게 하여 단어의 역사를 설명하기 위해서 지리적, 사회적, 역사적 요인에 관한 지식의 도움을 받는 전통이 확립되었다. 이 새로운 연구 방법을 최초로 이용한 것이 로맨스어 연구자들이었다. 기원전 수 세기 서유럽이 로마화되기 이전의 언어 상태를 새로운 눈으로 보게 되었나. 즉, 이미 확립된 속라틴어와 고전라틴어의 구별 이외에 그리스도교적 라틴어와 이교적 라틴어를 구별하게 되었다. 이것은 프랑스어의 어휘 발전을 설명하기 위해서는 중요한 것이었다.

언어지리학의 주장 가운데 몇 가지는 근대 방언학에서도 주요 이론으로 이어졌다. 다음과 같은 주장을 예로 들 수 있다.

1. 방언 차이는 어휘와 음성 분야에서 흔히 많이 볼 수 있고 형태와 통사 분야에서는 적다.
2. 언어 분화에는 사회적, 역사적 요인이 결정적인 영향을 미친다. 봉건제도 밑에서는 방언의 수가 늘어난다. 이것은 각 자치 영역이 고립되어 있기 때문이다. 상대적으로 중앙집권 시기에는 분화의 정도가 줄어든다.
3. 지리적 요인도 또한 언어의 분화에 중대한 영향을 미친다. 산악은 평야에 비해 언어적으로 변두리 지역이다. 이것은, 평야 지역에서는 의사소통이 비교적 쉬워 언어의 개신이 크게 확산되지만, 산악 지역에서는 평야를 거쳐 확산되는 변화가 단절된 채 남기 때문이다.
4. 농촌 지역 주민들도 도시 지역 주민들의 문화 양식을 받아들이려고 하기 때문에 농촌 지역 방언의 소멸을 촉진시킨다.

언어지리학이 언어 이론에 기여한 가장 중요한 것에는 어휘 변천의 기본 법칙에 관한 설명이 있다. 이 분야에서 큰 업적을 남긴 학자가 질리에롱이다. 그는 어휘 혁신을 일으키는 요인으로서 동음충돌과 단어 구조의 부적격성이라는 두 가지 요인을 지적하였다.

동음충돌이란 두 동음어가 같은 문맥에서 사용되어 정확한 이해가 방해되는 상태를 말한다. 이 경우, 새로운 단어가 두 의미 중 하나를 의미하게 되어 동음충돌 상태가 해소된다. 예를 들어 프랑스의 가스코뉴 방언에서 gat(<cattus; <gattus)라는 단어는, [1] cattus에서 유래한 '고양이'라는 뜻과 [2] gattus에서 유래한 '수탉'이라는 뜻, 두 가지를 가지고 있었다. "le chien a étranglé le gat"(개가 gat를 죽였다)와 같은 문장에서, 개가 죽인 것이 고양이인지 수탉인지 말하는 사람의 의도를 분명히 알 수 없다. 이 동음충돌은, 수탉에 대해서 vicaire라는 새로운 단어를 사용함으로서 해소되었다.

단어의 음성 구조는 시간과 더불어 변화한다. 때로는 원래 그 기능에 적합했던 단어가 짧아지거나 길어지고, 또는 의도했던 것과 다른 연상을 일으키는 음성 요소를 가지게 되기도 한다. 그러한 경우, 그 단어는 보통 새롭고 더 적합한 단어로 대치된다. 질리에롱은 '꿀벌'을 의미하는 본래 단어 apis가 음운 변화에 의해서 é라는 한 음운으로 축소되어, 그 결과 프랑스 여러 방언에서 이 단어가 다른 단어로 대치된 것을 제시하였다. 질리에롱이 이를 논의한 저서, 《프랑스 언어지도에 의한, 꿀벌을 표시하는 단어의 계보》(Généalogie des mots qui désignent l'abeille, d'après l'atlas linguistique de France, 1918)는 언어지리학의 대표적인 고전이다. 질리에롱은 이러한 저술을 통해, 젊은이문법학파의 음운 법칙에 대한 절대적 규칙성이라는 학설을 수정하는 데 공헌하였다.

언어지리학의 영향을 받아 언어접촉에 관한 연구가 발전하였다. 언어접촉은 이중언어 사회에서 언어 체계에 나타나는 문제이다. 언어지리학자들은 서로 다른 언어 구조가 직접 접촉할 때 생기는 상호 영향을 조사하여 연구하였다.

한편 언어지리학은 20세기 이후 구조주의에 힘입어 구조방언학으로 전개되었다. 초기 구조주의 언어학자들은 방언학 분야에도 구조주의 방법을 적용할 수 있을 가능성에 관심을 가졌다. 그 결과 방언 체계에 대한 기술이 발달되었다. 단순히 방언의 세부 사실을 수집하여 방언의 특징을 제시하는 것이 아니라, 방언의 세부 사실을 분석하여 일정한 관계로 체계화하려 하였다. 그리하여 서로 다른 방언 사이에서 대응하는 체계를 비교하고, 나아가서 방언 간의 친근성과 분화 현상에 대한 새로운 연구가 나타나게 되었다.

제8강
19세기 언어철학 연구

1. 훔볼트의 언어철학 연구

2. 심리주의 언어철학 연구

제8강
19세기 언어철학 연구

1. 훔볼트의 언어철학 연구

훔볼트는 18세기와 19세기에 걸쳐 언어의 본질을 밝혀 제시한 대표적인 언어철학자이다. 오랜 공직 생활 기간 중에, 그는 언어학의 여러 주제들, 다양한 개별언어에서 수집한 자료에 입각해서 언어 현상을 밝히는 일반언어학의 창시자로 많은 저서를 남겼다. 이제 그의 생애와 학문에 대해 살펴보자.

언어철학의 선구자 빌헬름 폰 훔볼트

1.1. 생애

프리드리히 크리스티안 카를 페르디난트 빌헬름 폰 훔볼트(Friedrich Christian Karl Ferdinand Wilhelm von Humboldt, 1767~1835)는 1767년 6월 22일 베르린 근교인 포츠담에서 태어났다. 그는 여행가이자 지리학자인 동생 알렉산더보다 2년 앞서 태어났다. 두 형제는 서로 다른 길이 긴 하지만, 각자 자신의 위치에서 큰 업적을 남겼다. 그의 동생은 지리학자로서 많은 지역을 다니면서 형의 언어 연구에 기반이 되는 자료를 제공해 주었다. 훔볼트는 유럽과 독일이 근대 역사의 격동기를 지내던 시절을 보냈던 지식인이었다. 이 시기 유럽에 있었던 큰 사건을 살펴보면, 대표적인 것으로 1789년에 있었던 프랑스 대혁명과, 그 이후 약 16년 동안 이어진 나폴레옹의 유럽 지배이다. 그리고 나폴레옹이 워털루 전투에서 1815년에 패한 직후 오스트리아의 메테르니히 총리를 중심으로 한 복고 체제인 빈의회가 들어선 시기이다. 정치적인 성향으로 볼 때, 유럽은 불과 30년도 되지 않는 시간에 가장 진보적인 상태에서 가장 보수적인 상태까지 이동한 것이다. 이때가 곧 훔볼트가 태어나 대학에서 공부하고, 공직에서 일하던 시기이다.

그는 젊을 때부터 독일을 대표하는 지식인인 실러, 괴테, 헤르더, 피히테 등과 교류하였고, 또 괴팅겐, 프랑크푸르트 등지에서 법학, 언어학, 역사학, 물리학 등 다양한 분야를 공부하였다. 말년에 이러한 학문적 배경은 그의 독특한 사상으로 연결되었다. 그는 학자로서만 살아간 것이 아니라 프로이센 공직에 진출하여 프로이센의 근대 교육 정책을 수립하기도 하였다. 그가 세운 교육 정책은 후에 유럽의 의무교육 체제의 기틀이 되었다.

훔볼트가 살던 당시 대부분의 지식인들은 계몽주의와 자유주의 사상을 가지고 있었다. 이 당시 철학은 인간 중심적이었으며, 인간 이성에 대한 믿음이 중심 사상이 되었다. 훔볼트는 이러한 인간 중심 사상에서부터 그의 사상을 전개해 나갔다.

언어학 분야에서 보면, 이 시기는 훔볼트가 추구했던 생각과는 다른 방향으로 언어학이 발전하였다. 존스는 유럽 세계에 산스크리트어의 존재를 소개하였다. 이로부터 비교언어학의 전통이 시작되어, 라스크, 보프, 그림, 슐레겔 등의 학자들을 통해서 독일을 중심으로 비교언어학이 발전하게 되었다. 이에 따라 구체적인 언어 자료들을 직접 비교하는 객관적인 방법론이 자리 잡게 되었고, 결과적으로 언어의 본질에 대한 논의는 줄어들었다. 훔볼트는 이러한 비교언어학 연구와는 거리를 두었고, 오히려 당시의 철학 사상을 배경으로 언어를 연구하는 측면이 강하였다.

훔볼트 형제는 어린 시절 공립학교를 따로 다니지 않고 가정교사를 통해 교육을 받았다. 처음 두 형제를 가르쳤던 교사는 캄페(Joachim Heinrich Campe, 1746~1818)였는데, 그는 당시의 진보적인 지식인이었다. 그에게서 훔볼트는 당시 자유주의 사상을 받아들이면서 그의 영향을 받았다.

1787년에 훔볼트는 법학을 공부하기 위해 프랑크푸르트(오데르)로 갔다. 1788년에는 괴팅겐대학에 가서 개설된 거의 모든 강의를 들었고, 특히 하이네에게 문헌학을 배웠다. 1789년 8월 프랑스혁명 소식이 전해지자 그는 잠시 파리로 갔다. 1790년 여름 훔볼트는 상고법원의 주임검사관에 임명되어 1년간 그 직을 수행한 후, 2년 동안 그는 정치학 논문 집필에 전념하였다. 그러나 1793년부터 문헌학 연구와 미학 연구에 관심을 가지게 되어 실러, 괴테와 교류하며, 독일 여러 지역을 비롯하여 프랑스, 스페인을 여행하였다. 그 이후 1802년에는 로마교황청의 프로이센 공사로 임명되었다.

그 후 1808년에 프로이센에 귀환하여 내무성 소속 종교 의식 및 교육 담당 부서장에 임명되었다. 16개월의 짧은 기간에 행정 기반을 마련했고, 특히 독일의 모든 대학의 귀감이 될 새로운 베를린대학의 이론적 기초를 마련하였다. 몇몇 정치인들과의 불화로 1810년 빈 대사를 맡아 프로이센을 떠나게 되었다. 1817년부터는 영국 대사를 지냈으나 1819년에 프로이센으로 귀환하여 훔볼트는 모든 공직에서 물러났다. 그 이후 15년간 언어에 대한 연구에 전념하여 저술과 학문 활동을 활발히 수행하였다. 이 당시 훔볼트가 연구한 것은 언어학뿐만 아니라, 문학, 철학,

문학, 역사학 등 거의 모든 학문 분야를 연구하였다.

홈볼트의 언어에 대한 관심은 유년기부터 평생 지속되었다. 언어에 관한 그의 수많은 글들은 다양한 언어의 수집에서부터 개별언어에 대한 연구, 언어를 통해 본 민족과 사고 유형에 대한 연구 등에 이르렀다. 인간 개인으로서 또는 사회적 일원으로서 부딪치는 모든 문제에 대응할 수 있게 하는 언어의 무한한 창조적인 면을 연구하고자 한 것이 그의 일관된 관심이었다.

1.2. 학문

언어의 창조적인 면에 대한 관심에서 홈볼트는 언어를 에르곤(ergon), 즉 문법학자의 고정되고 죽은 기술이 아니라, 에네르게이아(energeia), 즉 화자 - 청자의 언어능력이라고 정의하였다. 이러한 생각에서 각 언어의 음성 구조, 어휘 구조, 문법 구조를 결정하는 언어형식의 개념, 즉 내부언어형식을 주장하였고, 또 고립어, 교착어, 굴절어와 같은 언어의 세 가지 유형을 제시하였다. 각 언어는 개인과 민족의 정신을 표현하기 위한 수단으로서의 내적 완성을 지향하는 것으로 간주하였다.

그는 유럽어와 구조가 전혀 다른 인도네시아 자바의 카비어(Kawi)를 연구함으로써 과거와는 전혀 다른, 새로운 관점에서 언어를 보게 되었다. 카비어는 13세기에 사라진 고대 자바어인데, 9세기 문헌이 남아 있다. 이렇게 하여 그는 19세기 초기의 고전 비교언어학과는 달리 언어의 공시적인 측면을 연구하여 일반언어학의 선구자가 된 것이다. 그의 이론은 카비어 연구인 《자바섬의 카비어에 관하여》(*Über die Kawi-sprache auf der Insel Java*, 1836), 《인간의 언어 구조의 차이점과 그것이 인류의 정신 발전에 미치는 영향에 관하여》(*Über die Verschiedenheit des menschlichen Sprachbaues und ihren Einfluss auf die geistige*

Entwicklung des Menschengeschlechts, 1836)에서 전개되었는데, 일반 언어학 이론에 매우 큰 영향을 미치게 되었다.

1.2.1. 언어관

홈볼트는 언어의 본질을 오로지 의사소통의 수단으로만 보는 언어관을 거부하였다. 오히려 그는 언어를 '지적인 본능', '내적 존재의 기관', '사상 형성의 기관', '영원히 되풀이되는 정신 활동' 등으로 규정함으로써 언어에 내재하는 정신적인 힘이 언어 본질의 핵심이라고 하였다. 그러므로 언어는 본능으로 이루어져 있고, 다른 사람들과의 조화 속에서 자기 자신과 세계를 음성을 통해 형성하는 정신 활동으로 보았다.

헤르더(Johann Gottfried von Herder, 1744~1803)의 언어기원론은 홈볼트의 언어 사상에 큰 영향을 끼쳤다. 헤르더에 의하면 언어는 동물들이 내는 소리처럼 본능적이고 생득적인 능력에서 기원한 것이 아니라, 다른 생물체들은 지니고 있지 않은 인간 고유의 자의식으로부터 발생한 것이다. 홈볼트는 헤르더와 마찬가지로 언어는 직접적으로 인간에게 내재되어 있는 것으로 간주하였다.

1.2.2. 언어의 본질

홈볼트는 언어는 인간의 사고와 밀접한 관계를 이룬다고 하였다. 즉, 언어는 인간 외부에 존재하는 것이 아니라 인간 내부에 존재하는 것이다. 그래서 홈볼트는 언어를 도구가 아닌 기관으로 보았다. 기관이란 위, 간, 장과 같이 우리 몸속에 있는 신체기관과도 같은 기능이 언어에도 있다는 의미다.

또한 홈볼트는 언어는 정적인 대상이 아니라 동적인 대상이라 하였다. 언어는 정지되어 있는 것이 아니라, 그 자체로 활동하는 창조물이란 뜻이다. 이러한 '동적인 언어관'을 다음과 같이 서술하였다. 언어란 본질의 측면에서 보면 매 순간마다 끊임없이 지나가 버리는 것이다. 글자를 통한 언어의 보존마저도 언제나 불완전한 보존에 불과하다. 따라서 언어 자체는 정적인 에르곤이 아니라 동적인 에네르게이아이다. 언어는 분절된 음성으로 사상을 표현하는, 영원히 반복되는 정신 활동이다.

훔볼트는 언어 속에는 개별적인 것으로는 그 어떤 것도 존재하지 않는 생명체라 하였다. 언어의 각각 구성요소는 오직 다른 요소들을 통해서만 존재하는데, 각각 구성요소는 언제나 그 요소 자체를 보다 정확하게 규정하고 있는 다른 요소를 주위에 설정하고 있어야 한다고 주장하였다. 즉, 언어의 구성요소는 상호 관계 속에서 발생과 소멸을 겪고 있는 생명체라 하였다.

1.2.3. 언어의 보편성과 개별성

훔볼트는 언어를 추상적이고 이원론적인 것으로 상정하였다. 그는 모든 언어에는 심층에 보편성을 보이는 언어원형이 존재하며, 민족들이 각자의 세계관을 형성하는 과정에서 심층의 언어원형을 개별언어로서 실현시킨다고 주장하였다. 이러한 훔볼트의 생각은 후대 촘스키의 언어 이론에 영향을 미쳤다.

먼저 훔볼트의 언어 보편성 개념에 대해 살펴보자. 훔볼트는 자신이 다양한 언어를 공부한 경험을 바탕으로 각각의 개별언어는 서로 다르다는 사실을 중시하면서도 아울러 다음과 같은 언어의 보편성의 대한 생각을 함께 가지고 있었다. 즉, 우리가 개별언어를 서술할 때는 일반적인 언어원형으로부터 출발해야 하고 다시 그곳으로 돌아가야 한다. 그렇지 않으면 필요한 비교점이 없어진다.

훔볼트는 언어원형을 모든 언어에 보편적으로 존재하는 특성, 모든 인간이 내면에 지니는 언어능력이라 하였다. 특히 그는 언어능력의 창조적인 면에 주목하였다. 이러한 훔볼트의 보편성에 입각한 내재적 언어관은 데카르트와 포르루아얄문법을 포함한 이성주의 언어학자들이 추구하는 언어의 보편성과 맥을 같이 하면서, 20세기 후반 변형생성문법의 보편문법 개념으로 계승되었다는 점에서 언어학사에서 그 의의가 크다.

다음으로는 훔볼트의 언어 개별성과 세계관에 대해 살펴보자. 훔볼트는 유럽어뿐만 아니라 아시아와 남아메리카의 많은 언어를 공부하면서 언어들이 서로 크게 다르다는 사실을 직접 관찰하였다. 그리고 이러한 관찰을 바탕으로 언어 내부에 특정 민족의 세계관이 반영되어 있다고 주장하였다. 언어가 서로 다르다는 것은, 소리나 기호가 다르다는 것이 아니라 세계관 자체가 다르다는 것이라 하였다.

인간의 선천적인 언어능력이 인류 보편적인 언어원형에서 비롯되었다면, 그것이 각 언어별, 각 민족별로 다르게 실현되는 배경에는 언어의 개별성이 있다는 것이다. 훔볼트는 민족과 언어, 세계관이 서로를 정의하고 형성하며 불가분의 관계를 맺는다고 생각하였다. 즉, 민족은 마치하나의 개인처럼 취급할 수 있는 개체이다. 각 민족은 고유한 세계관을 가지는데, 이 세계관을 형성하는 것, 또 형성된 세계관을 반영하는 것이 바로 그 민족의 언어이다. 개별언어는 세계관을 반영하는 거울이며, 동시에 세계관을 형성한다.

훔볼트는 한 나라의 언어는 이를 사용하는 국민 특질의 상징이며 민족 개성을 표현한다고 하였다. 이처럼 언어를 각 국민정신을 나타내는, 다시 말하면 세계관을 보여 주는 내적 형식의 외적 표현으로 보는 것이다. 그래서 이러한 훔볼트의 이론은 세계관설(Weltanschauung)이라고 부른다.

1.2.4. 언어유형론

문법형태의 존재 여부와 문법형태의 성격에 따라 언어를 분류하는 언어 유형론은 19세기 유럽에서 시작하였다. 훔볼트는 보편성과 개별성의 언어관을 근거로 고립어, 교착어, 굴절어를 포함하는 언어유형론에 대한 자신의 견해를 제시하였다. 훔볼트는 19세기 독일의 여러 학자들과 마찬가지로 굴절어의 우수성을 주장하였다. 언어 발전에 방향성이 있다는 관점에서 언어 발전의 최종 단계가 굴절어라고 하였다. 이러한 주장은 당시 독일의 민족주의의 영향을 받은 것이라 하겠다.

1.2.5. 언어와 사고

훔볼트에게 있어서 언어는 인간의 내부와 외부의 중간에 존재한다. 그리고 언어가 사고의 객체를 형성한다. 이 사고의 객체를 바탕으로 인간은 더 높은 단계의 사고를 구성한다. 이렇게 훔볼트는 사고와 언어 사이의 관계를 불가분의 관계로 보았다. 정신 활동에 의해 나타나는 사고는 언어의 개입이 없이는 절대로 형성될 수 없다는 것이다.

훔볼트에 의해서 언어는 정신적 사고에 있어서 중요한 것으로 인정되었다. 이렇게 하여 언어는 인간 사고를 위해 반드시 존재해야만 하는 대상이 되었다.

1.3. 훔볼트 언어철학의 계승

훔볼트가 연구를 진행하던 19세기 초, 산스크리트어의 소개와 존스의 강연 이후 유럽 언어학계에서는 역사언어학과 비교언어학이 지배적인 우세를 보였다. 이에 따라 경험주의와 실증적인 연구 방법이 당시 언어 연구의 주류를 이루었다. 이러한 추세에도 불구하고 훔볼트는 자신의 이성주의 언어관을 고수하였다.

훔볼트가 활동한 시기는 비교언어학이 꽃피우던 시기였고, 당연히 19세기의 언어학에서는 이성주의에 입각한 언어 연구는 찾을 수가 없었다. 그래서 이성주의에 입각한 훔볼트의 언어철학은 당대에 바로 계승되기는 어려웠다. 훔볼트 언어철학의 계승은 그가 죽은 뒤 100년 뒤에야 이루어졌다. 1930년 무렵 훔볼트의 기본 이론, 그 중에서도 세계관설을 지지하는 학자들로 구성된 신훔볼트학파의 등장으로 훔볼트의 언어철학이 재조명되었다. 이들은 대부분 어휘론 연구자들이었다.

그 가운데 훔볼트의 언어철학을 가장 충실하게 계승한 학자는 바이스게르버(Leo Weisgerber, 1899~1985)였다. 당대의 실증주의적 언어 연구 방법을 부정한 바이스게르버, 포르치히, 트리어, 포슬러와 같은 학자들은 훔볼트의 동적인 언어 연구 방법을 새롭게 제시하고자 하였다. 트리어(Jost Trier, 1894~1970)의 낱말밭 이론은 언어형식의 분포 양상과 그에 따른 의미 배분을 고찰하면서 훔볼트의 이론을 어휘의미 연구로 확장시켰다. 이들이 훔볼트를 재조명할 수 있었던 것에는 20세기 들어오면서 일어난 민족심리학이나 현상학의 영향이었다.

이들은 훔볼트의 언어철학 전부를 받아들이지는 않고, 언어는 본질적으로 동적이라는 점, 언어와 사고는 불가분의 관계라는 점, 그리고 언어가 서로 다른 것은 언어를 사용하는 사람들의 세계관이 다른 것에 기인한다는 점을 주로 계승하여 기존의 훔볼트 이론을 더욱 명료하게 해석하거나 새로운 이론으로 발전시켰다.

훔볼트의 이성주의에 입각한 언어철학은 촘스키에게서 각광을 받았다. 훔볼트는 유한한 수단을 무한하게 이용하는 것이 언어 체계라고 지적했는데, 촘스키의 변형생성문법의 핵심이 바로 여기에 있다. 변형생성문법은 언어의 유한한 규칙을 가지고 무한한 문장들을 만들어낼 수 있게 해 준다. 또한 촘스키는 심층구조와 표면구조 개념을 '내적 언어형식'과 '외적 언어형식'에 대응시켜 해석하려고 시도하였다. 촘스키는 자신의 언어관을 훔볼트적인 것이라고 명시하여, 자신의 변형생성문법이 데카르트, 포르루아얄문법, 훔볼트를 거쳐 탄생되었음을 분명히 보여 주었다.

훔볼트 언어철학의 언어학사적 의의는 우선 시대적인 차원에서 살펴볼 수 있다. 훔볼트는 비교언어학이 대세였던 19세기를 살아가면서 다른 학자들의 언어학과는 다른 외길을 걸어왔다는 점에서 의의를 가진다. 즉, 언어의 객관적인 측면 이외에도 철학적인, 주관적인 측면이 같이 존재한다는 것을 밝혔다.

시대적인 차원을 넘어서서도 훔볼트는 언어학사적으로 의의를 지닌다. 훔볼트 이전, 또는 훔볼트 이후의 언어학자들은 대부분 언어를 객체로 여겼다. 그렇기 때문에 언어는 분석의 대상이었지 고찰의 대상이 아니었다. 그러나 훔볼트는 언어를 볼 때 개별 소리, 개별 단어를 보는 것이 아니라 그것이 사용된 맥락, 더 크게는 인간과 인간 사이에 오고가는 대화의 맥락 속에서 언어의 본질이 무엇인지를 파악하고자 하였다. 이러한 독특한 사고방식으로 훔볼트는 언어를 새로운 관점에서 연구한 학자라 하겠다.

훔볼트 연구에 있어서 한 가지 한계가 있다면 그것은 구체적인 자료를 제시하지 못하였다는 점이다. 그의 연구 대부분은, 특히 언어의 본질에 대한, 언어와 사고 사이의 관계에 대한 연구는, 논의에 그쳤다고 평가되고 있다. 비교언어학이 너무 객관적인 것에만, 특히 음운 법칙에만 관심을 집중하는 것도 문제가 되지만, 훔볼트와 같이 지나친 논의 속에서 언어를 연구한다는 것도 문제가 된다는 것이다.

2. 심리주의 언어철학 연구

19세기 언어철학은 훔볼트에서 시작하여 심리주의에 입각한 슈타인탈, 분트, 마르티를 거쳐 이어졌다. 이제 심리주의 언어철학 연구에 대해 살펴보자.

2.1. 슈타인탈

심리주의에 입각한 언어 연구의 선구자는 슈타인탈(Heymann Steinthal, 1823~1899)이다. 그의 이론에는 기본적으로 훔볼트의 영향이 강하게 반영되어 있다. 그러나 그의 심리 현상에 대한 이론은 심리학자이며 교육학자인 헤르바르트(Johann Friedrich Herbart, 1776~1841)의 연상심리학에서 많은 영향을 받았다. 즉, 사고가 어떤 외적 인상에 의해서 자극을 받으면 인간의 두뇌 속에서 무의식적인 연상에 의해서 하나하나 꼬리를 이어 자연적으로 일어난다는 헤르바르트의 연상 기구에 대한 개념을 받아들였다. 연상 기구란 외부로부터의 인상에 자극되어 사상이 인간의 두뇌 속에서 차례차례로 자발적으로 전개하는 것, 즉 무의식의 연상이 일어나고 차례차례로 사상이 나타나는 것을 말한다. 심리주의에 입각한 문법론 저서인 《문법, 논리학, 심리학, 그 원리와의 상호 관계》 (*Grammatik, Logik, und Psychologie, ihre Prinzipien und ihr Verhältnis zueinander*, 1855)에서 슈타인탈은 심리학의 관점에서 문법 사실을 기술하려 했으며, 동시에 문법에는 논리적 보편성이 내재한다는 지금까지의 주장을 비판하였다. 슈타인탈의 이 저서는 당시 높이 평가되었으며 언어 현상의 심리학적 해석을 일반에게 보급하는 데 기여하였다.

언어학에 있어서의 심리학을 보급하는 데에 있어 가장 획기적이었던 일은 《민족심리학과 언어학 학술지》(*Zeitschrift für Völkerpsychologie und Sprachwissenschaft*, 1860~1890)라는 학술지의 창간이었다. 슈타인탈은 동료, 제자와 더불어 이 학술지의 논조를 이끌어 갔는데, 이 학술지에 관계한 언어학자들은 또한 언어와 민족에 관한 훔볼트의 이론을 충실히 지지한 사람들이었다. 독일에서 민족심리라는 용어가 보편화된 것도 이때부터이다.

슈타인탈은 원칙적으로 언어에 관한 훔볼트의 이념을 받아들이면서도 개인의 언어 행동에 관한 개념을 도입하여 이론을 확대시켰다. 즉,

인간 정신이 스스로를 나타내는 기구가 언어라 한다면, 전체 사회의 언어는 또한 집합 심리의 표현이다. 이것은 마치 개인의 언어가 개인심리의 표현인 것과 같은 것이다. 그는 또한 단어의 의미는 엄밀하게 결정할 수 없다는 것을 주장한다. 즉, 개인이 말하는 단어에는 각기 개인의 특유한 경험, 즉 개인심리가 내포되어 있기 때문에, 단어는 그것이 사용되는 그 순간에 있어서만 실제 의미가 나타난다고 보았다.

슈타인탈은 민족 연구에도 기여하여 그의 연구는 언어 구조의 비슷한 점과 다른 점에도 관심을 가졌다. 이러한 연구와 관련해서 슈타인탈은 언어 유형에 관한 포괄적인 기술도 제시하였다. 민족 간의 정신적 유사성을 해당 언어 유형으로 또는 언어 간의 유사성을 해당 민족 유형으로 설명하려는 것이다. 슈타인탈은 《언어 구조의 주요 유형의 특징》 (*Charakteristik der hauptsächlichsten Typen der Sprachbaues*, 1860)에서 민족과 언어를 관련지어 기본적인 언어 유형을 설정하였다.

2.2. 분트

실험심리학 실험실을 세운 독일의 분트(Wilhelm Wundt, 1832~1920)도 민족심리학에 관심을 가지고 있었다. 의사이면서 심리학자이었던 그는 언어의 심리적 배경을 진지하게 연구하였다.

파울의 《언어사원리》에 대하여 비판적인 태도를 취하는 학자들 가운데 대표적인 학자가 분트였다. 파울의 언어 연구가 개인심리학에서 출발한 데 대해서 분트는 그와 반대로 민족심리학에서 출발하였다. 또한 파울이나 슈타인탈이 연상심리학에 입각한 데 대해서 분트는 통각심리학에 기초를 두었다. 분트에 따르면 인간의 두뇌는 감각을 통해서 들어온 외적 세계의 감각적 인상에 의해서 확립되며 또 언어도 이렇게 감각적 인상에 의해 결정된 개념을 표현하는 것이라고 보았다. 그러나 분트가 민족심리 문제에 비상한 관심을 나타내지만 언어가 민족정신을 표현하는 것이라고 보지는 않았다. 그가 강조하는 것은 언어 사회의 각 심리는 집단생활에 의해서 형성된다는 것으로 이런 심리를 연구하기 위해서 집단생활의 모든 구현, 즉 한 민족의 언어·관습·이념 등 문화 전체를 알아야 한다는 것이다.

분트의 저서,《민족심리학》(*Völkerpsychologie*, 1900)은 모두 10권으로 출판되었다. 그 중 '언어'라는 제목의 처음 두 권이 언어 문제에 관한 것이다. 여기서 분트는 의미의 본질은 파울과 같은 실증적 사고에 의해서는 전혀 알 수 없는 것이라고 반박하였다. 민족심리학의 독자적인 대상은 언어·신화·관습인데, 사회생활에 직결된 이 세 영역 중, 언어에는 인간의 표상 세계가 반영되어 있다고 하였다. 그리고 의미 변화는 연합과 통각의 상호 영향 아래 나타난다고 하였다. 분트는 음운 변화는 일정한 심리 과정의 귀결임을 강조하였다.

2.3. 마르티

분트와 더불어 19세기 말엽과 20세기 초엽에 걸쳐 마르티(Anton Marty, 1847~1914)는 심리학을 기반으로 하는 언어철학과 일반언어학의 원리를 전개하였다. 마르티는 그의 저서,《일반문법과 언어철학의 원리에 관한 연구》(*Untersuchungen zur Grundlegung der allgemeinen Grammatik und Sprachphilosophie*, 1900)에서 이성심리학에 입각하여 철학적 실증주의를 언어 연구에 적용하고 이를 바탕으로 문법을 고찰하여 체계화하였다.

마르티의 언어 이론에서 중심을 이루는 것은 의미인데, 의미의 본질은 언어학뿐만 아니라 심리학·철학·논리학 등에서도 중요한 문제라고 하였다. 이렇게 마르티 연구의 언어학사의 의의는 의미 본질에 대한 연구를 개척한 데에 있다. 그 이전에도 의미 연구가 전혀 없었던 것은 아니지만 그것은 대부분이 라틴어·그리스어의 의미 변화에 관한 역사적 연구에 지나지 않았으나 마르티는 의미의 본질을 밝히려 하였으며 언어철학과 문법의 원리를 발전시켰다.

마르티는 의미론에서 개인과 개인을 둘러싼 환경 그리고 그 개인 간의 교섭 이외에는 아무런 현실성도 인정하지 않았다. 의미란 언어적 표현이 듣는이에게 환기하도록 정해진 심리적 현상이라고 정의한다.

결론적으로 마르티는 의미의 본질을 규명하려고 노력했으며, 심리적 기준에서 언어를 연구하려 하였다. 파울의 연구를 비판한 분트의 언어 연구는 문화 철학을 발전시켰다는 데에 의의가 있고, 마르티의 언어 연구는 의미의 본질을 규명하였다는 데에 의의가 있다.

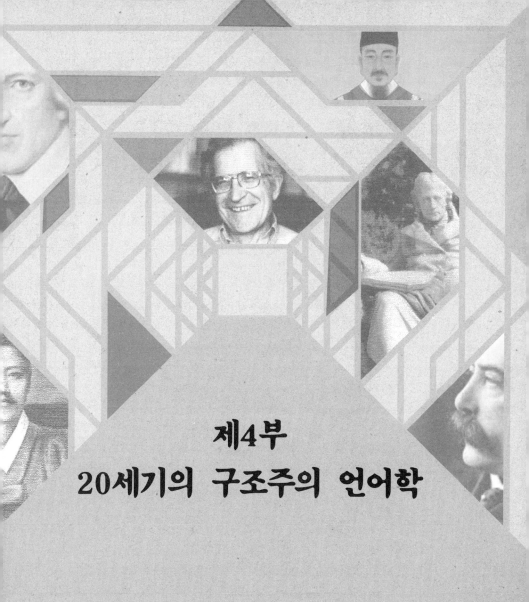

제4부
20세기의 구조주의 언어학

일반적으로 20세기 언어학을 구조주의 언어학이라 한다. 20세기 후반의 변형생성문법도 구조주의 이론에 포함하기도 하지만, 대체로 20세기 초기에서 변형생성문법 이전까지를 구조주의 언어학이라 한다.

20세기 언어학이 성립한 배경을 언어학적 배경과 사상적 배경으로 나누어 볼 수 있다. 첫째는 언어학적 배경으로, 19세기 언어학의 특징인 역사주의와 문헌 실증주의의 한계를 극복하는 것이다. 이러한 언어학적 배경에 따라 언어 연구의 대상이 확대되었다. 통시적 연구와 함께 공시적 연구로 대상이 확대되면서 언어 구조에 대해 관심을 가진 결과, 구조주의 언어학이 탄생하였다. 다양한 언어 구조에 관심을 가지면서 언어유형론이 발전하였으며, 방언에 대한 관심도 확대되었다.

둘째는 사상적 배경으로, 과학주의와 인식론의 발달에 힘입어 대상을 일반화하고 체계적으로 파악하는 방법론이 형성되었다. 이러한 사상적 배경으로 언어 연구의 방법에 혁신을 불러일으켰다. 언어 연구 방법은 체계화의 방법, 추상화와 일반화의 방법, 언어 기술의 간결성, 엄밀성, 일관성을 강조하는 객관화의 방법, 인접과학과의 협동 연구의 방법을 추구하였다. 이렇게 하여 새로운 연구 방법에 의한 언어학은 과학 사상 발전에 기여하였으며, 다른 학문과 광범위하게 협력하게 되었다.

어떤 현상 안에서 특정 요소는, 각각 고유한 위치를 차지하고, 이웃하는 다른 요소들과 서로 관련을 맺으면서, 전체를 형성한다. 이를 구조라 한다. 언어를 구조체로 파악하는 방법론을 구조주의 언어학이라 한다. 구조주의 언어학은 스위스 언어학자 소쉬르에 의해 성립되었다. 소쉬르의 《일반언어학강의》는 언어학뿐만 아니라 20세기 학문과 사상에 큰 영향을 주었다. 그는 언어란 체계이며, 체계로서 연구되어야 한다고 하였다. 언어란 의사소통의 목적을 달성하는 사회 현상인데, 이것이 연구 대상이 되어야 한다고 하였다. 그리고 언어의 통시적 연구와 공시적 연구를 명확하게 구별하였으며, 또한 랑그와 파롤을 구분하고, 언어를 기호의 일종으로 보고 기호 자체에도 관심을 가져 기호학을 창시하였다.

구조주의 언어학은 크게 유럽의 구조주의 언어학과 미국의 구조주의 언어학으로 나뉜다. 유럽의 구조주의 언어학은 제네바학파, 프라하학파, 코펜하겐학파를 포함한다. 제네바학파는 언어에 있어서의 정서적 요소에 대한 연구, 언어의 사회적 기능에 대한 연구를 수행하였다. 프라하학파는 구체적인 언어 사실에 관심을 가진 기능주의에 입각하여, 현대 음운 이론의 기초를 확립하였으며, 음운 단위가 의사소통의 기호로 기능하는 방식에 관심을 두었다. 코펜하겐학파는 언어 현상을 설명하는 데 기호논리학의 방법을 적용하는 데에 관심을 보였다.

　　미국의 구조주의 언어학은 유럽의 구조주의 언어학과는 별개로 발전하였는데, 기술언어학이라고도 한다. 기술언어학은 낯선 언어를 연구 대상으로 자료 중심으로 기술하였기 때문에 귀납적이고 철저히 객관적인 연구 방법론이 성립되었다. 음성부터 분석하여, 음운 체계를 세우고, 이를 바탕으로 형태소를 분석하고 나가서 문장 구조를 기술하였기 때문에 층위적인 연구 방법론이 성립되었다. 그 결과 음운론과 형태론의 연구는 주요 연구 분야로 자리 잡았으나 통사론은 거의 연구되지 못하였다. 아울러 주관적인 성격을 가지는 의미에 대한 연구는 소홀히 되거나 거의 배제되었다.

　　그밖에 구조주의에 입각한 언어학은 아니지만 20세기에는 언어에 대한 다양한 연구도 동시에 수행되었다. 언어지리학과 어휘변화사 연구에 힘입은 프랑스의 정신생리학, 심리학, 사회학의 관점에서의 언어 연구, 미학적 관념론에 의한 언어 연구, 실험음성학 연구, 그리고 카잔학파와 마르주의로 대표되는 슬라브 언어학 등이 여기에 포함된다. 미학적 관념론은 언어는 본질적으로 특정한 개인심리의 구현이기 때문에 언어를 문체 현상으로 정의하려 하였다. 실험음성학은 기계에 의해서 엄밀한 분석 방법을 확립하려고 한 최초의 언어학 분야로서, 물리학 발전과 전자공학에 힘입어 다양한 이론 연구와 응용 연구를 수행하였다.

제9강
20세기 언어학의 성격

제9강
20세기 언어학의 성격

1. 20세기 언어학의 특성

1.1. 배경

20세기 언어학이 성립한 배경을 언어학적 배경과 사상적 배경으로 나누어 볼 수 있다.

첫째, 언어학적 배경이다. 이것은 바로 19세기 언어학의 한계를 극복하는 것이다. 19세기 언어학의 특징인 역사주의와 문헌 실증주의의 한계를 극복하는 것이다. 지금까지의 언어학이 통시적인 역사주의에 입각하였던 것에서 공시적인 언어 연구에도 눈을 돌리게 되었다. 또한 문헌 중심의 연구에서 실제 발화를 기술하여 연구하는 것에도 관심을 가지게 되었다. 이러한 언어학적 배경의 결과 언어 연구의 대상이 확대되었다.

둘째, 사상적 배경이다. 20세기에 들면서 학문 전반에 걸쳐 과학주의가 발전되고, 한편으로는 인식론이 발달되어, 주어진 대상을 일반화하고 대상을 체계적으로 파악하는 방법론이 형성되었다. 이러한 방법론은 당연히 언어학에 영향을 미쳤다. 그래서 언어학의 특징은 20세기 학문 전체의 과학주의 방법론 특징과 일치한다. 이러한 사상적 배경의 결과 언어 연구의 방법에 혁신을 불러일으켰다.

1.2. 언어 연구 대상의 확대

위에서 언급한 언어학적 배경에 따라 언어 연구의 대상이 확대되었다. 우선 시간이라는 관점에서 보면, 앞 시기에 통시적 연구가 중심이었던 것이 통시적 연구와 함께 공시적 연구로 대상이 확대되었다. 다양한 언어에 대한 공시적 연구가 확대됨에 따라 언어 구조에 대한 관심이 높아졌다. 음운 구조, 어휘 구조, 문법 구조 전반에 대한 관심이 높아져서 구조주의 언어학을 태동하게 된 것이다. 한편으로는 다양한 언어 구조에 관심을 가지면서 언어유형론의 발전을 가져왔다. 19세기의 전통적인 언어유형론을 극복하고 다양한 관점에서 언어의 유형을 살펴보는 방법론이 대두되게 되었다. 이는 미국의 아메리카 원주민 언어를 조사 연구한 결과이기도 하다. 이제까지 상상하지 못했을 만큼 다양한 유형의 언어 구조에 직면하게 되어 언어유형론은 언어학에서 새롭고도 중요한 분야가 되었다.

다음으로는 공간이라는 관점에서 보면, 지금까지는 문헌 자료를 대상으로 삼았지만, 다양한 실제 언어 자료를 대상으로 삼기 시작하였다. 그 결과 방언에 대한 관심이 확대되었다. 원래 언어 변화를 연구하기 위해 관심을 가졌던 지리적 방언에 대한 연구는 방언지리학이라는 학문 분야를 탄생시켰다. 나아가서 방언에 대한 관심은 지리적 방언뿐만 아니라 사회 요인에 의해 나타나는 언어 변이인 사회적 방언에도 관심을 가지게 되어, 사회방언학, 나아가서 사회언어학을 탄생시켰다.

이와 같은 언어 연구 대상의 확대에 따라 다양하게 나타난 20세기 초기의 언어 연구 분야를 살펴보면 다음과 같다. 19세기 언어학이 인도유럽언어를 대상으로 한 것에 대해서, 20세기 언어학은 다양한 여러 언어로 관심의 대상을 넓혔다.

19세기 언어학은 역사주의에 중점을 두고 동시대 언어 상태의 기술이 가지는 학문적 가치를 등한시한 반면, 20세기 언어학은 오히려 언어 변화에 관한 연구보다는 동시대 언어 상태에 관한 연구에 집중하였다. 그리고 19세기의 전통을 이은 비교언어학 연구는 새로운 방법론으로 변모하였다. 언어 변화를 개별 사실보다는 체계 간 변화에 관심을 가졌으며, 인도유럽언어를 대상으로 하는 비교언어학에서 다른 언어들로 그 연구 영역을 확대하였다. 그리고 비교언어학의 방법론은 더욱 정밀화되었으며, 친근 관계 규명에 수학적 방법을 활용하기에 이르렀다. 아울러 어원학에 대한 연구에도 관심을 가졌다. 어원 연구는 전통 방법을 취하면서도 언어지리학자의 연구에 힘입어, 19세기의 성과에 비하면 현저히 발전하였으며, 어원을 재구하는 데에도 새로운 사회적, 문화적, 역사적 기준이 도입되었다.

다음으로는 언어 구조와 언어 유형에 대한 연구가 본격적으로 일어나 구조주의 언어학과 언어유형론을 발전시켰다. 다양한 언어를 대상으로 구조적으로 기술하고, 나아가서 언어의 다양성을 파악하게 되어 언어 유형에 대한 관심이 높아지게 된 것이다.

20세기에도 19세기와 같이 특히 음성이 집중적인 연구 대상이 되었다. 가장 기초적인 언어 요소로서 음성은 가치 있는 연구 분야가 되었다. 문법에 대한 연구는 공시태와 통시태를 분명히 구분하게 되었으며, 통사론과 의미론에 대한 연구도 본격적으로 시작되었다.

언어지리학의 성립과 발전도 언어학사의 중요한 의의이다. 언어지리학은 그 명칭에서도 보듯이 언어 현상을 지리적 요인에 의해 연구하는 것이다. 물론 정확한 명칭이라면 지리언어학이라야 맞겠다. 방언 연구는 구조주의적 관점과 통계적 방법을 적용하여 새로운 연구 분야로 발전하였다.

문헌학 연구도 다루는 주제가 변화하였다. 현대 문헌학은 전통적인 연구 대상에 덧붙여 특정 사회 환경에 나타나는 언어에 대한 조사 연구도 포함하게 되었다. 그밖에도 문체론을 비롯하여 기호학, 언어연대학, 심리언어학 등이 20세기에 들어 활발하게 연구되기 시작하였다.

1.3. 언어 연구 방법의 혁신

위에서 언급한 사상적 배경에 따라 언어 연구의 방법이 혁신되었다. 20세기에 들어서면서 학문 전반에 걸쳐 과학주의가 발전되고, 한편으로는 인식론이 발달되어 대상을 일반화하고 주어진 대상을 체계적으로 파악하는 방법론이 형성되었다. 이와 같은 방법론은 당연히 언어학에 영향을 미쳤다. 따라서 이러한 사상적 배경의 결과 언어 연구의 방법에 혁신을 불러일으켰다. 20세기의 언어학은 다음과 같은 점에서 19세기 언어학과 다르다. 그 몇 가지를 들면 다음과 같다. 첫째는 체계화의 방법이다. 둘째는 추상화와 일반화의 방법이다. 셋째는 언어 기술의 간결성, 엄밀성, 일관성을 강조하는 객관화의 방법이다. 넷째는 인접과학과의 협동 연구의 방법이다.

20세기 과학적 연구는 체계화와 일반화를 추구하면서 여러 현상 가운데서 불변적인 특질을 추상화하는 것이 중요하다는 것을 인식하기 시작하였다. 그러므로 서로 관련이 있는 일련의 현상을 관찰해서 그들의 전형적이고 이상적인 대표 특징을 찾는 것이 필요하였다. 대표 특징을 얻기 위해서는 일련의 구체적인 현상 가운데서 공통된 본질적 특징을 밝히고, 개별적, 가변적, 우연적인 것, 따라서 본질적이 아닌 특징을 가려내야 한다. 이렇게 과학적 연구는 현실에서 나타나는 가변적인 것에서 불변적인 것을 찾아내는 방향으로 방법론을 바꾸기 시작한 것이다.

그리고 사실을 한층 깊게 고찰함으로서, 이 세계는 그저 무질서하게 사실이 모여서 이루어진 것이 아니라 하나의 체계라는 것을 확신하게 되었다. 즉, 이 세계에 관한 인간의 지식을 완벽하게 하기 위해서 구조와 구조 안에 있는 구성요소 간의 관계를 연구하게 되었다. 이렇게 해서, 20세기 구조주의 시대가 시작된 것이다.

지금까지 언어학은 거의 다른 학문, 예를 들어 심리학, 논리학, 생물학, 사회학 등의 영향 아래 있었고 언어학 그 자체가 과학 사상의 발전에 크게 기여하지는 못했었는데, 구조주의 언어학 시대가 되면서 그러한 상황은 바뀌었다. 새로운 연구 방법에 의한 학문 발전에 있어서 구조주의 언어학은 다른 학문과 동등한 위치에 있게 되었을 뿐만 아니라, 오히려 그 성과는 다른 학문에 자주 응용되었다. 결과적으로 20세기 언어학은 다른 학문과의 광범위한 협력 관계에 놓이게 되었다.

2. 구조주의 언어학

2.1. 구조주의 언어학의 성립과 발전

그러면 이제 구조주의 언어학의 성립과 발전에 대해 살펴보기로 하자. 어떤 현상 안에서 특정 요소는, 각각 고유한 위치를 차지하고, 이웃하는 다른 요소들과 서로 관련을 맺으면서, 전체를 형성한다. 이를 구조라 한다. 언어를 이러한 구조체로 파악하여 연구하는 방법론을 구조주의 언어학이라 한다. 구조주의 언어학은 이미 수집하여 알고 있는 언어 사실을 전체 언어 체계 안에 있어서의 그 기능과 특성을 구조화하는 언어 연구의 새로운 접근 방법을 의미한다. 다시 말하면, 언어 요소들은 전체 구조 안에서 맺는 관계 속에서 가치를 지니고, 각 요소는 다른 요소와 관계를 가지고 전체 구조 안에서 가치가 결정된다. 전체 언어 체계 역시 개별언어 요소에 의해 가치가 결정된다.

구조주의 언어학은 다음 제10강에서 구체적으로 살펴볼 스위스의 언어학자 소쉬르에 의해 성립되었다. 소쉬르는 새로운 언어 연구 방법론을 제시하여 당대 여러 학자들에게 큰 영향을 미쳤고 또 그에게 직접적인 영향을 받지 않은 학자들도 그와 같은 이론적 기반에서 출발하였다. 그래서 소쉬르는 오늘날 구조주의 언어학의 창시자로 불린다.

구조주의 언어학은 크게 유럽의 구조주의 언어학과 미국의 구조주의 언어학으로 나뉜다. 구조주의 언어학은 유럽과 미국에서 동시에 발전하기 시작했는데 서로 접촉은 별로 없었다. 유럽의 구조주의가 소쉬르 언어 이론의 직접 영향에 기반을 둔 데 비해서, 미국에서는 소쉬르의 언어 이론이 알려지지 않은 상황에서 구조주의 이론이 별개로 발전하였다. 유럽의 구조주의 언어학은 제네바학파, 프라하학파, 코펜하겐학파를 포함한다. 미국의 구조주의 언어학은 기술언어학이라고도 한다. 실증주의, 분포주의, 행동주의 심리학에 기반을 두고 있다.

소쉬르는 《일반언어학강의》를 통해 언어란 체계이며, 체계로서 연구되어야 한다고 하였다. 개개의 사실을 고립시켜 보지 말고 항상 전체로서 보아야 하고, 또한 모든 세부 사실은 체계 안에서 결정된다고 하였다.

소쉬르는 언어란 의사소통의 목적을 달성하는 사회 현상이며 또한 이것이 연구 대상이 되어야 한다고 하였다. 그리고 그는 언어의 통시적 연구와 공시적 연구를 명확하게 구별하려 하였다. 통시적 연구는 언어의 역사 발전을 연구하는 것이며, 공시적 연구는 언어의 조직 체계에 눈을 돌리고 언어의 본질과 기능을 연구하는 것이라고 하였다.

소쉬르는 또한 랑그와 파롤을 구분하고 이전과는 다른 새로운 방식으로 이 두 개념을 정립하였다.

2.2. 유럽의 구조주의 언어학

유럽의 구조주의는 앞에서 언급한 바와 같이 세 학파로 나뉜다. 첫째는 제네바학파로서, 소쉬르의 견해를 계승한 고전적인 구조주의이다. 그래서 제네바학파는 언어의 사회적 기능을 강조하였다. 대표 학자는 바이이, 세슈예와 같은 소쉬르 학설을 바로 계승한 제자들인데, 이 학파의 연구는 오래 지속되지 못하였다. 이 학파는 언어에 있어서의 정서적 요소에 대한 연구, 공시언어학에 대한 연구, 언어의 사회적 기능에 대한 연구를 수행하였다. 그리고 이 학파는 언어의 정서적 문체론 연구에도 성과를 남겼다.

둘째는 프라하학파로서, 구체적인 언어 사실에 관심을 가진 기능주의에 입각한 구조주의 언어학이다. 현대 음운 이론의 기초를 확립하였으며, 음운 단위가 의사소통의 기호로 기능하는 방식에 주요 관심을 두었다. 그래서 프라하학파를 음운학파, 기능주의 언어학이라고 부르기도 한다. 이들은 소쉬르의 기호 대립 이론과 쿠르트네이의 심리적 음운관에 이론적 바탕을 두었다.

프라하학파의 대표적인 학자는 트루베츠코이와 야콥슨이다. 트루베츠코이는 불변체의 언어 단위, 즉 음운과 그 현실적인 음성의 실현 관계를 처음으로 규정한 학자이다. 같은 언어의 두 음성이 같은 환경에서 서로 대치될 때 그 단어의 의미가 반드시 변한다면, 이 두 음성은 두 개의 서로 다른 언어 단위, 즉 두 개의 음운으로 인정된다고 규정하였다. 트루베츠코이는 음운 대립의 이론도 제시하였다. 음운 대립에 대한 그의 이론은 지금까지 현대 언어학의 중요한 개념으로 계승되고 있다.

야콥슨은 양분 대립에 입각하여 모든 언어의 음운 기술에 적용할 수 있는, 보편적이고 타당한 변별 자질들을 체계적으로 기술하였다. 야콥슨은 음운 연구, 문법 연구 외에도 시학, 정보 이론, 통신 이론, 유형론, 실어증, 번역 이론, 그리고 인류학 등 여러 분야에 업적을 남겼다. 야콥슨은 이러한 학문적인 성과뿐 아니라, 모스크바시대에서의 모스크바언어학회, 프라하시대에서의 프라하언어학회를 중심으로 학풍을 형성하였다. 미국시대에서는 미국학계가 프라하학파의 이론을 접하게 했을 뿐만 아니라, 그의 이론은 젊은 세대 언어학자들에게 큰 영향을 주었다.

셋째는 코펜하겐학파로서, 1930년대 말에 덴마크의 언어학자 브뢰날과 옐름슬레우의 이론에 입각해서 수립된 구조주의 언어학이다. 기호논리학의 방법에 기반을 두었기 때문에 언리학파라 하기도 한다. 옐름슬레우와 브뢰날을 포함해서 이 학파의 학자들은 언어 현상을 설명하는 데 있어서 기호논리학의 방법을 적용하는 것에 관심을 보여, 유럽 언어학에서 특별한 위치를 차지하였다.

2.3. 미국의 구조주의 언어학

미국의 구조주의 언어학은 보아스, 사피어, 블룸필드에 의해 성립·발전되었다. 미국의 구조주의 언어학은 근본적으로 인류학 연구와 관련을 가진다. 아메리카 원주민에 대한 문화를 연구하는 데에서 시작하는데, 문화를 연구하기 위해서는 먼저 언어를 연구하지 않을 수 없었다. 그러나 그들의 언어는 글자가 없는 낯선 언어이기 때문에, 정확하고 철저한 공시적인 연구가 될 수밖에 없었다. 이와 같은 인류학 연구와 관련을 가지는 새로운 언어 연구는 언어 자료를 수집하고 그것을 분석하여 기술하는 것을 특징으로 하였다. 이러한 특징은 바로 미국 구조주의 언어학 방법론의 기초가 되었다. 그래서 미국의 구조주의 언어학을 기술언어학이라 부른다.

미국의 기술언어학은 아메리카 원주민 언어 연구가인 보아스에 의한 시작하였다. 보아스는 전통적인 고전 문법에 기반을 둔 언어학을 공부하면서 아메리카 원주민 언어에 관심을 가졌다. 그러나 보아스는 자기가 연구하는 특정 언어의 문법 구조가 고전 문법의 틀에 맞지 않는 것을 깨닫고, 모든 언어에는 각기 고유한 내적 논리가 있어서 그것은 어떠한 일반 원리의 적용도 배제하며 그 개별언어 자체에서만 적합한 분석 방법이 나온다는 의견을 제시하였다. 그는 이 원리에 입각해서 그때까지 알려지지 않았던 원주민 언어의 다양한 언어 유형을 기술하고, 언어마다 고유한 구조가 있다는 것을 인식하기에 이르렀다. 이러한 보아스의 연구 방법은 바로 기술언어학을 성립하는 계기가 되었다.

미국 기술언어학의 이론적 방법론을 확립한 학자는 사피어이다. 사피어는 보아스의 제자로서 언어학 분야를 연구했을 뿐만 아니라 심리학과 인류학 분야에도 크게 공헌하였다. 그의 기술언어학의 최대의 과제인 언어 구조의 유형을 탐구하고 언어를 하나의 조직적인 체계라고 인식하여 '언어형'이라는 개념을 제시하였다. 즉, 사피어는 아메리카 원주민 언어를 연구하여 분류하고 이를 바탕으로 언어형 개념을 수립하여 언어 유형론 연구의 발전에도 큰 공헌을 하였다.

미국 구조주의 언어학을 완성시킨 학자는 블룸필드이다. 그는 미국 기술언어학을 완성하여 발전시켰으며, 분포주의 방법론을 제시하고 행동주의 언어관을 확립하였다. 인간 행동과 언어 문제를 다룬 것이다. 한 사람의 행동에는 그 환경과의 의사소통, 즉 언어가 포함된다. 인간과 인간의 심리에 관해서 충분한 정보를 제공하기 위해서는, 언어 연구도 또한 엄격하게 객관적이고 엄밀해야 한다. 이러한 행동주의의 기본 개념을 받아들이고, 블룸필드는 여기에 걸맞은 언어학 방법론을 수립하였다.

이러한 기술언어학 이론은 결과적으로 다음과 같은 특징을 가지게 되었다. 낯선 언어를 연구 대상으로 하였기 때문에 자료를 중심으로 이를 기술하는 방법론이 되었다. 따라서 귀납적이고 철저히 객관적인 연구 방법론이 성립되었다. 언어 자료를 분석하여 기술하였기 때문에 언어의 음성부터 분석하여, 음운의 체계를 세우고, 이를 바탕으로 형태소를 분석하고 나가서 문장 구조를 기술하였다. 따라서 층위적인 연구 방법론이 성립되었다. 그 결과 음운론의 연구와 형태론의 연구는 그 방법론이 확립되어 주요 연구 분야로 자리 잡았으나 통사론에 대한 방법론은 거의 확립되지 못하였다. 아울러 연구 방법론이 철저히 객관적이었기 때문에 주관적인 성격을 가지는 의미에 대한 연구 즉, 의미론의 연구는 거의 소홀히 되거나 배제되었다. 그래서 언어의 본질을 밝히는 데에는 한계를 드러냈었다.

3. 비구조주의 언어학

20세기 초기 언어 연구의 주류는 구조주의 언어학인데, 구조주의에 입각하지 않은 연구도 물론 전개되었다. 그 대표적인 몇 연구에 대하여 살펴보자.

3.1. 프랑스 언어학

프랑스에서는 정신생리학, 심리학, 사회학의 관점에서 언어 연구가 수행되었는데, 루슬로(Jean-Pierre Rousselot, 1846~1924) 이후 음성 연구와 브레알(Michel Bréal, 1832~1915) 이후 의미 연구에도 관심을 보였다. 이러한 관심은 언어지리학과 어휘변화사 연구에 힘입었다. 또한 소쉬르의 영향으로 언어 사실과 사회 현상을 결합시키려는 경향도 나타났다. 이러한 연구는 20세기 프랑스 언어학의 고유한 성격을 형성하였다.

음성의 동화 현상이나 이화 현상을 그 조건이 되는 심리적, 생리적 요인으로 설명하려 한 정신생리학적 관점의 언어 연구는 19세기 말엽 그라몽(Maurice Grammont, 1866~1946)에 의해 전개되었다. 그는 저서 《인도유럽언어와 로맨스어에 있어서의 자음 이화》(*La dissimilation consonantique dans les langues indo-européens et dans les langues romanes*, 1895)에서 동화와 이화와 같은 음운 변화 과정을 심리적, 생리적 환경의 영향에서 찾았다. 나아가서 정신생리학 관점의 언어 연구에 의해서 유아의 언어습득 문제, 이중언어 문제 등에 대해서도 연구하였다.

방드리에스(Joseph Vendryes, 1875~1960)는 언어 사실을 심리학의 관점에서 연구를 수행하였다. 그의 이러한 언어 연구를 정서적인 연구라 하는데, 그는 모든 발화 행동은 감정적 색채를 띠고 있어, 발화는 단순한 진술이 아니라 그 누구도 같은 정보를 똑같은 방법으로 두 번 되풀이할 수 없는 정서적인 표현이라고 하였다.

사회학 관점에서의 언어 연구는 언어 현상과 사회 현상과의 상호 관계를 확립하는 것이다. 사회학 관점에서의 언어 연구의 대표자는 인도유럽언어 비교언어학자인 메이예이다. 그는 다음과 같은 기본 개념으로 사회학 관점의 언어 이론 구축에 크게 공헌하였다. 언어는 단순한 현상이 아니라 그 개개의 사회 현상을 형성하는 여러 문제와의 복합체이다. 그 형성 과정은 개개의 사회 환경에 있어서의 문화 수준이나 생활 양식만이 아니라, 특히 사람들의 경제적, 기술직 활동에서도 영향을 받는다. 따라서 단어의 의미 변화의 요인은 사회적 차용이다. 단어는 어느 사회 층위에서 다른 사회 층위로 옮겨가며, 새로운 의미를 띠게 된다. 일반 의미의 단어가 특수 의미의 단어가 되든가 아니면 특수 의미의 단어가 일반 의미의 단어가 된다. 의미 변화는 이러한 일반화와 특수화라는 두 원리의 상호 작용에서 일어나는 것이라 하였다.

3.2. 미학적 관념론

20세기에 들어서면서 베르그송(Henri-Louis Bergson)의 직관론이나 크로체(Benedetto Croce)의 미학에서 보이는 강한 반이성주의의 움직임이 유럽의 철학 사상에 나타났다. 이들 철학 사상의 대표자들은 언어에서 개인과 그 개인심리가 중요한 역할을 한다는 것을 강조하였다. 언어는 본질적으로 특정한 개인심리의 구현이기 때문에, 언어는 문체 현상으로 정의되어야 하며, 언어에 대한 과학적 연구에서도 문체로서 연구되어야 한다고 하였다. 이러한 생각의 영향을 받아서, 독일의 미학적 관념론 학파인 포슬러학파와 이탈리아의 신언어학파에 의해서 새로운 언어 연구 방법이 전개되었다.

독일 뮌헨대학 교수 포슬러(Karl Vossler, 1872~1947)는 젊은이문법 학파를 강하게 비판하였다. 그의 이론은 거의 젊은이문법학파와의 논쟁에서 제기되었다. 포슬러는 당시의 관념론 철학에 완전히 감화되었고, 특히 크로체의 미학 저술에 깊은 감명을 받았다. 언어는 인간의 심성과 직접 결합되어 있다는 신념에서 홈볼트의 생각에 가까웠다.

포슬러는 언어는 정신의 도구, 즉 인간이 그 개인 관념이나 감정을 표현하기 위한 물질적 현상이라 하면서 다음과 같이 주장하였다. 언어 연구는 문체 연구이어야만 참다운 가치가 있다. 문체는 관념과 관념의 창조자, 즉 인간의 특징을 직접 나타내는 것이다. 인간 언어에는, 마치 거울에 비치는 것처럼, 인간의 본질이 보인다. 이 본질은 미적 이상의 추구이다. 문체는 인간의 미적 이상의 개인적인 표현인 것이다.

포슬러와 후계자들의 미학적 관념론은 언어 사실을 자의적으로 해석하는 결과를 가져온 것이 문제점으로 지적되었지만, 이들은 문체에 관한 활발한 관심을 불러일으키는 데에는 공헌하였다.

이탈리아의 신언어학파는 홈볼트, 슈하르트, 크로체, 포슬러의 사상을 기반으로 하는 이탈리아 언어학자들이다. 그들 가운데는 언어지리학자, 특히 질리에롱도 있다. 신언어학파는 포슬러학파처럼 젊은이문법학파를 비판하였다. 바르톨리(Matteo Giulio Bartoli, 1873~1946)의 논문 '신라틴어의 근원'(Alle fonti del neolatino, 1910)은 신언어학파의 이론적 기반이다.

신언어학파 이론의 특성은 다음과 같다. 인간은 언어를 물질적 의미에서뿐 아니라 의지, 사고, 감정 등 정신적 의미에서도 창조한다. 언어는 언어를 창조하는 인간의 반영이다. 언어 현상은 모두 정신적이며, 언어 현상의 배후에는 인간의 정신 활동이 있다.

이러한 이론의 특성은 신언어학파의 연구 대상을 결정하였다. 그들은 어휘 연구와 방언 연구에 공헌하였다. 신언어학파는 방언학에서 역사적, 사회적, 지리적 기준을 언어 문제에 적용하는 방법을 제시하였다. 그들은 계통이 같은 여러 방언의 형태를 비교하는 데에 관심을 보였고, 또한 방언 현상의 분포 지역을 결정하는 지리적 요인에 주의를 기울였다.

신언어학파는 언어연합에 대해 최초로 관심을 가졌다. 그래서 기층설을 제안하였다. 기층설이란 어떤 지역 사람들이 원래의 모어를 버리고 다른 언어를 받아들이게 되면, 그 새로운 언어는 언어 기층인 원래의 모어의 영향을 필연적으로 받아 변화한다는 학설이다.

3.3. 슬라브 언어학

슬라브 언어학에는 카잔학파와 마르주의가 있다. 이들 가운데 먼저 카잔학파에 대하여 살펴보자.

카잔학파(Kazan School)는 1870년대 폴란드의 두 학자, 쿠르트네이(Jan Niecisław Baudouin de Courtenay)[1]와 크루셰프스키(Mikolaj Kruszewski, 1851~1887)가 전개한 학파를 말한다. 이 학파의 가장 중요한 내용은 쿠르트네이의 카잔대학 강의에서 제시되었다. 비록 19세기에 제시되었지만, 쿠르트네이와 크루셰프스키의 이론은 20세기에 이르러서야 그 성과가 드러났다.

20세기 언어학의 많은 기초 개념이 카잔학파의 두 학자에 의해서 처음으로 제시되었다. 예를 들면, 그들은 사회 집단 전체에 속하는 언어(소

---

1 얀 니에치스와프 보두앵 드 쿠르트네이(Jan Niecisław Baudouin de Courtenay, 1845~1929): 폴란드의 언어학자, 슬라브학자. 바르샤바 근교 라지민에서 태어나 1870년 라이프치히대학에서 폴란드어에 관한 연구로 박사 학위를 받았다. 러시아제국과 오스트리아-헝가리 제국의 여러 대학에서 활동하면서 언어 이론과 음운 이론 발전에 기여하였다. 1875년에 카잔대학 교수가 되었으며, 카잔학파를 창설하였다. 1918년 폴란드 독립 후 바르샤바대학으로 돌아가, 1925년에는 폴란드언어학회를 설립하였다.

카잔학파의 보두앵 드 쿠르트네이

쉬르의 용어로, 랑그)와 개개인에 속하는 언어(소쉬르 용어로, 파롤)를 구별해야 할 필요성, 또 언어 사실의 발전에 관한 관찰(소쉬르 용어로, 통시적 연구) 과 일정한 시점에 있어서의 언어에 관한 관찰(소쉬를 용어로, 공시적 연구)을 구별해야 할 필요성을 강조하였다. 또한 언어는 그 발전을 좌우하는 서로 모순된 여러 경향의 교차점이라고 주장하였다. 즉, 보수적인 힘은 언어 현상을 유지하려고 하며 진보적인 힘은 언어 혁신을 일으키려고 한다는 것이다.

카잔학파의 언어학사적인 최대 업적은 그들의 이론이 소쉬르의 이론과 프라하학파의 이론 발전에 기여하였다는 점이다. 그러나 슬라브 세계에서는 이 이론에 관심을 보이지 않았다가 훨씬 뒤에야 그 이론이 훌륭하였다는 것을 인식하게 되었다. 그 이후 큰 발전은 없었지만, 카잔학파 제자들에 의해 계승되어, 슬라브 언어학의 테두리 안에서 충실하게 발전하였다.

1917년 러시아 혁명 이후 곧 새로운 이데올로기가 소련 언어학을 지배하기 시작하였다. 마르(Nikolaj Jakolevič Marr, 1864~1934)가 제창한 마르주의 언어학이 바로 그것이다. 마르는 젊은이문법학파 전통에서 성장하였으며, 캅카스 언어학 전문가로서 이에 대한 여러 저명한 논저를 출판하였다.

그는 다양한 언어 자료를 직접 접하고 여러 언어들의 상호 관계, 특히 언어 기원에 대해 깊이 생각하였다. 언어 기원에 대한 마르의 생각은 기본적으로 모든 언어의 유형은 모두 하나의 언어에서 발생한 것이라

보는 일원기원설이다. 이 일원기원설에서 모든 언어는 단계적 변화에 의해서 발전하고 시간이 지나면서 차례로 높은 단계에 이른다는 언어 발전의 단계론을 제시하였다. 그는 인도유럽어족과 셈어족이 최고 발전 단계에 이르렀다고 하였다.

1924년 마르는 자기 자신을 언어학에 있어서 마르크스주의의 투사라고 선언하였다. 그는 언어 발전의 각 단계는 각각 사회 구조, 경제 기반에 따라 좌우된다고 하면서 다음과 같이 주장하였다. 언어 구조는 사회 구조와 경제 기반과 더불어 변화한다. 언어는 다른 모든 형태의 상층구조와 같이, 현실 사회 관계를 반영하기 때문에 언어 발전은 어느 단계에서 다음 단계로 항상 혁명적으로 비약하여 진행한다. 문화와 문화 수준의 변화에 따른 새로운 이데올로기는 직접 새로운 언어 체계의 창조를 유도한다.

마르는 민족언어라는 것은 존재하지 않으며, 존재하는 것은 계급언어뿐이라고 하였다. 마치 어떠한 문화에도 착취자와 피착취가의 두 문화 계층이 있듯이, 어떠한 언어에도 두 개의 공존하는 언어를 포함하고 있으며, 사회 발전 법칙에 따라 피착취자의 언어는 착취자의 언어를 정복하도록 되어 있다고 하였다.

이와 같이 마르주의의 가장 핵심적인 주장은, 언어는 일원기원적이고, 항상 동일한 발전 과정을 겪는다는 것이다. 언어는 사회적, 경제적 상층 구조이고 현저한 계급적 특질을 지니고 있다는 것이다. 그러나 일원기원설에 대한 학문적 비판이 제기된 이후에는 다원기원설이 더 타당하다고 주장하였다. 다원기원설이란 언어는 지구 여러 곳에서 발생하여 다양한 형태가 생겼으며 상호 이해 수단이 된다는 이론이다. 마르의 주장은 마르크스주의와 밀접하게 관련되어 있어 옛 소련에서는 수년 간 마르의 주장에 대해서 비판할 수 없었다. 그러나 소련 이외 지역에서는 자료에 입각하여 마르주의를 진지하게 비판하고 비과학적인 것이라고 하여 거부하였다. 그 가운데서도 피착취자의 언어는 착취자의 언어를 정복하도록 되어 있다는 마르의 주장은 사실에 맞지 않는다는 것을 자료를 들어 비판하였다.

그 이후 마르주의에 대한 비판이 소련에서도 공개적으로 나타나기 시작하였다. 그것은 독재 권력자 스탈린이 소련 언어학이 만족스럽지 못하다고 생각했을 때부터였다. 언어는 특유한 현상이어서 기층이나 상층 구조와 직접 관련되지 않는다고 하여 마르의 이론을 없애 버렸다.

결과적으로 마르주의는 소련에서 고전적 언어학의 전통을 오랫동안 중단되게 하였으며 또 다른 세계에서 일어난 중요한 언어학 연구와도 단절되게 하였다. 이것은 소련 언어학이 마르주의에 의해서 입은 가장 큰 손실이었다. 한편 마르주의가 붕괴한 후 소련에서도 구조주의 이론을 도입하게 되었다.

3.4. 실험음성학 연구

실험음성학은 기계에 의해서 엄밀한 분석 방법을 확립하려고 한 최초의 언어학 분야이다. 실험음성학은 물리학 발전에 힘입어 발전하였다.

실험음성학은 19세기 초에 이르러 프랑스의 수학자 푸리에(B. J. Fourier, 1768~1830)의 연구에 의해서 본격적으로 연구되었다. 푸리에는 처음으로 음파를 측정한 사람이었다. 그는 각 음성의 고유한 발성기관에 의해서 음파가 보여 주는 일정한 포르만트 이론을 제시하였다.

1920년대에는 독일이 유럽에서 실험음성학의 최첨단에 서 있었다. 그러나 동시에 미국에서도 기계에 의한 음성학 연구가 급속히 발전하고 있었다. 그리고 미국에서는 전자공학의 발달에 의해서 음성학의 엄밀한 방법도 발전하였다. 1930년 이래 미국의 전자공학자들은 진공관의 도움으로 음파를 연구하기 시작하였다. 실험음성학에서 참다운 혁명을 일으킨 것은 스펙트로그래프의 사용이었다. 이것은 음성을 눈으로 볼 수 있도록 하는 장치이다. 음성의 특징적 포르만트가 선으로 나타나게 한 장치이다. 음성 현상의 기술에 스펙트로그래프에 의한 분석을 이용한 언어학자는 미국의 주스(Martin Joos, 1907~1978)였다. 그의 저서《음향음성학》(*Acoustic Phonetics*)은 현대 실험음성학의 고전이 되었다.

20세기 후반에 실험음성학은 모든 점에서 주목할 만한 발전을 거듭하였다. 실험음성학이 기계를 광범위하게 이용하여 음성 자료를 분석하였으며, 특히 컴퓨터공학에 힘입어 다양한 이론 연구와 응용 연구를 수행하였다.

제10강
소쉬르의 언어 연구

제10강
소쉬르의 언어 연구

---

1. 소쉬르의 생애

1.1. 개관

구조주의 언어학의 창시자인 소쉬르(Ferdinand de Saussure, 1857~1913)는 언어학사에서 가장 위대한 인물 가운데 한 사람이다. 더 나아가서 소쉬르의 구조주의 사상은 언어학을 넘어서 20세기 학문 전반에 깊게 영향을 미쳤다. 이제 그의 학문에 대해 살펴보기에 앞서 그의 언어학적인 삶에 대해 살펴보기로 하자.

소쉬르의 생애는 그의 업적에 대한 정확한 이해와 밀접한 관계에 있다. 소쉬르는 저술이 적은 편이어서 그의 학문을 온전하게 이해하기가 쉽지 않다. 따라서 그의 생애를 통해 그의 학문 업적에 대한 개인적, 사회적, 역사적 동기를 설명할 수 있다. 그래서 소쉬르 학문을 이해하기 위해서는 그의 생애를 살펴보는 것이 필요하다.

소쉬르는 1857년 스위스 제네바의 부유한 귀족 집안에서 태어났다. 소쉬르 집안은 대대로 자연과학자를 배출한 것으로 유명한데, 집안 특유의 지적 전통은 소쉬르의 합리적이고 논리적인 사고를 발달시켰다. 그의 생애는, [1] 그가 태어나고 자란 제네바에서 보낸 유년과 청소년 시기, [2] 본격적으로 언어학자의 길에 들어섰던 독일 시기, [3] 학문 활동이 가장 활발했던 파리 시기, [4] 언어학자로서 그의 업적을 완성해 가는 단계이자 짧은 삶을 마감했던 제네바 시기로 구분할 수 있다.

소쉬르는 제네바와 파리에서 언어학 교수로 활동하였다. 그는 산스크리트어, 게르만어, 그리스어, 라틴어, 리투아니아어 등을 가르쳤다. 그는 1894년을 넘어서야 처음으로 일반언어학 이론에 관심을 가지게 되었다. 그의 저술은 아주 적은 편이어서, 그의 가장 중요한 논문 《인도유럽언어의 원시 모음 체계에 관한 논고》 이외에 소쉬르는 인도유럽언어에 관한 20여 편의 논문을 발표하였을 뿐이다.

소쉬르는 젊은이문법학파의 뛰어난 학자, 브루크만, 오스토프, 레스킨에게서 언어학 훈련을 받았다. 또 슐라이허나 질리에롱의 견해에도 정통하였다. 그러나 그가 특별히 관심을 가졌던 것은 카잔학파였다. 그리고 소쉬르는 언어학 이외 학문의 발달에도 관심을 가지고 있었다. 특히 사회학에 관심을 보였는데 프랑스 사회학자 뒤르켐(David Émile Durkheim)[1]의 이론에서 깊은 감명을 받았다. 뒤르켐은 개인의식보다는 사회의식이 인간의 지식 형성에 더 중요하다는 것을 강조하였다. 소쉬르 학문의 주요 개념인 사회 집단의 언어(즉, 랑그)와 개인의 언어(즉, 파롤)의 구분에는 뒤르켐의 사상이 반영되어 있다.

---

1 다비드 에밀 뒤르켐(David Émile Durkheim, 1853~1917): 프랑스의 사회학자, 교육학자. 프랑스 에피날에서 출생하여 파리고등사범학교와 독일 라이프치히대학에서 공부하였다. 사회학과 인류학이 학문으로 형성되는 데에 크게 기여하였는데, 특히 사회학의 대상과 방법에 대한 원리적인 고찰을 통하여 실증적인 사회학의 확립에 기여한 바가 크다. 대표 저서로 《사회 분업》(De la division du travail social, 1893), 《사회학적 방법 기준》 (Règles de la méthode sociologique, 1895), 《자살》(Le Suicide, 1897) 등이 있다.

1.2. 유년과 청소년 시기

소쉬르는 1857년 11월 12일 제네바에서 태어났다. 그는 프랑스에서 이주해 온 신교도 귀족 집안에서 태어났는데, 그의 집안은 18세기 이래 대대로 자연과학자를 배출한 제네바의 명문가였다. 가문의 후손들은 이 사실에 매우 자부심을 느꼈으며 이를 전통으로 여기고 계승하고자 하였다. 태양열에너지 물리학자이며, 알프스 등산가인 그의 증조할아버지를 기념하여 제네바 시내 도로이름에 Rue Horace-Bénédict-De-SAUSSURE 가 있을 정도이다.

그의 아버지 앙리(1829~1905)도 유명한 자연과학자로서 지질학을 전공하고 25세의 젊은 나이로 각국을 여행하여 귀중한 광석과 곤충 등을 많이 채집한 것으로 유명하다. 페르디낭은 아버지 앙리와 귀족 출신의 어머니 푸르탈레 사이에서 장남으로 태어났다. 화가인 차남 오라스, 베트남어와 중국어, 고대 중국 천문학을 연구하고 프랑스 해군 장교를 지낸 삼남 레오폴드, 워싱턴, 제네바, 베를린 등의 각 대학에서 교편을 잡은 수학자인 사남 르네 등이 동생들이다. 아버지의 직접적인 교육과 이러한 가풍은 그의 사고 구조를 자연과학적인 방향으로 발달시켜 그의 학문 업적에 많은 영향을 미쳤다.

이처럼 태어나면서부터 학문 배경이 풍족했던 소쉬르는 10대 초반에 그를 가풍에 따른 자연과학이 아닌 언어학으로 이끌, 고생물학자 픽테(Adolphe Pictet, 1799-1875)를 만난다. 픽테는 비교언어학자이자 독일 낭만주의 철학자로서, 제네바의 저명한 교양인이었다. 헤겔, 슐레겔 등과 교류하고 언어학적 고생물학을 창시하였으며, 언어에 깊은 관심을 가지고 있었을 뿐만 아니라, 《인도유럽언어의 기원》(*Origines indo-européennes*)의 저자이이기도 하였다. 유년 시절에 이러한 픽테를 스승으로 삼으며 소쉬르는 언어학에 눈을 뜨게 되었다. 픽테는 13세 소년 소쉬르에게 어원론을 가르쳤고, 소쉬르는 이에 관심과 흥미를 보였다.

픽테를 만나서 언어학에 눈을 뜬 소쉬르는 그의 권고로 1870년 마르틴느학원에 들어가서 그리스어를 공부하기 시작하였다. 소쉬르는 이때 이미 프랑스어, 독일어, 영어, 라틴어를 잘 알고 있었다. 그 뒤 소쉬르는 언어의 일반 체계를 세우는 데 몰두하기 시작하여 1872년 불과 15세의 나이에 '그리스어, 라틴어, 독일어의 어휘를 소수의 어근으로 환원하기 위한 시론'(Essai pour réduire les mots du grec, du latin & de l'allemand à un petit nombre de racines)이라는 논문을 스승에게 바쳤다. 그는 이 논문에서 스스로 비교언어학의 음운 대응 방법을 습득하여, 비슷한 자음을 가진 세 언어의 단어가 고대의 한 어근으로 소급된다는 것을 밝혔다. 이에 대해 픽테는 어린 소쉬르에게 너무 보편성에 치중하지는 말라는 조언을 하기도 하였다.

1872년 소쉬르는 아직 고등학교에 가기는 이르다고 생각한 부모님에 의해 공립중학교에서 준비 기간을 거쳤다. 이 때 소쉬르는 이미 젊은이 문법학파의 학자 중 한 사람인 브루크만의 업적을 3년이나 앞서 발견하였다. 그리스어의 n이라는 자음이 모음 a로 변할 수 있는지에 대한 고민이 그것인데, 이는 브루크만이 연구한 고대 그리스어의 비공명음(nasalis sonans)과 같은 개념이었다. 이렇듯 어린 시절부터 언어학에 대한 흥미와 관심뿐 아니라 적성과 소질까지 갖추고 있었던 소쉬르는 1873년 고등학교에 입학한 후 픽테의 권유로 산스크리트어를 공부하였고, 졸업 후 1875년 제네바대학에 입학하였다. 부모님의 뜻과 집안의 전통에 따라 대학에서 1년간 화학과 물리학을 공부하였으나, 그는 이미 언어학자의 길로 가고 있었다.

1.3. 독일 시기

1876년 제네바대학에서 1년을 마치고, 소쉬르는 본격적으로 언어학을 공부하기로 마음먹고 당시 언어학의 성지와도 같은 곳, 독일 라이프치히로 유학을 떠났다. 산스크리트어 연구를 위해 베를린대학에 있었던 1년을 포함하여 4년을 독일에서 공부하였다. 대학원 과정에 입학한 그는 당대 언어학을 이끌었던 레스킨, 브루크만, 오스토프와 같은 젊은이 문법학자들과 교류하였다. 더불어 그는 파리언어학회에서도 활동하였는데, 그가 발표하는 참신한 논문은 학회에서 모두 주목하였다. 1879년, 불과 21세에 소쉬르는, 이미 제7강에서 살펴본, 《인도유럽언어의 원시 모음 체계에 관한 논고》로 언어학계에서 국제적인 명성을 얻었다. 그러나 독일학계에서는 그를 크게 반기지 않았다. 결국 1880년 박사학위를 받자마자 독일을 떠나게 되는데, 학위논문은 '산스크리트어의 절대 속격의 용법에 관하여'로, 위의 《논고》만큼 파급력과 특색을 지니지는 않았지만, 소쉬르는 언어의 체계성과 대립성을 파악하고 일반화하려고 노력하였다는 점에서 의의가 있었다.

라이프치히에서 공부하면서 소쉬르는 미국의 언어학자 휘트니(William D. Whitney)의 영향을 크게 받았다. 휘트니는 언어학을 자연과학으로 규정하려는 데 반감을 지니고, 언어학을 사회학으로 규정한 학자였다. 그는 언어를 사회 제도로 생각하고, 언어 기호의 자의적 특징과 개인 대 사회의 관계를 관찰하였다. 소쉬르는 언어가 사회적, 관습적이라는 휘트니의 관점을 공유하는 한편 그러한 언어의 기저에는 심리가 작용한다고 생각하였다. 또한 소쉬르는 휘트니의 자의성에서 한 단계 더 나아가, 휘트니가 발견하지 못했던 언어만이 지니고 있는 또 다른 자의성을 발견하였다. 자의성은 기호 표현뿐 아니라 기호 내용에까지 걸친다는 것이다.

독일에서의 공부를 끝낸 소쉬르는 파리로 갔다. 위에서 말한 바와 같이 라이프치히 학자들의 냉담과 비판이 독일을 떠나는 계기가 되었다. 그렇지만 언어의 체계성, 사회성에 관한 관점을 세웠다는 점에서 독일에서 공부하던 시기는 소쉬르 학문 생애에서 매우 중요한 시기였다.

1.4. 파리 시기

라이프치히를 떠나 파리에 가기 전 소쉬르는 1880년 3월부터 9월까지 6개월간 리투아니아를 여행하였다. 그가 라이프치히에서 배웠던 리투아니아어는 고형을 유지하고 있기 때문에 인도유럽언어 비교 연구에서 매우 중요하다고 생각하였다. 이때의 현지 경험으로 소쉬르는, 리투아니아어의 악센트 법칙을 연구하였다. 이때부터 언어의 세부 사실에 치중하여 전체 체계를 볼 수 없을까 봐 걱정하였다고 한다. 또한 이 현지 경험으로 나중에 실제로 말해진 것, 즉 파롤에 입각한 일반언어학 연구 방법을 창안하기도 하였다. 1880년 가을부터 파리고등교육원에 정착한 소쉬르는 이란어, 산스크리트어, 라틴어 강의에 참석하였고, 1881년에는 고트어와 고대고지독일어 강사로 임명되었다. 이렇게 하여 그는 파리에서 개별언어 자료를 바탕으로 한 일반언어학 연구를 시작하게 되었다.

파리는 독일과 다르게 그를 따뜻하게 맞아주었다. 아마 제자들을 포함한 여러 학자들과 원활하게 교류하여 학문 활동이 가장 활발했던 시기였다고 하겠다. 게르만어, 발트어, 리투아니아어에 큰 관심을 보였으며, 이 시기에 행한 강의에는 나중에 《일반언어학강의》로 발전할 여러 기초 개념들이 들어 있었다. 개별언어 강의에서는 일정한 원리를 기반으로 한 공시적 기술을 강의하였는데, 이때부터 통시언어학과 공시언어학을 구분하기 시작하였던 것으로 보인다. 또한 그는 교육자로서도 명성을 떨쳐, 가르친 제자들은 프랑스의 언어학계를 이끌어 나갔다.

1.5. 제네바 시기

소쉬르는 1891년 파리고등교육원의 교수직을 사직하고 제네바로 돌아왔다. 파리 시기에서 겪은 학문적 번민이 이때부터 정리된 모습으로 나타나기 시작하였다. 1891년에 비교언어학 부교수로 임명되었고, 1906

년에 일반언어학 정교수로 임명되었다. 산스크리트어, 현대프랑스어, '니벨룽겐의 노래' 등의 강의를 맡았고, 일반언어학은 1907년부터 강의하기 시작하였다. 일반언어학 강의를 제외하면 그는 오히려 독일 신화 같은 비언어학 분야를 강의하였다. 1894년 무렵 일반언어학 저서를 집필하려는 시도는 있었지만 출판되지 않았으며, 일반언어학을 정립해야 한다는 부담감으로 그나마 미완성된 원고를 불에 태우거나 찢어버렸다. 그래서 그의 생각은 저서가 아닌 제네바대학에서 수행한 세 차례의 강의로 실현되었고, 이 강의에 참석한 학생들의 노트는 저서 《일반언어학강의》의 바탕이 되었다.

그러나 학생들을 활발하게 가르쳤던 것과는 달리, 소쉬르는 학문적으로는 침묵하기 시작하였다. 시간이 갈수록 논문 발표도 줄었고 편지를 통한 학술 교류도 드물어졌다. 심지어 그는 편지공포증이나 펜공포증을 가지고 있다고 고백하기도 하였다. 이러한 침묵은 독일에서의 비판과 무시로 인한 상처도 그 원인이 되겠지만 보다 궁극적인 이유는 완벽주의로 인한 강박감 때문으로 추정된다. 그리고 알아갈수록 자신의 능력으로 구성하기에는 점차 방대해져 가는 일반언어학의 이론 세계에 스스로 압도된 것이다. 그는 언어학 일반에 관한 이론과 용어가 필요하다고 느꼈지만 그것은 반드시 완벽해야 한다고 생각했고 자신은 완벽한 이론을 만들어낼 능력이 부족하다고 생각하였다. 그뿐만 아니라 독일에서의 경험을 생각하여, 이론을 완성한다고 해도 당대 학계가 그것을 완전히 이해하고 받아들일 수 있을지에 대한 의심으로 고민에 빠지기도 하였다. 그의 일반언어학 원리는 오랜 기간 동안 그가 고민하고 연구한 결과였지만 완성된 것은 아니었고 소쉬르 스스로가 그 결과에 대해 매우 불안해하기까지 하였다. 소쉬르의 제자 메이예는 "소쉬르는 자기의 어떤 이론도 충분히 다듬어지지 않았기 때문에 출판할 상태가 아니라고 판단하였다. 그리고 저술은 결정적 내용을 갖추어야 하기 때문에 일관해서 침묵을 지키면서 짧은 연구 노트 이외의 출판을 거부했던 것이다."라고 말하였다.

그럼에도 불구하고 학생들과 대학의 요청으로 소쉬르는 1907년 1월 16일부터 7월 3일까지 일반언어학을 주 2회 강의하였다. 다음 강의는 11월 첫 주부터 1909년 6월 24일까지, 마지막 강의는 1910년 10월 28일부터 1911년 7월 4일까지, 이렇게 세 차례에 걸쳐서 행해졌다. 그는 4년 동안 강의하면서, 이론 자체가 완성되지 않았을 뿐더러 사전에 구체적으로 강의 방향과 내용을 체계화하지 않았던 탓에 모두 미완성으로 끝나고 말았다.

일반언어학에 대한 강의를 정리하여 언어학의 일반 체계를 정립하려고 했던 소쉬르는 후두암으로 추정되는 병의 악화로 1913년 2월 22일에 세상을 떠났다.

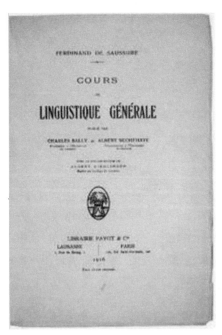

소쉬르의 《일반언어학강의》 표지

2. 《일반언어학강의》

2.1. 배경

어느 학자이든 당대 학문의 경향에 영향을 받지 않은 경우는 없다. 소쉬르 역시 그러하다. 소쉬르가 받은 학문의 영향은 먼저 프랑스 사회학자 뒤르켐일 것이다. 그는 저서 《사회학적 방법 기준》(*Règles de la méthode sociologique*, 1895)에서 사회 이론의 기초를 구축했는데, 여기서 사회적 사실과 개인적 사실을 구별하였다. 이러한 구별이 소쉬르의 랑그와 파롤의 구별과 비슷하다. 뒤르켐은 사회적 사실을 설명하면서 사회적 사실은 개인에 대해서 외부적인 구속력을 갖는다는 것을 강조하였다. 이 점은 소쉬르의 랑그와 파롤의 관계와 일맥상통한다.

소쉬르 학문에 영향을 미친 또 다른 학자는 미국의 휘트니이다. 휘트니는 사회 제도로서의 언어, 개인과 언어 공동체의 관계, 언어 기호의 성질과 같은 주제를 연구하였다. 특히 휘트니는 단어와 그것이 의미하는 대상 사이에는 아무런 자연적인 관계가 존재하지 않는다 하여 언어 기호의 자의성을 주장하였다.

또한 소쉬르의 언어 이론에는 파울의 《언어사원리》의 영향도 있었다. 파울은 언어는 사회 집단 전체의 공유물로서, 이를 개인적인 언어 활동과 구별하였다. 이것은 사회적인 면에서의 '집단언어'와 '개인언어'에 대응하는 것이다. 이러한 구별이 소쉬르의 랑그와 파롤의 구별과 비슷함을 볼 수 있다. 다만 파울은 개인언어를 중요시한 데 대해서 소쉬르는 랑그를 언어학의 연구 대상으로 삼은 데에 근본적인 차이가 있다.

이렇듯 소쉬르는 직접적으로, 그리고 간접적으로 유럽과 미국의 여러 학자로부터 학문적 영향을 받았지만, 소쉬르는 이러한 다양한 견해를 독창적으로 그의 언어 이론의 틀 안에서 정확하고 엄밀하게 융합시키고 체계화하였다는 데에 그 의의가 있다.

2.2. 《일반언어학강의》의 출판

소쉬르는 생전에 몇 편의 논문만을 남겼고, 저서는 남기지 않았다. 소쉬르는 완벽주의자여서 자신의 이론이 자신의 마음에 들 때까지 저서를 쓰지 않으려고 하였고, 따라서 그의 이론들과 생각을 그가 직접 쓴 1차적 자료는 찾아볼 수 없다. 그래서 소쉬르 제자들은 소쉬르 작고 이후 소쉬르의 이론을 모아 출판하려고 하였지만 어려움에 부딪혔다. 소쉬르 부인이 제공해 준 노트들은 양과 내용이 매우 빈약하였고, 그가 강의 직전에 강의를 위해 쓴 강의 노트도 모두 강의가 끝난 뒤에 불태워 버렸기 때문에 아무것도 남아 있는 것이 없었다. 또한 편집자를 맡은 바이이(Ch. Bally)와 세슈예(A. Sechehaye)가 일반언어학 강의 당시 이미 강사가 되어 소쉬르의 수업에 참석하지 못했던 탓에 출판 계획은 쉽게 진행되지 않았다. 그래서 소쉬르의 일반언어학 강의에 거의 빠짐없이 출석한 몇몇 수강생들의 필기노트에만 의존할 수밖에 없었다. 이 필기노트 자료를 정리하여 책으로 엮는 것 또한 까다로운 문제였다. 그래서 편집자들은 강의 내용뿐만 아니라 접근 가능한 소쉬르의 모든 개인 기록과 자료를 참고하여 소쉬르의 생각과 이론을 추측하고 재구성하고 종합하여, 1916년 《일반언어학강의》(*Cours de Linguistique Générale*)를 출판하였다.

《일반언어학강의》는 1907년 1월부터의 제1차 강의, 1908년 11월부터의 제2차 강의, 1910년 10월부터의 제3차 강의 내용을 담고 있다. 소쉬르는 제1차 강의에서는 새로운 용어를 거의 사용하지 않고 통시언어학에 관해서 강의하였다. 먼저 음성학을 강의하고 다음에 역사언어학, 어원학, 재구 방법 등을 다루었다. 이와는 대조적으로 제2차 강의에서는 언어 연구의 일반 문제부터 검토하였다. 이들 문제에 대한 서론은 대단히 대담하고 이론이 명석하였는데, 이 일반 원리에 관한 체계적인 개요는 소쉬르의 강의에 참석했던 여러 학생의 많은 필기노트를 기초로 해서 제네바대학 교수 고델(R. Godel)이 편집하여 1957년에 간행하였다. 이 제2차 강의에서는 먼저 기호와 랑그의 이론을 설명하고 다음에는 공시적 관점과 통시적 관점을 전개하였다. 그러나 강의의 그 다음 부분은 인도유럽언어학을 개관한 것으로 제2차 강의 전체의 4분의 3을 차지하고 있다. 마지막 제3차 강의에서도 주로 언어 연구의 통시적인 면을 다루고 언어지리학, 글자와 음성 표기와의 관계, 주요 어족 등을 포함하고 있다.

이렇듯 제1차와 제2차 강의는 주로 소쉬르 이론의 서론 부분에 치중해 있다. 그래도 제2차 강의에서 소쉬르는 비교적 서론의 범위에서 벗어나 기호 이론과 일반언어학 이론을 간략히 설명하고 언어학 용어들을 정의하였다. 이 때 공시적 기술과 통시적 기술의 윤곽을 제시하였다. 고델에 의하면, 소쉬르는 제3차 강의에서 많은 용어와 개념을 처음으로 도입하고 있다. 따라서 편집자들은 제3차 강의를 기초로 해서 세 차례의 수강생들의 필기노트를 바탕으로 결정판을 작성하게 되는 것이다. 그리고 편집자들은 소쉬르의 강의 내용을 될 수 있는 대로 통일된, 그리고 일관성 있는 저술로 재구성하기 위해서 "우리들은 한층 대담하지만, 더 합리적이라고 생각되는 해결에 도달하게 되었다. 제3차 강의를 토대로 해서 소쉬르의 원고와 함께 우리가 얻을 수 있는 모든 자료를 이용해서 재구성하고 종합하는 것이다. 그러므로 이것은 재창조이다."라고 말하였다.

특히 제3차 강의에서는 언어를 긴밀한 체계로 간주하고 언어에 대한 관점들을 하나의 체계로 통합하려는 시도를 보였다. 이 때 강의 끝 무렵 랑그와 파롤을 구별하고 각 관념의 특성에 대해 강의함으로써 다음 강의에서 파롤 언어학을 강의할 것을 예고하기도 하였다. 이 강의를 통해 소쉬르는 언어의 본질은 무엇인지, 언어학의 대상은 무엇이 되어야 하는지에 대해 고민하고 연구하였다는 것을 드러냈다.

이와 같이 《일반언어학강의》는 하나의 통일된 체제를 갖추게 되었다. 이렇게 재구성된 《일반언어학강의》는 소쉬르의 강의 내용이 비교적 잘 종합된 것이라고 할 수 있다. 그러나 그 편집 과정에서 생긴 모든 모순이 제거되었다고는 할 수 없으며, 또 소쉬르의 사상이 어느 정도까지 정확하게 반영되고 있으며 또 어느 정도 제자들의 해석이 가미되어 있는지 오랫동안 학자들의 논의 대상이 되어 왔다.

이러한 《일반언어학강의》의 초판은 내용 면에서는 여러 논란과 비판을 받았지만 출간 이후 40년 동안은 자료 편집 자체에 관해서는 그다지 큰 반론은 없었다. 그러던 중 1955년에 제네바대학 도서관에서 소쉬르의 자필 원고가 발견되었고, 이후 1957부터 1959년까지 여러 중요한 기록들이 연이어 발견되었다. 그 중 1958년에 발견된 콩스탕텡(E. Constantin)의 필기노트는 핵심적인 자료였는데, 정보가 부족했던 제3차 강의의 자료였을 뿐 아니라 필기 자체가 매우 세밀하였기 때문이었다. 이러한 새로운 자료들을 바탕으로 고델이 《일반언어학강의》에서 이용된 원고뿐만 아니라, 소쉬르나 그의 제자들에 의한 여러 원고 등, 그가 얻을 수 있었던 모든 자료를 정밀하게 조사하여, 《소쉬르의 일반언어학강의 원자료》(*Les sources manuscrites de Cours de linguistique générale de F. de Saussure*, 1957)를 발간하였다.

고델은 소쉬르의 강의에 참석했던 모든 청강생의 필기노트와 현재까지 발견된 소쉬르의 원고 등을 모두 검토하여 소쉬르의 강의 내용을 충실하게 복원하려고 시도하였다. 바이이와 세슈예가 《일반언어학강의》를 재구성할 때의 편집 방법뿐만 아니라, 그들이 이용한 자료 그리고 기술의 배열 방법에 이르기까지 면밀히 검토하였다. 그 결과 고델은 세슈예 자신의 자료 해석이 《일반언어학강의》 본문에 강하게 반영되어 있음을 밝혀내고 또 소쉬르 자신의 옛 원고와 다른 필기노트가 이용되어 있고, 언어지리학에 관한 장이 원래는 공시언어학과 통시언어학 사이에 끼여 있는 모양으로 되어 있는 것 등을 지적하기도 하였다.

고델의 1957년 저서에 이어 제네바대학 교수 엥글러(R. Engler)는 1968년 《일반언어학강의 교정판》(*Cours de linguistique générale, édition critique par R. Engler*, Wiesbaden: Otto Harrassowitz)을 출판하고, 1974년까지 계속 수정하였다. 수정판들은 소쉬르 스스로가 이론을 더 발전시킬 필요성을 느끼고 있었고 이론 자체가 매우 동요하고 있다는 것을 드러내는 데 성공하였다. 이러한 교정과 수정 과정을 거쳤어도 소쉬르의 사상을 완전히 복원하지는 못했지만, 대체적으로 《일반언어학강의》는 소쉬르의 언어학 사상을 충실히 반영하고 있는 책이라는 점에서 그 의의가 크다.

한편 1897년 소쉬르는 대학에서 주최하는 여름철 강의에서 음절 이론에 관해 세 차례 강연을 한 바 있다. 그 내용은 창의적인 견해가 많이 포함되어 있어서 그 강연의 기록을 맡았던 바이이는 소쉬르에게 출판할 것을 권유하였다. 소쉬르는 처음에는 권유에 응했으나 주저 끝에 결국 출판하지 않았다. 그러나 이 강연 기록을 보존하고 있던 바이이는《일반언어학강의》를 편집할 때 그것을 삽입하여 그 강연 내용을 반영하였는데, 그것이 바로《일반언어학강의》부록으로 들어 있는 '음운론의 원리'이다.

2.3.《일반언어학강의》의 차례

이상과 같은 내용을 반영하고 있는《일반언어학강의》의 차례를 제시하면 다음과 같다.

서론
　제1장 언어학사 개관
　제2장 언어학의 주제와 과제: 인접과학과의 관계
　제3장 언어학의 대상
　제4장 랑그의 언어학과 파롤의 언어학
　제5장 언어의 내적 요소와 외적 요소
　제6장 글자법에 의한 언어 표기
　제7장 음운론
부록 음운론의 원리
　제1장 음운종
　제2장 발화 연쇄의 음운

3. 소쉬르의 학문

3.1. 개관

소쉬르의 학문은 두 시기, 즉 인도유럽언어 비교언어학 연구 시기와 구조주의 언어학 연구 시기로 나누어지는 것에 대해서는 이미 제7강에서 살펴본 바 있다. 그리고 인도유럽언어 비교언어학의 업적에 대해서도 이미 살펴보았다. 이제 제10강에서는 소쉬르의 구조주의 언어학에 대해 살펴보기로 하자. 그의 구조주의 언어학의 이론은 바로 앞에서 살펴본 《일반언어학강의》에 담겨 있다.

소쉬르가 언어 연구를 역사적 측면에 국한시키는 젊은이문법학파 이론에 대하여 역사적 연구와는 전혀 다른 연구 분야와 방법이 있음을 제시한 것은 실로 현대 구조언어학의 출발점이 되었다. 그는 당시의 학계를 휩쓸던 젊은이문법학파의 이론, 용어 등에 대해 근본적인 회의를 느꼈다. 인간 언어 그 자체를 언어학의 연구 대상으로 한정하지 않는 한, 과학적으로 관찰하고 분석할 수 없다고 보았다. 그래서 인간 언어에서 무엇이 가장 본질적인가를 생각하였다. 그렇게 하여 소쉬르는 관점에 앞서서 대상이 존재하는 것이 아니라, 관점이 대상을 설정한다고 전제하기에 이르렀다.

《일반언어학강의》에 따르면 이론 체계 수립을 위해서는 연구 대상을 분명히 규정하며, 공시적 연구와 통시적 연구를 구별하며, 공시태의 구성 원리와 언어 단위를 식별하는 방법을 설정해야 한다고 하였다. 이러한 관점에서 소쉬르의 주요 학문 내용은 다음과 같이 제시할 수 있다. 이제 이를 하나하나 살펴보기로 하자.

[1] 연구 방법: 통시적 연구와 공시적 연구
[2] 연구 대상: 랑그와 파롤

[3] 시니피에와 시니피앙

[4] 통합 관계와 연합 관계

[5] 언어 기호에서의 가치

3.2. 연구 방법: 통시적 연구와 공시적 연구

소쉬르는 언어의 공시적 연구와 통시적 연구 방법을 명확한 구별하였다. '정태언어학'(linguistique statique) 또는 '공시언어학'(linguistique synchronique)은 공존하며 체계를 이루는 요소 간의 논리적, 심리적 관계를 연구하는 반면, '진화언어학'(linguistique évolutive) 또는 '통시언어학'(linguistique diachronique)은 차례차례로 일어나는 계기적인 요소, 시간적으로 서로 대치되지만 체계를 이루지 않는 요소 간의 관계를 연구하는 것이라 하였다. 공시적 연구에서는 체계라는 개념이 결정적인 전제조건이고 공시적 접근에 의해서만 언어의 체계가 밝혀진다고 하였다. 여기에 대해서 통시적 연구에서는 체계와는 관계없이 어떤 한 요소의 시간에 따른 변화를 연구하는 것이라고 하였다.

좀 더 구체적으로 살펴보면, 언어는 시간, 공간, 사회와 같은 세 가지 조건이 일정해야 하는 것인데, 이러한 조건에 의해서 제약된 언어에는, 그 음운에서, 문법에서, 어휘에서, 일정한 체계가 형성된다. 이러한 시간, 공간, 사회라는 조건에 따라 제약된 일정한 언어 체계를, 시간에 따르는 변화나, 공간과 사회에 따르는 변이를 전혀 고려하지 않고, 그 정지된 상태로서 연구 대상을 삼는 언어학이 정태언어학, 공시언어학이다. 언어의 정태적 연구는, 공존하고 체계를 형성하는 여러 언어 요소를 연결하는 논리적, 심리적 관계를, 즉 동일한 집단의식이 지각하는 대로 다룬다. 그러나 그 시기를 현대에만 국한하지 않는다. 그것은 과거 어느 특정 시기도 가능하다. 따라서 오직 그 특정 시기에 있어서의 언어의 정지된 상태만을 연구 대상으로 할 때, 이것을 공시언어학이라 하였다.

이에 반해서, 말이 시간의 흐름에 따라서 변화해 내려가는 모습을 연구 대상으로 하는 언어 연구가 진화언어학, 통시언어학이다. 한 언어가 변화해 가는 모습을 연구하는 언어사나, 여러 언어의 친근 관계를 고증하고 그들 친근어의 공통조어를 재구하는, 19세기에 일어난 비교언어학은 모두 진화언어학, 통시언어학에 속한다. 통시적 연구는 차례로 대치되는 계기적 여러 언어 요소를 연결하는 관계를 연구하는 것인데, 회고적 방법과 전망적 방법으로 나누었다. 회고적 방법은 비교언어학의 연구 방법이며, 전망적 방법은 역사언어학의 연구 방법을 말한다.

그러나 한 언어를 다른 언어와 비교하고, 또는 계기되는 여러 시대에 걸쳐 언어가 변천하는 모습을 파악하기 위해서는, 각 언어의, 또는 각 시대의 언어 상태를 정확하게 파악하지 않으면 안 된다. 이리하여 한 언어의 한 특정 시기의 상태를 연구하는 것이, 그 역사적 연구와 동등한 가치가 있다는 것, 더 나아가 그보다 더 중요성을 가지는 것이라고 주장하였다. 소쉬르 업적 가운데 가장 큰 업적이 바로 언어 연구를 공시적 연구와 통시적 연구로 나누고, 공시적 연구의 중요성을 강조한 것이라 하겠다.

3.3. 연구 대상: 랑그와 파롤

소쉬르는 언어학의 연구 대상을 분명하게 규명하려고 하였다. 왜냐하면 대상이 분명하고 확실하여야만 언어학이 과학적이고 독립적인 학문으로 자리 잡을 수 있다고 믿었기 때문이다. 그래서 소쉬르는 언어학의 연구 대상을 규명하기 위해 언어를 랑그(langue), 파롤(parole), 그리고 랑가주(langage)로 구분하였다.

한 언어 사회에서 쓰이고 있는 언어는 결코 등질적인 것이 아니다. 우선 각 지역마다 지역어가 있고 한 지역에 있어서도 계층, 직업에 따라

말씨가 또한 다른 경우가 많다. 그리고 동일한 언어 사회, 동일한 지역에 살면서, 동일한 계층에 속하고, 동일한 직업을 가진 사람일지라도, 각 개인이 쓰는 언어 역시 꼭 같은 것이 아니다.

이와 같이 우리가 실제로 쓰고 있는 언어란 것은, 각 개인에 따라 어느 정도의 차이를 가지고 있는 것이 사실인데, 한편 더 나아가서 생각하면, 한 개인이 쓰는 언어도 때에 따라서 조금씩 다르다. 이렇게 생각해 보면, 우리가 실제로 쓰고 있는 언어는, 개인에 따라 차이 나며, 같은 사람인 경우라도, 때에 따라 조금씩 달라지는 것이어서 언어란, 이렇게 개인적이며 순간적인 면을 가지고 있다.

그러나 언어는 실제로 쓰이게 된 언어만이 존재하는 것이 아니라, 우리는 보는 각도를 달리하면, 언어가 존재하는 데는 또 다른 측면이 있음을 알 수 있게 된다. 따라서 언어란, 실제로 밖으로 표현된, 개인적이고 순간적인 것을 통하여 머릿속에 저장되고, 다시 필요에 의해서 이것이 밖으로 표현되기도 하는 것인데, 머릿속에 저장되어 있는 언어는, 실제의 언어처럼 개인적, 순간적 성격을 띠고 있지 않다. 소리로 본다면, 실제의 소리는 매우 다양한 것이지만, 머릿속에 저장되어 있는 소리는 그리 다양한 것은 아니다. 그리고 단어의 배열 방법도 한 언어 사회에 속하는 사람에게 모두 동일한 규칙이다. 따라서 머릿속에 저장되어 있는 언어는, 실제로 밖으로 표현된 언어에 비하면, 아주 통일적이고, 영속적인 성격을 띠고 있다. 이것은 우리가 의사소통을 위해서 머릿속에 간직하고 있는 언어의 공통된 기준이다.

언어는 이와 같이 그 보는 각도에 따라 다른 점이 있기 때문에, 소쉬르는 언어의 이 두 방면을 다른 존재로 규정하였다. 머릿속에 기억되어 저장되어 있는 언어를 랑그, 그것이 밖으로 실현된 언어를 파롤이라 하였다. 원래 랑그가 머릿속에 저장되는 것은 파롤을 통해서이다. 그러므로 발생적으로 본다면, 파롤은 랑그에 선행한다. 그래서 파롤을 통해서 랑그가 성립된다. 또한 랑그 없이 파롤은 있을 수 없다. 파롤은 랑그를 모형으로 한다. 소쉬르는 이 둘의 관계를 이렇게 표현하였다. "랑그는 파롤의 도구이며, 동시에 그 소산이다." 그러므로 어디까지나 이 둘은 한 가지 언어의 두 측면이지, 두 가지 별개의 언어는 아니다.

랑그와 파롤이 인간에게서 실현되는 총체적인 현상을 랑가주라 하였다. 랑가주는 우리가 파롤의 홍수 속에서 랑그를 저장하고, 그리고 랑그를 도구로 하여 파롤화하는 언어 활동을 가리킨다.

소쉬르는 제1차 강의에서는 랑그와 랑가주를 동일한 대상으로 생각했으나 그 이후 강의에서 이 개념은 수정되고 구별이 더 확실해졌다. 랑가주는 언어를 사용할 수 있도록 인간에게 내재된 능력으로 이 능력에 심리적 요인이 작용한다고 보았다. 랑그는 이 랑가주를 기반으로 존재하는 고유하고 독특한 구조의 사회적인 제도로 정의되었다. 더 나아가서 랑그는 집단적이고 피동적인, 언어사용에 필요한 잠재적, 사회적 제도이고, 파롤은 능동적이고 개인적인, 구체적으로 발화된 행위로, 랑가주는 이 랑그와 파롤을 합친 언어능력의 개념으로 규정한다. 즉, 랑그는 '언어능력의 사회적 산물인 동시에 개개인이 이 능력을 행사할 수 있도록 사회 집단이 채택한, 필요한 약정의 총체'이고, 파롤은 '개인이 랑그의 문법 규칙에 따라서 자기의 의사를 전달하기 위해 말하는 구체적인 행위'이며, 랑가주는 랑그를 이용하여 파롤을 수행하는 능력인 것이다.

소쉬르는 언어학의 연구 대상을 랑그로 한정해야 한다고 생각하였다. 언어는 사회적 제도이므로 음성 장치나 실질적 발화 그 자체는 언어 활동의 문제에서 부차적이라고 믿었기 때문이다. 실어증 환자가 발음 능력이 아니라 어떤 도구를 써서 정상적 언어 활동의 기호를 환기시키는 능력을 잃었다는 점에서 언어를 사용할 수 없는 사람으로 여겨지는 것처럼, 파롤의 정상적인 수행 여부보다는 랑그에 기초하여 언어능력을 활성화할 수 있는지가 언어사용에 더 중요한 것이다.

소쉬르는 언어학의 연구 대상으로서 랑그가 네 가지 특징을 지닌다고 주장하였다. 즉, 랑그는 사회적이고, 자율적이며, 하나의 기호 체계이고,

구체적이다. 랑그는 한 사회 안에 존재하는 일종의 계약이며 제도이기 때문에 사회적이고, 각 사회의 랑그 하나만을 독자적으로 연구할 수 있기 때문에 연구에 있어서 자율적이며, 언어적이고 심리적인 기호 체계로서 의미와 청각영상의 결합이고, 발화 주체가 이를 인식하고 사용한다는 점에서 구체적인 대상이다. 랑그는 이 네 가지 특징으로 미루어 보아 사회를 떠나서는 규정될 수 없는 체계이며, 이러한 랑그를 바탕으로 발화된 파롤은 개인적이고 심리적인 활동이다.

소쉬르가 활동하던 시기의 학계에는 심리주의와 사회학이 영향력이 큰 학문이었고 소쉬르 역시 이러한 학문들의 영향을 크게 받았다. 랑그와 파롤이 심리적인 특성을 지닌다고 생각했던 것과 언어가 사회적 사실이고 언어에는 사회적 힘이 작용한다고 주장했던 것이 그 증거이다. 소쉬르가 언어의 사회 제도적 특징에 주목했던 것은 같은 시기의 사회학자 뒤르켐의 사회학 이론에 영향을 받았다고 한다. 그러나 이에 대하여 소쉬르의 제자였던 메이예를 비롯한 다른 몇몇 학자들은 이를 부인하였다. 뒤르켐은 사회적 제도의 강제적인 성격과 구속력을 강조했으나, 소쉬르는 랑그의 자의적이고 관습적인 측면과 이를 이용하는 언어사용자들의 개인적이고 심리적인 요인 또한 고려했기 때문이다.

3.4. 시니피에와 시니피앙

소쉬르는 언어를 하나의 기호라고 정의하고, 어떠한 기호를 실체 대상인 뜻과 그것의 표현인 말소리로 나누고, 이 둘의 관계가 자의적인 것에 대하여 설명하였다. 기호는 반드시 일정한 내면적인 내용과 외면적인 형식을 갖추고 있다. 기호의 외면적인 형식이 인간의 말소리로 나타나는 기호가 바로 언어이다. 소쉬르는, 이러한 언어의 형식을 시니피앙(signifiant)이라 하고, 내용을 시니피에(signifié)라 하였다. 다시 말하면,

언어는 소리와 그 소리를 통해 표시되는 뜻으로 성립되는 것인데, 이 소리의 면을 시니피앙이라 부르고, 뜻의 면을 시니피에라 부르는 것이다. signifiant과 signifié는 각각 프랑스어 단어 signifier의 현재분사와 과거분사이다. 그런데, 이 언어 기호의 관계는 자의적이라 하였다. 자의적이란, 언어 기호의 시니피에와 시니피앙의 사이에는 아무런 필연적인 관계가 없다는 뜻이다. 그러나 언어 기호는 자의적이지만 사회적인 기호이기 때문에 개인이 마음대로 바꾸어서는 안 된다고 하였다.

여기에서 중요한 것은 시니피앙과 시니피에를 그냥 사물과 그 명칭이 아니라 개념과 청각영상이라고 정의한 것이다. 시니피앙, 즉 청각영상이란, 심리적인 소리와 모양이다. 언어사용자가 언어 표현에 대해 생각할 때 실제로 소리 내어 말하지 않아도 마음속에 떠올릴 수 있는 것으로, 순수하게 물질적 소리가 아니고, 그 소리의 정신적 각인이다.

시니피에 또한 사물 그 자체를 나타낸다고 볼 수 없다. 왜냐하면 각각의 사물에 이름을 붙이는 것은 실지로 불가능하고, 어떠한 추상적 이미지 또는 개념에 이름을 붙이고, 그 개념에 어느 정도 부합하는 사물을 그 이름으로 부르기 때문이다. 따라서 소쉬르는 시니피에를 직접적인 사물이 아니라 하나의 개념이라고 정의하였다.

소쉬르의 또 다른 중요한 업적은 기호학을 창시한 것이다. 그는 언어가 가장 발달한 자의적 기호 체계이기 때문에, 대표적인 기호 체계라고 하였다. 그래서 그가 생각한 언어학자의 임무는, 무엇 때문에 언어가 기호학적 현상의 총체 속에서 하나의 특수한 체계를 이루게 되는가를 정의하는 것이었다.

기호에 관한 논의가 소쉬르 이전에 전혀 없었던 것은 아니었다. 일찍이 플라톤을 비롯한 그리스의 사상가들의 정의에서부터 출발한 전통적 기호 개념은 기호가 사물과 명칭을 이어주는 매개체라는 것이었다. 이것은 기호 이전에 대상이 존재해야만 가능한 것이고, 기호는 그저 이전에 존재하는 대상들에 이름을 붙이는 것에 지나지 않았다. 그러나 소쉬르는 개념이나 대상은 그것을 언어화하기 전까지 분명하지 않다고 생각하였다. 사물, 대상, 사상, 개념은 미리 정해진 것이 아니며, 기호 표현과 기호 내용은 그 두 개를 결합시키는 의미 작용 이전에는 존재하지 않는다고 생각하였다. 이 때 결합되는 것은 사물과 명칭이 아니라, 바로 개념과 청각영상이라 하였다.

3.5. 통합 관계와 연합 관계

소쉬르는 언어 기호에 대해 다음과 같이 말하였다. 언어 기호는 개별적으로 존재하는 것이 아니다. 그것은 공존하는 다른 기호와의 상호 관계에 의해서 그 가치를 발휘한다. 이러한 상호 관계에 의해서 하나의 조직체를 형성한다. 이것은 마치 각 개인이 모여서 하나의 사회라는 조직체를 형성하고 있음과 같다.

소쉬르는 요소들의 관계 유형을 정의하였는데, 그가 규정한 관계는 통합 관계와 연합 관계이다. 먼저, 통합 관계는 언어의 선형적(線型的) 특징에 기인하는 관계로, 각 요소는 그것에 선행하는 것과 후행하는 것, 또는 쌍방과 대립하는 것에 의해 가치를 지닌다는 것이다. 즉, 문장에서 한 단어와 그것의 앞뒤 단어의 관계, 그리고 발화에서 하나의 소리와 그 앞뒤 소리의 관계가 곧 통합 관계이다. 이것은 언어가 순차적이고 연쇄적인 선형적 특성을 지니고 있기 때문에 가능한 현실적 관계이다. 즉, 통합 관계는 요소들의 선형적 배열 관계로, 선행 요소와 후행 요소끼리의 관계를 말한다.

연합 관계는 형태나 의미의 공통성으로 인해 심리적으로 연상되는 요소들 간의 관계를 말한다. 예를 들어, '학교'라는 단어를 들었을 때, 심리적으로 연상되는 '선생님, 학생, 수업, 교실, 운동장, 책상, 칠판' 등은 모두 '학교'라는 단어와 연합 관계에 있다. 연합 관계는 음성적,

문법적, 의미적 공통성을 지니고 있는 요소들의 연상적 관계로, 심리적인 요소에서 기인한 잠재적 관계이다. 연합 관계는 너무 추상적이어서 학문의 대상으로 규정하기 어렵다는 이유로 나중에 계열 관계라는 개념으로 바뀌었다. 이는 연속적인 체계 안에서 서로 대치될 수 있는 요소들끼리의 관계를 의미한다. 이들 관계는 각 요소들이 전체 안에서 서로 연대하고 있는 부분들이기 때문에 형성될 수 있는 것이다. 곧 전체는 부분에 의해 가치가 있고, 부분 역시 전체 속에서의 위치에 따라 가치가 있는 것이다.

소쉬르는 언어가 하나의 체계가 될 수 있는 것이 바로 이러한 관계들의 집합으로서 이것으로 언어가 구성되고 기능을 가지게 되는 것이라고 주장하였다. 결국 언어 상태를 이루는 것은 통합 관계와 연합 관계를 기반으로 하는 것이다.

3.6. 언어 기호에서의 가치

구조주의에서 언어 요소들은 개별적으로 가치를 지니는 것이 아니라, 하나의 구조 안에서 맺는 관계 속에서만 가치를 지닌다는 것을 강조한다. 하나의 요소는 다른 요소와의 상호 관계로서 관계를 지니고, 이 각각의 요소들은 다시 전체에서의 위치에 따라 가치가 결정된다. 전체 또한 마찬가지로 부분들에 의해 가치가 결정된다. 전체는 단순한 부분들의 합이 아니라 그 부분들의 관계도 포함하는 것이고, 따라서 전체를 이해하기 위해서는 그 전체를 구성하는 부분들과 함께 그 부분들의 관계도 파악해야 한다는 것이 구조주의의 기본 생각이다.

소쉬르는 과학적 연구의 대상으로서 무엇보다도 언어의 본성에 관심을 가졌다. 즉, 언어를 어떻게 이해하고 또 어떻게 연구해야 하는가의 문제이다. 자기 생각을 될 수 있는 한 직접적으로, 그리고 생생하게 예시하기 위해서 소쉬르는 장기놀이를 비유하였다.

장기에 사용되는 말은 여러 가지 재료로 만들 수 있다. 마음대로 재료를 선택할 수 있다. 중요한 것은 놀이에서 말에게 부여된 가치이다. 이것은 언어에서도 같다. 모든 단어는 체계 내에서 일정한 위치를 차지하는 언어 단위이다. 단어의 의미를 규정하는 것은 이러한 특정 위치이다.

장기의 말은 지켜야 할 일정한 규칙에 의해서 옮겨진다. 놀이 도중에 말의 가치를 마음대로 바꾸는 것은 허용되지 않는다. 말소리와 뜻의 실제적 결합은 우연한 결과로서 자의적으로서 생긴다. 어떤 언어에 있는 결합이 다른 언어에 있다고는 할 수 없다. 그러나 일단 고정되면 그 결합을 마음대로 바꿀 수 없다. 그러므로 이런 의미에서 모든 언어 기호는 한편으로는 자의적이고 또 한편으로는 의무적이라 하였다.

언어에서 보충법과 같은 현상도 장기 놀이에 있다. 장기의 말이 하나 없어졌다고 하자. 그러면 그 대신 골무나 고무조각이나 무엇이든지 마음대로 대용할 수 있다. 이때 새로 대용한 것이 어떤 모양을 하고 있든지 놀이에서는 없어진 말과 같은 가치를 가진다.

말이 움직일 때마다 장기판에 새로운 상태가 생긴다. 그러나 어느 새로운 상태도 놀이의 규칙과 합치하고 있다. 언어에 있어서도 시간의 경과와 더불어 여러 가지 언어 변화가 일어난다. 그러나 이들 변화의 성질은 언어 기호의 기본 규칙에 반드시 규제되어 있다.

장기놀이에서 말이 움직일 때는 하나만이 움직인다. 그런데 그 결과는 놀이 과정에서 결정적으로 중요할 수도 있고 그렇지 않을 수도 있다. 언어에서도 같다. 어떤 언어 변화가 시작해서 전개되고 끝났을 때, 그 언어 변화는 결과에 있어서 사소한 일부에만 영향을 미칠 수도 있을 것이고 또 전체의 체계를 바꿀 수도 있을 것이다.

말을 하나 움직일 때마다 장기판 위에 생기는 새로운 상대는 각각 독자적인 규칙을 가지고 있다. 움직이기 전에 있었던 말의 배치는 이미 아무런 의미도 없어진다. 당장 존재하는 것만이 중요하며 이것을 관찰하고 판단하지 않으면 안 된다. 같은 일이 언어에도 해당한다. 한 시점의 언어 상태를 관찰하면 항상 서로 연관된 여러 사실의 완결체가 발견된다. 이 언어 상태는 동일 언어의 이전 상태와는 독립해서 존재하는 것이다.

4. 소쉬르 학문의 언어학사적 의의

소쉬르는 젊은이문법학파의 마지막 학자로서 정확하고 경험적인 방법으로 비교언어학을 연구하여 큰 업적을 남겼다. 특히 《인도유럽언어의 원시 모음 체계에 관한 논고》에 등장하는 후두음이론은 인도유럽언어의 변화를 규명하는 대에 크게 기여하였다.

그는 또한 《일반언어학강의》에서 언어의 공시적 연구와 통시적 연구를 정립하고 공시적 연구에 중심을 두면서 20세기 언어학을 구조주의로 발전시키는 데에 기여하였다. 랑그와 파롤을 구분하고 이전과는 다른 새로운 방식으로 이 두 개념을 정립하였다. 또한 언어를 기호의 일종으로 보고 기호 자체에도 관심을 가져 기호학을 창시하였다.

여기서 한 가지 언어학사적인 중요한 사실은 역사비교언어학자 소쉬르와 공시언어학자 소쉬르 사이에는 단절이 아니라 깊은 연관 관계를 맺고 있다는 점이다. 소쉬르의 체계에 대한 생각의 뿌리는, 사실 위의 《논고》에까지 거슬러 올라가기 때문이다.

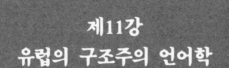

제11강
유럽의 구조주의 언어학

제11강
유럽의 구조주의 언어학

1. 제네바학파

제네바학파(Geneva school)는 고전적인 구조주의 학파이다. 제네바학파의 특징은 언어의 사회적 기능을 강조한 것이다. 대표 학자는 바이이(Charles Bally, 1865~1947), 세슈예(Albert Sèchehaye, 1870~1946)와 같은 소쉬르 학설을 계승한 제자들이다. 또 프레(Henri Frei, 1899~1980)라는 학자는 통사론 연구를 수행하였다. 그러나 이 학파의 연구는 오래 지속되지 못하였다.

이 학파는 언어에 있어서의 정서적 요소에 대한 연구, 공시언어학에 대한 연구, 사회적 기능을 가진 조직 체계라는 관점에서의 언어에 대한 연구를 중심으로 수행하였다.

바이이는 합리적 문체론의 창시자이다. 합리적 문체론이란 개인적 정서보다는 정서적 언어 표현 일반을 연구하는 것이다. 바이이 연구의 중심은 프랑스어와 독일어 등의 비교문체론이었다.

바이이는 소쉬르의 랑그와 파롤을 구별하는 바탕에서 다음과 같이 이론을 전개하였다. 단어는 그 자체로는 일반 개념만을 표시한다. 그런데 말하는 행위는 구체적 현상과 관련이 있다. 랑그를 파롤로 바꿈으로써 추상적 개념에서 구체적 개념으로 이행된다. 예를 들어 '언니'라는 단어는 어느 사람과 일정한 관계에 있는 사람이라는 일반 개념을 표시하는데 구체적인 특정인을 표시하게 되는 것은 누군가가 말을 하기 시작했을 때이다. 그때 비로소 그 장면 자체에서나 또는 말하는 사람이 일정한 수식어 '나의, 너의' 등을 사용하는 데서 문제의 특정인이 누구인가가 확실해진다. 언어의 실현화 과정은 이렇게 랑그에서 파롤로의 과정, 즉 추상적 개념에서 구체적 개념으로의 이행이다.

언어의 실현화 과정에서 일어나는 여러 문제를 검토함으로써, 바이이는 또 기능적인 통사 이론을 수립하였다. 어휘 의미는 바꾸지 않고 문법 기능을 바꾸는 것과 관련한 이론이다. 이 이론을 통해 바이이는, 항상 두 요소의 통합으로 이루어지는, 통사체에 대한 연구를 제시하였다. 바이이는 두 요소로 구성된 한 쌍의 단어로부터 시작하여 문장에 이르기까지를 모두 통사체로 보았다.

2. 프라하학파

2.1. 개관

1926년 체코의 수도 프라하에서 프라하언어학회(Prague Linguistic Circle)가 설립되었다. 당시 언어학에서 가장 대표적인 소쉬르와 쿠르트네이와 같은 언어학자의 이론에 열중했던 프라하 언어학자들이 이 학회를 설립하였다. 이 학회의 중심 인물에는 러시아에서 망명한 세 학자, 즉 야콥슨(Roman Jakobson, 1896~1982), 카르체프스키(S. Karcevskij, 1884~1955), 트루베츠코이(Nikolaj Sergeevič Trubetzkoy, 1890~1938)를 비롯하여 체코의 언어학자 마테시우스(V. Mathesius), 트른카(B. Tranka), 하브라네크(B. Havránek)가 있었다. 또 문학이론가 무하조프스키(Muhařovský)도 있었으며, 곧 이어 바헤크(J. Vachek), 스칼리츠카(V. Skalička), 이사첸코(Isačenko)와 같은 젊은 세대의 학자들도 이 학회에 참여하였다. 이들을 언어학사에서 프라하학파(Prague School)라 부른다.

프라하학파의 연구 대상은 음운론이었으며, 연구 특징은 기능주의 관점이라는 것이었다. 현대 음운 이론의 기반을 확립하였으며, 음운 단위가 의사소통의 기호로 기능하는 방식에 대해 연구하였다. 그래서 프라하학파를 음운학파, 기능주의 언어학파라고 부른다. 이들은 소쉬르의 기호 대립 이론과 쿠르트네이의 심리적 음운관에 이론적 바탕을 두었다.

프라하언어학회는 1929년 논문집 《프라하언어학회논총》(*Travaux du Cercle Linguistique de Prague*)를 창간하였다. 여기에 다음과 같은 그들의 연구 강령을 발표하였다. 이 강령에서 프라하언어학회의 새로운 언어 이론과 학문 업적이 제시된 것이다.

[1] 언어는 의사소통을 위한 표현 수단의 체계이다. 따라서 언어학자는 구체적 발화의 현실적 기능, 즉 무엇이 어떻게 누구에게 어떤 경우에 전달되는가를 연구해야 한다. 언어는 실제이며 그 형태는 사회 환경과 전달 받는 청중, 그리고 전달에 포함된 주제와 같은 비언어적 요인에 의해 크게 제약을 받는다. 그러므로 문화 일반의 언어, 문학작품의 언어, 학술지의 언어, 신문의 언어, 거리의 언어, 관공서의 언어 등을 이론적으로나 실제적으로 구별하는 것이 반드시 필요하다.

[2] 언어는 인격의 지적 표명과 정서적 표명을 내포한다. 따라서 언어 연구는, 지적 요소뿐만 아니라 정서적 요소를 전달하는 언어 형태의 관계를 포함해야 한다. 쓰인 언어와 말해지는 언어는 같지 않고 각각 고유한 특징을 지니고 있다. 따라서 문어와 구어의 관계도 과학적으로 연구되어야 한다.

[3] 공시적 연구는 실제의 언어 실현과 직접 관계가 있기 때문에 언어학자의 첫 관심사가 되어야 한다. 그렇다고 언어 변화를 언어학자의 관심 밖에 두어야 한다는 것을 의미하는 것은 아니다. 특정한 언어 진화를 개별적으로 기술하지 않고 체계 전체로 언어 진화를 보려 할 때, 언어사는 참다운 의의를 가진다. 통시태에서는 체계를, 공시태에서는 통시태를 항상 염두에 두어야 한다. 어느 공시태도 완전히 끝나지 않은 과정과 새로운 과정에의 첫 경향을 포함하고 있다. 만약 통시태를 포기한다면 그러한 고형이 남아 있는 현상을 설명할 수 없게 될 것이다. 언어학에 있어서의 비교 연구는 개별 현상을 관찰하고 그 기원을 찾는 데 끝나지 않고, 모든 언어 사실의 상관 관계를 두루 살펴볼 때 비로소 정당화된다. 비교방법은 언어유형론, 즉 언어 구조의 유형을 기술하는 연구도 가능하게 하는 것이어야 한다.

[4] 음운 연구는 각 언어에 나타나는 음운 대립 유형을 규정해야 한다. 형태 현상은 음운 현상과 분리해서는 안 된다. 음운 대립은 형태론 층위에서 중요하기 때문이다.

프라하학파의 활동은 독일이 체코슬로바키아를 점령할 때까지 겨우 10년밖에 지속되지 못하였다. 트루베츠코이와 마테시우스가 죽고 야콥슨이 체코를 떠나면서 프라하학파는 지도자를 잃었다. 그러나 프라하학파의 이론은 미국 하버드대학이라는 전혀 다른 환경에서 이어졌다. 야콥슨이 1940년대 초엽 미국으로 갔기 때문이다. 이는 구조주의 언어학사에서 중요한 의미를 지닌다. 하버드대학은 곧 프라하학파의 중심지가 되고 여기서 새로운 세대의 현대 언어학자가 양성되었다. 야콥슨과 그의 제자들은 음운론에서 변별자질 이론을 주장하면서도 분포 기준을 분석에 이용하는 것을 등한시하지는 않았다. 그래서 오늘날 음운론 연구도 야콥슨의 변별자질 이론에 기초를 두고 있다.

2.2. 트루베츠코이

러시아에서 망명한 프라하학파
의 트루베츠코이는 현대 음운론의
창시자로 널리 인정되고 있다. 트
루베츠코이는 폭넓은 언어학의 소
양을 가진 학자로서, 그는 민속학
자로서 학문 생활을 시작했지만,
곧 언어학에 관심을 가지게 되었
다. 러시아의 저명한 언어학자 포
르제진스키에게 언어학을 공부하
고, 1913년 이후에 라이프치히에
서 젊은이문법학자 브루크만, 레스
킨 등에게 배웠다. 1915년 샤흐마

프라하학파의 니콜라이 트루베츠코이

토프가 공통슬라브어의 음운 변화에 관한 저서를 출판했을 때 이를 강하
게 비판한 것이 계기가 되어 트루베츠코이는 러시아 언어학자들에게
인정받게 되었다. 그는 라이프치히대학에서 강의를 시작하여, 1922년
오스트리아 빈대학에서 슬라브 문헌학 교수가 되어 슬라브학 강의를
담당하면서 쿠르트네이와 소쉬르의 이론을 연구하였다.

그는 1920년부터 야콥슨과 편지를 통하여 학문적 교류를 시작하였다.
그 이후 이들 두 언어학자들은 프라하언어학회에 함께 가입함으로써
학회 일원으로 프라하언어학회의 대표 학자가 되었다. 그는 프라하언어
학회에서 활약하면서 음운론에 관한 독창적인 생각을 발전시켰다.

트루베츠코이는 말년에 건강이 허약하다는 명목으로 나치에 의해 빈
대학 교수직에서 물러나게 되었다. 실제는 그가 인종 차별에 대해 비판적
인 견해를 발표했기 때문이었다. 그리고 나서도 그는 당국으로부터 심한
박해를 받았으며, 결국 그로 인한 극심한 건강 악화로 죽음을 맞았다.

트루베츠코이의 음운론은 소쉬르의 《일반언어학강의》의 다음과 같은 사상이 근본 동기가 되어서 싹트게 되었다. 즉, 언어는 사회적 기능을 한다. 언어는 체계이다. 음운 단위는 의사소통을 가능하게 하는 언어 단위이다.

트루베츠코이의 음운론은 다음과 같은 생각을 바탕으로 하고 있다. 즉, 음운을 언어 기호로 보아야 한다. 음운은 단어의 의미를 전하는 기능을 한다. 그는 대표 저서 《음운론원리》(*Grundzüge der Phonologie*, 1939)에서 '주어진 언어에서 두 단어의 지적 의미를 구별할 수 있는 음성의 대립'을 '변별적인 음운 대립'이라 하여 음운 대립의 각 항을 '음운 단위'라고 규정한 뒤, 음운은 '주어진 언어의 관점에서 그보다 더 짧고 계기적인 음운 단위로 분할될 수 없는 음운 단위'라고 정의하였다.

트루베츠코이는 불변체의 언어 단위, 즉 음운과 그 현실적인 음성의 실현 관계를 처음으로 규정한 학자이다. 그의 다음과 같은 주장은 구조주의 음운론의 원리가 되었다.

[1] 같은 언어의 두 음성이 같은 환경에서 서로 대치될 때 그 단어의 의미가 반드시 바뀐다면, 이 두 음성은 두 개의 서로 다른 언어 단위, 즉 두 개의 음운으로 인정된다.
[2] 단어 의미에 아무런 영향도 미치지 않고 두 음성이 같은 환경에 나타날 수 있다면, 이 두 음성은 두 개의 서로 다른 음운이 아니라, 같은 음운의 수의적 변이음이다.
[3] 같은 언어의 두 음성이 조음적, 청각적 특징이 비슷하지만 같은 환경에 결코 나타나지 않는다면, 이들 두 음성은 같은 음운의 결합적 변이음이다.

트루베츠코이는 음운 대립의 상관 관계 이론을 제시하였다. 그의 저서 《음운론원리》에서 음운 체계 전체에서 대립항의 상호 관계를 고려하면서 어떻게 음운 대립이 형성되는가를 제시하였다. 음운 대립에 대한 그의 이론은, 물론 수정되고 보완되었지만, 지금까지 현대 음운론의 중요한 개념으로 계승되고 있다.

트루베츠코이는 근본적으로 음운 체계는 대립에서 출발하기 때문에 음운 구조를 이해하기 위해서는 음운의 여러 가지 유형의 대립을 연구해야 한다고 하였다. 그리하여 그는 다음과 같은 세 가지 관점에서 대립을 구별하고 이에 따라 음운 체계를 구성하였다.

[1] 전체 대립 체계와의 관계에 따라, 일원(一元) 대립과 다원(多元) 대립, 그리고 비례 대립과 고립 대립이 구별된다.
[2] 대립하는 각 항 사이에 존재하는 관계에 따라, 유무 대립, 단계 대립, 등치(等値) 대립이 구별된다.
[3] 변별 효력의 범위에 따라, 불변 대립과 중화 대립이 구별된다.

트루베츠코이는 변별 효력의 범위에 따라 중화 대립을 제시하면서, 대립은 일정불변이어야 할 필요는 없고 어느 조건 아래에서는 대립이 중화된다고 주장하였다. 중화는 변별되는 대립하는 두 항이 어떤 위치에서 한 음가만 나타나는 것을 말하고, 이 음가는 두 음소에 공통된 변별자질의 묶음인 원음소라 하였다.

트루베츠코이의 유표와 무표의 개념은 현대 언어학의 방법론에 크게 기여하였다. 나중에 야콥슨은 이 유표와 무표의 기준을 한층 더 발전시켰다.

2.3. 야콥슨

2.3.1. 개관

야콥슨은 모스크바에서 태어나서 대학을 마친 뒤, 제1차 세계대전 후 러시아를 떠나 체코슬로바키아 프라하로 갔다. 그 뒤 1939년 체코슬

프라하학파의 로만 야콥슨

로바키아가 나치 독일군에게 점령되자 덴마크, 스웨덴, 노르웨이 등에 2년간 머물다가 1941년 미국으로 가서 1982년 86세에 세상을 떠날 때까지 그곳에서 활동한 현대 구조주의 언어학의 대표 학자이다.

그의 학문 활동은 모스크바 시대, 프라하 시대, 미국 시대로 나뉜다. 모스크바 시대에는 라사레프동양어연구소와 모스코바대학에서 공부했으며, 1918년에 석사학위를 받았으며, 그 뒤 모스크바를 떠날 때까지 모스크바대학의 교수후보로 있었다. 1915년 젊은 학생들이 모스크바언어학회를 조직하고 민속과 방언을 공동 연구했는데, 야콥슨은 이 학회의 회장을 맡아 활발히 활동하였다.

1920년 프라하로 온 이후에는 1930년 프라하대학에서 박사학위를 받고 마사리크드브르노대학에서 1933년부터 러시아 문헌학과 고대 체코어의 교수로 활동하였다. 프라하 시대의 가장 주목할 만한 학문 활동은 1926년에 프라하언어학회를 창립한 것으로, 이는 프라하학파를 형성하는 계기가 된 것이다.

1941년 미국으로 가서는 1942년부터 1946년까지 뉴욕 자유고등연구원에서, 1949년에는 하버드대학에서, 1957년부터는 MIT에서 언어학, 슬라브 어문학 등의 교수로 활동하였다. 이러한 야콥슨의 미국 시대는 미국 언어학계에 중요한 의의를 남겼다. 즉, 미국 언어학계는 그를 통하여 프라하학파의 이론을 접하게 되었을 뿐만 아니라, 그의 이론은 젊은 세대의 언어학자들에게 큰 영향을 미쳤다.

야콥슨은 자기의 이론을 단행본으로 종합하지는 않았다. 그의 저술은 논문으로 그것도 여러 논문집에 발표되어 있으며, 그 가운데에는 현재 볼 수 없는 것도 많다. 그러나 다행히 《로만 야콥슨 선집》(*Roman Jakobson, Selected Writings*, 1962~1982)이 출간되어 있어 이를 통하여 그의 학문적인 전모를 살펴볼 수 있다. 그리고 《로만 야콥슨 칠순기념 논총》(*To Honor Roman Jakobson, Essays on the Occasion of His Seventieth Birthday*, 1967) 제1권에는 그의 저술 목록이 있다. 이 목록을 보면 그의 연구 영역이 얼마나 넓은가를 알 수 있으며, 그의 학문 특징도 알 수 있다. 논저의 수가 475편에 이르고 있다.

2.3.2. 언어의 기능

야콥슨은 의사소통 행위의 6가지의 기본 요소를 바탕으로, 언어의 기능을 지시 기능, 감정표현 기능, 명령 기능, 친교 기능, 메타언어 기능, 시적 기능 등으로 설정하였다. 특히 시적 기능에 대한 중요성을 강조하였는데, 이것은 야콥슨 자신의 일관된 관심 대상이 문학과 시였다는 데서 그 근거를 찾아볼 수 있다.

야콥슨은 시학에 관한 논의에서 언어의 다양한 기능에 대한 연구가 필요하다고 주장하면서, 언어의 의사소통 행위를 이루는 요소를 바탕으로 언어의 다양한 기능을 설정하였다.

언어의 의사소통 행위를 이루는 요소를 다음과 같이 제시하였다. '발신자'는 '수신자'에게 '메시지'를 보낸다. 하나의 메시지가 발동하려면 언급되는 '상황'이 필요하다. 이것은 수신자가 포착할 수 있는 것이라야 하고, 언어라는 형식을 가지든지 아니면 언어화할 수 있는 것이라야 한다. 다음에 필요한 것은 '코드'로서 완전하게 또는 부분적으로 발신자와 수신자에게 공통된 것이라야 한다. 끝으로 필요한 것은 발신자와 수신자 사이의 물리적이나 심리적 연결이 되는 '접촉'으로서, 양자가 의사소통을 시작하여 서로 계속할 수 있게 하는 요소이다. 의사소통에 필수불가결한 이와 같은 요소를 표로 나타내면 다음과 같다.

의사소통의 요소

<table>
<tr><td></td><td>상황 context</td><td></td></tr>
<tr><td>발신자 addresser</td><td>메시지 message</td><td>수신자 addressee</td></tr>
<tr><td></td><td>접촉 contact</td><td></td></tr>
<tr><td></td><td>코드 code</td><td></td></tr>
</table>

이러한 6가지의 요소가 서로 다른 언어 기능을 성립시킨다고 보았는데, 야콥슨이 설정한 언어의 6가지 기능은 다음과 같다.

첫째는 지시 기능이다. 지시 대상으로의 '상황'에 대한 방향, 즉 지시하는 기능을 말한다. 외연 기능, 인지 기능이라고도 하는데 대부분의 여러 메시지가 수행하려는 주요 기능이다. 이러한 지시 기능은 언어가 수행하는 가장 원초적인 기능이라고 할 수 있다. 왜냐하면 어떤 대상에 대해서 말할 때 그 대상을 지시해 주기 때문이다.

둘째는 감정표현 기능이다. 이것은 '발신자'를 초점으로 해서 이야기 내용에 대한 화자의 태도를 직접적으로 표현하는 기능이다. 이것은 참이든 거짓이든 어떤 감정의 인상을 만들어낸다. 언어가 전달하는 정보적 측면에서 언어를 분석한다면, 정보라는 개념은 언어의 지시적인 정보에만 국한될 수는 없으며, 분노, 냉소 등을 나타낼 때는 언어의 어떤 특정 표현을 써서 그 감정표현적인 정보를 전달하게 된다고 보는 것이다.

셋째는 명령 기능이다. '수신자'를 지향하는 명령 기능은 호격과 명령법을 통해 실현된다. 명령문은 서술문과 기본적으로 두 가지 점에서 서로 다르다. 서술문은 참과 거짓을 결정할 수 있는 반면, 명령문은 그렇지 않다.

넷째는 친교 기능이다. 메시지 가운데는 우선 의사소통을 성립시키고, 이를 연장하거나 중단시키며, 회로를 확인하고("여보세요, 들립니까?"), 상대방의 주의를 확인하는("듣고 계십니까?", "네, 네." 등) 것이 있다. 이와 같은, '접촉'을 지향하는 친교 기능은 일상적인 인사를 주고받는다든지 그저 이야기를 길게 끌고 가기 위해 주고받는 대화 등에 나타난다.

다섯째는 메타언어 기능이다. 논리학에서는 언어를 두 가지 층위로 구분한다. 대상에 대해 언급하는 대상언어와 언어 자체에 대해 언급하는 메타언어이다. 그러나 메타언어는 논리학자나 언어학자만이 사용하는 수단이 아니라 일상 언어소통에서도 중요한 역할을 한다. 발신자와 수신자가 상대방과 일치하는 '코드'를 사용하고 있는지를 확인해야 할 때, 발화의 초점은 코드 자체에 있게 된다. 이러한 기능이 메타언어 기능이다.

여섯째는 시적 기능이다. '메시지' 그 자체에 초점을 맞추는 것이 시적 기능이다. 이것을 언어의 일반 문제와 무관하게 연구되어서는 성과를 거두기 어렵다. 또한 언어를 면밀하게 분석하기 위해서는 이 시적 기능에 대한 충분한 연구가 필요하다.

언어의 기능에 대한 논의에서 야콥슨은 다음과 같은 결론을 내리고 있다. "나는 언어학자이다. 언어에 관련된 것은 어떤 것도 나와 무관할 수는 없다." 야콥슨은 모든 종류의 언어가 다 연구 대상이 될 수 있는 것이므로 시를 연구 대상에 포함시켜야 한다는 것을 분명히 하였다.

2.3.3. 음운 이론

야콥슨은 음운을, 그 언어에서 서로 의미가 다른 단어를 구별하는 데 사용되는, 동시에 나타나는 음성자질의 집합이라고 규정하면서, 그러한 음운 체계에 양분 대립의 생각을 도입하여 12개의 변별자질을 설정하였다. 그리고 그 변별자질의 음향 특징을 밝혔다. 음운 체계에 대한 연구에서 어린이의 언어습득과 실어증에 대한 과제도 함께 언급하였다.

야콥슨은 양분 대립에 입각하여 음운을 변별자질의 묶음으로 정의하면서, 모든 언어의 음운 체계에 적용할 수 있는, 보편적이고 타당한 변별자질들을 체계적으로 기술하였다. 이것은 아마 그의 가장 큰 언어학적인 공헌일 것이다. 야콥슨은 세계 언어의 음운 체계는 모두 각양각색이지만, 거기에 사용되는 변별자질은 12쌍을 넘을 수 없다는 가설에 세웠다.

야콥슨의 주요 음운 연구는 음운 대립 체계와 음운유형론에 관한 것이다. 한 언어에서 의미 분화에 관여할 수 있는 음성 차이를 음운 대립이라고 한다면, 그 언어의 고유한 음운 대립의 목록은 음운 체계를 이룬다고 하였다. 그런데 음운 체계에도 보편적인 구조 법칙이 있고, 여기에 따라 각 언어의 음운 체계는 제한되며, 세계 모든 언어의 음운유형론이 가능하게 된다고 하였다. 따라서 야콥슨의 최종 목표는 보편성을 띤 음운 구조 법칙을 찾고, 여기에 따라서 음운유형론을 수립하는 것이라고 하겠다.

야콥슨은 양분 대립의 생각을 인간의 인지 작용이나 어린이의 언어습득, 또는 실어증 등 여러 각도에서 입증하려고 하였다. 어린이의 언어습득 과정에서 모음에서는 먼저 저모음 /a/가, 또 자음에서는 양순 폐쇄음 /p/가 나타난다고 하였다. 그 다음에는 비강음/구강음의 대립이 나타나고, 다시 양순음/치음의 대립이 나타난다고 하였다. 그리고 모음에서는 고/저의 대립이 나타난다고 하였다. 즉, 어린이가 처음에 습득하는 음운 대립은 세계 각 언어의 음운 체계에서 보편적으로 발견되는 대립이고, 또 어린이가 늦게 습득하는 음운 대립은 세계 각 언어에서 비교적 드물게 나타나는 대립이다. 그런데 실어증 환자가 음운 대립을 잊어 가는 과정은 어린이가 습득해 가는 과정과는 정반대이다. 이와 같이 야콥슨의 양분 대립에 근거한 연구는 단지 음운을 설정하는 데에 그친 것이 아니고, 이를 통해 모든 음운 체계가 형성되는 보편적인 구조 법칙을 찾으려 했던 것이다.

2.3.4. 문법범주 이론

야콥슨은 발화행위와 발화체, 사건과 참여자 등의 두 가지 특성을 바탕으로 문법범주를 설정하였다. 참여자 포함/비포함, 지시자/연결자, 전환사/비전환사라는 관점을 가지고, 성, 수, 인칭, 태, 서법, 양태, 양상, 시제, 순서성, 증언법 등의 문법범주를 설정하고, 그 하위범주도 제시하였다.

야콥슨은 문법범주를 분류하기 위해서 기본적으로 [1] 발화행위(s)와 발화체(n), [2] 사건(E)과 참여자(P)와 같은 두 가지 특성이 전제되어야 한다고 보았다. 이들은 결과적으로 4개의 항목으로 설정되는데, 그 내용은 다음과 같다.

> En: 발화체 사건
> Es: 발화행위 사건
> Pn: 발화체 참여자
> Ps: 발화행위 참여자

발화체 사건(En)에 관련된 문법범주는 사건의 참여자를 포함하는 경우와 포함하지 않는 경우로 하위분류된다. 참여자를 포함하는 범주는 참여자 자신(Pn)과 참여자와 발화체 사건과의 관계(PnEn)로 나뉜다. 참여자가 제외된 범주는 발화체 사건(En)과 다른 발화체 사건과의 관계(EnEn)로 나뉜다. 사건(En)이든 참여자(Pn)이든 오직 하나의 발화체로만 나타나는 범주는 지시자라 하며, 다른 발화체와 관련해 있는 발화체(EnEn,PnEn)로 나타나는 범주는 연결자라 한다. 지시자는 발화체의 질과 양을 지시하는데 이를 각각 질화사, 양화사라 한다. 지시자와 연결자는, 발화행위(.../Es)나 그 참여자(.../Ps)와 관련 여부에 따라, 발화체 사건과 발화체 참여자로 나뉜다. 여기에서 관련을 가지는 범주를 전환사라 하고, 관련을 가지지 않는 범주를 비전환사라 한다. 이상과 같은 기본적인 양분법에 따라 모든 문법범주를 정의하였다.

첫째, 발화체 참여자(Pn)를 포함하는 범주에는 성, 수가 있는데, 발화

행위 사건과는 관련 없이 참여자 자신만을 관련시키는 범주이다. 발화행위 참여자와 발화체 참여자를 관련시키는(Pn/Ps) 문법범주에는 인칭이 있다. 즉, 1인칭은 발화행위 수행자와 발화체 참여자를 일치시키는 것이며, 2인칭은 발화행위 수혜자와 발화체 참여자를 일치시키는 것이다.

둘째, 발화체 사건(En)에 관련하는 범주에는 양태와 양상이 있다. 이것은 참여자와 발화행위 사건과는 관련 없이 발화체 사건 자체만 관계하는 범주이다. 양태는 사건의 논리적인 질을 말한다. 발화체 사건과 발화행위 사건을 관련시키는(EnEs) 문법범주에는 시제가 있다. 과거 시제는 발화체 사건이 발화행위 사건보다 앞선 것을 나타낸다.

셋째, 발화체 사건과 그 참여자를 관련시키는(PnEn) 문법범주에는 태가 있다. 이것은 발화행위 사건이나 화자와는 무관하다. 발화행위 참여자와 관계해서 발화체 사건과 그 참여자를 관련시키는(PnEn/Ps) 문법범주에는 서법이 있다. 행위와 행위자 또는 목표 사이의 관련에 대한 화자의 견해를 반영하는 범주이다.

넷째, 발화행위 사건과는 관계없이 발화체 사건과 또 다른 발화체 사건을 관련시키는(EnEn) 문법범주에는 순서성이 있다. 그리고 발화체 사건, 발화행위 사건, 발화체의 발화행위 사건 등 세 가지 사건이 관련되는(EnEns/Es) 문법범주에는 증거법이 있다. 이것은 화자가 어떤 사건에 대한 보고, 꿈, 추측, 경험에 기반을 두고 보고하는 것이다.

2.3.5. 음운과 문법의 상호 관계

야콥슨은 의미 분화에 관여하나 자기 스스로는 의미가 없다는 음운의 기능을 바탕으로 음운 현상과 문법 현상의 상호 관계를 밝혔다.

야콥슨은 근본적으로 사피어의 다음과 같은 견해를 받아들인다. "음성학과 문법론을 서로 관련이 없는 분야로 분리시키려는 경향은 온당하지 못하다. 왜냐하면 그들과 그들 각각의 역사 사이에는 근본적인 관계가 있기 때문이다." 이러한 견해를 바탕으로 야콥슨은 다음과 같은 논의를 폈다. 다양한 문법 현상과 음운 현상은, 공시적인 측면과 통시적인 측면에 직면하게 되어, 문법과 음운 구조는 서로 재조정한다. 공시적, 통시적 연구는 두 자율 구조, 음운과 문법 사이의 연대성과 독립성의 밀접한 관계를 드러내 보인다. 음운 연구의 최근 동향과 문법 연구의 최근 동향이 이 두 분야를 접근시키고 있다.

2.3.6. 야콥슨 학문의 언어학사적 의의

이외에도 실로 야콥슨은 여러 분야에 큰 업적을 남겼다. 시학, 정보 이론, 통신 이론, 유형론, 실어증, 번역 이론, 그리고 인류학 등이 그 분야이다. 특히 언어학과 시학과의 상호 관계에 대해서 많은 관심을 가졌으며, 실어증에 관한 연구는 언어학에서 획기적인 연구라고 할 수 있다.

야콥슨은 이러한 학문적인 성과뿐 아니라, 모스크바 시대에서의 모스크바언어학회, 프라하 시대에서의 프라하언어학회를 중심으로 학풍을 형성했으며, 미국 시대에서는 미국학계가 프라하학파의 이론을 접하게 했을 뿐만 아니라, 그의 이론이 젊은 세대 언어학자들에게 영향을 주게 하였다. 이런 것들이 야콥슨 학문의 언어학사적인 업적이라고 할 것이다.

3. 코펜하겐학파

3.1. 개관

코펜하겐학파(Copenhagen School)는 1930년대 말엽 덴마크 언어학자 브뢰날(Viggo Brøndal, 1887~1942)과 옐름슬레우(Louis Hjelmslev, 1899~1965)의 이론에 입각해서 수립된 구조주의 언어학이다. 기호논리학의 방법에 기반을 두었기 때문에 언리학파(言理學派, glossmatics)라 부르기도 한다. 옐름슬레우와 브뢰날을 포함해서 이 학파의 학자들은 모두 언어 현상을 설명하는 데 기호논리학의 방법을 적용하는 것에 관심을 보여 유럽 언어학에서 특별한 위치를 차지한다.

코펜하겐학파는 1934년 옐름슬레우와 브뢰날의 지도 아래 설립된 코펜하겐언어학자모임이 그 기반이었다. 이 학파는, Revue international de linguistique structural이라는 부제가 붙은 학술지 《언어학지》(*Acta Linguistica*)를 1939년에 창간함으로써 현대 언어학의 발전에 있어서 국제적인 중요성을 가지게 되었다. 고도의 추상화, 형식화에 의한 기호논리학 방법에 기반을 두어 많은 논문이 이 학술지에 발표되었는데, 이들은 코펜하겐학파의 명성을 높였을 뿐만 아니라, 구조언어학의 발전에도 기여하였다.

코펜하겐학파는 소쉬르의 학설에 크게 의존하고 있으면서 또한 기호논리학에도 가치를 부여하였다. 이 학파는 구체적인 언어 문제를 연구하기보다는 오히려 언어 기호에 관한 일반 이론 구축에 더 관심을 쏟았다. 그리고 코펜하겐학파 학자들은 언어 자료에 대한 관심보다는 의사소통 체계를 이루는 언어 구성 요소 간의 관계를 규명하는 데에 더 관심을 가졌다. 이제 대표적인 두 학자를 중심으로 이 학파의 이론적 특징을 살펴보자.

3.2. 브뢰날

최초의 코펜하겐학파의 중심 인물은, 학파의 주춧돌로서, 독창적이고 설득력 있는 이론을 전개한 브뢰날이다. 기호논리학을 언어학에 접근시켰다. 로맨스어학, 스칸디나비아언어사, 지명 전문가였던 그는 소쉬르의 언어학 사상을 높이 평가하면서, 덴마크 언어학자 톰센(Thomsen), 예스

페르센(Jespersen)[1], 페데르센(Pedersen) 등과 프랑스 언어학자 메이예(meillet), 그라몽(Grammont) 등의 영향을 받았다. 1928년에 트루베츠코이를 알게 된 이후에는 음운론에 관심을 가지기 시작하였다. 그러나 브뢰날이 존경했던 스승은 덴마크 철학자 회프딩(Harald Høffding)이었다. 그는 브뢰날에게 상대성이론의 연구와 철학과 물리학, 그리고 수학의 원리에 대한 관심을 환기시켰다. 이렇게 해서 브뢰날은 구조주의적이고 논리적이며 철학적인 언어학을 강력히 제창한 학자가 되었다. 그러나 그는 자신의 구조주의 이론이 결정적으로 형성되기 전에 세상을 떠났다. 그 이후 이 학파의 중심은 옐름슬레우에게 넘어갔다.

언어학에 구조주의와 기호논리학의 방법을 도입한 브뢰날의 선구적 업적은 《언어학지》 창간호(1939)에 발표된 '구조언어학'이라는 논문부터 시작된다. 그는 이 논문에서 언어에 대한 구조주의적 접근 방법의 구상을 제시하였다. 그 이후는 주로 대립 이론을 연구하였다. 브뢰날은, 대립이라는 기준이 이미 음운론 연구에서 충분히 확립되었지만, 형태론 그리고 의미론 연구에도 적용되어야 한다고 주장하였다.

그러나 브뢰날의 중요한 학문적 관심은 기본적 논리범주가 언어 사실을 통해서 어떻게 나타나는가에 집중되었다. 그에게는 언어 문제가 본질적으로 철학의 문제였고 언어 문제를 그러한 것으로서 해결하려고 하였다. 예를 들어 저서 《전치사 이론》(Théorie des prépositions, 1940)에서 기본적인 논리 개념을 규정하고, 그 개념을 전치사의 모든 체계에 적용하기 위한 원리를 확립하려 하였다.

---

1   예스페르센(Jens Otto Harry Jespersen, 1860~1943): 덴마크의 언어학자·영어학자. 음성학, 언어 이론, 영어사, 국제어 운동 분야에서 활발히 활동하였다. 언어 변화의 진보성을 주장하였는데, 언어는 진화하는 것이며, 언어 변화는 효율이 좋은 방향으로 나아가는 것이라고 주장하였다. 대표 저서에는 《현대 영문법》(Modern English Grammar on Historical Principle 7권, 1909~1949), 《문법 철학》(Philosophy of Grammar, 1924), 《언어, 그 본질, 발달, 기원》(Language, its Nature, Development and Origin, 1922) 등이 있다.

브뢰날은 과학적 구상에 있어서 언어학자와 철학자의 중간 위치에 있었으나, 어느 편과도 완전히 보조를 같이하는 데는 성공하지 못하였다. 철학자들은 그를 근대 논리학과 아리스토텔레스의 사상을 조화시키려고 해서 실패한 관념론자라고 비판하였다. 또 언어학자들은 브뢰날의 구조주의에 철저하지 못했고 또한 전통적인 언어학에 대해서 타협적이었다고 비판하였다. 그러나 언어학자들은 모두 브뢰날이 언어학에 구조주의를 개척한 학자의 한 사람이며 또한 덴마크의 언어학을 근대화하는 데 크게 기여한 사람으로 인정하였다. 브뢰날의 연구를 언어학사의 관점에서 평가한다면, 그는 기호논리학의 방법에 따라서 언어에 접근하려고 한 최초의 언어학자라 할 것이다.

3.3. 옐름슬레우

코펜하겐학파의 루이 옐름슬레우

옐름슬레우는 코펜하겐학파의 대표적인 학자이다. 그는 항상 독창적이었고, 항상 새로운 모습의 학문 연구를 추구하는 데 열정을 쏟았다. 언어 연구에 수학적 추상화에 열중했으며, 또한 언어학의 주요 개념의 하나가 된 메타언어, 즉 과학적 정의를 위한 논리적 수단을 예견하고 지적한 대표적인 언어학자이다. 옐름슬레우는 논리문법, 즉 대수학과 같이 고도로 정밀하고 과학적이며 명석하고 논리적인 언어 연구를 추구하였다. 이렇게 해서 그는 수학적 분석 방법으로 언어 연구에 접근하였다. 그의 대표 저서는 《일반문법원리》(*Principes de grammaire générale*, 1928)이다.

옐름슬레우 역시 소쉬르를 구조주의의 창시자로 높이 평가하였다. 옐름슬레우 언어학에서, 분명히 소쉬르의 이론에 입각하고 있는 것은 두 가지 점이다. 첫째, 의사소통 과정에서 심리적 존재로서 음성의 기능을 지적한 것이다. 옐름슬레우는 언어음을 일관해서 추상적 존재로서 고찰하여 자료적이며 구체적인 면은 무시하였다. 둘째, 언어음은 의사소통의 기호이며 언어음은 이 사실에 입각해서 연구되어야 한다는 것을 지적한 것이다. 옐름슬레우는 언어 이론을 의사소통을 위한 기호 이론으로 환원하였다.

옐름슬레우는 자신의 언어 이론을 언리학이라고 부르면서, 언리학의 특징으로 다음과 같은 네 가지를 들었다.

[1] 연역적 분석 방법이다.
[2] 형식을 중요시한다.
[3] 언어형식에는 내용의 형식과 표현의 형식이 있다.
[4] 언어는 특수한 기호 체계이다.

연역적 분석 방법과 관련하여, 과거의 언어학은 상승식으로 '음성 → 음운 → 음운범주', '개별 의미 → 일반 의미 → 의미범주'로 향하는 것이 보통이었으나, 이것은 분석이 아니라 종합이라 하며 여기에는 많은 결함이 있다고 하였다.

옐름스레우의 가장 중요한 업적은 언어 연구에서 '내용'(content)과 '표현'(expression) 그리고 '실질'(substance)과 '형식'(form)의 구별을 도입한 것이다. 내용과 표현은 의사소통 과정에서 불가결한 두 가지 기본 범주이다. 내용은 전달된 살아있는 현실 그 자체이며, 표현은 내용에 관한 정보를 전달하는 모든 수단을 포함이다. 또한 의사소통 과정에서 내용은 실질과 형식이라는 두 면으로 구별되어야 한다. 이렇게 하여 다음과 같은 네 가지 개념이 성립한다.

[1] 내용의 실질: 살아있는 현실 그 자체를 의미한다. 사물과 사람, 즉 우리들을 둘러싸고 있는 세계 전체.
[2] 내용의 형식: 내용의 실질에 관한 우리들의 심적 표상을 의미한다. 즉, 우리들을 둘러싸고 있는 살아있는 현실을 우리들이 어떻게 받아들이고 또 어떻게 이해하는가 하는 것.
[3] 표현의 실질: 언어의 물리적인 음성 측면을 의미한다.
[4] 표현의 형식: 표현의 실질에 관한 심적 표상을 의미한다. 즉, 의사 소통 과정에서 우리들이 언어 기호를 어떻게 받아들이고 또 어떻게 이해하는가 하는 것.

옐름슬레우는 내용과 표현의 관계는 상당히 복잡하다는 것을 강조하였다. 예를 들어 독일어의 한 단어 blau(푸른색)가 러시아어의 두 단어 goluboj(하늘색)과 sinij(검푸른색)에 대응하는 것을 어떻게 설명해야 하는가? 이 경우 러시아인은 같은 것을 보면서도 그들에게는 독일인보다 더 잘 보이는가? 또 라틴어에서 두 개의 문법범주, 탈격과 복수가 명사에서 /i/, /b/, /u/, /s/(어미 -ibus)의 네 언어 기호에 의해서 표시되는데, 그 어느 것도 단독으로는 이들 문법범주 어느 것과도 따로따로 대응한다고 할 수 없다. -ibus 전체가 두 문법범주를 표시한다.

언어 연구에서 형식은 실질에서 분리해서 따로 연구할 수 있으며, 코펜하겐학파 언어학자의 임무는 표현의 형식을 내용의 형식과 관련시켜서 연구해야 하는 것이라 하였다.

코펜하겐학파는 언어 연구에서 추상화를 활용하였다. 즉, 언어 단위를 모두 기호로 표시하였다. 모음은 V, 자음은 C, 관계는 R, 문장은 S로 표시하였다. 한 언어의 구조 전체가 이러한 기호에 의해서도 기술될 수 있다고 하였다. 현대 오늘날 언어학에서 이러한 수학적 방법론의 가치는 널리 인정되고 있다.

결론적으로 코펜하겐학파는 언어학에 수학적 방법론을 제시하여 추상화와 형식주의를 지향하였다. 다만, 논리적 기준을 현실 언어에 지나치게 적용하였다는 한계를 안고 있었다.

4. 영국, 프랑스, 독일의 언어학계

4.1. 영국의 언어학계

전통적으로 영국의 언어 연구 특징은 음성학 연구가 중심이라는 것이다. 스위트(Henry Sweet)[2]와 존스(Daniel Jones)[3]가 음성학을 이끈 대표적인 학자이다. 특히 존스는 모음사각도를 만들고 기본모음을 제안한 현대 음성학을 대표하는 학자이다.

20세기를 전후하여 영국에서는 《옥스퍼드 영어 사전》(*The Oxford English Dictionary*, 처음 이름은 *New English Dictionary on Historical Priciples; Founded Mainly on the Materials Collected by The Philological Society*)이 편찬되었다. 이는 사전 편찬의 역사, 어휘 연구

---

2 헨리 스위트(Henry Sweet, 1845~1912): 영국의 음성학자, 문법학자. 런던 출생. 독일 하이델베르크대학에서 게르만어학을 연구하고 귀국한 후 옥스퍼드대학을 졸업하고 1901년부터 옥스포드대학의 음성학 강사로 있었다. 언어학 분야에서는 과학적인 영어학의 기초를 구축하였으며, 음성학 분야에서는 일반음성학 확립에 공헌하였다. 음성표기를 위해 기관기호(organic notation)를 만들었으며, 로마자를 기초로, 지금의 국제음성기호의 기초가 된, 간략로마자표기와 정밀로마자표기를 고안하였다.

3 대니얼 존스(Daniel Jones, 1881~1967): 영국의 음성학자. 1903년 케임브리지대학 수학과를 졸업하고 런던대학에서 음성학을 연구하였다. 그 후 런던대학의 음성학 교수, 국제음성학협회장을 역임하면서 국제 음성학 확립에 공헌하였다. 대표 저서에 《영어의 발음》(*The Pronunciation of English*, 1909), 《영어 발음 사전》(*An English Pronouncing Dictionary*, 1917), 《영어 음성학 개설》(*An Outline of English Phonetics*, 1918), 《음운》(*The Phoneme: Its Nature and Use*, 1950) 등이 있다.

의 역사에 있어 큰 성과로 평가된다. 1857년 영국언어학회(The Philological Society, 1842년 창립)가 발의하여 콜리지(Herbert Coleridge, 1830~1861), 퍼니발(Frederick Furnivall, 1825~1910), 머리 (James Augustus Henry Murray, 1837~1915), 브래들리(Henry Bradley, 1845~1923), 크레이기(William Craigie, 1867~1957), 오니언스(Charles Talbut Onions, 1873~1965) 등 여섯 명의 언어학자, 사전편찬가를 편집위원으로 하여 수천 명의 학자, 자원봉사자가 참여하여 1884년 제1권을 출판하고 1928년 완성하였다. 사전의 주요 편찬 방침은 1150년 이후의 영어를 모두 표제어로 수록하고, 단어의 표기·형태·의미의 변화를 용례와 함께 상세하게 기술하는 것이었다.

20세기 중엽 영국에서는 퍼스(John Rupert Firth, 1890~1960)에 의해서 런던학파라 불리는 새로운 언어 연구 경향이 형성되었다. 1944년 런던대학에 최초로 일반언어학 강의가 시작되고 퍼스가 이 강의를 담당한 뒤 1956년 퇴직할 때까지 런던은 영국 언어학계의 중심지가 되었다. 또 영국의 새로운 언어학의 첫 세대는 대부분 퍼스의 직접적인 영향 아래 있었을 뿐만 아니라 다음 세대도 그의 제자들이 중심이 되어 퍼스 이론을 발전시켰다. 1960년 이후 퍼스의 이론은 할리데이(Michael Alexander Kirkwood Halliday, 1925~)에 계승되었다.

퍼스 이론 중 가장 중요하며 또한 특징적인 것은 의미 맥락 이론과 운율 분석 이론이다. 그 가운데 의미 맥락 이론에 대해 살펴보자. 대부분의 유럽 언어학에서 소쉬르의 영향이 명백하게 나타나는 데 대해서 퍼스 이론에는 그 흔적이 희미하다. 그렇다고 퍼스 이론이 소쉬르 이론과 완전히 단절된 것은 아니다. 무엇보다도 그의 이론 가운데 핵심인 통합과 계열의 구별이 그러하다.

퍼스의 상황 맥락은 구체적 상황 그 자체가 아니라, 의미 분석을 위해서 설정된 하나의 추상적 상황이며, 문법범주와는 차원을 달리하는 추상적 관련범주이다. 상황 맥락은 추상적 텍스트와 경험에서 관찰할 수 있는 것을 관련시키는 방법이다.

의미를 기술하기 위해서 차원을 달리하는 일련의 분석 층위를 설정하고 각 층위의 의미를 기술한다. 언어를 몇 개의 차원을 달리하는 기능을 지닌 복합체로 보아, 의미, 통사, 형태, 어휘, 음운 등의 층위를 설정하고 5개의 맥락을 설정하였다. 이러한 관점에서 각 층위에서 요소와 맥락과의 관계에 관한 기술, 즉 의미 기술을 언어 분석의 목표로 삼았다.

할리데이는 이론범주와 기술범주를 구별하였다. 이론범주는 문법에서 설정한 이론적 추상물로서, 단위, 구조, 부류, 체계의 네 범주인데, 이것은 언어를 설명하기 위해 필요한 보편범주라고 생각하였다. 이에 대해서 기술범주는 특정 언어 기술에 속하는 것으로서, 이론범주의 구체적인 표출이라고 하였다. 예를 들어 문장이나 단어와 같은 단위, 명사와 동사와 같은 부류는 특정 언어 기술에서 사용되는 기술범주에 속한다.

할리데이 이론에서 위계(Rank)는 문법 단위와 음운 단위 사이의 계층 관계에서 단위가 차지하는 위치를 말한다. 이러한 위계에 의한 분석, 즉 구성요소가 어떤 위계에 속하는가를 기술하는 문법을 위계문법이라 하였다. 할리데이 이론에서는 문장, 절, 어군, 단어, 형태소라는 5개의 단위, 즉 5위계를 인정한다.

4.2. 프랑스의 언어학계

20세기 중엽 통시적 음운 변화 이론에 대한 연구는 프랑스 구조주의 언어학자 마르티네(André Martinet, 1908~1999)에 의해 수행되었다. 그는 연구 방법에 있어서 프라하학파에 가깝다. 그 중에서도 트루베츠코이와 매우 가깝다. 그는 사실상 통시음운론 분야에서 트루베츠코이의 가장 충실한 계승자라고 할 수 있다. 그러나 몇 가지 점에서 그는 트루베츠코이의 음운 이론을 보완하고 수정하였다. 예를 들면 원음소와 중화의 정의는 이론적으로나 실제적으로나 일관성이 없다는 것을 지적하였다.

그는 미국 언어학계와 접촉하였다. 마르티네가 미국에 있을 무렵은 미국 언어학계에서 기술언어학의 전성기이며 미국 언어학과 유럽 언어학은 단절되어 있었던 시기였다. 여기서 그는 미국 학계와 유럽 학계를 연결시키는 역할을 하였다. 예를 들어 1959년 바스킨(W. Baskin)에 의해 소쉬르의 《일반언어학강의》의 영어 번역본이 미국에서 출판된 것도 그의 주선에 의한 것이라 한다.

마르티네의 연구 영역은 공시음운론, 통시음운론, 기능통사론, 일반언어학 등 여러 방면에 걸쳐 있었다. 그 가운데 가장 큰 업적으로 평가되는 것은 통시음운론이다. 구조주의 원리와 방법을 음운 변화와 역사에 적용함으로써 지금까지의 통시음운론이 해결하지 못했던 '무조건' 변화의 원인을 해명하였다. 고립된 음운의 역사가 아니라, 음운 체계의 역사를 추적하는 것이며, 또한 언어 기능의 비교에 목적이 있었다.

마르티네는 통시음운론의 기본 원리로서 기능, 구조, 타성과 불균형 세 가지를 들고 있다. 기능은 변별적인 기능을, 그리고 구조는 음운을 구성하는 변별자질이 음운 사이에 상관 관계를 형성하는 음운의 통합 또는 그러한 통합 작용을 말한다. 그의 주요 이론은 다음과 같다.

첫째, 인간에게는 서로 대립하는 두 경향이 있는데, 이들이 동시에 영향을 미쳐 원칙적으로 언어 발전을 통제한다. 하나는 의사소통의 모든 요구를 충족시키려는 경향이고, 다른 하나는 발화 과정에서 물리적, 정신적 노력을 감소시키려는 경향이다. 이 두 경향의 상호 관계는 실제로 여러 가지 양식으로 나타날 수 있으나 항상 의사소통이 보장되어야 한다는 변함없는 조건에서 나타난다.

둘째, 음운 변화는 우발적으로 일어나는 것이 아니라 항상 조건에 따라 일어난다. 발화 연쇄체에서 서로 인접해 있는 음운의 상호 영향에 의해서 음운 변화를 설명하려고 하였다.

셋째, 음운 체계 내에서 각 단위는 다른 단위와 관련해서 일정한 위치를 차지한다. 그 유효적인 조음적, 청각적 특징이 보다 서로 가까운 것도 있고 또 보다 먼 것도 있다. 각 음운에는 그 음운의 가능한 실현 영역이 있다. 인접한 음운의 실현 영역 서로 간에는 안전 구역이 있다. 때로는 음운 A가 음운 B의 방향으로 발전하여 안전 구역이 너무 좁혀지기도 한다. 그러나 의사소통이 확보되기 위해서는 영역이 겹치는 것을 피해야 한다. 그리하여 음운 B의 실현 영역이 다른 방향으로 밀려나기 시작한다. 이렇게 해서 일련의 연쇄적 변화가 일어나고 끝내는 음운 체계 전체가 재편성된다.

4.3. 독일의 언어학계

19세기에 역사비교언어학 연구의 중심지였던 독일의 언어학계는 20세기에 들어서면서 소쉬르 이론에 기반을 둔 구조주의와는 조금 다른 학문 전통을 구축하였다. 그 가운데 가장 주목할 만한 연구는 내용 중심 문법이다. 이 분야의 연구를 시작한 학자는, 이미 제8강에서 언급한 바 있는, 훔볼트의 사상을 계승한 바이스게르버(Leo Weisgerber, 1899~1985)였다.

바이스게르버에 따르면, 언어는 음운·형식 부분과 정신·내용 부분으로 이루어진 통일체인데, 이 가운데 더 본질적이고 중요한 것은 정신·내용 부분이라 하였다. 바이스게르버는 이 정신·내용 부분을 언어의 본질적인 존재 기반으로 보았다. 인간은 말소리, 즉 음운·형식 부분을 내용, 즉 정신·내용 부분과 결합시키는 경험을 통하여 언어를 습득하게 되며, 이러한 경험이 지속적으로 축적되는 동안 비슷한 경험끼리 서로 집단적으로 묶이며 그 집단들 또한 계속 축적됨으로써 하나의 낱말밭을 형성하게 된다고 하였다. 그리고 이를 통하여 인간은 궁극적으로 세계관을 획득하며, 나아가 한 언어 공동체 구성원들은 같은 언어를 공유하는 만큼 같은 세계관을 공유하게 되며, 그 세계관은 다른 언어 공동체 구성

원들이 그 나름대로 형성한 세계관과 차이를 보이게 된다는 것이다.

바이스게르버는 내용 중심 문법의 연구 과정을 네 단계로 구분하여 제시하였다. 첫째 단계는 형태 중심 문법으로서, 음운·형식 측면을 기술하는 단계이다. 둘째 단계는 이 과정 전체를 아우르는 이름과 동일한 내용 중심 문법으로서, 언어의 내용 측면과 형식 측면의 관계를 다룬다. 여기에서 중요한 것은 한 언어 내용의 분절 구조, 낱말밭이다. 셋째 단계는 성능 중심 문법으로서, 여기에서는 언어와 세계관의 관련성이 주로 문제가 된다. 넷째 단계는 작용 중심 문법 단계로서, 일정한 언어 표현이 화자와 청자의 생각과 행위에 어떠한 영향을 주는지를 연구하는 단계이다. 이렇게 볼 때, 내용 중심 문법은 기본적으로 화용론의 측면까지 고려하고 있음을 볼 수 있다.

그리고 내용 중심 문법을 바탕으로 발전한 낱말밭 이론은 언어의 공시적 기술뿐만 아니라 언어의 변화를 설명하는 데에도 기여하였다. 한 시대에는 한 낱말밭에 속해 있었던 두 개념이 다른 시대에는 서로 다른 낱말밭에 속해 있을 수 있고, 반대로 한 시대에 서로 다른 낱말밭에 속했던 개념들이 다른 시대에는 같은 낱말밭에 속하게 될 수도 있기 때문이다. 언어 변화를 내용 중심 문법에서는 낱말밭의 변화로 설명하는 것이다. 이렇게 독일 언어학계의 신훔볼트주의 학자들을 중심으로 전개된 내용 중심 문법과 낱말밭 이론은 나중에 기호학과 의미론 발전에 기여하였다.

한편 20세기 후반에 이르러 독일 언어학계를 필두로 구조주의 언어학, 즉 랑그 중심 언어학의 한계를 극복하려는 새로운 시도가 일어나게 되었는데 그것이 바로 텍스트언어학이다. 텍스트언어학은 본래 지시대명사와 관계대명사 등으로 말미암아 길이가 길어지는 유럽 언어들의 문장 구조에 대한 문법 연구에서 출발하였다. 언어 구조의 최대 단위를 문장이 아니라 여러 구문과 문장들이 연쇄적으로 모여 이루어진 텍스트로 설정하고 텍스트 층위에서 일어나는 문법, 의미 현상들을 밝혀 낸 것이 하르베크(Roland Harweg, 1934~) 등이 주도한 텍스트언어학의 주된 연구 성과였다.

그 이후 오스트리아 언어학자 보그랑드(Robert A. de Beaugrande, 1946~2008)가 텍스트의 여러 가지 속성을 텍스트성이라는 개념으로 종합하고, 동료 언어학자 드레슬러(Wolfgang U. Dressler, 1939~)와 함께 이를 구체적으로 체계화하여 저서 《텍스트언어학 입문》(*Einführung in die Textlinguistik*, 1981)을 출간하였다. 그 이후 텍스트성 이론에 기반을 두고 텍스트를 의사소통의 기본 단위로 보는 견해가 언어학계에 널리 받아들여지게 되었다.

더 나아가서 보그랑드는 《텍스트와 담화 과학을 위한 새로운 기초》(*New Foundations for a Science of Text and Discourse*, 1997)라는 저서에서 기존의 구조주의 언어학은 현실 속에서 실제로 일어나는 역동적인 언어 현상을 효과적으로 연구하지 못하였다는 점을 지적하였다. 그리고 이를 극복하려면 언어를 연구하고 기술할 때 화자가 그 언어를 어떠한 조건에서 사용하였는지를 반드시 함께 기술하여야 한다고 주장하였다. 이는 추상적 체계보다는 현실 속의 발화가 언어 연구의 대상이 되어야 한다는 뜻으로 해석할 수 있다. 보그랑드는 랑그 연구와 파롤 연구, 즉 형식주의적 관점과 기능주의적 관점을 통합하려 하였다.

이러한 텍스트언어학은 현대 언어학의 담화 분석과 함께 언어 연구의 대상을, 이전까지 이론으로는 본격적으로 다루지 못하고 있었던, 텍스트와 담화 층위로 확장하였다는 점과 언어 연구를 통하여 궁극적으로 인간과 사회의 소통 능력을 강화하는 데 기여하고자 하였다는 점에서 그 언어학사적인 의의를 찾을 수 있다.[4]

---

4 독일의 언어학계에 대하여 독일어권 언어학 및 텍스트언어학 전문학자인 조원형 박사가 유익한 도움말을 제공하였다. 이에 감사한다.

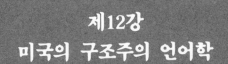

제12강
미국의 구조주의 언어학

제12강
미국의 구조주의 언어학

1. 개관

미국의 구조주의 언어학은 흔히 기술언어학이라 한다. 언어를 객관적으로 분석하여 기술하는 것을 방법론으로 삼고 있어 기술언어학이라 부르는 것이다. 이러한 미국의 구조주의 언어학은 유럽의 구조주의 언어학과는 직접 관련을 맺고 있지는 않지만, 언어를 구조적으로 파악하여 연구하였다는 점에서는 공통된다. 이제 이러한 미국의 구조주의 언어학에 대해 그 성립과 발전 과정을 살펴보도록 하자.

20세기 미국 언어학의 흐름은 구조주의 언어학과 변형생성문법 언어학으로 나뉜다. 미국의 언어학은 그들이 가지고 있는 공통점을 넘어서 연구 목표, 대상, 방법의 현저한 차이 때문에 하나의 학파를 형성하지 못하고 있다. 그래서 언어학사에서 미국의 언어학파라는 표현을 피하고 미국의 언어학계라고 하고 있다.

미국의 구조주의 언어학은 보아스, 사피어, 블룸필드에 의해 성립·발전되었다. 미국의 구조주의 언어학은 근본적으로 인류학 연구와 관련을 맺는다. 언어 연구는 원주민의 문화를 연구하는 데에서 시작하는데, 문화를 연구하기 위해서는 먼저 언어를 연구하지 않을 수 없었다. 그러나 그들의 언어는 글자가 없는 낯선 언어이기 때문에, 정확하고 철저한 공시적인 연구가 될 수밖에 없었다. 이와 같은 인류학 연구와 관련을 맺는 새로운 언어 연구 방법론은 다음과 같은 특징을 가진다. 즉, 언어 연구를 언어 자료의 수집과 그것의 분석과 기술로 본다. 이러한 특징은 바로 미국 구조주의 언어학 방법론의 기초가 되었다.

미국 언어학의 전통은, 19세기 후반, 예일대학의 산스크리트어 교수 휘트니(William D. Whitney, 1827~1894)의 연구에 의해 시작하였다. 그의 연구 성과는 저서 《언어와 언어 연구》(*Language and the Study of Language*, 1867), 《언어의 생명과 성장》(*The Life and Growth of Language*, 1875)에 잘 나타나 있다. 휘트니의 연구는 유럽의 전통적인 고전문법에 많은 영향을 받았는데, 또한 당시 높게 평가되었지만, 기술 언어학 성립에는 큰 영향을 미치지는 못하였다.

미국의 기술언어학은 아메리카 원주민 언어 연구가인 보아스(Franz Boas)[1]에 의해 시작하였다. 보아스는 고전문법에 기반을 둔 언어학을 공부하면서 아메리카 원주민 언어에 관심을 가졌다. 그러나 보아스는 자기가 연구하는 개별언어의 문법 구조가 고전문법의 틀에 맞지 않는 것을 곧 깨닫고, 모든 언어에는 각각 고유한 내적 논리가 있어서 어떠한 일반 원리의 방법으로는 분석하기가 어렵고 그 개별언어 자체에만 적합한 분석 방법의 원리가 있다는 의견을 제시하였다. 그는 이 원리에 입각해서 그때까지 알려지지 않았던 아메리카 원주민 언어의 다양한 언어

---

1   프란츠 보아스(Franz Boas, 1858~1942): 미국 문화인류학의 창시자. 독일 프로이센 베스트팔렌에서 출생하였으며, 처음에는 물리학과 지리학을 공부하였으나, 북극해의 배핀섬 원정에 참가하여 그곳 원주민의 문화를 조사를 한 이후 인류학을 연구하였다. 미국으로 이주해 와서 처음에는 박물관에 근무하였는데, 1899년에 컬럼비아대학 교수가 되어 인류학을 강의하였으며, 북아메리카 원주민에 관한 현지 조사를 실시하였다. 아메리카 원주민 언어에 대해 문화인류학적인 연구 방법을 수립하여 미국 기술언어학의 새로운 전통을 제시하였다. 저서에는 《아메리카 인디언 언어 편람》 외에도 《원시인의 마음》(*The Mind of Primitive Man*, 1911), 《인종 · 언어 · 문화》(*Race, Language, and Culture*, 1940) 등이 있다.

유형을 기술하고, 언어마다 고유한 구조가 있다는 것을 제시하였다. 이러한 기술 방법이 바로 기술언어학을 성립하는 계기가 되었다. 보아스는 다양한 아메리카 원주민 언어에 대한 철저한 공시적인 연구 방법을 통해 미국 언어학의 새로운 전통을 이룩하였다.

보아스는 기술언어학의 고전 《아메리카 인디언 언어 편람》(*Handbook of American Indian languages*, 1911)을 출판하였다. 이 책은 철저하게 수집하여 분류한 19개의 북아메리카 원주민 언어를 집대성하였다는 의의가 있을 뿐만 아니라, 기술언어학의 이론적 방법을 제시하여 공헌한 의의도 있다.

미국 기술언어학의 이론적 방법론을 확립한 학자는 독일 태생의 사피어(Edward Sapir, 1884~1939)이다. 사피어는 처음에는 전통적으로 게르만어를 연구하였지만, 보아스의 제자로서 언어학뿐 아니라 심리학과 인류학을 연구하였다. 그의 대표 저서는 《언어 − 언어 연구 개론》(*Language −An Introduction to the Study of Speech*, 1921)인데, 언어 구조의 유형을 연구하여 언어를 하나의 조직적인 체계라고 인식하여 '언어형'(linguistic pattern)이라는 개념을 제시하였다. 이렇듯 사피어는 아메리카 원주민 언어를 연구하여 이를 바탕으로 언어형 개념을 수립하여 언어유형론 연구의 발전에도 크게 기여하였다.

미국의 구조주의, 기술언어학을 완성시킨 학자는 블룸필드(Leonard Bloomfield, 1887~1949)이다. 그의 대표 저서는 《언어》(*Language*, 1933)인데, 이는 미국 기술언어학 이론을 집대성한 저서로서, 분포주의 방법론을 제시하고 행동주의 언어관을 확립하였다. 블룸필드는 행동주의의 기본 개념을 받아들이면서 여기에 대응하는 언어학 방법론을 새롭게 제시하였다. 새로운 언어 연구 방법은 한 언어 체계의 단위들이 차지할 수 있는 모든 위치의 기록과 기술, 즉 언어 단위의 분포를 확정하는 것에 입각하였다.

블룸필드의 연구 방법은 그의 원리를 엄격하게 지킨 제자들에 의해서 한층 더 정밀화되었다. 의미는 언어 분석에서 제외되어야 한다고 할 만큼 연구 방법은 더욱 엄밀하고 객관적이고 기계적이었다. 언어 단위의 분포에 주의를 집중하고, 그 분포는 언어 단위를 동일한 환경에서 다른 단위로 대치하는 방법으로 검증하였다.

2. 기술언어학의 연구 대상과 연구 방법

2.1. 배경

미국의 구조주의 언어학, 즉 기술언어학은 실제 유럽의 구조주의 언어학과는 직접 관련을 맺지 않았다. 그러나 소쉬르의 구조주의가 미국의 기술언어학에 직접적인 영향을 미치지는 못하였다 하더라도, 기본적인 관점에서는 서로 통하였다. 특히 블룸필드는 《일반언어학강의》를 연구하여 랑그와 파롤의 구분을 평가하였는데, 그는 랑그가 과학적인 언어 연구의 대상임을 인정하였다. 이렇듯 소쉬르의 구조주의는 어느 정도 기술언어학 형성에 기여하였다.

기술언어학은 아메리카 원주민 문화를 연구하는 데서 그 방법론이 확립되었음은 앞에서 이미 언급한 바 있다. 아메리카 원주민 문화를 연구하기 위해서 인류학자들이 제일 먼저 관심을 가지게 된 것은 언어에 관한 문제였다. 이러한 배경에서 낯선 언어를 연구하는 방법론이 싹텄다. 낯선 언어를 연구하기 위해서는 그 언어를 우선 관찰하여 자료를 정확하게 수집하고, 이를 바탕으로 언어를 분석하여 그 언어의 구조를 기술하는 것이다.

이렇게 기술언어학은 문화인류학 연구에서 출발한 것이다. 미국 인류학자들이 가장 관심을 가진 문제는 미국 전역에 흩어져 사는 원주민들의 다양한 문화를 연구하는 것이었는데, 이들 문화에 대한 연구는 언어에 대한 지식을 필수로 요구하였다. 이러한 목적에서 현지 조사를 통한 자료 수집 방법과 기술 방법이 발달하게 되었다.

2.2. 연구 대상과 연구 방법의 특징

결과적으로 기술언어학 이론은 다음과 같은 특징을 가지게 되었다. 낯선 언어를 연구 대상으로 하였기 때문에 자료를 중심으로 이를 기술하는 것이 중심 방법이 되었다. 따라서 귀납적이고 철저히 객관적인 연구 방법이 성립되었다. 그리고 언어 자료를 분석하여 기술하였기 때문에 언어의 음성부터 분석하여, 음운 체계를 세우고, 이를 바탕으로 형태소를 분석하고 나아가서 문장 구조를 기술하였다. 따라서 철저히 층위적인 연구 방법이 또한 성립되었다. 그 결과 음운론과 형태론 연구는 그 방법론이 확립되어 주요 연구 분야로 자리 잡았으나 통사론에 대한 방법론은 거의 확립되지 못하였다. 아울러 연구 방법이 철저히 객관적이었기 때문에 주관적인 성격을 가지는 의미에 대한 연구는 소홀히 되거나 배제되었다. 연구 대상을 문법론에만 국한하여 보면 형태론 연구는 문법 연구의 중심 분야가 되었지만, 통사론 연구는 거의 이루어지지 못하였다.

이와 같이 인류학의 관점에서 시작된 언어 연구는 행동주의 심리학과 융합되었다. 그 결과는 언어를 정의하는 데에서도 드러났다. 기술언어학에서의 언어의 정의는 '자의적인 음성 기호의 체계'(a system of arbitrary vocal symbols)이다. 즉, 언어는 음성 기호임을 강조하였다.

이제 기술언어학의 이론적인 두 개념인 행동주의와 분포주의에 대해 구체적으로 살펴보자.

2.3. 행동주의

20세기에 들면서 미국에서는 심리학을 행동에 관한 연구로 정의하려는 움직임이 일어났다. 관찰이 가능하고 수량화가 가능한 행동은 정신의 표출이기보다는 그 자체로서 의미를 가진다는 것을 가정한다. 이러한 움직임은 1913년 왓슨(John B. Watson)의 '행동주의자가 보는 심리학'이라는 논문에서 공식적으로 제기되었다. 이러한 행동주의는 심리학에서뿐만 아니라 다양한 분야로 점차 확대되었으며, 블룸필드를 비롯한 구조주의 언어학자들에게도 큰 영향을 미쳤다.

행동주의 생각은 다음과 같다. 인간의 모든 행동은 외적 자극에 대한 반응으로 나타난다. 행동은 그 사람의 심리를 나타내는데, 그 심리는 그 사람의 생활환경에 의해서 형성된다. 그 행동에는 언어가 포함된다.

이러한 행동주의의 기본 개념을 받아들여 블룸필드는 언어를 연구하였다. 행동주의 개념이 언어의 물리적·음성적 측면을 엄밀하고 객관적으로 연구하는 데 가장 적합하다고 생각하였다. 블룸필드는 다음과 같은 상황을 통하여 행동주의와 언어의 관계를 설명하였다. 두 사람이 길을 걸어가고 있었는데, 그 중 한 사람(A)이 배고픔을 느꼈고, 나무 위의 사과를 보고 자신이 먹으려고 사과나무 위로 올라가 사과를 따 가지고 내려왔다. 이러한 경우는 동물의 행위와 구별되지 않는 자극과 반응의 간단한 도식(S→R)이다. 그러나 다른 상황을 생각해 볼 수 있다. A가 다른 한 사람 B에게 말을 걸어 사과를 먹고 싶으니까 나무에 올라가 사과를 따 오라고 요구하고, 이에 B는 A를 위해서 나무 위로 올라가 사과를 따 가지고 내려왔다. 이 경우의 실제적 진행 과정, 즉 자극과 반응의 관계는 발화 행위를 통하여 이루어진다. 다음과 같은 표시할 수 있다.

$$S \rightarrow r \cdots\cdots s \rightarrow R$$

이것은 실제 자극(S)에 실제 반응(R)이 뒤따르지 않고, 말하는이에게 먼저 언어를 통한 대치 반응(r)이 뒤따른다는 뜻이다. 이러한 언어를 통한 대치 반응은 듣는이에게 언어를 통한 대치 자극(s)으로 작용한다. 그리고 이러한 언어를 통한 대치 자극이 비로소 듣는이에게 있어 실제 반응(R)을 불러일으킨다. 이와 같은 방법으로 언어는 행동의 한 과정으로 들어가게 되며, 언어는 의사소통에 기여하는 것이다. 언어는 다른 사람이 자극을 가지고 있으면, 한 사람이 반응(R)을 불러일으키도록 한다. 그러나 언어는 자극과 반응의 무한한 연쇄 속에서의 대치 반응(r)과 대치 자극(s)이며, 이는 말하는이의 자극과 듣는이의 반응 사이에 다리를 놓아 준다. 말하는이의 자극에 대하여 듣는이의 반응은 의식 개입이 없이 일어난다. 이것이 물리주의의 본질이다. 즉, 언어 과정은 의식 개입 없이 수행되며, 그래서 모든 과학적 확인은 물리적이고 기계적이지 심리적이 아니라는 것이다.

2.4. 분포주의

전통언어학이 심리주의에 의존한 것에 대신하여 기술언어학은 언어 단위의 행동을 객관적이며 엄밀하게 기술하였다. 언어 단위의 행동은 발화 연쇄체 안에서 구체적인 상호 결합 능력에서 나타난다. 따라서 기술언어학은 언어 단위가 차지하는 위치, 즉 언어 단위의 분포에 입각하게 되었다. 분포주의는 이러한 방법론에 기초를 둔 개념이다.

그래서 언어 단위의 분포에 주의가 집중되고 분포는 대치 방법에 의해서 검증되었다. 대치 방법은, 연구 대상이 된 언어 단위를 동일한 문맥에서 다른 단위와 바꾸어 보는 것이다. 만일 대치하더라도 그 문맥이 본질적으로 변하지 않으면, 두 단위는 동일한 부류에 속한다. 즉, 두 단위는 동일한 문법 특질을 가지는 것이 된다.

분포주의에 입각한 블룸필드와 그의 학자들은 형태론 분야에서 큰 연구 성과를 거두었다. 블룸필드는, 그의 저서 《언어》에서 형태론에서 나타나는 여러 관계에 대해 규정하고 필요한 개념을 제시하였다. 형태론의 기본 단위로서 형태소, 즉 의미를 가진 최소의 언어 단위를 설정하였다. 한 형태소는 한 단어 전체일 수도 있고 한 단어의 한 부분일 수도 있다. 예를 들어 playing은 두 형태소 play와 -ing으로 분석된다. 복잡한 언어 단위에 관한 문제를 다루면서, 블룸필드는 언어 구조의 여러 층위를 구별하는 것이 필요하다고 하였다. 예를 들어 /s/는 단어 snow에서는 하나의 음운에 지나지 않지만, lips에서는 복수를 표시하는 형태소이다. 구조의 층위를 이렇게 엄격하게 구별함으로써, 분포주의자의 문법 기술은 고도로 엄밀하게 되었다.

이러한 방법론에 입각한 문법 연구는 전통언어학에서 사용된 정의보다 간결하고 엄밀하며 실제적이었다. 예를 들어 영어의 형용사 범주는 정관사 the와 명사 사이에 오며 복수에서 -s를 취하지 않는 단어라고 정의된다. 결과적으로는 외국어 학습이 쉬워졌으며 기계 번역을 위한 언어 분석이 가능해졌다.

통사론 연구는 이러한 형태론 연구의 토대에서 이루어졌다. 한 언어의 형태소 분포를 확정하기 위해서는, 발화 연쇄체 안의 형태소의 모든 가능한 결합을 기술하는 것이 필요하다. 이것이 통사론 연구의 과제가 되었다. 통사론과 관련한 중요 개념은 직접성분(immediate constituent, IC) 분석이다. 직접성분이란, 문법적으로, 또는 의미적으로도 서로 직접 결합한 발화체의 구성성분을 말한다.

이렇게 하여 1930년대 후반부터 50년대에 걸쳐 분포주의자들은 음운론, 형태론, 그리고 통사론 분야 연구에 관심을 가졌다. 그들은 분포 이론에 입각한 대치 방법에 의한 분석 원리를 발전시키고 엄밀화하였다.

3. 기술언어학의 전개와 발전

기술언어학 발전에 관여한 학자들의 연구 성과를 통해 기술언어학의 전개 양상을 살펴보기로 하자. 대표적인 학자로 사피어와 블룸필드에 대해 살펴보고, 그 이후의 학자들에 대해서도 살펴보기로 한다.

3.1. 사피어

3.1.1. 생애

사피어는 미국의 언어학자이며 인류학자이다. 언어학사적으로 그의 학문을 한 마디로 평가한다면, 미국 구조주의 언어학의 싹을 틔운 학자라고 할 수 있다. 미국 구조주의 언어학의 흐름을 심리주의적인 구조주의와 행동주의적인 구조주의로 크게 나누어서 생각하여 볼 때, 그는 심리주의적인 구조주의에 서 있었다고 할 수 있다.

1884년 독일에서 태어나 곧 미국으로 이주한 그는 콜롬비아대학에서 인도유럽언어학에 바탕을 두고 게르

미국의 구조주의 언어학자 에드워드 사피어

만어학을 전공하였다. 그 뒤 보아스로부터 일반언어학과 문화인류학 강의를 듣고, 그의 문하생이 되면서 문화인류학적인 언어 연구에 관심을 가지게 되어, 아메리카 원주민의 언어를 연구하기 위한 새로운 연구 방법론을 찾았다. 1909년에 그는 타켈마어에 대한 연구로 박사학위를

받은 뒤, 캐나다국립박물관 문화인류학부 주임이 되었다 그 이후 1925
년에 시카고대학 인류학 교수로 취임하였으며, 1931년에는 예일대학의
인류학, 언어학 교수로 취임하여 1939년 생애를 마칠 때까지 연구 활동
을 계속하였다.

3.1.2. 학문

사피어의 학문은 전통언어학에 바탕을 두면서 새로운 연구 방법론을
수립한 것으로 볼 수 있다. 그의 학문의 영역은 대단히 광범위하였다.
젊은이문법학파의 전통을 이어 받아 게르만어학을 연구하였으며, 문화
인류학적인 언어 연구에 관심을 가지면서는 아메리카 원주민의 언어를
연구하기 시작하여 상당수의 언어에 관심을 가지게 되었다. 한편 심리
학, 인문학, 예술 등에도 관심을 가지고 연구하였다. 1917년에서 1931년
사이에 쓴 200여 편의 시, 작곡, 비평이 있다고 한다. 그의 대표 저서는
다음과 같다.

E. Sapir 1921, *Language – An Introduction to the Study of Speech*,
New York; Harcourt, Brace & World, Inc.

이 책은 사피어가 남긴 유일한 저서로서 1921년에 출판되었으며 1949
년에 다시 출판되었다. 언어 본질에 대한 새로운 통찰력의 방법을 제시
한 저서로 평가된다. 사피어는 대부분의 연구를 인류학 또는 언어학의
학술지를 통하여 발표하였다. 그의 논문 '언어의 말소리 유형'(Sound
patterns in language)은 미국 구조주의 언어학의 출발점으로 평가된다.
이 논문은 1925년에 미국언어학회(The Linguistic Society of America,
1924년 창립)의 학술지인 《언어》(*Language*) 제1권에 실렸다.
이제 사피어가 미국의 구조주의 언어학에서 어떠한 위치를 차지하고

있는가에 대하여 살펴보기로 하자. 보아스는 전통언어학 이론과 아메리카 원주민 언어의 연구를 통하여, 특정 언어의 문법 구조가 고전 문법의 틀에는 맞지 않음을 인식하고서, 언어마다 제 각기 고유한 내재적인 논리가 있다고 하였다. 이러한 보아스의 학문 전통을 이어받은 사피어는 바로 위에서 언급한 저서와 논문을 통하여 심리주의적인 음운관을 밝힘으로써 음운의 개념을 확립하였다. 사피어 자신은 아메리카 원주민 언어의 연구를 통해 많은 유형의 언어를 알고 있었기 때문에, 음성 정밀성의 정확한 관찰자로서, 이를 통해 언어의 구조 관계를 인식하였다. 즉, 있는 그대로의 다름과 같음이 아니라, 말소리의 체계에 관심을 가졌다.

이러한 관점에서, 사피어는 문화인류학적인 연구와 아울러 미국 구조주의 언어학 발전에 결정적인 계기를 마련하였으며, 블룸필드의 '행동주의적인 구조주의'와 대조되는, 바로 '심리주의적인 구조주의'의 기본 개념을 싹틔웠다고 평가할 수 있다. 이것이 사피어가 미국 언어학사에서 차지하는 위치를 규정짓는 점이다. 사피어의 언어에 대한 정의를 옮겨 두면서, 이제 그의 언어 이론에 대하여 구체적으로 검토하기로 하겠다. "언어는 자의적으로 이루어진 기호의 체계로서, 관념, 감정, 욕망 등을 전달하는 비본능적인 방법이다. 이러한 기호는 청각적이어서 음성기관을 통해 만들어진다."

3.2.3. 음운 이론

사피어는 음운을 특정 언어에서 말소리 체계를 엄격하게 정의하는, 기능적인 의미 있는 단위라고 하여 '말소리 체계 단위'와 심리주의 음운관을 표명하였다.

사피어는 위에서 언급한 저서에서 직접 음운이라는 용어를 사용하지 않았지만, 이에 해당한다고 볼 수 있는 '이상적인 말소리'를 제안하였다. 사피어 자신은 여러 유형의 언어들을 알고 있었기 때문에, 말소리의 정확한 관찰자로서, 이를 통하여 언어의 구조 관계를 파악하였다. 이러한 바탕에서 말소리 체계로서 이상적인 말소리를 인식하였다. 나아가서 말소리의 분포 개념을 받아들여 변이음의 개념을 다루었다. 이와 같은 사피어의 말소리 체계 단위 음운관은 그의 심리주의 음운관과 관련을 맺고 있다. 말소리가 존재하는 두 가지 차원 가운데 하나가 심리적인 차원이라고 하였다. 순수 객관적인 말소리 체계 뒤에는, 더 한정된, 내재적인, 이상적인 말소리 체계가 존재한다고 하여, 말소리의 심리적인 해석을 다음과 같이 하였다. A, B 두 사람의 말소리에서 이들의 물리적인 관계는 다음과 같다.

A : th   s   sh
B : th₁   s₁   sh₁

이것을 더 정확하게 표현하면 다음과 같다. th_1는 th이고, s_1는 th의 변이체이고, sh_1는 s이다.

A :   th   s   sh
B : th₁ s₁   sh₁   __

이것을 심리적인 관점에서 나타내면 다음과 같다.

A : th   s   sh
B : th₁   s₁   sh₁

B의 sh_1은 음성적으로는 A의 s이지만, 음운적으로는 A의 sh이다. 즉, s_1이 th_1나 sh_1에 대하여 가지는 물리적인 거리는 s가 th, sh에 대하여 가지는 거리와 객관적으로는 같지 않으나 그 주관적인 거리는 같은 것으로

파악하였다. 즉, 음성적인 차이에도 불구하고, 같은 수의 대조 항과 기능의 차이로서 음운을 체계화하려 하였다. 음성적인 차이는, 같은 노래가 다른 키에 의해 연주되는 음악과 같다고 비유하였다. 다른 설명을 들어 보면,

영어   : time   sting
하이다어 : sting   sta

　앞의 두 소리는 무기음의 t 소리이고 뒤의 두 소리는 유기의 t 소리이다. 무기음과 유기음은 현저한 차이가 나는 말소리이다. 그러나 영어의 경우에는 두 소리가 의식에서는 차이가 없다. 그러나 하이다어에서는 의식에서도 두 소리는 차이가 있다. 이 경우에서 비록 서로 다른 두 말소리이지만 영어에서는 하나의 음운으로 인식되며, 하이다어에서는 둘의 음운으로 인식된다고 보았다. 영어에서 상관 없는 차이가 하이다어에서는 기능적인 차이를 보이고 있다고 하였다. 닮은 것은 음성적인 것이고, 다른 것은 기능적인 것이라고 하였다. 따라서 모든 언어를 특징화하는 것은 그 명확한 구조와 함께 이러한 이상적인 말소리 체계라고 하였다.

3.1.4. 문법 이론

　문법 기술의 완벽한 체계를 세우려는 것이 사피어의 의도는 아니었지만, 이에 나타난 기술을 보면 다음과 같은 중요한 사실을 찾아볼 수 있다.

　첫째, 형태론과 통사론 구분의 타당성을 논의하지는 않았으나, 그가 제안한 형태론적 구성의 대수학적인 분류나 문법 관념 유형의 분류는, 이러한 형태론과 통사론의 구분이 문법 기술에서 유용하다는 것을 알고

있었음을 제시하였다. 둘째, 형태론적 구성을 기호화한 그의 체계는 직접성분 분석 방법론의 기초를 제시해 주었다.

사피어는 문법의 기초 단위를, 어근, 문법소, 단어, 문장 등으로 설정하였다. 단어는 어근과 접사로 이루어지는데, 화자에게는 아주 강한 심리적인 실체가 된다고 하였다. 단어가 화자에게 아주 강한 심리적인 실체가 된다는 것은 실험을 통하여 확인하였다. 아메리카 원주민에게 음성 기호를 가르쳐 주고 그들의 언어를 적어 보게 하였는데, 그 결과 추상적인 단어까지 인지할 수 있었다고 하였다. 그러나 언어학적으로는 단어가 유용한 단위가 되지 못한다고 하여, 어근과 접사를 강조하였다. 아울러 품사의 개념도 비판하였다.

사피어의 문법 이론 가운데 중요한 개념 중의 하나가 문법 과정이다. 문법 과정이란 어근 요소인 주요 개념에 부차 개념을 관련시키는, 즉 언어의 형태론적 구성을 표시하는 방법이다. 이러한 문법 과정을 어순, 합성법, 접사법, 내적 파생법, 중첩법, 강세 변화법 등 여섯 가지로 설정하였다.

사피어의 문법 이론 가운데 언어유형론적 분류의 근거 기준으로 중요한 개념이 문법 관념이다. 사피어는 문법 관념을 실질 관념과 관계 관념으로 구분하였다. 사피어는 문법 관념에 바탕을 두고 새로운 언어 유형을 제시하였다. 사피어는 앞에서 언급한 바와 같이, 아메리카 원주민 언어를 연구하는 과정에서 언어유형론에 관심을 가졌다. 원주민 언어를 분류하는 작업에서 시작하여 결과적으로는 언어유형론 연구에 큰 성과를 얻은 것이다. 그의 언어유형론 연구의 출발은 19세기의 언어 유형 분류를 비판하는 데에 있었다. 19세기의 비교언어학 연구에 바탕을 둔 언어유형론 연구는 외형적인 즉, 피상적인 연구에 머물렀다고 사피어는 보았다. 예를 들어 고립어, 굴절어, 교착어 등과 같은 언어 유형 분류는 다른 언어들과 관련해서 상대적인 정도의 문제라고 하였다. 구체적으로 말하면 그의 비판은 다음과 같다. 첫째, 분류의 원칙을 지나치게 단순화하였다. 둘째, 분석에서 너무 적은 예를 사용하였다. 셋째, 진화론적인 편견에서 이루어졌다. 이러한 비판을 토대로 언어 유형의 분류는 다음과 같은 관점에서 이루어져야 한다고 하였다. 첫째, 기준이 다양해야 한다. 둘째, 앞에서 설정했던 문법 관념의 유형에 바탕을 두고 이루어져야 한다. 이와 같이 사피어의 언어 유형 분류의 특징은, 문법 관념의 유형에 바탕을 두고, 여러 다양한 기준을 근거로 한 것이라고 평가할 수 있다.

한편 사피어의 언어유형론 이론은 후계자들에 의하여 발전되었다. 특히 제14강에서 구체적으로 살펴볼 그린버그는 이에 영향을 받아서 형태 구조의 모든 복잡성을 고려하고 통계 방법을 이용하여 언어 간의 유사점과 차이점을 제시하였다. 즉, 형태소의 통계적인 관계를 고려하여 한 언어의 융합 정도를 규정하였다.

3.1.5. 언어 변화 이론

사피어는 언어 변화를 '변화의 흐름'이라는 개념으로 설명하였다. 언어는 언어 스스로가 만든 시간의 흐름을 타고 변화한다고 하였다. 언어는 방언으로 분화하는 일도 없이 확고부동한 통일체로 유지된다고 하더라도, 그 근본은 계속 움직여서 새로운 모습으로 변화하여 발전해 간다. 이와 같이 언어는 시간의 흐름 속에서 부단히 변화를 계속하는 것이다. 그런데 이러한 언어의 변화는 일정한 방향에 따라 이루어진다. 이와 같은 일정한 방향을 가진 언어 변화를 사피어는 변화의 흐름이라고 하였다. 언어의 역사적인 변화는 근본적으로는 개인적인 변이에서 시작하지만, 그 언어사용자는 대부분 어떤 한 방향으로 누적되어 가는 변화를 무의식적으로 선택하게 되는데, 이 때 변화의 흐름이 나타난다고 하였다. 즉, 일정한 방향으로 흐르는 개인적인 변이만이 변화의 흐름을 실현하며 유지한다. 마치 강에 들어가는 물결의 어떤 일정한 움직임만이 그 흐름의 윤곽을 나타내는 것과 같다고 하였다. 그리고 이러한 변화의 흐름은 음운, 단어, 통사 등 모든 언어 요소에서 실현된다고 하였다.

한 언어의 고유한 변화의 흐름은 일정한 방향을 가진다고 하였다. 이러한 고유한 방향을 변화의 경향이라고 하였다. 사피어는 이러한 경향을 확인하는 방법으로 토박이 화자가 언어형식의 사용에 대하여 가지는 '주저함 실험'을 제시하였다. 이것이 언어 변화에 대한 사피어의 설명 방법이다. 어떤 언어형식의 사용에 대하여 주저함이 나타난다는 것은 언어 변화의 징후가 나타나는 것이라고 해석하였다. 이와 같이 사피어의 언어 변화 이론은 변화의 흐름이라는 개념으로 정리된다. 변화의 흐름은 일정한 방향으로 진행되는 변화의 누적인데, 이는 고유한 변화의 경향을 가진다고 보았다.

한편 사피어는 언어와 문화에 대해서도 깊은 관심을 가졌다. 언어는 문화와 분리될 수 없으며, 문화는 어떤 사회가 행하고 생각하는 것이라고 정의하며, 언어는 사고의 특정한 방법이라고 하였다. 사피어의 이러한 생각은 나중에 언어상대성, 언어세계관설로 확립되는데, 언어가 그 사용자의 사고방식이나 정신 구조에 일정한 영향을 미치며, 나아가서 세계관을 지배한다는 가설이다. 이 가설은 어린이의 언어습득 과정에서 그의 인식 세계가 그의 언어 구조의 결정적인 영향을 받고 있다는 데에 근거를 두었다. 이는 언어 구조나 실제로 사용하는 언어형식이 언어사용자의 사고에 영향을 미친다고 생각하는, 사피어 – 워프 가설로 발전한 바 있다. 그러나 그 이후 언어가 사고방식에 미치는 영향은 언어 구조나 형식이 사고에 미치는 일종의 타성이며, 언어가 인간의 기본적인 지각 범주와 인식 작용을 반영할지는 몰라도 이를 규정하는 원인은 될 수 없다는 비판을 받았다.

3.2. 블룸필드

3.2.1. 생애

블룸필드는 1887년 4월 1일 일리노이주 시카고에서 태어났다. 독일계 유대인인 아버지 블루멘펠트(Sigmund Blumenfeld)는 어린 시절 미국에 와서 정착하면서 성을 블룸필드로 바꾸었다. 1896년에 그의 가족은 위스콘신주 얼커르트 레이크로 이사하였고, 레너드 블룸필드는 그곳에서 초등학교를 마쳤다. 그 후 시카고로 다시 이사와 중등교육을 마쳤다. 그의 숙부인 모리스 블룸필드가 존스홉킨스대학의 언어학자였기 때문에 블룸필드는 어릴 때부터 숙부의 영향을 많이 받았다.

이후 블룸필드는 하버드대학에서 1903년부터 1906년까지 공부하고 학사학위를 받았다. 그 후 위스콘신-매디슨대학 대학원으로 진학하여 독일어와 독일어 문헌학을 전공하였다. 이때 그는 오스트리아의 인도유럽언어 역사언어학자인 프로코슈(Eduard Prokosch, 1876~1938)와 인연을 맺게 된다. 프로코슈는 블룸필드가 언어학에서 학문적 경력을 쌓도록 권하였다. 1908년에 블룸필드는 시카고

미국의 구조주의 언어학자 레너드 블룸필드

대학으로 옮겨서 독일어와 인도유럽언어 문헌학 공부를 계속했고, 게르만어파의 역사언어학을 주제로 1909년에 박사학위를 받았다. 그는 이후 독일의 라이프치히대학과 괴팅겐대학에서 연구 생활을 하였는데, 그곳에서 젊은이문법학파의 레스킨, 브루크만 등의 영향을 받았다. 괴팅겐대학에서는 산스크리트어 전문가인 바케르나겔(Jacob Wackernagel)로부

터 파니니를 공부하였다. 파니니 문법의 연구 성과는 블룸필드의 기술언어학에 영향을 미쳤다. 유럽에서의 언어학 공부를 마친 후, 블룸필드는 미국으로 돌아와 일리노이대학 조교수로 취임하였다. 이후 1921년부터는 오하이오주립대학에서 언어학, 독일어 문헌학 교수로, 1927년에는 시카고대학에서, 1940년부터 세상을 떠날 때까지 예일대학 교수로 재직하였다. 한편 1925년부터 블룸필드는 사피어의 주선으로 캐나다 광산국의 조사원으로서도 참여했는데, 이 기회에 통해 언어 조사도 하였다.

블룸필드는 미국언어학회의 창립회원으로 참여했으며, 학회에서 발간하는 학회지에 꾸준히 기고하였다. 그는 1935년에 미국언어학회 회장을 지냈다. 그 시절 블룸필드는 아메리카 원주민 언어인 알곤퀸어족과 오스트로네시아어족, 특히 필리핀의 타갈로그어를 기술하기도 하였다.

3.2.2. 학문

블룸필드는 구조주의 관점에서 공시언어학 전반을 포괄적으로 연구한 미국의 20세기 전반기를 대표하는 언어학자이다. 연구 대상의 엄밀화, 과학적인 용어 정의, 발견 절차의 수립 등을 통하여 언어 연구를 과학화하고 기술언어학의 방법론을 확립하였다. "언어에 있어서 유일하게 유용한 일반화는 귀납적 일반화이다. 우리가 지금 언어에서 보편적이라고 생각하는 자질들이라도 바로 다음 언어에서는 나타나지 않을 수도 있다."라는 그의 표현은 자신의 언어학 연구관을 잘 보여 준다. 그의 대표 저서 《언어》(*Language*, 1933)는 미국 구조주의 언어학의 이론과 실제를 가장 잘 서술한 저서이다.

생애에서 본 바와 같이 그는 라이프치히의 젊은이문법학파에서 공부하면서 유럽의 전통언어학에 충실하였다. 그러나 그는 유럽의 언어학 이론을 그대로 받아들이기보다는 구조주의 관점에서 자신의 독자적인 연구 방법을 추구하였으며, 결국 미국 기술언어학의 방법론의 기초를 닦은 것이다.

그는 미국 행동주의 이론을 기본 개념을 받아들여 거기에 맞추어 언어 연구를 수행하였다. 그리하여 엄밀한 관찰 조사가 가능한 실제 현상만을 객관적으로 기술하고자 하여 언어 연구의 범위를 의도적으로 한정하였다. 즉, 주관적 기준이 개입할 염려가 있는 언어의 의미 부분을 배제하고, 언어의 물리적 측면, 즉 음성 부분만을 엄밀하고 객관적인 방법으로 다루려 하였다. 이를 위해 한 언어 체계에서 특정 단위가 차지할 수 있는 모든 위치를 기술하여 언어 단위의 분포를 확정하는 데 힘썼다.

결론적으로 블룸필드는 귀납적 방법을 통하여 다음과 같은 연구 방법을 확립하였다. 설정된 가설을 명확하게 진술하고, 이 명확한 진술이 가능하도록 용어를 정확하게 정의하여, 설정된 가설을 명백하게 검토하여 공식화하였다. 이러한 관점에서 의미론은 적절한 연구 대상이 될 수 없다고 보았다. 객관적인 연구 대상이 되기에는 의미가 너무 추상적이고 주관적이기 때문이었다.

3.2.3. 음운 연구

블룸필드는 음운을 변별적 음성 자질의 최소 단위로 정의하였다. 블룸필드는 음운 분석에 있어서 음성적 실질을 고려하지 않고 분포를 유일한 기준으로 삼았다. 프라하학파의 트루베츠코이와 같이 기능주의 태도를 취하면서도 음성 자질에 더욱 주목하고 있다. 따라서 블룸필드는 음운을 기능적인 면에서 보면서도 물리적인 면을 고려한 것이다.

블룸필드는 음운을 어느 형식이 같고 다른지를 알아보는 비교 과정과, 그 다음에 부분적으로 서로 비슷한 형식을 찾아가는 교체 과정을 통해서 인식하였다. 예를 들어, pin과 같은 단어에서 대치할 수 있는 부분이 몇 개인가를 조사하여 세 부분이 있음을 알게 되고, 그 세 부분을 바꿈으로 부분적으로 비슷함을 발견할 수 있다는 것이다. 이 단어에서 교체할 수 있는 또 다른 부분이 없다면 이 단어는 3개의 더 분할할 수 없는 단위로 이루어졌으며 이 각각이 변별적 음성 자질의 최소 단위인 음운인 것이다.

블룸필드는 음운 교체의 현상을 음운론이 아닌 형태론에서 다루다가, 나중에는 이러한 음운 교체 현상을 형태음운론이라는 새로운 분야를 설정하여 다루었다. 음운 교체 현상은 음운론과 형태론의 어느 한 곳에 귀속시키기에는 까다로운 문제이기 때문에, 형태음운론을 설정하여, 즉 음운론 계층과 형태론 계층의 접점에서 이러한 교체 현상이 일어난다고 설명한 것이다. 블룸필드는 음운 교체를 3가지 유형으로 나누었다.

[1] 교체되는 단위의 성격에 따라서 음성적 교체와 비음성적 교체
[2] 결정 요인에 따라 음운론적인 자동적 교체와 문법적 교체
[3] 규칙적이냐 아니냐에 따라 규칙적 교체와 불규칙적 교체

예를 들어 영어 복수 교체형 /-s, -z, -ɪz/는 [1]에 따라 음성적 교체이지만, 일부에서 보이는 /-s, -ən/은 비음성적 교체이다. 음성적 교체의 경우 교체형 사이에는 음성적으로 연관이 있으나 비음성 교체의 경우 교체형 사이에는 아무런 음성적 연관이 없다. 또한 이 교체는 음운론적 요인에 기인하는 것이므로 [2]에서 자동적 교체에 해당한다. 마지막으로, 이러한 교체는 매우 규칙적으로 발생하므로 [3]의 규칙적 교체에 해당한다. 즉, 영어 복수 교체형 /-s, -z, -ɪz/는 음성적, 자동적, 그리고 규칙적 교체라고 말 할 수 있다. 블룸필드는 교체형들 가운데 하나를 기저형 또는 기본형으로 삼는다면, 매우 간결하게 교체 현상을 설명할 수 있다고 하였다. 블룸필드는 이렇게 음성적 조건에 의한 교체들을 형태음운론의 대상으로 삼았다.

3.2.4. 문법 연구

블룸필드는 어휘 형식에서 의미를 지닌 최소의 단위를 형태소라 하고, 여기에 대해서 문법형식에서 의미를 지닌 최소의 단위를 문법소 (tagmeme)라 규정한다. 그는 문법소는 두 개 이상의 문법자질소 (taxeme)로 이루어진다고 설명한다. 문법 배열의 자질들은 다양한 조합으로 나타나지만, 분리시켜 기술할 수 있다. 문법 배열의 단순한 자질이 곧 문법자질소라 하였다. 이와 같은 관계는 phoneme : morpheme = taxeme : tagmeme의 관계로 설정해 볼 수 있다.

예를 들어 Run!이라는 표현은 두 개의 문법자질소를 포함하고 있다. 하나는 감탄적인 억양, 하나는 자동사이다. 반면, John!의 경우에는 똑같이 두 개의 문법자질소가 있고, 그 중 하나는 감탄 억양이라는 면에서는 같지만, 다른 하나가 자동사가 아니라 명사이다. 이러한 두 개의 문법자질소가 하나의 문법형식을 구성하여 문법소로 표현된다.

John ran.의 경우, 여기에는 선택, 어순, 억양이라는 세 개의 문법자질소로 이루어지는 하나의 문법소가 있다. 이들 문법자질소는 개별적으로는 아무런 의미가 없으나, 전체로서 한 문법소를 구성하게 되면, 누가 어떤 행동을 한다는 의미를 가지게 된다.

문법자질소와 문법소를 통한 설명은 형태론에서 통사론으로 이어진다. 문법자질소가 문법 기능에 영향을 미치는 과정을 통해 블룸필드는 문법 관계의 많은 부분을 설명하려 하였다.

3.2.5. 의미 연구

블룸필드는 언어학에서 의미 연구에 대해 유보적인 태도를 취하였다. 자신의 이론 체계에서 의미가 적절한 연구 대상이 될 수 없다고 보았다.

그러나 블룸필드의 의미에 대한 기술은 행동주의의 자극－반응 체계 아래에 어느 정도는 있다. 앞에서 예를 든 바와 같이 한 사람이 배고픔을 느끼고, 다른 사람에게 사과를 따다 달라 말한다. 그러면 그 사람이 그 말을 듣고, 사과를 따다 준다. 여기에서 의미 작용이 환언되고 있는 것을 볼 수 있다.

따라서 블룸필드 자신이 의미론을 언어학의 영역 밖으로 내보냈다기 보다는 의미 분석이 관찰하고 기술하는 데에 적용되는 객관적이고 과학적인 정확성을 보장하는 것이 불가능한 것이라고 판단한 것이다.

3.3. 블룸필드 이후의 기술언어학

3.3.1. 블룸필드 이후 학자

블룸필드 이후 미국 기술언어학을 이끈 대표적인 학자와 그들의 주요 저서는 다음과 같다.

Bloch, B. and G. Trager 1942, *Outline of Linguistic Analysis*.
Hockett, C. 1958, *A Course in Modern Linguistics*.
Nida, E. 1949, *Morphology: The Descriptive Analysis of Words*.
Harris, Z. 1951, *Methods in Structural Linguistics*.
Gleason, E. 1955/1965, *An Introduction to Descriptive Linguistics*.

미국 언어학에서 블룸필드의 《언어》가 출판된 1933년부터 변형생성 문법 이전까지는 블룸필드의 영향이 결정적이기 때문에 '블룸필드 이후 언어학'(Post-Bloomfieldian linguistics)이라 한다. 그러나 이들을 같은 학파라 부르기에는 이론의 다양성을 보이지만, 음성 자료에 입각하여 음성 형식을 분석하고 구성 요소를 분석, 분류하려는 공통점을 지니고 있다. 이들의 공통된 관점은 다음과 같다.

첫째, 언어 기술에서 의미를 배제하였다. 블룸필드는 음운이나 형태 분석에서 의미를 고려하였지만, 그러나 이들은 의미를 전혀 고려하지 않고 분포만을 유일한 기준으로 삼았다. 둘째, 분석 층위를 철저히 분리하였다. 예를 들어 호케트(Charles Francis Hockett, 1916~2000)는 morph와 morpheme을 구별하여 morph는 음운론에 속하는 문제로 하고 morpheme은 문법의 단위로 보아 음운론과 문법론의 층위를 철저히 분리하였다. morpheme은 내용의 단위이고 morph는 표현의 단위라 하였다. 셋째, 형태류를 블룸필드는 어휘 영역으로 다루어 문법과 구별하였으나, 이를 문법 영역에 흡수하였다. 예를 들어 프라이즈(Charles C. Fries, 1887~1967)는 어휘를 실질어와 기능어로 구별하고, 이들이 배열되는 구조로 영어의 문장을 기술하려고 하였다.

3.3.2. 해리스의 변형 이론

변형 이론을 제안한 젤리그 해리스

기술언어학에서 분포를 기준으로 하는 분석 방법은 해리스(Zellig Sabbettai Harris)[2]에서 정점을 이룬다.

블룸필드는 어떤 언어 형태가 나타나는 위치가 그 기능을 결정하며, 즉 형태가 나타나는 위치를 분석하면 그 기능을 알 수 있어서 문법 기능은 형태 부류로 분류할 수 있다고 하였다. 이에 대해 해리스

---

2 젤리그 사베타이 해리스(Zellig Sabbettai Harris, 1909~1992): 미국의 구조주의 언어학자, 수리통사론자. 변형 이론을 제시하였다. 그는 모든 문장은 기본 문장의 핵에서 변형을 거쳐 만들어 진다고 하였다. 대표 저서로는 《구조언어학의 방법론》(Methods in Structural Linguistics, 1951), 《언어의 수리 구조》(Mathematical Structures of Language, 1968), 《구조언어학과 변형언어학 논문집》(Papers in Structural and Transformational Linguistics, 1970) 등이 있다.

는 위치라는 개념을 더 발전시켜서 요소가 나타나는 환경을 제시하였다. 분포는 어떤 요소가 나타날 수 있는 환경으로, 환경이란 분석 대상 요소 앞뒤에 있는 다른 요소에 의해서 구성된다고 하였다. 어떤 언어 요소의 분포는 그 요소에 나타날 수 있는 다른 요소와의 상대적 위치라 하였다. 해리스는 이러한 분포 환경을 상세하게 조사하여 여기에 입각한 분석 방법을 정밀화시켰다.

이렇게 해리스는 분포에 의해서 요소의 다양한 상관 관계에 주목하였다. 요소 사이의 관계를 분석함으로써 구체적인 음성 현상에서 추상적인 관계로 연구의 중심을 전환하였다. 즉, 자료의 수집과 분석에서 체계를 파악하는 연구로 나아갔다.

분포의 대상을 확대하면 문장 내부 구조만이 아니라 문장과 문장의 연쇄적 구조도 문제된다. 즉, 담화 분석이 제기된다. 지금까지 분포에 의한 분석을 문장 내부를 대상으로 한 데 대해 해리스는 문장보다 큰 단위, 즉 담화에 적용하였다. 이에 따라 문장과 문장의 분포 관계, 그리고 언어와 언어가 사용되는 사회적 장면과의 관계들을 밝히려 하였다.

이러한 담화 분석의 한 수단으로 해리스의 변형 이론이 출발하게 된다. 문장과 문장의 관계는 한 문장 안의 품사 결합만을 조사하는 것으로는 연구할 수 없다. I loved her.와 I went home.을 그 어휘 구성으로 생각한다면 다 같이 N V N이라는 동일 구조가 되어 그 차이를 밝힐 수 없다. 따라서 문장과 문장의 관계와 문장 유형을 고려하지 않는다면 담화 분석을 할 수 없다. 그리하여 해리스는 문장과 문장의 관계를 밝히기 위해서 변형이라는 개념을 발전시키게 되었다.

이러한 관점에서 해리스는 공기 관계에 의해서 변형을 정하는 방법을 제안하였다. 예를 들어 He met us.와 His meeting us.는 N_1 V N_2라는 동일 요소(he, meet, we)를 포함하고 있기 때문에, 변형의 관계를 맺는다고 한다. 즉, 분포가 공통되어 있을 때 변형 관계를 정하려고 하였다. 따라서 단순히 어휘가 공통적이라는 것이 아니라, 부류어의 N_1이나 N_2

등이 공존하고 있는 것이 변형의 조건이 된다는 것이다.

3.3.3. 파이크의 문법소 이론

20세기 중엽 미국에서는 글자가 없는 아메리카 원주민의 언어를 분석하여 기술하고 나아가 새로운 표기 체계를 고안하여 성서를 원주민 언어로 번역하려는 활동이 전개되었다. 그 대표적인 언어학자가 파이크(Kenneth Lee Pike, 1912~2000)와 나이다(Eugene A. Nida, 1914~2011)이다. 파이크는 성서 번역을 목적으로 많은 언어를 다룬 오랜 경험에 의해서 실제적인 언어 분석에 관한 새로운 이론을 구상했는데 그것이 문법소 이론(文法素理論, tagmemics)이다. 파이크의 문법소 이론은 그의 저서 《언어, 인간행동구조의 통합이론과 관련하여》(*Language in Relation to a Unified Theory of the Structure of Human Behavior*, 1954/1955/1964)에 제시되었다. 성서 번역에 종사하고 있는 여러 언어학자들은 실제로 이 이론의 분석 방법에 따라 많은 언어를 기술하여 발표하였다.

문법소 이론에 따르면, 언어는 구조를 이루는데, 언어 구조는 세 계층 즉 음운, 문법, 어휘로 분석된다. 이 세 계층은 서로 자율적이면서도 또한 서로 얽혀 있다. 가령 문법 단위나 형태 단위를 직접 음운 단위로 바꿔 쓸 수 없다. 형태소, 단어, 문장 등은 음운 구조를 갖추고 있기는 하지만, 음운 그 자체는 음운 구조의 최하위 계층의 요소이고 다음에 더 하나 높은 계층, 강세나 연접에 관계된다. 구조 분석에서 문법소 이론은 큰 구조에서 점차 작은 구조로 분석해 가는 방법을 택한다. 문장 층위, 절 층위, 구 층위, 문법소 층위로 분석한다. 또한 이러한 층위는 명확한 계층으로 배치되어 있다고 본다. 이렇게 한 언어의 구조에 체계적인 층위를 설정함으로써 최대의 유효성을 지닌 언어 구성을 얻게 된다고 본다.

3.3.4. 램의 성층문법

성층문법(stratificational grammar)은 램(Sydney MacDonald Lamb, 1929~)에 의해 제시된 문법 이론이다. 성층문법의 특징은 옐름슬레우와 같이 언어를 관계의 체계로 본다는 것이다. 그리고 언어 구조는 몇 개의 구조적 층위에 의해서 이루어지는 것이라고 본다. 램이 말하는 층위(stratum)는 표지와 관계가 있는 언어 구조의 층위라는 의미이다.

램에 의하면 언어는 관계 체계이며, 영어의 경우 6개의 하위 체계로 분석되는 층위 체계다. 다만 층위의 수를 영어 이외의 다른 언어에서는 4~6개로 보고 있으나, 그 수의 설정은 보편성의 문제와 더불어 연구해야 한다고 하였다.

4. 기술언어학 이론의 한계

미국 구조주의 언어학인 기술언어학이 객관적인 방법으로 언어의 구조와 체계를 분석하여 기술한 것은 언어학사에서 대단히 큰 성과라 평가한다. 그러나 다음과 같은 문제점을 안고 있었다.

첫째, 언어 연구의 대상이 근본적으로 측정 가능한 물리적인 소리와 형식에 국한되어 음운론과 형태론 연구에 머물렀다. 따라서 통사론에 대한 연구가 거의 이루어지지 못하였으며, 더욱이 의미 연구는 배제되었다. 기술언어학은 과학으로서의 엄밀성을 추구하는 과정에서 주관적 개입을 불러일으킬 수 있는 의미를 배제하고자 하였다.

둘째, 언어 자료의 정확하고 객관적인 기술을 강조한 결과 언어 현상에 대한 언어학적인 설명, 해석의 단계에 이르지 못하였다. 기술언어학의 연구는 물리적 자료 중심이었기 때문에 자연히 각각 개별언어의 특유한 개별적 언어 구조의 기술이 중심이 되었다. 기술언어학은 개개의 언어 사실의 목록과 분포 양상을 제시하는 데에 그쳐 그 현상에 대한 원인은 밝혀낼 수 없었다.

셋째, 낯선 언어를 연구할 경우, 그 언어의 역사를 알 수 없다. 결과적으로 기술언어학에서는 공시적인 연구가 강조되었기 때문에, 통시적인 연구, 즉 언어사의 연구가 대단히 소홀히 되었다.

블룸필드 이후 기술언어학의 가장 특징적인 방법은 분포에 의한 언어 분석이었다. 그러나 분포에 의한 언어 분석에는 다음과 같은 근본적인 한계가 있었다. 다음 예를 보자.

I dislike visiting relatives.

분포에 의해서 분석할 수 있는 것은 I가 대명사, dislike가 타동사, visiting이 명사 또는 형용사, relatives가 명사라는 것이다. 또한 직접성분 분석에 의하더라도 [I dislike [visiting [relatives]]]만을 알 수 있다. 이것은 분포 분석이라는 것은 구성 요소의 분할과 분류에 지나지 않는다는 것을 보여 준다. 위의 문장에는 두 가지 의미가 있다. 이러한 의미 차이를 분포에 의해서는 설명할 수 없다.

a. 내가 친척을 방문하는 것을 싫어한다.
b. 나는 나를 방문하는 친척을 싫어한다.

다음 두 문장 역시 분포를 분석하더라도 동일한 어휘 배열에 그치고 직접성분 분석에 의하더라도 마찬가지이다. 그러나 이 두 문장의 의미 차이를 살펴보면 문장 구조는 결코 같은 것이 아니다.

a. John is easy to please.
b. John is eager to please.

위 문장에서 John과 please의 관계가 다르다. 즉, (a)에서는 John이 please의 의미상의 목적어이고, (b)에 있어서는 John이 please의 의미상 주어이다. 이것을 바꾸어 표현하면 (a)는 It is easy to please John, (b)는 John is eager to please someone의 의미이다. 이러한 의미 차이를 구성요소의 분석에 의해서는 설명할 수 없다. 언어 이론을 자료의 분포 분석과 분류 방법으로 보는 기술언어학은 이렇게 이론적인 한계에 다다르게 된 것이다.

기술언어학은 자료 중심의 이론이다. 즉, 자료로서의 발화체에는 그것을 분석하는 데 필요한 모든 특징이 나타나 있기 때문에 그 자료만으로 모든 문법 구조를 귀납할 수 있다고 하는 가정이다. 그러나 위에서 예시한 문장에서와 같이 발화체의 현실적인 표면의 구조만으로서는 John과 please의 두 관계에서 볼 수 있는 것과 같은 발화체의 본질을 이해하는데 필요한 심층의 문법 관계를 파악할 수가 없었다. 또한 현실적으로 직접 관찰할 수 있는 자료만을 통해서 본질적인 문법 구조를 발견한다는 것도 불가능하게 되었다.

이러한 한계에 다다른 기술언어학에 새로운 돌파구를 제시한 학자가 촘스키이다. 그는 해리스와 함께 언어의 기술 방법을 연구하고 점차 수학적 방법과 생성적 방법에 관심을 가지면서 대담하게 언어학의 방향을 전환한다. 이것이 바로 변형생성문법이 등장하는 배경이다.

제5부
현대 언어학의 발전

20세기 후반의 미국 언어학은 변형생성문법 이론으로 대표된다. 변형생성문법 이론은 미국뿐만 아니라 전 세계 언어학계에 크게 영향을 미쳤다. 더 나아가 언어학계뿐만 아니라 이웃하는 다른 분야 학문에도 적극적인 영향을 미쳤다. 따라서 제5부에서는 현대 언어학을 대표하는 변형생성문법 이론에 대해 먼저 살펴본다.

변형생성문법 이론은 미국의 기술언어학 이론의 한계점을 극복하면서 촘스키에 의해 성립된 언어 이론이다. 기술언어학이 가지는 한계점을 극복하였기 때문에 기술언어학 이론과는 이론적인 배경, 연구 방법, 연구 대상 모든 것이 대조적이다.

첫째, 변형생성문법 이론의 목표는 인간의 인지능력을 밝히기 위한, 즉 언어능력을 설명하려는 것이다. 이와 같은 촘스키의 변형생성문법 이론은, 비록 그 방법론의 변모를 여러 차례 거듭하여 왔지만, 이론의 이러한 목표는 지금까지 변하지 않고 있다.

둘째, 변형생성문법 이론은 통사론 중심의 이론이다. 기술언어학 이론은 방법론의 성격 때문에 통사론 이론은 제시하지 못하였다. 이를 극복하기 위하여, 통사론 중심의 언어인 영어의 문법 구조를 밝히기 위하여 통사론 중심의 이론이 대두되었다. 이러한 필요성에 근거한 변형생성문법 이론의 특징은 통사론 중심의 이론이 되었다.

셋째, 변형생성문법 이론은 가설검증적인 이론이다. 연구 목표를 달성하기 위하여, 다시 말하여 언어능력을 설명하기 위하여, 가설을 설정하고 그것을 검증하는 논리의 방법이다. 따라서 더 나은 가설과 검증 방법이 제시된다면 이론은 얼마든지 수정될 수 있다. 변형생성문법 이론이 그간 수없이 변모해 온 근본적인 이유는 바로 여기에 있다.

넷째, 변형생성문법 이론은 수리논리적인 방법론이다. 언어능력을 설명하기 위해서 가장 효율적인 방법이 수리논리적인 방법이다. 논리가 언어 현상을 분석하고 언어능력을 설명하는 도구가 되었다.

현대 언어학은 변형생성문법 이론과 직접, 간접으로 관련을 맺으면서,

또한 관련 없이, 다양한 대상과 다양한 방법으로 변모해 가고 있다. 이론언어학, 응용언어학 분야에서 다양한 연구가 수행되고 있다. 이론언어학 분야에서는 언어 구조에 대한 연구, 언어 역사에 대한 연구가 수행되었으며, 응용언어학 분야에서는 언어공학, 언어정책, 언어교육, 언어치료 등에 대한 연구가 수행되었다. 또한 언어학과 다른 분야가 협력하는 연구 분야도 활발하게 전개되었다. 심리언어학, 사회언어학, 인지언어학 등에 대한 연구 분야도 전개되었다.

현대 한국어 연구는 자발적이든 그렇지 않든 간에 외래의 언어 이론을 바탕으로 성립되었다는 것은 부인할 수 없는 사실이다. 따라서 이러한 연구의 과거를 되돌아보아, 언어 이론 수용의 양상과 그 성과와 문제점을 논의해 볼 필요가 있다. 과거의 연구를 되돌아보는 것은 단순히 그 업적을 소개하고 긍정적으로 평가하는 데에 있는 것이 아니라, 오히려 한계와 문제점을 분명히 밝힘으로써 앞으로의 연구가 지향해야 할 방향을 제시하는 데에 의의가 있다고 생각한다. 이를 위하여 먼저 한국어 연구에서 언어 이론 수용의 일반적인 양상을 검토한 다음, 한국어 연구에 영향을 미친 전통언어학 이론, 기술언어학 이론, 변형생성문법 이론을 중심으로 서술한다.

마지막으로 오늘날의 언어학은 무엇에 관심을 가지고 있으며, 앞으로 언어 연구를 어떻게 전개해야 할 것인지에 대해 살펴보기로 하겠다. 이것은 언어학 연구의 역사적 전개 과정과 현황을 분석·반성한 바탕에서, 지금까지의 상황을 분석하여 이를 극복하는 데서 이루어진다고 생각한다. 지금의 언어학 연구에서 무엇이 문제이며, 무엇이 한계인가를 분석하여 이를 극복해야만, 미래를 전망하고, 또한 지향해야 할 바람직한 방향을 모색할 수 있기 때문이다. 이를 위해 언어학의 연구 목표, 연구 대상, 연구 방법 등으로 나누어 새로운 방향을 모색하고자 한다.

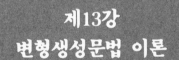

제13강
변형생성문법 이론

제13강
변형생성문법 이론

1. 배경

변형생성문법은 기술언어학 이론의 한계를 극복하는 데에서 출발하였다. 기술언어학의 가장 큰 이론적 한계는 언어의 객관적인 기술에 치우쳐 언어의 본성인 인간의 언어능력을 해명하지 못하였다는 것과 문장 구조와 문장의 의미 해석을 위한 이론이 부족하였다는 것이다. 이러한 한계에 대해서는 앞서 제12강에서 서술한 바 있다. 다시 말하자면 귀납적으로 자료의 분포를 분석하고 분류하는 방법으로 한계에 이르게 된 것이다.

이러한 상황에서 언어학 연구에 새로운 방향을 제시한 것이 촘스키이다. 그는 그의 스승 해리스와 더불어 언어의 기술 방법을 연구하고 점차 수학적 방법과 생성적 문법 문제에 관심을 가졌다. 그러나 촘스키는 분포 분석 방법으로 언어를 기술하는 것과 언어를 음성 형식으로 보고 언어를 기술하는 데에는 근본적인 문제가 있음을 인식하였다. 분포 분석 방법을 더욱 정밀화하여 이를 극복하기보다는 근본적인 문제를 해결할 새로운 언어 이론이 필요하다는 것을 인식하였다. 그것은 자료 중심에서 설명 중심으로의 태도의 변화였다. 언어의 표면보다는 내면을 중시하는,

문장의 형성 과정과 그 규칙을 해명하려는 것이었다.

변형생성문법의 싹은 촘스키의 스승인 해리스의 연구에서 이미 나타났다. 분포 이론을 더욱 정밀화하려는 즈음, 해리스는 방법론적으로 기호를 차례로 도입함으로서만 효과적인 형태 분석이 이루어질 수 있다고 확신하였다. 해리스의 기본 생각은 먼저 각 형태 단위의 상호 관계를 규정하여 이것으로 직접성분에 관한 정보를 얻게 되고 그 후에 발화체 전체의 기저구조가 규정된다는 것과 그러한 분석은 작은 언어 단위에서 큰 언어 단위로 향한다는 것이었다. 해리스는 이러한 생각을 이미 1946년 《형태소에서 발화로》(*From Morpheme to Utterance*)에서 제시하였다.

스승의 이러한 생각을 기반으로 촘스키는 변형생성문법 이론을 확립하고 통사론 연구에 새로운 방법을 제시하여 드디어 현대 언어학의 새로운 시대를 열게 되었다. 촘스키는 언어를 문장의 집합으로 보고 문법은 문장에 관한 이론이라고 규정한다. 정상적인 사람은 누구나 지금까지 한 번도 들어 보지도 못한 새로운 문장을 얼마든지 만들어 낼 수 있을 뿐만 아니라 또 듣는 사람도 역시 새로운 문장이지만 이것을 바로 이해할 수 있다. 즉, 인간에게는 무한한 문장을 만들어 낼 능력이 있으며, 인간은 무한한 문장을 구성하기 위한 유한한 규칙을 습득한다. 그러한 능력을 언어능력이라 하는데, 이러한 언어능력을 밝히는 것을 언어학의 목표로 삼았다.

2. 촘스키

촘스키(Avram Noam Chomsky)는 1928년 12월 7일 미국 펜실베니아주 필라델피아에서 히브리어 교수인 윌리엄 예브 촘스키와 엘시 시모노프스키 사이에서 태어났다. 원래 유대계 러시아인인 아버지는 미국으로 망명한 후 여러 학교에서 히브리어를 가르쳤고, 어머니 역시 지적으로 뛰어난 여성이었으며 촘스키에게 정치 분야에서 많은 영향을 미쳤다. 촘스키는 히브리어 문법학자인 아버지를 통해 언어 구조에 대한 관심을 가지게 되어 이미 열 살 때 아버지 저서 《David Kimhi's Hebrew Grammar》를 교정할 정도였다.

변형생성문법 이론의 창시자 노엄 촘스키

촘스키는 부모뿐만 아니라 친척들에게서도 상당한 영향을 받았다. 다양한 정치 이념을 가진 친척들과의 교류를 통해 촘스키는 어떤 문제에 대해 단일한 해결책은 적절치 않다는, 다양성을 존중하는 견해를 가지게 되었다. 촘스키가 어릴 때 다닌 필라델피아의 오크레인초등학교는 존 듀이의 교육 원칙을 따라, 이 학교의 평가 기준은 점수가 아닌 창조성이었다. 이러한 배경으로 촘스키는 다양성과 창조성을 존중하는 사상을 키우게 되었다.

12살에 촘스키는 필라델피아의 센트럴고등학교에 입학하였다. 그러나 거기서 큰 충격을 받는다. 다양성과 창조성을 강조하던 초등학교와는 달리 센트럴고등학교에서는 사회가 강조하는 주입식 교육과 경쟁 위주의 생활이 이어졌기 때문이다. 성장한 이후 촘스키는 고등학교 시절 느꼈던 충격을 사회가 구성원을 교육하는 목적이 지배 계층의 욕구를 충족시키고 증진시키기 위한 것이라는 견해로 발전시키게 되었다.

16살이 되던 1945년 촘스키는 펜실베이니아대학에 입학하여 언어학, 수학, 철학을 공부하여 석사, 박사 학위를 취득하였다 그는 고등학교 시절 충격 받았던 제도권 교육이 대학에서까지 이어지는 것을 보고 굉장히 실망하게 된다. 그래서 한때는 중동 지역 정치에 관심을 가지고 학문 연구를 그만두고 팔레스타인의 키부츠에 가서 살면서 아랍인과 유대인의 평화를 위해 일할 결심도 했었다. 이를 저지시키기 위해 그의 부모는 그를 펜실베니아대학 언어학 교수 해리스에게 지도받도록 소개 하였다. 해리스는 팔레스타인에 유대인 국가를 건설하려는 시온주의에 대해 촘스키와 같은 의견을 가지고 있었으므로 촘스키를 감싸안아 그의 보호 아래 받아들이는 데에 어려움이 없었다. 그렇게 하여 촘스키는 해리스라는 훌륭한 스승을 만나게 되어 대학에서 공부를 계속하게 되었 다. 해리스가 자신의《구조언어학의 방법론》(*Methods in Structural Linguistics*, 1951)을 촘스키에게 읽히고 그에 관해 토론하게 한 것을 계기로 촘스키는 본격적으로 언어학을 연구하게 되었다. 해리스의 제의 에 따라 촘스키는 히브리어 문법에 관해서 연구를 하였는데, 연구의 진전에 따라서 구조주의 문법의 개념은 히브리어를 기술하기에 부적합 하다는 것을 깨닫게 되었다. 그리하여 그는 언어 현상을 단순히 기술하 는 것에 반대하고 설명하는 것에 관심을 가져 그 언어에 대한 일련의 순서를 가진 규칙 체계를 연구하였다. 촘스키의 히브리어 연구는 몇 년 동안 계속되어 1949년 펜실베이니아대학에서 학사학위를 받게 되는 데, 학위 논문은 이후 논저의 바탕이 된 '현대 히브리어의 형태음운 론'(Morphophonemics of Modern Hebrew)이다. 이 논문은 석사학위 논 문으로 발전하였으며, 1979년에 같은 이름의 책으로 출간되었다.

촘스키는 1951년 석사학위를 받은 이후 1955년까지 하버드대학의 연구원으로 선발되어 연구에 몰두하였다. 그의 연구 과제는 구조주의 언어학의 기술 방법을 개선하는 것으로 조금씩 변형생성문법 연구로 다가가게 되었다. 그리고 변형생성문법과 설명 이론에 관한 연구를 계속 하라는 철학자 바힐렐(Bar-Hillel)과 언어학자 할레(Halle)의 격려에 힘 입어 촘스키는 1955년에《언어학 이론의 논리구조》(*The Logical Structure of Linguistic Theory*)를 쓰게 되는데 이 가운데 한 부분인 Transformation Analysis로 그는 펜실베니아대학에서 1955년에 박사학위를 받았다. 이 책에는 그 당시의 언어 이론에 대한 모든 개념을 바꾸어 놓은, 고도의 창조성을 지닌, 변형생성문법 연구의 바탕이 된 문법의 형식화와 평가 절차에 대한 제안이 들어 있었다. 그는 이 책의 출판을 위해서 자기의 연구 결과를 받아들일 것이라고 믿었던 MIT 출판부에 원고를 보냈으나, '다소 관행을 벗어난 방법론을 취하고 있는 무명의 저자라면, 방대하고 상세한 원고를 단행본으로 출간할 계획을 세우기에 앞서 소논문을 전문 학술지에 투고하는 것이 순서'라는 이유로 출판을 거절당하게 되었고, 20년이 지나서야 책으로 출판되었다. 그 후 계속 2년 동안 그의 학위논문과 그 외 논문들을 학술지 *Word*에 보냈으나 마찬가지로 거절당하였다.

그러한 가운데 MIT에서 가르치고 있었던 할레가 촘스키에게 현대언어학과와 전자공학연구실에 겸임으로 일할 수 있도록 소개해 주어, 촘스키는 그곳에서 프랑스어, 독일어, 학부생을 위한 언어학, 철학, 논리학 등의 강의를 담당하였다. 이때 그는 언어학 강의를 하면서 강의노트를 정리하였고 이 원고를 할레는 Mouton출판사에 내도록 권유하였다. 그래서 1957년 5월 촘스키의 역사적인 책 《통사 구조》(*Syntactic Structures*)가 출판되었다. 이 책이 출판되자마자 몇 주 만에 리즈(Lees)는 미국언어학회지 《언어》(*Language*)에 이 책에 대한 서평을 실었는데, 리즈는 새로운 언어학 방법론은 유일하며 진지한 시도이며, 매우 성공적이라는 것을 밝혔다. 이 서평은 미국학계에 변형생성문법에 대해 관심을 끌게 한 계기가 되었다. 또한 뵈거린(Voegelin)은 1958년에 쓴 서평에서, 이 책 목표의 일부만 성취된다 하더라도 언어학에서 코페르니쿠스적 혁명을 이루어낸 것이라 하였다.

촘스키는 이 책을 출판한 후 여러 곳에서 강연하였다. 그 중에서도 특히 1958년에 개최된 '제3차 영어의 언어학적 분석 문제에 관한 텍사스 학술회의'(Third Texas Conference on problems of Linguistics Analysis of English)에서 가장 중요하고 성공적인 강연을 하였다. 이 학술회의에 제출된 구조주의에 관한 논문들은 모두 관심 밖이었고 《통사 구조》만 관심의 초점이 되었다. 촘스키는 이 학술회의에서 촉망받는 젊은 구조주의 언어학자 스톡웰(Stockwell)을 설득시키는데 성공하여 스톡웰은 곧 촘스키의 새로운 이론의 열렬한 지지자가 되었다. 이렇게 하여 촘스키의 언어학 혁명이 시작되었다.

당대 대표적인 구조주의 언어학자 호케트는 촘스키의 《통사 구조》의 출판을 현대 언어학사의 4대 업적 가운데 하나로 꼽았다. 촘스키 이론의 중요성을 깨달으면서 그 이론의 발전을 도왔다. 텍사스대학의 힐(Hill)은 제3차 텍사스회의에 촘스키를 초대함으로써 그의 새로운 이론을 알려지게 하였고, 대표적 구조주의 언어학자 블록(Bernard Bloch)도 자신의 노선을 버리고 촘스키를 도왔다.

그 이후 촘스키는 1965년에 《통사 이론의 여러 양상》(*Aspects of the Theory of Syntax*)을 출판하였다. 이 책을 통해 변형생성문법의 표준이론이 완성되었다. 이어서 1966년에는 이성주의에 바탕을 둔 변형생성문법의 이론적 배경을 밝힌 《데카르트 언어학》(*Cartesian Linguistics*)을 출판하였다. 이 책은 초고를 쓸 당시 프린스턴대학에서 개최된 크리스천 가우스 비평 세미나에 참석하여 강연한 내용을 정리한 것이다.

촘스키 이론이 학계에 널리 인정을 받게 되면서 그는 여러 나라에서 강연 초청을 받고 강연을 하였다. 그리고 그의 연구 업적을 인정받아 시카고대학에서 명예박사학위를 받았다. 1980년대 초에 그는 언어학적으로 또 한 번 중요한 발전을 이루었고, 1981년 《지배와 결속에 관한 강의 - 피사강연》(*Lectures on Government and Binding - The Pisa Lectures*), 1995년 《최소주의 프로그램》(*Minimalist Program*) 등 중요한 언어학 저서를 남겼다. 그리고 그는 현재까지 MIT 언어학과의 교수로 활동하고 있다.

그는 어렸을 때부터 정치적 관심이 컸으며 사회주의 성향이 강하였다. 그 결과 그는 1955년 이후부터 미국의 외교 정책을 비판하였고, 1960년대 베트남전쟁 당시에는 미국 각지를 다니며 전쟁을 반대하는 강연을 수행하면서 저항 운동을 전개하였으며, 심지어는 전쟁 반대 데모에 직접 참가하기도 하였다. 그는 지식인의 책무를 다해야 한다는 도덕적 신념이 강했으며, 현재도 신자유주의의 위험성에 대해 경고하면서 그 책무를 이어가고 있다.

3. 변형생성문법 이론의 특징과 표준이론

3.1. 목표

변형생성문법은 인간의 인지능력을 규명하는 것, 더 구체적으로는 인간의 언어능력을 규명하는 것을 목표로 삼는다. 언어능력이란 그 언어의 토박이 화자들이 가지고 있는 언어지식을 가리킨다. 변형생성문법은 그동안 방법론적 변모에도 불구하고 이 목표에는 변함이 없었다. 궁극적으로는 이 목표를 달성하기 위하여, 문장 구조의 적격성을 설명하려하고, 그 문장의 의미를 해석하려 한다.

언어학의 목표는 개별언어의 문법을 작성하는 것만이 아니라, 모든 언어에 공통적으로 내재하는 언어 구조의 특징에 관해서도 연구해야 한다. 언어 구조의 일반 이론은 각 개별언어의 문법이 갖추어야 할 성질 즉, 문법의 형식 또는 그것을 구성하는 규칙의 성질 등을 규정해야 한다. 또 일반 이론은, 그것이 규정하는 형식에 맞는 몇 가지 문법이 있을 때, 그 중 어느 하나를 선택하는 평가 절차도 부여해야 한다. 이렇게 해서 모든 언어에 공통된 보편 특성에 관한 가정을 형성하게 된다.

3.2. 언어관

촘스키의 사상적 배경을 찾아보면, 17세기 데카르트에서 19세기 훔볼트를 통해 이어 내려오는 이성주의 문법 정신을 이어 받고 있다. 특히 그는 자신의 저서 이름을 《데카르트 언어학》이라고 했을 정도로 데카르트의 이성주의의 영향을 많이 받았다. 당시에 주류를 이루고 있었던 미국의 구조주의 언어학인 기술언어학은 전적으로 경험주의를 따르고 있었다. 즉, 기존 언어학에서는 인간의 지적인 능력이 후천적인 경험에 의해 형성된다고 보았던 경험주의에 이론적으로 가까웠으며 따라서 언어능력도 후천적으로 얻어지는 능력이라고 보았다. 그 결과 개별언어들의 구체적인 자료들을 토대로 그것들을 분석하여 기술하는 것이 기존의 언어학의 주된 목표였으며, 그런 기술 과정을 통해서 언어 현상을 온전히 이해할 수 있다고 믿었던 것이다.

그러나 촘스키는 이에 대하여 부정적인 견해를 보였다. 즉, 그는 인간의 언어능력은 후천적으로 얻어지는 것이 아니라 선천적으로 타고나는 인간 고유의 능력이라고 보는 이성주의에 기반을 두는 언어관을 가졌다. 그는 인종이나 성장 환경, 지능의 차이 등에 관계없이 누구나 언어를 특정 시기에 습득하게 된다는 점을 근거로 들며 언어능력이 생득적임을 증명하였다. 따라서 그는 언어학의 연구 목표도 인간이 지니고 있는 보편 언어능력을 밝히고 나아가 보편문법을 명확히 규명하는 것이 되어야 한다고 주장하였다. 이러한 촘스키의 언어생득설은 그가 중요하게 주장하였던 인간 언어의 보편성과 관련된다.

촘스키는 학문의 궁극적인 목적이 인간의 본질을 탐색하고 이해하는 것이어야 한다는 관점을 견지하였다. 따라서 언어학에서도 마찬가지로 인간 언어능력의 본질적 측면을 파악하는 것이 목표가 되어야 한다고 생각하였으며, 그러한 그의 믿음은 보편문법이라는 개념을 도입하도록 이끌었다. 촘스키에 따르면, 보편문법이란 인간의 심리 내에 존재하는 언어적 보편성을 설명하는 문법이라 할 수 있다. 그는 이러한 보편문법이 실재한다는 근거로 어린이의 언어습득 과정을 들고 있다.

그는 어린이가 극도로 복잡한 언어의 구조를 불과 4,5년 안에 익힌다는 점과 신체 상태와 별개로 모든 어린이가 언어를 습득할 수 있다는 점, 그리고 인종과 상관없이 모국어를 배울 수 있다는 점이 언어습득의 보편성을 잘 보여 준다고 제시하였다.

3.3. 연구 대상과 연구 방법

변형생성문법 이론은 통사론 중심의 이론이다. 기술언어학은 그 방법론의 성격 때문에 통사론 이론은 제시하지 못하였다. 이를 극복하기 위하여, 통사론 중심의 언어인 영어의 문법 구조를 밝히기 위하여 통사론 중심의 이론이 대두되었다. 이러한 필요성에 근거한 변형생성문법 이론의 특징은 통사론 중심의 이론이 되었다.

변형생성문법 이론은 가설검증적인 이론이다. 위에서 제시한 목표를 달성하기 위하여, 다시 말하여 언어능력을 설명하기 위하여, 가설을 설정하고 그것을 검증하는 논리의 방법이다. 따라서 더 나은 가설과 검증 방법이 제시된다면 이론은 얼마든지 수정될 수 있다. 변형생성문법 이론이 그간 수없이 변모해 온 근본적인 이유는 바로 여기에 있다.

변형생성문법 이론은 수리논리적인 방법론이다. 위에서 제시한 방법으로 언어능력을 설명하기 위해서 가장 효율적인 방법이 수리논리적인 방법이다. 그러나 논리가 대상을 분석하고 본질을 추구하는 도구가 된다는 것은 의심의 여지가 없지만, 논리는 이미 주어진 데에서 그것을 얻으려는 것이기 때문에 수학적인 논리 자체에서 어떤 해결책을 얻으려는 것은 때로는 순환론에 빠질 위험이 있다.

촘스키는 1957년 저서 《통사 구조》에서 처음으로 변형생성문법의 초기 단계의 모형을 제시하였다. 촘스키는 이른바 유한상태문법보다 더욱 강력한 구절구조문법과 변형문법의 필요성을 제안하였다. 구절구조문법만으로는 문법 기술이 복잡해지고 일반성을 부여하기가 힘들기 때문에 구절구조문법의 한계를 극복하기 위하여 문법적 변형을 강조하게 되었다. 그래서 《통사 구조》에 제시된 모형은 다음의 세 가지 통사 계층으로 구성된다.

[1] 구절구조(phrase structure)
[2] 변형구조(transformational structure)
[3] 형태음운구조(morphophonemic structure)

촘스키는 구절구조와 변형구조와 형태음운구조가 모두 합쳐져서 문법이 된다고 하여 전통문법이나 기술문법과는 문법의 개념을 달리하였다. 구절구조란 다시쓰기규칙을 통해 한정된 수의 핵문장(kernel sentence)을 생성하는 것이다. 여기에 치환, 삭제, 대치, 부가 등의 연산을 수행하는 문장 구조 변형규칙(do-삽입규칙, 피동문변형, 조동사변형, 부정문변형, 명령문변형, 의문문변형 등)의 적용을 통해서 새로운 구성성분구조를 생성한다. 하나의 변형규칙은 변형 이전의 문장구절표지를 다른 구절표지로 바꾸기 때문에 단일 변형규칙이라고 하는데, 이와는 달리 접속이나 명사화에는 이중 기저에 적용되는 일반화 변형을 설정하였다.

이러한 일련의 구조는 우리들의 머릿속에서 어떤 언어 표현을 구상한 후에 입을 통하여 발화되어 나오는 전 과정을 나타내 주는 것과 같다는 것이다.

3.4. 표준이론

3.4.1. 표준이론 모형

촘스키는 1965년에 《통사 이론의 여러 양상》을 통해서 기존에 《통사 구조》에서 제시되었던 모형을 수정한 새로운 모형을 제시하였다. 이 모형이 바로 변형생성문법의 표준이론이다. 표준이론에서는 구구조규칙의 문제점을 어휘규칙 삭제와 어휘부와 어휘삽입규칙 추가로 해결하였다.

표준이론에서는 위와 같은 규칙을 통해 심층구조가 생성되고, 변형규칙들을 통해서 표면구조가 도출된 후, 음운규칙을 통해서 발화가 이루어진다고 설명하였다. 표준이론에서 심층구조에서 의미 해석이 일어난다고 보았으며, 이미 생성된 심층구조의 의미는 변형 과정에서 변하지 않는다고 보았다. 이것이 바로 표준이론의 핵심인 의미불변가설이다. 이로써 한 문장이 두 가지 의미로 해석되는 경우를 표면구조는 같으나 심층구조가 다른 것으로, 두 문장이 동일한 의미를 갖는 것을 하나의 심층구조가 별개의 표면구조로 나타난 것으로 설명할 수 있게 되었다.

표준이론의 변형생성문법은 통사 부문, 음운 부문, 의미 부문, 세 가지 부문으로 구성된다. 여기서 음운 부문과 의미 부문은 통사 부문에 대한 해석 부문이다.

통사 부문에는 다시 두 가지 하위 부문이 있다. 기저부와 변형부이다. 기저부는 기저가 되는 구조를 생성하는 부문으로, 이 부문에는 범주 부문과 어휘 부문의 두 가지 하위 부문이 있다. 기저부에서는 먼저 구구조규칙에 의해서 문장이 기저성분구조로 전개된다. 구구조규칙은 바꿔쓰기규칙인데, 변형생성문법에서는 이 바꿔쓰기규칙에 의해서 S → NP + VP와 같이 S에서 시작해서 기저구구조로 전개된다. 그리고 이 규칙에는 성분구조를 전개하는데 일정한 순서, 즉 계층적 순위가 있다. 이러한 구구조규칙을 범주규칙이라고 한다. 그리고 이 구구조규칙은 일정한 환경의 제약을 받지 않는 문맥자유형이다.

통사 부문은 통사적으로 기능하는 최소 요소인 구성소의 연쇄체를 생성한다. 구성소는 기저부에서 생성된 최종 연쇄체에 있어서의 최소의 통사 항목이다. 변형규칙은 기저부에서 생성된 연쇄체에 적용되며 그 의미 내용에는 아무런 영향을 미치지 않는다. 다음 두 문장을 보자. The conductor starts the bus: The bus is started by the conductor. 이 두 문장에는 누구나 어떤 관계가 있음을 곧 알 수 있다. 이 경우 두 문장에는 실제로 아무런 의미상의 차이가 없으나 다만 구조만이 다를 뿐이다. 이 때 두 문장의 관계를 피동 변형에 의해 알 수 있다. The conductor starts the bus + by PASSIVE → The bus is started by the conductor.와 같이 변형하는 것이다. 변형규칙은 두 가지 부분에 의해서 표시된다. 어떤 기저연쇄체가 어느 특정된 변형을 받을 수 있는가를 기술하는 구조 분석과 변형규칙에 의해서 생기는 구조 변화가 있다.

음운 부문은 통사 구조의 구성소 연쇄체를 음성적으로 바꾸어서 표시한다. 의미 부문은 통사 부문에 의해서 생성된 추상적인 구조에 대한 의미를 해석한다. 이처럼 두 가지 해석 부문은 음성 면과 의미 면에서 구체적인 해석을 하는 것이다. 따라서 통사 부문은 각 문장에 대해서 의미 면에서 해석할 수 있는 심층구조와 음운 면에서 해석할 수 있는 표면구조를 설정한다. 의미 부문에서는 통사 부문의 기저부에서 생성된 기저구구조에 작용하여 의미를 해석한다. 음운 부문에서는 변별자질에 의해서 최종 파생구구조의 어휘구성소에 대해 음성을 해석한다.

3.4.2. 표준이론의 한계

표준이론의 의미불변가설로는 설명할 수 없는 문제가 있었다. 표준이론에서 피동 구문은 변형규칙 중 하나인 피동화규칙으로부터 생성되며, 능동 구문과 같은 심층구조를 갖는다. 그런데 어떤 문장을 피동 구문으로 표현하면 의미가 바뀌는 경우도 있다.

구구조규칙을 이용해서 모든 구조를 설명할 수 없는 경우도 있다. 예를 들어 I like this very tall girl more than that one.에서 'one'은 'very tall girl'이 될 수도 'girl'이 될 수도 있으며, 문장의 의미도 달라진다. 구구조규칙에서 'girl'은 N의 자리에, 'this very tall girl'은 NP의 자리에 들어가는데, 'one'이 대응되는 'very tall girl'이 들어갈 범주 또한 필요하게 된다.

4. 표준이론 이후의 변모

변형생성문법은 시간이 지남에 따라 두 가지의 방향으로 변모되어 가는데, 한 가지는 촘스키 자신에 의해 그의 문법 이론이 수정·보완되어 가는 과정을 거치게 된 것이고, 또 한 가지는 촘스키의 이론에 직접 또는 간접 영향을 받아 다른 문법 이론으로 분화되어가는 과정을 거친 것이다. 시간이 흐르면서 격문법, 생성의미론, 관계문법, 기능문법, 어휘기능문법, 일반화구절구조문법, 핵어주도구절구조문법 등이 등장하여 변형생성문법은 다양하게 변모하면서 이와 관련하여 수많은 논의가 진행되었다.

4.1. 생성의미론과 확대표준이론

표준이론에서 촘스키는 의미 부문의 의미해석규칙에 대해 입력되는 구조는 유일하게 심층구조뿐이라고 설정하였다. 따라서 표준이론에서 문장의 의미 해석은 오직 심층구조에서만 가능하고 변형규칙으로는 어떠한 의미 변화도 일으킬 수 없다는 것이다.

그러나 이러한 표준이론은 의미 해석의 관점에서 문제점을 지니고 있었다. 즉, 한 문장의 의미를 해석하는 것이 기본적으로 심층구조에서 결정되기는 하지만, 때로는 중간구조 또는 표면구조에서 결정되는 경우도 있기 때문이다.

  a. Not many students passed the exam.
  b. Many of the students didn't pass the exam.
  c. The exam wasn't passed by many of the students.

문장 (a)는 '많은 학생들이 시험을 통과한 것은 아니다.'의 뜻이고, 문장 (b)는 '많은 학생들이 시험에 통과하지 못하였다.'는 뜻이다. (a)는 문장 부정의 경우로 심층구조에 NEG라는 형태소가 S에 붙어 있다가 표면구조에서 주어 many students에 이동-부가되어 not으로 실현된 경우이다. 한편, (b)는 심층구조에서 NEG라는 형태소가 NP에 부가되어 있다가 표면구조에서 Aux에 이동-부가되어 not으로 실현되었다고 볼 수 있다. 그러나 이러한 접근은 문장 (c)를 분석하는 데에서는 문제를 일으킨다.

표준이론에 따르면, 문장 (c)는 문장 (a)보다는 (b)의 피동문으로 판단된다. 그러나 실제로 그 의미를 따져보면, (c)는 (b)가 아닌 (a)와 뜻이 같다. 이처럼 부정어와 양화사의 영역을 해석하기 위해서는 심층구조 이외에 표층구조에서의 어순을 고려해야 한다는 사실은 표준이론의 의미 해석의 한계이다.

따라서 이러한 표준이론의 대안으로 처음 대두된 것이 바로 생성의미론이다. 생성의미론에서는 표준이론의 기존 모형을 유지하여 심층구조가 문장의 모든 의미 해석을 담당하는 것으로 한다. 그 결과 심층구조는 매우 추상화되었으며, 결과적으로 매우 추상적인 심층구조로부터 표면구조를 도출하기 위해 수많은 복잡한 변형규칙이 필요하게 되었다.

1960년대 후반부를 지나면서 1970년대 전반부에 많은 지지를 받던

생성의미론에 대한 촘스키의 반론은 명사화에 대한 논의에서 이루어졌다. 생성의미론이 제시한 심층구조의 추상성에 대한 촘스키의 반론은 실제로 심층구조의 추상성을 약화시키는 것이었다. 촘스키는 파생명사가 동사로부터 변형규칙으로 도출된다고 한 표준이론의 주장을 바꾸어, 몇 가지 증거들을 통하여 파생명사는 변형규칙의 적용 결과가 아니며, 어휘부에 명사로서 미리 들어 있어야 한다고 주장하였다. 즉, 파생명사는 심층구조에서 명사이다. 어휘론가설로 불리는 그의 반박은 표준이론을 발전시킨 것으로 새롭게 확대표준이론, 또는 해석의미론을 제시한 것이다. 촘스키는 확대표준이론에서 의미해석규칙이 심층구조 이외의 다른 구조인 표면구조와 중간구조에서도 적용될 수 있도록 하였다. 또한 이를 위해 변형의 의미불변가설도 포기하게 되었다. 확대표준이론은 심층구조의 추상성을 약화시킨 이론으로, 심층구조를 추상적으로 만들었던 정보들을 어휘부에 등재시키게 되었다.

4.2. 수정확대표준이론

촘스키가 생성의미론을 반박하여 확대표준이론을 제시한 후에도 이론에 대한 논쟁은 계속되었다. 촘스키와 그의 학문을 지지하는 학자들에게는 초기 변형문법부터 문제가 되었던 변형규칙의 과도한 힘이 주된 논쟁 대상이었다. 그들은 더 완벽한 설명을 찾기 위해 통사규칙에 제약을 두어 과도한 힘을 억제하려고 하였다. 상세한 이동 제약을 제시함으로써 이론을 보완하였다. 이때 제시된 대표적인 통사 제약들을 보면, 복합명사구제약, 주어절제약, 등위구조제약, 좌분지조건, 하향이동제약 등이 있고, 이후에도 수많은 통사 제약들을 제시하였다.

통사 제약 규칙에 대한 연구 결과를 토대로 제시한 성과 가운데 가장 대표적인 것은 흔적이론이다. 흔적이론은 명사구가 변형규칙에 따라

이동하고 난 빈자리에는 공범주가 흔적으로 남게 된다는 내용이다. 예를 들어 보자.

a. John wants to vote for who.
b. Who does John want to vote for (t)?
c. Who does John wanna vote for (t)?　　(O)
d. John wants who to win
e. Who does John want (t) to win?
f. Who does John wanna win?　　　　　(X)

위 문장 (c)는 문법적으로 맞는 문장이다. 그러나 (f)는 비문법적 문장이다. (c)에서는 who가 흔적을 for 뒤에 남기고 갔으므로 want 와 to 사이에는 아무것도 존재하지 않아서 wanna로 합쳐질 수 있었다. 반면 (f)가 비문법적인 이유는 who가 의문문이 되면서 문장의 앞으로 이동할 때 흔적을 남기고 갔기 때문에 want to가 wanna로 축약될 수 없다. 이러한 흔적이론은 심층구조의 특성을 표층구조에 반영할 수 있게 해 주었다. 흔적이론을 포함하여 확대표준이론 이후의 발전을 수정확대표준이론이라고 부른다.

4.3. 지배결속이론

수정확대표준이론 제시 이후 변형생성문법 이론은 한걸음 더 발전할 수 있는 토대를 마련하게 되는데, 이때 발표한 이론이 알파이동규칙 (Move-a)과 핵계층이론(X'-이론)이다. 알파이동규칙은 통사이동규칙들이 계속해서 많아짐에 따라 각각의 변형규칙들을 모든 개별 문장마다 적용하기 힘들어지면서, 이들을 하나의 보편 원리로 설명하고자 하는 규칙이다. 알파이동규칙은 무엇이든 어디든지 이동시켜도 좋다는 의미이다. 알파이동규칙은 피동문, 의문문 등 각각의 경우마다 적용되는 이동규칙들을 단순화시켜 하나의 원리로 이동규칙을 설명한다. 핵계층이론은 표준이론의 구절구조규칙을 일반화한 이론이다. 구절범주와 어휘범주가 같은 특성을 가진다는 이론이다. 핵계층이론을 나타내면 아래와 같다.

a. $X' \rightarrow X\ ZP$ ZP는 보충어
b. $X'' \rightarrow YP\ X'$ YP는 지정어

즉, XP(= X'')의 최대투사는 X' 의 중간단계 투사 과정을 거쳐 이루어진다는 이론이다. X의 핵심어와 보충어 ZP와 결합하여 중간투사 X' 를 이루고, 이는 다시 YP의 지정어와 결합하여 최대투사 X'' 를 이룬다는 것이다. 이러한 투사 과정은 모든 어휘범주에 동일하게 적용된다.

촘스키는 표준이론 이후 많은 연구를 통해 이론의 발전을 겪으면서 1981년 저서 《지배와 결속에 관한 강의: 피사강연》를 통해 지배결속이론(원리매개변인이론)을 발표하였다. 지배결속이론은 인간은 태어나면서 언어능력을 가지고 있고, 언어라는 큰 집합에는 모든 언어를 포괄하는 보편문법이 있는데 이를 보편 원리라 한다. 개별언어에 따라 존재하는 매개변인에 의해 보편 원리가 실현되면서 언어마다 차이가 생긴다고 주장하였다. 인간이 태어났을 때, 특정언어를 접하면서 경험적으로 개별언어에 존재하는 매개변인을 익히게 되는데, 이 매개변인에는 변형규칙과 음성전달 형태 등이 포함된다.

핵계층이론에 의한 구절구조 투사 과정은 모든 언어에 보편적으로 적용되는 보편 원리이다. 그러나 언어에 따라 그것의 어순이 달라질 수 있는데, 이는 매개변인으로 설명한다. 다시 말하면 보충어와 핵어의 어순, 그리고 중간투사와 지정어의 어순에 의하여 언어는 더욱 분화될 수 있다. 가령 한국어는 핵후행 언어로 핵어가 모든 구절범주에서 일관

적으로 보충어에 후행하는 매개변인을 가진 언어이다. 반면 영어는 핵선행 언어로 핵어가 보충어에 선행하는 어순을 가지고 있다. 물론 두 언어에서 지정어는 중간투사 범주에 대해 선행하는 어순이다.

지배결속이론을 뒷받침하는 이론에는 앞에서 언급한 흔적이론, 알파이동규칙이론과 핵계층이론 등과 지배이론, 결속이론, 격이론, 의미역이론, 공범주원리 등이 있다. 문장에 사용되는 동사의 종류에 따라 그 동사에 의해 지배되는 명사의 격이 결정된다고 보는 것이 지배이론이다. 명사, 대명사, 재귀대명사, 상호대명사가 통사 구조 내에서 제약을 받는다는 것이 결속이론이다. 모든 명사구는 하나의 의미역만을 가지고 동사의 종류에 따라 필요로 하는 명사구의 개수가 결정된다는 것이 의미역이론이다. 개별언어의 문법에는 격이 있고 격에 따라 명사구 위치가 결정되고 모든 명사구는 문장에서 알맞은 격을 가져야 한다는 것이 격이론이다.

지배결속이론에서 지배와 결속의 개념이 가장 핵심적이다. 지배는 성분통어와 인접성 개념을 포착하기 위한 개념이다. 지배의 개념은 의미역과 격배당 이론을 설명하는 데에 중추적이다. 결속은 재귀사, 대명사, 고유명사 등의 분포 제약을 설명하기 위한 개념이다. 이는 동일지시인 선행사에 의한 지배 관계를 설명하는 것이다.

4.4. 최소주의 프로그램

촘스키는 1993년 논문 '언어 이론의 최소주의 프로그램'(Minimalist Program for Linguistic Theory)에서 모든 언어의 문법이 지향해야 할 방향으로 경제성 원리를 주장한다. 즉, 모든 문법은 잉여성을 전혀 갖지 않는 최소의 체계이며, 잉여성을 지니는 문법은 올바르지 않다고 말한다. 이를 최소주의 프로그램이라 한다. 최소주의란 문법을 최소화하고 설명을 극대화할 수 있게 하는 이론이다. 이전 1980년대의 지배결속이론 단계에서 발견한, 언어에 대한 많은 원리들 중에서 이제는 최소한으로 필요한 것만을 남김으로써 가장 경제적인 상태의 문법을 추구하려는 것이다. 이론 자체가 추상적이고 완성되지 않은 상태라 하여 프로그램이라 부르고 있다.

최소주의 프로그램은 문법 도출 과정의 경제성 원리를 지연 원리로 구체화하였으며, 문법 도출의 기본 요인을 형태론적 특성으로 보았다. 이러한 최소주의 프로그램은 지배결속이론에 나타난 가설들을 최소한 축소시켜 설명력의 극대화를 모색하고 있다고 할 수 있다. 그러나 이론 자체가 극도로 추상화되면서 문법 모형으로서의 타당성에 쉽게 동조할 수 없는 면도 있다고 하여, 이론의 정당성을 계속 검증해야 하는 것이 앞으로의 과제이다.

5. 변형생성문법 이론의 언어학사적 의의와 한계

5.1. 의의

촘스키의 변형생성문법의 가장 큰 의의는 현대 언어학을 혁신적으로 발전시키는 데에 크게 공헌을 하였다는 점이다. 더 나아가 언어학뿐만 아니라 문학, 철학, 심리학, 인지과학, 컴퓨터과학, 자연과학, 뇌과학 등에 새로운 연구 방향을 제시하였다.

변형생성문법 이론은 특히 인간의 인지능력의 탐구와 관련된 여러 관련 학문들과 매우 활발하게 교류하게 하였다. 언어습득, 언어처리과정의 심리 모형, 언어장애, 인지발달 등의 연구는 새롭게 관심 받은 분야이다. 이들 연구 분야들은 변형생성문법이 제시한 일련의 규칙이나 원리가 과연 심리적으로, 생리적으로 실재하는가 하는 문제를 검증해 볼 수 있는 계기가 되었다. 또한 문장 구조에 대한 변형생성문법에 입각한 설명 방법은 문장 구조에 대한 명시적 기술을 가능하게 하여 컴퓨터언어학이라는 새로운 방법론을 제시하였다.

변형생성문법 이론은 언어학사의 관점에서 보면, 이성주의에 입각한 언어 연구를 계승하여 발전시켰다는 의의가 있다. 고대 그리스 시대의 언어 연구에서 시작하여 데카르트를 거쳐 포르루아얄문법학자들에게 이어진 이성주의에 입각한 언어 연구는 19세기 비교언어학과 20세기 초엽 기술언어학에서는 경험주의에 입각한 언어 연구에 밀려났다. 그러나 경험주의에 입각한 언어 연구의 한계가 극에 달하면서, 즉 언어 연구가 언어의 본질 규명과는 거리가 멀어져 가고 있던 시점에, 촘스키는 이성주의에 입각한 언어 연구의 방법을 부활시켜 언어의 본질에 가까이 다가가려고 시도하였으며, 결과적으로 이성주의에 입각한 언어 연구가 더욱 더 발전하는 계기를 마련하였다.

변형생성문법은 언어학계에 두 번의 개념 전환을 이루었다. 하나는 구조주의의 경험주의와 행동주의의 연구 방법의 한계를 딛고 언어능력 탐구에 대한 인지적 접근을 시도하면서 기술언어학을 변형생성문법으로 전환한 점이다. 또 하나는 변형생성문법 내부에서의 전환으로서 규칙 체계의 문법에서 원리 체계의 문법으로 전환한 점이다.

5.2. 한계

지나치게 빨리 변모하는 이론적 불안정성에 대해 변형생성문법가들은 다음과 같이 말한다. 과학적 검증의 결과인 이론은 부단히 그 타당성을 실험할 수 있어야 하기 때문에 이론의 변모는 오히려 자연스러운 현상이다. 그러나 이론의 변모 속도는 이론 내적으로 불안정성을 드러냈다는 것은 변형생성문법 이론의 문제점으로 지적되어 왔다.

지나친 이론의 추상화도 문제가 되었으며, 통사론을 강조하여 언어능력의 주요한 부분인 의미론과 화용론에 대한 논의가 소홀히 된 점도 문제가 되었다.

또한 촘스키의 언어능력에 관한 관점과 언어의 창조성에 관한 개념에 대한 문제도 제기되었다. 촘스키의 언어능력에 관한 개념은 문법에서 사회적 영역뿐만 아니라 화용론적 영역을 배제하는 결과가 되었다. 이와 관련하여 언어능력은 사회언어학적 관점과 화용론적 차원을 고려해서 파악해야 한다는 지적이 대두되었다. 언어의 창조성 역시 촘스키가 언어를 정신적인 것으로만 이해한 결과 사회적 현상이 고려되지 못하였다는 지적도 있다. 변형생성문법이 인간의 언어능력을 생득적으로 주어진 것으로 간주한 결과, 언어의 사회적 특성을 배제하고 언어 체계를 언어의 의사소통 과정과 분리시켰다는 점 역시 비판의 대상이었다.

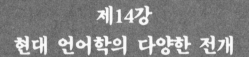

제14강
현대 언어학의 다양한 전개

제14강
현대 언어학의 다양한 전개

1. 언어의 구조 연구

1.1. 개관

20세기 언어학은 언어 구조에 대한 공시언어학의 주류를 이루었다. 구조주의 언어학과 변형생성문법 이론을 거치면서 언어 구조에 대한 연구는 크게 발전되었다. 음운 구조, 의미 구조, 문법 구조에 대한 연구는 연구 대상이 확대되고 연구 방법이 혁신되었다. 특히 이성주의에 입각한 언어학 연구 방법이 중심을 이루었던 20세기 중엽과는 달리 최근에 이르러 경험주의에 입각한 연구 방법이 확산되고 있다. 계량적 방법에 바탕을 둔 사회언어학, 언어유형론이 그 예이고, 언어 구조를 연구하는 데에 말뭉치언어학(코퍼스언어학)이 널리 활용되는 것도 그 예이다. 최근 들어 컴퓨터의 저장용량과 데이터 처리 속도가 빨라짐에 따라 컴퓨터를 활용하는 연구가 더욱 활발해졌다. 이에 따라 활기를 띤 말뭉치언어학은 경험주의에 입각한 언어 연구의 경향과 빅 데이터 정보 처리 기술의 발달로 중요성과 활용도가 높아졌다. 결과적으로 언어 능력뿐만 아니라 언어수행에도 관심을 가지게 되고, 보편문법 못지않게 개별언어 기술에도 관심을 가지게 되었다.

1.2. 음운 연구

촘스키는 1968년 할레(Morris Halle, 1923~)와 함께《영어 음성 체계》(*Sound Pattern of English*)를 출간하며 생성음운론을 전개하였다. 먼저 음운를 훨씬 더 추상적이고 심리적인 개념으로 파악하여 '변별자질들의 집합'으로 보았다. 그리고 기저형과 표면형을 상정하고, 기저형에 여러 음운규칙들이 순서대로 적용하여 표면형을 도출하는 것으로 보았다. 이는 당시 촘스키가 통사론에서 주장하였던 변형생성문법 이론과 맥을 같이 하는 것이다. 이는 언어학의 여러 분야를 하나의 원리로 통합하여 설명하려 한 촘스키의 생각을 바탕으로 한 것이다. 또한 생성음운론에서는 구조주의 언어학의 형태음운론을 음운론에 통합하였다. 그 결과 생성음운론은 구조주의 언어학에서 설명하지 못했던 많은 형태음운 현상을 설명할 수 있게 되었지만, 동시에 언어학에서 형태론을 위축시킨 결과가 되어 형태론은 언어학에서 소외되었다.

생성음운론은 초기에 음운 구조를 분절음들의 단선적 연쇄로 파악하였으나, 그 이후 점차 이러한 관점은 비판되어 새로운 이론이 제안되었다. 이러한 이론들을 비단선음운론(non-linear phonology)이라 하였다. 비단선 음운론의 대표적인 예는 자립분절음운론인데, 음운 구조는 분절음의 단선 연쇄로만 이루어진 것이 아니라, 비분절자질 연쇄를 포함한 여러 층위의 연쇄들이 병렬적으로 연결되어 이루어진다고 보았다.

1980년대 초엽에는 지배음운론이 새롭게 등장하였다. 이것은 같은 시기 통사론에서 시작된 지배결속이론과 맥을 같이 한다. 음운론에도 통사론과 마찬가지로 원리와 매개변인이 존재하며, 언어마다 음운 구조가 차이를 보이는 것은 매개변인이 언어마다 각기 다르게 설정되기 때문이라고 설명하였다.

1990년대에는 음운론에 최적성 이론이 등장하였다. 프린스(Alan Prince, 1946~)와 스몰렌스키(Paul Smolensky, 1955~)가 제기한 이 이론은, 지금까지의 생성음운론과 달리, 규칙이 아닌 제약을 바탕으로 음운 현상을 설명하고자 하였다. 주요 내용은 다음과 같다. 음운론의 기제는 생성부, 제약, 평가부의 세 부분으로 구성되어 있다. 생성부는 입력형을 바탕으로 가능한 출력형 후보들을 생성한다. 제약은 중요성에 따라 순차적 위계를 이루며, 경우에 따라서는 얼마든지 위반될 수 있지만 그 위반의 정도는 최소가 되어야 한다. 평가부는 생성부가 생성한 여러 출력형 후보 가운데 제약을 가장 적게 위반한 후보가 최종 출력형으로 결정되는데, 출력형 결정 과정을 담당한다. 제약을 바탕으로 하는 최적성 이론은 인간 언어의 다양한 음운 현상에 대해 훨씬 더 강력한 설명력을 가진다. 최근에는 통사론, 의미론 분야에서도 최적성 이론의 틀을 받아들여 언어 현상을 설명하고자 하는 시도가 나타나면서, 언어학계에서 최적성 이론이 차지하는 위상이 더 높아졌다.

1.3. 형태 연구

형태론의 연구 대상은 어떤 단위를 형태 현상으로 볼 것인가에 따라 변화하였다. 기술언어학에서는 굴절법과 조어법, 조어법은 다시 합성법과 파생법이 형태론의 주요 대상이었으나, 변형생성문법이 등장하면서 굴절법은 형태론에서 멀어지고, 조어법으로 형태론의 범위가 축소되었다.

이렇게 하여 통사론 중심의 변형생성문법 이론에서 형태론은 상당히 위축되었다. 초기 변형생성문법학자들은 파생어나 합성어까지도 통사부에서 도출되는 것으로 가정하였다. 그러나 그 이후 파생어나 합성어는 변형에 의해 도출될 수 없는 고유한 어휘 특성을 가지는 것으로 어휘부에 수록해야 한다는 주장이 제기되었다. 이것이 형태론 연구의 중요한 지표가 되었다. 더 나아가서 어휘부와 어휘형성과정에 대한 새로운 관심을 불러일으켜 생성형태론이라는 새로운 연구가 시작되었다.

생성형태론은 인지심리학 연구에 관심을 가졌다. 화자를 형태론 연구에 도입하였다. 형태 현상을 화자의 인지능력 또는 인지과정 안에서 설명하려 하였다. 화자가 새로운 단어를 어떻게 생성하는지, 새롭게 생성된 단어를 어떻게 어휘부에 저장하는지, 저장된 단어를 어떻게 인출하여 사용하는지에 관심을 가진 것이다.

생성형태론의 연구 방법과 관련하여 최근의 논의는 유추론적 방법이다. 유추론적 방법은 언어를 추상적 관념체가 아닌 심리적 실체로 보아야 한다는 방법이다. 따라서 유추론적 방법에 입각하면 굴절, 파생, 합성의 개념보다는 등재, 저장, 배열, 활성화, 인출 등의 개념이 더 요구된다. 그리고 형태론의 대상도 단어형성보다는 어휘부 사전의 구조와 조직에 국한될 수도 있다.

최근에는 형태론의 독립성과 중요성이 부각되고 있다. 정보화 사회로 접어들면서 컴퓨터형태론, 인지형태론이 부각되고 있다. 그 가운데 인지형태론은 문법 부문으로서의 어휘부를 화자의 심리적 어휘부로 상정하고 유추라는 인지 과정으로 단어 형성을 설명한다.

1.4. 통사 연구

현대 통사 이론은 최소주의 프로그램으로 대표된다. 최소주의 프로그램은 앞 시대 이론인 지배결속이론과는 사뭇 다르다. 우선 지배결속이론에서의 D-구조와 S-구조의 구분이 폐기되어 연산 체계라는 개념으로 대체되고, 음성형태와 논리형태 층위는 유지되었다. 이렇게 음성형태와 논리형태 두 층위만이 남게 된 이유는 자연언어가 음성과 의미의 결합체이므로 더 이상 축소될 수도 없고, 없어질 수도 없기 때문이다. 문법이란 음성과 의미가 어떻게 연관되는가를 연구하는 것이므로 음성형태와 논리형태라는 두 접합 조건만 두고서, 이 두 접합 조건을 경제성 원리로 만족시키려는 것이다.

지배결속이론의 중심 개념인 지배의 개념은 다른 방식으로 설명한다. 지배결속이론에서는 어휘부에서 굴절되지 않은 단어의 원형이 연산에 참여하여 어미를 장착하기 위하여 통사 이동이 일어났다고 한다면, 최소주의 이론에서는 어휘부에서 이미 굴절된 어형이 연산부에 입력되어 형태 자질을 점검하고 인가하는 과정으로 설명한다. 이러한 자질 점검 과정은 지정어와 핵어 사이의 엄격한 국지 관계를 요구한다. 가시적인 통사 이동의 유무는 형태 자질의 강약으로 설명하는데, 강한 형태 자질은 문서화(음성실현) 단계 이전에서 점검되어야 하므로 가시적인 이동을 요구하는 반면, 약한 형태 자질은 경제성의 지연 원리가 적용되어 논리형태 층위에서 점검이 이루어지므로 비가시적인 이동만을 요구한다. 이러한 형태 자질의 강약은 언어 사이의 대조를 설명하는 데에도 광범위하게 운용되었다.

자질 점검 장치에 대한 개념은 몇 차례의 수정을 거쳤는데, 초기의 충족, 유인의 개념을 거쳐, 최근에는 일치의 개념으로 수정되었다. 이는 비해석성 자질을 가진 탐사체가 그에 대응하는 해석성 자질을 가진 목표물과의 일치 관계에 의하여 그 자질이 인가된다는 것이다. 탐사체와 일치 관계에 있는 목표물 사이에는 성분통어 관계가 성립되어야 하고, 그 사이에 어떠한 국면도 개입되어서는 안 된다는 것이다. 이러한 자질 점검의 일치 개념으로의 수정을 통해 지정어-핵어 사이의 엄격한 국지 관계를 요구했던 이전과는 달리, 다소 원거리 사이의 자질 점검도 가능하게 되었다.

최소주의 이론의 중요한 전환 가운데 하나는 국면이라는 개념이다.

이전의 지배결속이론에서는 통사 구조체가 모두 완성된 후 단 한 번 문서화 단계를 거쳤다고 한다면, 최소주의 이론에서는 문서화가 각각의 국면에서 여러 단계를 거친다고 한다. 국면으로는 VP, CP, DP 등을 꼽을 수 있다. 이러한 각각의 국면은 따로따로 음성형태 층위로 보내지기 때문에, 이미 음성형태 층위로 보낸 이전 단계의 국면은 그보다 구조적으로 상위인 이후 단계 국면에서는 통사 절차의 대상이 될 수 없다. 이를 국면 불침투 조건이라고 하는데, 이는 이전의 국지성 조건을 대체한 것이다.

한편 최소주의 이론 이외에도 범주문법, 의존문법, 기능문법 등과 같은 통사 이론이 전개되고 있다. 범주문법은 통사범주의 속성을 이용해서 통사 특성을 밝혀낸다. 구구조규칙에서 문장이 NP와 VP로 이루어져 있다고 보는 것과 달리, VP의 위치를 나타내기 위해 NP와의 관계를 이용한다. 즉, V를 나타낼 때 (NP\S)라고 나타내어, V가 NP의 오른쪽에 위치하여 문장을 형성한다고 나타낸다. 이는 다른 구성 요소들과의 관계를 중시한 것이다.

의존문법은 구구조이론의 절점이 없다는 것이 특징이다. 문장 구조는 단어와 그 의존 요소 사이의 관계에 의해 결정된다고 본다. 의존문법은 어순을 제한하지 않기 때문에 자유어순 언어를 설명하는 데에 적합하다.

기능문법은 언어의 기능 측면과 그 구성요소의 기능을 핵심 내용으로 하는 이론이다. 언어의 기능을 의사소통으로 보고 이를 중심으로 문장과 각 요소를 분석한다. 언어의 기저에 있는 규칙을 설명하고 이를 바탕으로 실제 언어를 분석하는 기존의 이론에서 벗어나, 기능문법에서는 언어 자체를 하나의 기능을 가진 대상으로 파악하고 실제 발화를 중심으로 언어 규칙을 분석한다.

1.5. 의미 연구

현대 의미 연구는 구조의미론, 형식의미론, 그리고 인지의미론으로 대표된다. 이에 대해 살펴보기로 하자.

구조의미론은 구조주의 언어학의 방법론에 따라 주로 공시적인 어휘 의미를 집중적으로 연구하였다.[1] 어휘 의미에 대한 구조의미론의 업적에는 낱말밭 이론과 성분분석 이론이 있다. 낱말밭 이론은 한 언어의 어휘 구조를 밝히기 위하여, 의미적으로 공통성을 가지는 어휘들을 묶어서 하나의 낱말밭을 구성하고, 한 낱말밭에 속하는 어휘들 사이의 관계를 밝혀낸다. 성분분석은 한 낱말의 의미를 의미자질로 쪼개어 파악하여 그 어휘의 의미를 분석적으로 포착할 수 있을 뿐만 아니라 어휘들 간의 관계도 효과적으로 포착하는 데에 공헌하였다.

형식의미론은 언어 표현의 의미가 실제 세계와의 직접적인 대응으로부터 유래한다는 의미관을 바탕으로 한다. 형식의미론은 전통적인 논리 언어인 명제논리나 술어논리를 바탕으로, 자연언어를 분석할 수 있도록 더 정교하게 고안된 고차원의 논리 언어 체계를 말한다. 1970년대 초엽 몬테규(Richard Merritt Montague, 1930~1971)에 의해 시작되었으며, 자연언어에도 인공언어에 못지않은 논리 체계가 존재한다는 가정을 기본으로 하였다.

형식의미론 체계는 다른 논리언어들과 마찬가지로 통사부와 의미부의 긴밀한 대응관계를 가지고 있으며, 의미부에서 모든 언어 표현들에 대한 지시 의미값이 부여된다. 형식의미론에서는 문장의 의미값으로 참 또는 거짓을 부여하는 등, 모든 언어 표현에 대해 개체, 개체들의

---

1 초창기 구조의미론을 대표하는 저서는 다음과 같다.

  Ogden, C. K. and L. A. Richards 1923, *The Meaning of Meaning: A Study of the Influence of Language upon Thought and of the Science of Symbolism*.

  Ullmann, S. 1951, *The Principles of Semantics*.

  Ullmann, S. 1962, *Semantics, An Introduction to the Science of Meaning*.

집합, 개체들의 집합들의 집합 등의 지시 의미값을 부여함으로써 의미의 순환성을 극복하였다.

또한 직관적으로만 설명되던 언어 현상들에 대해 그 직관의 이면에 매우 정교한 논리가 포함되어 있음을 보여 주었다. 몬테규 의미론에서는 한 문장의 의미를 결정하는 데 있어서 그 문장 외부의 의미를 고려하지 않았으나, 1980년대에 이르러 어떤 문장의 의미 결정에 이전 문장의 정보가 영향을 미친다는 사실이 형식의미론의 연구에 작용하게 되었다. 그런데 형식의미론이 문장 사이의 의미 관계를 다룰 수 있게 되면서, 의미론과 화용론의 경계가 무너지는 결과를 낳았다. 형식의미론의 분석 방법이 전제, 초점 등의 화용론의 영역까지 확대됨으로써 훨씬 통합적인 의미 이론으로 성장한 것이다.

인지의미론은 인지언어학의 하위 분야로서 1970년대 중반에 시작하여 1980년대에 널리 확장되었다. 인지언어학은 언어의 이해가 인간의 일반적인 인지능력의 소산이며, 언어지식이 언어의 사용에서 비롯된다는 기본적인 가정을 채택하고 있다. 인지의미론에서는 의미가 인간의 다른 인지능력들과 상호작용을 하는 표상 형식으로서, 그 자체의 규칙을 가지고 우리의 정신에 표상된다고 보았다. 범주화, 은유, 환유, 문법화, 도상성, 정신공간, 영상도식 등의 개념들을 적극적으로 끌어들여 여러 가지 의미 현상들을 설명하였다.

형식의미론은 의미를 실제 세계와의 직접적인 대응으로 파악하고, 인지의미론은 의미를 실제 세계가 인간의 정신에 자리 잡은 표상으로 파악한다. 이 두 이론은 언어 표현의 의미를 또 다른 표현으로 제공하는 순환성을 극복하고 명시적인 대상을 부여하고자 한다는 점에서 공통적이다. 형식의미론과 인지의미론은 서로 대립한다기보다 서로 보완적인 의미 이론으로 공존하고 있다. 그래서 의미론은 자연 언어의 논리적 측면과 인지적 측면을 모두 적절하게 반영하여 설득력 있는 설명을 가능하게 하고 있다.

2. 언어의 역사 연구

2.1. 개관

20세기 언어학은 언어 구조에 대한 공시언어학의 주류를 이루었지만, 언어의 역사에 대한 역사언어학 역시 꾸준히 연구가 수행되었다. 역사언어학은 그 동안 언어 변화와 관련된 여러 이론이 제시되면서 오늘에 이르렀고 현재에도 새로운 이론들이 제시되고 있다.

역사언어학은 언어의 역사를 체계적, 과학적으로 연구하기 위해서는 다음과 같은 과정을 거치고 있다. 먼저 시기적으로 서로 다른 단계의 문헌이나 관련 자료에 나타난 언어를 기술하고 비교하여 언어 변화를 확인한다. 다음으로 이렇게 확인된 언어 변화의 대응 관계를 일반화하고 언어 변화를 설명할 일정한 원리와 보편적인 가설을 세워 언어 변화를 설명한다. 역사언어학은 궁극적으로 언어 변화가 일어나는 보편적 양상을 설명하고 언어 변화를 일으키는 원인을 밝혀내고 있다.

2.2. 음운 변화

역사언어학의 연구 목표는 언어 변화의 보편적 양상을 설명하고 원인을 밝히는 것이다. 그러나 그 동안 언어 변화의 원인을 밝히려는 연구는 주로 음운 변화를 대상으로 하였다. 이제 이러한 음운 변화에 대한 주요 연구 방향을 살펴보자.

2.2.1. 구조주의 관점

19세기 젊은이문법학파는 음운 변화에는 질서와 규칙이 있어 체계적으로 연구할 수 있다고 생각했으며, 실증주의적인 자연과학 방법론을 적용하였으며, 음운 변화를 연구 대상으로 삼았다. 또한 방대한 양의 언어 자료를 수집하고 분석하여 자연 법칙과 같은 필연적이고 인과적인 법칙을 찾아내려 하였다. 이를 근거로 음운 변화는 규칙적이고 모든 어휘에서 동시에 일어나며, 음운규칙으로 설명이 불가능한 경우에는 심리적인 유추 작용을 적용하여 언어 변화를 설명하려 하였다.

이렇게 젊은이문법학파가 조건적 음운 변화에 관심을 보인 데 반하여, 프랑스의 마르티네로 대표되는 구조주의 또는 기능주의 관점에서는 무조건적 변화의 요인을 규명하려 하였는데, 그 요인으로 내적 요인과 외적 요인을 설정하였다.

내적 요인이란 구조와 기능의 요인을 말하는데, 어떤 체계의 불안정과 불균형의 요인을 가정하여 불균형에서 균형으로의 체계의 교체를 고려하였다. 외적 요인이란 언어의 주체인 인간의 특성이나 생리에 내재하는 요인을 말하는데, 언어 경제라는 측면에서의 최소 노력, 생리적 경향, 발음기관의 불균형과 타성 등을 고려하였다. 그리고 이러한 내적 요인과 외적 요인 사이의 대립에 의해서 음운 변화를 설명하였다. 즉, 음운 체계가 완전히 균형 상태가 되지 않는 이유가 발음기관의 불균형과 타성에 의한 음운의 동요에 기인한 것이고, 이처럼 균형을 잃게 된 체계는 다시 균형 상태를 취하려는 움직임을 보이며, 결과적으로 이러한 변화가 되풀이된다는 것이다.

2.2.2. 변형생성문법 관점

변형생성문법 이론은 언어 변화를 언어능력의 변화라고 본다. 그리고 변형생성문법에서는 음운 변화이든 유추에 의한 변화이든 모든 언어 변화를 문법 변화로 본다. 문법을 규칙의 체계로 보기 때문에 문법 변화는 곧 규칙의 변화이다. 또한 변형생성문법에서는 앞 세대 문법에 근거하여 나온 언어를 다음 세대가 언어습득장치를 통해 습득하여 최적 문법을 구성하는, 즉 성인문법을 만들어내는 과정을 통하여 언어 변화가 나타난다고 본다. 이처럼 변형생성문법에서는 언어 변화의 요인으로 언어습득과정을 중시하였다. 즉, 언어습득과정에서 성인문법의 혁신이나 불완전한 학습 등이 요인이 되어 그것이 굳어지면 언어 변화를 초래하는 것으로 보았다.

변형생성문법에서 언어능력 변화의 유형은 기저형 부문에서의 재구성과 규칙 부문에 있어서의 변화로 나뉜다. 그러나 이러한 언어능력 변화의 유형들은 왜 변화가 일어났는지에 대한 본질을 설명해 주지 못한다. 꾸준히 규칙 변화를 일으키는 요인이나 규칙 재배열의 방향을 설명하기 위해 노력해 오고 있다.

2.2.3. 사회언어학 관점

언어 변화에 대한 사회언어학의 관점은 라보프(William Labov)와 그의 동료 학자들에 의해 1960년대 중엽부터 본격적으로 수행되었다. 기존의 설명 방법과 가장 큰 차이는 언어 변이를 통해 언어 변화를 설명하는 것으로, 언어의 질서 있는 이질성을 강조한 점이다. 이들 학자들은 현재 변화 중에 있는 언어에 대한 연구를 통해 언어 변화를 설명하였다.

사회언어학의 관점에서 음운 변화 연구는 다음과 같은 몇 가지 기본 원리를 제시하였다. 첫째, 언어 변화는 비약적이지 않고 진행하고 있는 과정이며, 이 과정을 통해 보면 언어 변이는 규칙적이다. 둘째, 변형생성문법에서는 언어 변화를 규칙의 변화로 보고 그것이 언어능력에 의해 수행된다고 했는데, 실제 언어능력에는 이질적인 체계를 구사하는 능력까지 포함되어 있다. 셋째, 변형생성문법은 개별적인 부모와 어린이의 관계에서 언어 변화를 설명하지만, 어린이의 문법이 부모의 언어에서 얻은 자료에 의해서 형성된다는 가설은 입증하기 어렵다. 즉, 언어 변화는 가족을 단위로 한 분리된 범위에 한정되지 않고 언어 사회 전체에 전파되는 것이다. 넷째, 어떤 언어 특징이 개인에서 일어나는 것은 언어 변화가 아니며, 사회적으로 전파될 때 비로소 언어 변화라고 할 수 있다. 다섯째, 진행 중에 있는 변화에서는 변화가 실제로 어떻게 일어나는가에 대해 정보를 얻을 수 있다.

2.3. 문법 변화

2.3.1. 통사 변화

19세기 이래 역사언어학이 발달하면서 연구 대상은 주로 음운 변화에 집중되었다. 문법 변화에 대한 연구는 음운 변화의 연구 수준에 이르지 못했으며, 통사 변화에 대한 연구는 더욱 더 그러하였다. 역사언어학에서 문법 변화, 특히 통사 변화에 관한 연구가 부진하게 된 근거는 대체로 다음과 같이 연구 대상과 연구 방법의 관점에서 생각해 볼 수 있다.

먼저 연구 대상의 관점에서, 통사 변화를 연구하기 위해서는 최소한 서로 다른 두 시기의 공시태가 기술되어야 하는데, 그러기 위해서는 문헌 자료에 의존할 수밖에 없다. 실제 통사 변화뿐만 아니라 언어 변화의 연구는 문헌 자료에 의지해서 이루어지기 때문에 직관 자료를 이용하는 현대어 연구에 비하여 훨씬 많은 제약을 받는다. 문헌은 단지 한 언어에서 가능한 문장 가운데 일부만을 보여 주기 때문에 그 언어에서 불가능한 문장이 어떠한 것인가를 적극적으로 말해 주지 않는다. 그러기 때문에 문법성에 대한 직관적 판단이 불가능하다는, 극복하기 어려운 근본적인 문제를 안고 있다.

다음 연구 방법의 관점에서, 통사 변화에서는 일반화가 어렵다는 점을 들 수 있다. 음운 변화의 경우, 음운 법칙을 찾아, 이를 더 일반화해서 음운 체계를 재구한다. 통사 변화의 경우에는 이와 같은 일반화가 불가능하다. 역사통사론 연구에서, 서로 무관한 듯 보이는 여러 통사 변화를 대상으로 이들 변화가 기저의 동일한 동기 때문에 발생한 것으로 설명하려는 시도는 바로 이러한 한계를 극복하려는 시도이다.

통사 변화의 주요 연구 방법으로 변형생성문법 이론, 언어유형론 이론, 사회언어학 이론, 담화화용론 이론 등을 제시할 수 있다. 변형생성문법 이론은 문법 변화를 언어능력의 변화로 보았으며, 언어유형론 이론은 함의적 보편성을 통해 통사 변화의 일반화를 시도하였고, 사회언어학 이론은 언어 변화가 사회 어느 하위 집단에서 먼저 일어나서 그것이 일정한 사회적 조건에서 이웃 집단으로 전파된다는 사실을 밝혔다. 그러나 이러한 연구 방법들은 모두 문법 변화가 왜, 어떻게 일어나는가에 대해서 아직 분명한 해답을 주지 못하고 있다. 이를 극복하는 것이 앞으로의 과제이다.

2.3.2. 문법화

문법화 연구가 언어학계의 중심 과제로 떠오른 것은 최근의 일이지만, 문법화라는 개념 자체가 언어 연구의 과제로 등장한 것은 오랜 역사를 가지고 있다. 문법화에 대한 초기의 언급은 "현재의 허사는 과거에는 모두 실사였다."라고 주장한 중국 원나라 때의 주백기(周伯琦)로 거슬러 올라감은 이미 제4강 중국의 언어 연구에서 언급한 바 있다.

19세기에 이르러서 독일의 보프는 '어휘 형태 > 조동사 > 접사 > 굴곡 형태'로 변화하는 연속 변이의 자료를 제시하였으며, 슐레겔은 이른바 지폐이론을 발전시켰다. 화폐가 두루 통용되기 위해서는 실제 금이나 은으로 만든 것보다는 종이로 만든 것이 더 좋은 것과 마찬가지로 단어들도 한 언어 안에서 더 많은 분포를 얻기 위해서는 그 단어의 의미 내용이 없어져야 한다는 것이다. 훔볼트는 1822년 베를린과학원에서 행한 '문법형태의 기원과 문법형태가 사고 발달에 미치는 영향'이라는 강연에서 문법 구조는 단지 구체적인 사상만을 표현하던 언어가 진화 단계를 거친 것이라 하고 다음과 같은 문법화의 네 단계를 제시하였다. 제1 단계는 화용적 단계로, 문법 관계를 나타내는 형태소는 없고 관용어, 구, 절을 통해 사물만이 지시되는 단계. 제2 단계는 통사적 단계로, 어순이 고정되고 실질 의미와 형식 의미 사이를 오락가락한 몇 단어들이 기능어로 진화되는 단계. 제3 단계는 접어화 단계로, 기능어들이 실질어에 달라붙어서 교착적 쌍을 만들어 순전히 문법 관계만을 나타내는 언어 형식이 등장한 단계. 제4 단계는 형태적 단계로, 교착적 쌍이 통사적 단어 복합 형태로 융합되어 형식어, 굴곡어, 완전한 문법 요소들이 나난 단계.

20세기에 들어서, 문법화를 언어 변화 이론의 중심 영역으로 인식한 학자는 메이예이다. 그는 현대 문법화 이론의 제안자이며, 문법화라는 용어를 처음 사용하였다. 언어 변화를 일으키는 것을 유추와 문법화라고 보고, 유추는 단지 기존의 형태를 새롭게 만들지만, 문법화는 새로운 형태를 만들어 내고 언어 체계 자체를 바꾸는 것이라고 하여, 문법화의 기능을 강조하였다.

1970년대부터 문법화를 보는 시각에 커다란 변화가 나타났다. 단순히 역사언어학의 일부로서만 생각하던 문법화를, 공시적 문법 현상을 설명하기 위해서도 반드시 필요한 언어 현상의 설명 방법론으로 바라보게 되었다. 1970년대 자율통사론에 대해 회의적이었던 기본(Talmy Givón, 1936~)과 같은 학자들이 문법화를 바라보는 새로운 시각을 확립하였다. 기본은 오늘의 형태론은 어제의 통사론이고, 오늘의 통사론은 어제의 화용론이라고 하면서 '화용(담화) > 통사 > 형태'로의 문법화 방향을 제시하였다. 그의 영향을 받아, 오늘날의 문법화는 어휘적인 것에서 문법적인 것으로의 문법화뿐만 아니라, 담화적인 것에서 통사적인 것으로의 문법화까지 포함하고 있다.

최근에는 문법화에 대한 통시적 접근과 공시적 접근은 양립할 수 있는 것인가, 문법화는 연속적 과정인가 불연속적 과정인가, 그리고 문법화의 어느 정도까지가 담화화용적 요소인가, 문법화의 시초는 어떻게 인식될 수 있는가, 언어에 있어서 어떤 현상은 문법화의 예가 아닌가 등과 관련한 문제들이 제시되어 문법화 연구의 이론적 깊이를 더하고 있다.

3. 언어유형론과 언어다양성

3.1. 고전 언어유형론

언어유형론은 19세기 독일 언어학자들에 의해 시작되었다. 그리고 언어 유형의 관점을 문법 구조에 두었다. 처음에 단서를 제공한 것은, 이미 제6강에서 살펴본 바와 같이, 슐레겔 형제이다. 동생인 프리드리히는 언어 유형을 굴절에 의한 언어와 접사에 의한 언어로 구분하였으며 형인 아우구스트는 이 두 가지 분류에 '굴절도 접사도 없는 언어'를 추가하여 세 가지로 만들었다. 이것이 굴절어, 교착어, 고립어와 같은 분류의 기반이다. 이후 훔볼트는 기존의 굴절어, 교착어, 고립어 삼분법 체계에 포합어 개념을 추가하였다. 포합어란 주어나 목적어, 동사 등이 하나의 단어 안에 포합되어 나타나는 언어로서, 그 정도가 높을 경우 하나의 문장이 하나의 단어로 나타나기도 한다.

슐라이허는 기본적으로 훔볼트의 분류 방식을 받아들이면서 자신이 관심을 가졌던 헤겔의 변증법과 다윈의 진화론을 반영하였다. 즉, 네 부류 중 포합어를 교착어와 합쳐서 헤겔이 사용한 삼분법에 맞추었고, 또 언어는 고립어→교착어→굴절어의 단계로 발전한다고 주장하면서 이 세 단계를 당시 세계의 기본 형태인 광물, 식물, 동물에 각각 대응시켰다.

슐라이허의 태도에서 드러나듯, 초기의 언어 분류 연구자들은 대부분

굴절어를 가장 뛰어난 형태라고 여겼다. 훔볼트는 굴절법이야말로 언어 구조의 순수한 원리를 표시하는 유일한 방법이라는 결론을 내렸고, 슐라 이허 역시 언어의 최고도의 발달은 굴절법이라고 보았다. 이를 통해 그들의 모국어인 독일어와 또 친근관계에 있는 인도유럽어족의 언어가 굴절어이므로 가장 진화된 언어라는 주장을 펼쳤다. 이 때문에 언어의 우열 관계에 대한 잘못된 인식이 퍼지기도 하였다.

물론 이와 같은 언어유형론은 그 이후의 언어유형론에 비해 많은 한 계점을 가지고 있지만 언어를 분류하기 위한 시도였다는 점에서 언어학 사에서 큰 의의를 지닌다.

3.2. 현대 언어유형론

고전 언어유형론 이후 새롭게 등장하기 시작한 언어유형론을 현대 언어유형론이라고 할 때, 현대 언어유형론의 선구자는 사피어를 비롯한 미국의 구조주의 언어학자들이다. 이들은 형태론적 차이가 언어의 내재 적 차이를 드러낸다는 고전 언어유형론의 근본 생각을 버리고, 형태론을 넘어선 통사론을 비롯한 다양한 유형론을 펼치기 시작하였다. 이는 언어 전체를 하나의 기준으로 삼은 유형론에서 언어의 다양한 개별 특질에 초점을 맞춘 언어 구조에 따르는 다양한 유형론으로 전환하는 계기가 되었다.

이후 프라하학파에서는 언어의 여러 개별 특질들은 각각 개별적으로 독립해 있는 것이 아니라 내재적으로 연결되어 있다고 주장하였다. 또한 프라하학파는 이러한 가능성 있는 관계들을 집대성하여, 비록 절대적이 지는 않지만, 보편적인 경향을 유추할 수 있으리라 주장하였다. 예를 들어 이들은 여러 언어를 조사하여 어떤 언어에 오직 하나의 마찰음이 있다면 그것은 [s]일 것이라는 결론을 내렸다. 그러나 하와이어에는 유일한 마찰음으로 [h]가 존재한다. 이러한 경우에 프라하학파는 유일한 마찰음이 [s]일 것이라는 가설을 부정하지 않고, 하와이어의 반례로, 유일 마찰음이 [s]일 가능성이 조금 낮아졌다고 판단하는 것이다.

오늘날 언어유형론에서는 언어의 일반화 연구가 주로 시행되고 있다. 언어의 일반화 연구란 언어 특질을 중심으로 언어 유형을 식별하고, 각 유형을 통해 관찰할 수 있는 일반 법칙을 추구하며 인류 언어 전체에 대한 일반성, 즉 언어의 보편 특징을 파악하는 것이다. 예를 들어 S, V, O의 어순을 살펴볼 때 전 세계 언어 중 거의 대부분의 언어에서 S가 O에 선행하므로 이를 인류 언어의 보편 현상으로 인식하는 것이다. 이러한 연구의 선구자는 미국의 언어학자 그린버그(Joseph Harold Greenberg)[2]이다.

그린버그는 언어의 절대적 보편성과 함의적 보편성 중 함의적 보편성에 의거하여 그의 이론을 펼쳐나갔다. 함의란 두 명제 p와 q에 있어서 명제 p가 참일 경우 q도 필연적으로 반드시 참(p → q)이라는 논리 용어이다. 그린버그는 명제 p를 어순으로 설정하고 그 외 언어의 여러 특질들을 q로 설정하여 함의적 보편성에 의거한 언어유형론을 펼쳤다. 예를 들어 SVO 어순을 가진 언어라면 전치사가 존재할 것(SVO → Pr)이라는 것이다.

그는 언어가 역사적으로 변화하는 방식에 큰 관심을 가졌는데 언어의 역사적 변화 과정을 검토함으로써 인류 언어의 보편성에 대한 설명이나

---

2 조셉 해롤드 그린버그(Joseph Harold Greenberg, 1915~2001): 미국의 인류학자, 언어학자. 아프리카의 언어와 문화 연구를 오래 해 왔으며 언어유형론, 특히 통계적 언어유형론을 제창하였다. 미국 뉴욕 브루클린의 유대인 가정에서 태어나서, 컬럼비아대학을 졸업하였다. 1948년부터 컬럼비아대학, 1962년부터 스탠퍼드대학 인류학 교수를 지냈다. 1965년에는 미국아프리카학회장을 지냈다. 그는 아프리카 대륙 언어들 사이의 구조와 문법의 유사성을 기준으로 아프리카 대륙의 1,500 언어들을 크게 네 어족(아프로아시아어족, 나일사하라어족, 니제르콩고어족, 코이산 어족)으로 구분하였다. 대표 저서에는 《아프리카 언어》(*The Languages of Africa*, 1963)가 있다.

예외를 발견할 수 있을 것으로 기대했기 때문이다. 또한 그린버그는 통계 방법을 언어유형론에 도입시켰다. 세계 여러 언어들은 다양한 유형 사이에서 연속적인 스펙트럼을 이루며 존재한다고 하였다. 언어학계에 서는 그린버그의 연구를 바탕으로 언어유형론이 언어 특징의 발견에 기여할 것이라고 인식하게 되었다. 그린버그의 연구 성과를 들면 다음과 같다.

1. 수량화: 과거의 언어 연구 방법은 주로 직관과 관찰에 근거한 주관 적인 연구였다. 이는 1940~50년대에 과학적 기준을 구축하려고 한 미국 언어학자들에게 적합하지 않은 방식이었다. 그래서 그린 버그는 유형론 연구에 수량화 기반을 제공하였다.
2. 함의적 보편성: 언어 구조의 양상은 상호 관련되며 함의적 보편성 은 상호 관련된 용어로 정립할 수 있다고 하였는데, 함의적 보편성 의 형식을 다음과 같이 정립하였다. 어떤 언어에 X가 주어진다면 Y도 존재한다.
3. 언어 보편성에 근거한 역사언어학 연구: 그린버그는 언어에 대한 역사적인 연구를 하였다. 역사적 연구는 과거 언어학으로 되돌아 가는 것처럼 보이지만 그린버그는 역사언어학 연구를 통해 언어 보편성을 설명하였다.

3.3. 언어다양성 보전

지난 20세기는 인류에게 있어서 획일성의 시대, 즉 다양성 말살의 시대였다. 다민족 국가인 미국에 이어 강대한 국가인 소련, 중국 등이 형성됨으로써 이 국가에 속한 여러 민족들은 자신의 의지와 관계없이 우세한 언어와 문화에 동화되어 갔다. 이러한 동화 과정은 15세기부터 계속된 식민지 건설이나 18세기 말엽부터 시작된 제국주의처럼 명시적 인 침략의 형태로 이루어진 것이 아니라 한층 교묘하고 묵시적인 형태로 이루어졌다.

한편 인류는 산업혁명 이후 자연 환경 파괴가 재앙이라는 의식을 하게 되었다. 이러한 의식 덕분에 인류는 다양성의 중요성을 깨닫게 되었다. 자연계에 생물이 다양하게 존재할 수 있도록 더 이상의 파괴를 막아야 한다는 것이다. 이러한 생각은 인간에게도 미치게 되어 문화다양성과 언어다양성이 인류가 직면한 여러 문제를 해결할 수 있는 대안으로 떠오르게 되었다. 언어의 절멸이라는 돌이킬 수 없는 사태를 겪은 이후에 비로소 깨닫게 된 것이다.

현대 언어학은 바로 이 점에서 일반인에게서 유리된 추상적인 학문이 아니라 인류의 문화유산을 담는 살아있는 학문이 되었다. 언어학자들이 '의무를 다하는 언어학, 즉 인간 생활에 직접 관련되는 언어학'의 길을 모색하게 되면서 주목하게 된 것이 절멸 위기에 처한 언어에 대한 연구였다. 특히 1991년에 열렸던 미국언어학회의 '절멸 위기에 처한 언어에 대한 학술회의'를 통해 절멸 위기에 처한 언어에 대한 관심을 불러일으켰다.

언어학자들은 현재의 상태대로라면 현재 7천여 언어가 21세기 말엽에 그 절반인 3천여 언어로 줄어들 것이라고 말한다. 다시 말하자면 한 달에 두 개 반 정도의 언어가 사라질 것이라는 것이다. 언어의 절멸은 곧 그 언어 체계에 반영된 사고와 문화가 사라지는 것이며 인류가 가지고 있던 소중한 자산이 없어지는 것이다. 20세기 말엽에 시작된 절멸 위기에 처한 언어에 대한 기록과 보전, 교육은 현대 언어학의 가장 시급하고도 중요한 과제가 되었다.

언어다양성의 문제는 최근에 논의가 이루어졌던 생물다양성의 개념에서 출발하였다. 이 생물다양성 협약은 1992년에 6월 브라질의 리우데자네이루 회의에서 제정되어 158개국에 의해 채택되고 1993년 12월부터 발효된 협약이다.

이 협약은 생물다양성의 중요성을 인식하고 전 인류 차원에서 보전할 필요성이 있음을 보인 데에 큰 의미가 있다고 할 수 있다. 인간을 둘러싼 환경에 관한 자각의 표현이라고 할 수 있는 위 협약에 이어서, 인간 자체에 대해서도 이와 비슷한 생각을 갖게 된 결과, 문화와 언어에 대한 다양성 선언이 있게 된 것이다. 이러한 생각이 역시 전 인류 차원에서 논의된 점이 중요한 것이라고 할 수가 있다. 인간 언어에는 그 언어를 쓰는 공동체의 독특한 세계관과 문화의 복합체를 반영되어 있다. 즉, 공동체 구성원들은 문제 해결 방식과 세계 이해 방식, 철학 체계를 자신들이 사용하는 언어에 담고 있다는 것이다. 이러한 언어가 사라지는 것은 그 어느 것으로도 대체할 수 없는 인간의 사고와 세계관, 지식, 이해의 장치를 영원히 잃어버리는 것이다.

언어학자들과 인류학자들은 언어로 전달되고 문화로 지속되어 온 사고의 다양성도 지구상의 인류와 생명의 생존에 필요하다고 지적한다. 이것은 마치 생물종과 생태계의 다양성이 지구상의 인류와 생명의 생존에 필요한 것과 같다는 것이다. 그 이유는 이러한 다양성이 생존 문제를 해결할 통찰력을 제공하고 가능성이 높은 방법을 제시해 주기 때문이다. 이러한 관점은 2001년 11월 2일, 제31차 유네스코 총회에서 채택된 유네스코 세계 문화다양성 선언에 반영되어 있다.

"생물다양성이 자연에 필요한 것처럼 문화다양성은 인류에게 필요하다. 이러한 의미에서, 문화다양성은 인류 공동의 유산이며 현재와 미래 세대를 위한 혜택으로서 인식되고 확인되어야 한다."

그러나 인류의 이 소중한 유산은 위기에 처해 있다. 언어 절멸의 위기가 우리의 눈앞의 곳곳에서 일어나고 있기 때문에 세계의 언어다양성이 위협을 받고 있다. 특히 세계의 많은 문화와 언어들이 지배적인 문화와 언어들에 압도당할 큰 위험에 처해 있다. 지난 수 세기에 걸쳐, 특히 유럽 식민주의 시대가 시작된 15세기 이래로, 이미 수 백여 종의 언어가

지구상에서 자취를 감추었다. 이러한 경향은 20세기에 들면서 거대국가가 형성된 후에 정치적인 경제적인 압력 아래 전 세계적으로 가속화되었다. 사실상 1,000명 이하가 사용하는 언어 모두가 이러한 위협을 받고 있으며, 그보다 광범위하게 사용되는 언어도 같은 압력을 받고 있다. 이 가운데 많은 언어가 노년층들만 사용하여 거의 절멸 상태에 이르렀다.

특히 태평양 지역과 아메리카의 많은 언어가 절멸되었다. 오스트레일리아의 250종의 언어 가운데 적어도 50종의 언어가 절멸되었고, 또 다른 100여 종의 언어가 절멸에 임박해 있다. 1990년대 현재, 9종의 언어만이 1,000명 이상의 화자가 있었다. 미국과 캐나다의 상황 역시 심각하다. 절멸 위기에 놓인 언어의 보전, 연구에 노력을 기울이고 있는 에스놀로그[3]는 2000년을 기준으로 하여 절멸 임박 언어, 즉 몇몇 노년층만이 사용하는 언어 417종의 목록을 만들었는데, 그 가운데 161종은 아메리카 대륙, 157종은 태평양(주로 오스트레일리아), 55종은 아시아, 37종은 아프리카, 7종은 유럽에 분포되어 있다. 아시아에 분포되어 있는 언어 55종 가운데 상당수는 알타이언어들이다.

이러한 상황을 맞이하여 1990년대부터 세계의 몇몇 대학이나 연구기관에서는 사용자의 수가 적어서 수십 년 이내에 사라질 위기에 처해 있는 언어, 즉 절멸 위기의 언어 연구에 힘을 쏟고 있다. 이들 기관들은, 언어는 그 민족 문화의 가장 중요한 한 부분으로서 각기 고유한 가치를 가지며 유지되어야 한다는 관점에서 절멸 위기에 있는 언어를 보전하려고 노력하는 것이다.[4]

---

3 에스놀로그(Ethnologue: Languages of the World): 에스놀로그는 민족어라는 뜻이지만, 주로 성경을 모어로 제공할 목적으로 잘 알려지지 않은 언어들을 연구하는 미국의 기독교 언어학 봉사 기관인 국제 SIL(Summer Institute of Linguistics)의 웹사이트(www.ethnologue. com)이다. 세계 언어에 대한 각종 통계를 비롯한 다양한 자료를 제공하고, 특히 절멸 위기에 놓인 언어를 보전하기 위한 연구에 노력을 기울이고 있다. 제19판인 2016년 7월 15일 현재 세계에는 7,097 언어가 사용되고 있다고 밝혔다.

4. 사회언어학

4.1. 개관

언어 기호는 그 말소리와 뜻의 결합이 자의적이기 때문에 시간이나 공간이라는 조건만 주어지면 바뀔 수 있다. 즉, 언어 기호는 시간의 흐름에 따라 변화하고 지리적, 사회적 조건에 따라 변이를 보인다. 언어는 이러한 본질에 따라 다양성을 띨 수밖에 없다. 그러나 20세기 언어학의 주류였던 변형생성문법에서는 인간 언어에 보편문법을 수립하기 위해 단일한 이상적 언어를 가정하고 언어의 다양성을 의도적으로 배제하였다. 이러한 경향에 반대하며 언어의 다양성에 관심을 돌린 언어 분야가 바로 사회언어학이다.

언어는 사회 구성원 사이에 의사소통을 가능하게 하는 도구이기 때문에 동일한 기호 체계를 지향한다. 그러나 실제 언어를 자세히 들여다보

---

4   세계 여러 나라에서는 각각의 특성을 지니면서 절멸 위기의 언어를 연구 조사하고 있는데 그 몇몇을 소개하면 다음과 같다.

한국: ASK REAL Project (Researches on the Endangered Altaic Languages, 서울대학교 언어학과, 한국알타이학회)

미국: AILLA (The Archive of the Indigenous Languages of Latin America, 텍사스대학 언어학과 및 인류학과), AISRI (American Indian Studies Research Institute, 인디아나대학), ANLC (Alaska Native Language Center, 알래스카대학)

영국: HRELP (The Hans Rausing Endangered Languages Projects, 런던대학), FEL (Foundation for Endangered Languages, 브리스톨대학)

독일: GBS (Gesellschaft für Bedrohte Sprachen, 쾰른대학)

네덜란드: DoBeS (Dokumentation der Bedrohten Sprachen=Documentation for Endangered Languages, 막스플랑크심리언어학연구소)

핀란드: UHLCS (University of Helsinki Language Corpus Server, 헬싱키대학 언어학과)

오스트레일리아: ASEDA (Aboriginal Studies Electronic Data Archive), FATSIL (Federation of Aboriginal and Torres Strait Islander Languages)

일본: ELPR (Endangered Languages of the Pacific Rim; 오사카학원대학), ICHEL (International Clearing House of Endangered Languages 도쿄대학)

국제기구: UNESCO Culture Sector, SIL Ethnologue

면 같은 기호 체계임에도 불구하고 다양한 양상을 띠고 있다. 즉, 사회 속에서 언어는 다양한 변이를 드러낸다. 사회 속에서 언어를 다양하게 하는 요인에는 연령, 성별, 사회계층을 비롯하여 교육, 직업, 인종, 종교 등이 있다.

사회언어학이란 이와 같은 사회 요인에 따른 언어의 다양성을 연구한다. 보통 사회언어학이라고 말할 때에는 이 좁은 의미의 사회언어학을 가리키지만, 넓은 의미로 사회언어학이란 용어가 쓰이기도 하는데, 사회와 언어가 서로 어떻게 연관되어 있는가를 폭넓게 연구하는 것을 뜻한다. 문화인류학 기반의 의사소통의 민족지학과 사회학 기반의 언어사회학 등을 포함한다.

사회언어학의 연구 대상은 첫째는 연령, 성별, 사회계층 등의 사회 요인에 따른 언어 변이를 연구하는 것이며, 둘째는 사회와 언어가 서로 어떻게 연관되어 있는가를 폭넓게 연구하는 것이다. 최근에는 사회에서 언어의 다양성이 확대되면서 의사소통의 다양성까지 다룬다.

사회언어학의 주된 연구 방법은 계량적 연구 방법이다. 언어의 사회적 변이는 균질적이지 않기 때문에 획일적으로 기술할 수 없다. 따라서 언어의 다양성은 대체적인 경향성으로 나타나며 이를 포착하기 위해 계량적 방법을 활용하는 경우가 많다. 예를 들어 한 연구에서 1990년대 초엽 한국어의 /ㅔ/와 /ㅐ/ 발음의 변별 정도는 80대와 70대는 100%, 60대는 83%, 50대는 73%, 40대는 46%, 30대는 30%, 20대와 10대는 0%와 같이 조사되었다. 변별 정도의 연령별 변이는 40대를 중심으로 해서 젊은 세대로 갈수록 변별력이 떨어지는 경향성으로 나타나는 것이다.

사회언어학은 언어학의 다른 분야에도 영향을 미치며 기여하고 있다. 예를 들어 언어 변화를 기술하고 설명하는 역사언어학과 밀접한 관련을 맺고 있다. 언어는 같은 시대에서도 끊임없이 변화하고 있다. 과거 언어학에서는 대부분의 언어 변화는 그 자체로서는 관찰될 수 없고 그 결과만 관찰 대상이 될 수 있다고 보았다. 그러나 사회언어학자들은 세대차의 언어 변이가 축적되어 나중에 언어 변화로 이어진다고 보고 세대차에 따르는 언어 변이를 관찰한다.

4.2. 사회언어학의 성립

언어의 사회성에 대한 인식과 관심은 훨씬 오래 전에 시작되었지만 직접적인 사회언어학, 또는 사회방언학의 시작은 19세기 말엽 언어지리학에서 찾을 수 있다. 언어지리학은 처음에는 시골 지역의 지리적 언어 변이(=지리적 방언, 지역방언)를 기술하기 시작하였고 언어의 변화가 왜 일어나는지에 대해 설명하였다. 점차 이들은 도시 지역에서의 언어 변이로 연구 범위를 확대해 나갔는데 이때 연령이나 성별, 직업 등의 사회적 언어 변이(=사회적 방언, 사회방언)에도 주목하게 되면서 이를 다루는 사회방언학이 등장하였다.

넓은 의미의 사회언어학이 본격적으로 등장한 것은 1960년대 중엽이다. 학문적 동기와 실용적 동기가 사회언어학의 성립과 발전을 이끌어 왔다. 먼저 학문적 동기를 살펴보자. 그 당시 언어학자들은 연구자의 직관에 의해 얻은 언어 자료들에만 의존하여 추상화된 규칙 체계로서의 문법에 집중하는 변형생성문법의 한계를 자각하게 되었다. 사회언어학은 언어공동체 안에서 일상적이고 구체적으로 사용되는 언어를 사회 현상 속에서 접근함으로써 이를 극복하고자 하였다. 또한 사회언어학은 인류학과 방언학의 전통을 이어받아 현장에서 얻어지는 구체적인 자료에 기반을 두었다. 이렇듯 사회언어학은 언어의 다양한 모습과 사용 방식을 보여줌으로써 언어와 언어학을 새롭게 인식하게 되었다.

다음으로 실용적 동기를 살펴보자. 사회언어학의 탄생과 발전은 언어를 매개로 나타나는 구체적인 사회·정치 갈등을 해결하려는 의식적 노력과 관련되어 있다. 미국의 경우 흑인영어나 학교에서의 이중언어

사용 등과 같은 문제에 대한 연구가 흑인 인권 운동과 같은 사회 변화와 요구에 함께 진행되었다. 유럽의 사회언어학도 언어를 통해 드러나는 정치·사회 문제를 고발하면서 사회를 비판하거나 개혁하려는 노력의 일환으로 진행되었다. 다양한 언어공동체들을 통합하여 사회주의국가를 수립했던 옛 소련이나 중국에서는 공용어에 의한 정치·사회 통합과 노동 과정에서의 원활한 의사소통의 필요성이 사회언어학에 대한 관심을 불러일으켰다.

4.3. 사회언어학의 발전

넓은 의미의 사회언어학에 포함되는 여러 연구를 살펴보면 그 대상과 방법이 매우 다양하고 복잡해서 동일한 학문의 틀로 포괄하기 어려운 면이 있다. 그러나 대체로 언어학 기반의 사회방언학, 인류학 기반의 의사소통의 민족지학, 사회학 기반의 언어사회학으로 나눌 수 있다.

첫째, 사회방언학은 사회 속에서 다양한 요인에 의한 언어의 다양성을 연구해 왔다. 미국의 라보프(William Labov, 1927~)[5]를 비롯한, 영국의 트루질(Peter Trudgill), 제임스 밀로이(James Miloy), 레슬리 밀로이(Lesley Miloy) 등이 이 분야의 대표 학자이다. 사회방언학에서는 한 언어 공동체 안에서의 언어 변이에 대해 관심을 보인다. 연령, 성별, 사회 계층 등의 사회 요인에 따른 언어 변이를 분석해 왔다.

둘째, 의사소통의 민족지학에서는 전통적인 언어학의 기본 전제와

---

5   윌리엄 라보프(William Labov, 1927~): 미국 뉴저지 출신의 언어학자, 사회언어학자. 라보프는 사회언어학이야말로 언어학이며 기존 언어학은 순수언어학이라 불러야 한다고 했으며, 언어 구조 연구는 반드시 언어공동체의 사회적 맥락 속에서 이루어져야 한다고 주장하였다. 라보프의 '뉴욕시 영어의 사회 계층'(The Social Stratification of English in New York City, 1966)은 사회언어학 관점의 음운 변이 연구에 있어서 고전이 되었다. 그는 여러 가지 독창적인 자료 수집 방식을 고안하였는데, 대표적으로는 뉴욕 백화점에서 손님이 점원에게 질문하는 방식으로 자료를 수집한 경우이다.

이론, 방법 등에 근본적인 이의를 제기하면서, 언어는 본질상 의사소통이라는 사회 행위이고 언어형식은 그 사회 기능에 의해 결정되는 것이라고 보았다. 그래서 언어학은 사회 맥락 속에서의 언어 기능을 규명하며, 규명된 언어 기능을 위해 특정한 언어형식 또는 표현이 선택되는 과정을 체계적으로 기술해야 한다고 주장한다. 이와 같이 의사소통의 민족지학은 언어 구조가 아닌 언어 기능에 대한 연구를 지향하며, 특정한 문화 공동체 안에서의 말하기 방식, 그 사용 조건을 확인하고 분석하는 것을 목표로 삼아 왔다.

셋째, 언어사회학은 앞 두 분야와는 차이를 보이는데, 연구 주제가 사회 요인들과 관련한 언어 현상이라기보다 언어가 관련된 사회 현상이라는 데 있다. 그래서 그 동안 주로 이중언어 현상, 양층언어 현상, 언어의 생성과 사멸, 언어계획, 언어정책, 언어교육 등 실용적인 문제가 주요 연구 대상이 되어 있다. 언어계획은 여러 신생국가들에서 나타난 다중언어 현상, 언어정책 등에 관한 관심이 높아진 1960년대에 출현하였다. 언어계획에 대한 최근의 관심은 사라져가는 언어의 보전, 언어다양성 보전 등에 있다.

5. 심리언어학

5.1. 개관

심리언어학은 언어에 반영된 인간의 정신 작용을 연구 대상으로 하는 학문이다. 언어지식이 어떻게 인간의 두뇌에서 저장, 처리, 산출되는지, 언어와 일반적인 인지능력에는 어떠한 관계가 있는지, 어린이는 언어지식을 어떠한 과정을 통해서 습득하는지, 한 가지 이상의 언어를 습득할 때 어떤 심리 기제를 사용하는지 등이 구체적인 연구 대상이다. 이제 이러한 대상들이 어떻게 연구되어 왔는가에 대해 살펴보기로 하자.

5.2. 언어와 사고

언어와 사고에 대한 연구 방향은 다음과 같다. 첫째, 행동주의 철학자들의 연구이다. 이들은 사고를 관찰 가능한 일종의 발화 행동으로 보았다. 사고란 소리 없이 자신에게 말하는 행동이라고 규정하고, 언어 발화 능력 없이는 사고가 불가능하다고 주장하였다. 대표적인 구조주의 언어학자 블룸필드도 행동주의 철학에 기반을 두어 사고 작용을 규정하였다. 그러나 이러한 행동주의 견해는 언어 산출 능력과 사고의 능력이 일치하지 않는다는 점에서 많은 비판을 받았다.

둘째, 언어와 사고의 관계에 대해서 널리 알려진 가설인 사피어 - 워프 가설이다. 사피어와 그의 제자 워프(Benjamin Lee Whorf, 1897~1941)가 주장한 가설로, 언어 체계가 세상을 인식하는 세계관에 영향을 미친다는 것이다. 예를 들어, 아메리카 원주민인 호피인은 그들의 언어에 시제를 표현하는 형태가 존재하지 않으므로, 과거형, 현재형, 미래형 등의 시제 형태가 있는 영어 화자들과는 시간에 대해서 다르게 인식할 것이라는 가설이다. 그러나 이 가설의 극단적인 주장, 즉 언어결정주의는 많은 비판을 받았다. 호피인의 경우, 시제 형태는 없지만 시간을 나타내는 다른 표현이나 단어를 사용해서 시간 개념을 표현할 수 있다는 것이다.

셋째, 언어상대주의이다. 현대에 이르러 사피어 - 워프 가설은 새로운 시각에서 재조명되었다. 특정 어휘의 선택은 우리의 생각이나 가치 부여에 영향을 미치며, 특히 상품 광고나 정치 구호는 이러한 언어와 사고의 관계에 주목해 왔다. 예를 들어 특정 색채를 지칭하는 용어를 습득하는 것이 이후 그 색채를 기억하고 저장하는데 도움을 준다는 것이다.

5.3. 언어습득

어린이들은 짧은 기간 내에 자기 모국어의 복잡한 문법 체계를 익히고, 언어의 이해와 산출을 달성한다. 발달심리언어학에서는 어떻게 어린이의 발화가 일정 기간에 걸쳐 출현하며, 어린이가 어떻게 모어의 복잡한 문법 체계를 습득해 나가는지 연구해 왔다.

1950년대 언어습득에 대한 초기 연구들은 행동주의 심리학에 바탕을 두었다. 행동주의 심리학에서는 언어를 발화 행동으로 보고, 어린이들이 외부 언어 자극에 대한 모방, 강화, 유추 등의 행동 기제를 반복 사용하여 언어를 학습한다고 주장하였다. 이러한 학설은 스키너(B. F. Skinner, 1904~1990)의 저서 《언어 행동》(*Verbal Behavior*, 1957)을 통해 제기되었다.

그러나 2년 후 1959년, 촘스키는 스키너의 행동주의 이론을 비판하는 논문 A Review of B. F. Skinner's Verbal Behavior를 발표하고, 언어습득을 이해하는 새로운 시각을 제시하였다. 촘스키는 언어는 그 자체로 독립적이고, 복잡한 체계를 가지는 정신 활동의 산물이며, 모든 인간은 선천적으로 언어를 배울 수 있는 언어습득 기제와 보편문법 체계를 가지고 태어난다고 주장하였다. 이후 촘스키의 이론은 언어의 창조성과 생득설을 중심으로 언어습득 연구에 크게 기여하였다.

5.4. 언어의 이해와 처리

심리언어학에서는 말소리의 인지, 단어의 기억과 접근, 문장의 처리와 이해 등 언어지식이 어떻게 사용되는가에 대한 연구가 수행되어 왔다.

심리언어학에서는 말소리의 인지에서 단어 인식, 구조 분석, 의미 부여에 이르는 일련의 과정을 연구하여 왔다. 언어를 온전히 이해하기 위해서는 우리가 들은 말소리에 적절한 문장 구조를 부여해야 한다. 심리언어학에서는 언어 처리 과정에서 하향 처리와 상향 처리가 모두 필요하다고 주장한다. 하향 처리란 어휘 정보뿐만 아니라 의미, 통사, 맥락, 기대와 같은 정보가 종합적으로 정보처리에 영향을 미치는 것을 말한다. 상향 처리란 먼저 언어의 기초 단위를 분석한 후 그것으로부터 더 큰 단위를 구성하여 정보를 처리하는 방식을 말한다.

심리언어학에서는 언어 이해와 처리에 대한 연구를 위해서 여러 가지 실험 방법을 사용해 왔다. 머릿속에 저장된 어휘들 간의 관계를 파악하는 대표적인 실험 방법은 어휘 판단 과제이다. 어휘 판단 실험에서는 피험자가 주어진 자극에 대해서 그 단어가 단어인지 아닌지를 판단하는 과제를 수행한다. 이 때, 어떤 단어가 다른 단어와 관련이 있을 경우 반응 시간이 빨라지는 점화 효과가 일어난다. 심리언어학에서는 실험 과제를 수행할 때 걸린 반응 시간, 눈알 운동, 뇌파 변화 등을 측정하여 언어 자극과 처리의 관계에 대해서 연구하였다.

5.5. 두뇌와 언어

인간의 두뇌는 신체 가운데 가장 복잡한 기관으로 인간의 운동, 감정, 사고의 모든 작용을 관할한다. 언어 역시 두뇌 활동의 산물이다. 신경언어학 연구에서 두뇌와 언어의 관계를 연구해 왔다.

인간의 사고와 행동은 두뇌의 특정 부위의 기능과 연관되어 있다. 언어 활동은 주로 좌뇌에서 담당하며, 언어의 좌뇌 측면화는 매우 일찍 일어나며, 26주 태아도 언어 자극을 처리할 때 좌뇌가 활성화되는 것으로 연구되어 있다.

실어증은 질병 또는 상해로 인해서 뇌에 손상이 발생하고, 이로 인해 언어장애가 생긴 것을 말한다. 실어증은 흔히 브로카 실어증과 베르니케 실어증 두 가지 유형으로 분류한다. 브로카 실어증은 1864년 프랑스 외과의사 브로카(Paul Broca, 1824~1880)가 발견한 실어증으로, 좌뇌 하측 전두엽(브로카 영역)의 손상으로 생긴 언어 장애이다. 브로카 실어 증 환자들은 말을 산출하는 영역이 손상되어 완성된 형태의 문장을 발화 하기 어렵다. 다른 사람의 말을 이해할 수는 있으나, 문법형태를 제대로 사용하지 못하는 특징이 있다. 베르니케 실어증은 1874년 독일의 신경 학자 베르니케(Carl/Karl Wernicke, 1848~1905)가 발견한 실어증으로, 좌뇌 측두엽 후반부(베르니케 영역)의 손상으로 인한 언어장애이다. 베 르니케 실어증 환자들은 다른 사람의 말을 잘 이해하지 못한다. 자신의 말은 유창하게 하는 것처럼 보이나, 무의미한 문장들을 쏟아내어 의미 전달이 힘들다는 특징이 있다.

이렇듯 언어와 두뇌의 관계에 대한 연구는 아주 오래 전부터 이루어 져 왔다. 고대 그리스의 외과의사들도 언어의 손실이 오른쪽 몸의 마비, 즉 좌뇌의 손상과 연관되어 있다고 보고하였다. 현대에는 뇌 영상의학의 발달로 수술이나 부검에 의존하지 않고도 언어와 두뇌 활동의 관계를 연구할 수 있게 되었다. 다양한 영상의학 기기들을 활용하여 실어증 환자뿐만 아니라 일반 성인들과 어린이의 정상적인 두뇌 활동, 언어 처리 기제에 대한 신경언어학 연구가 매우 활발히 진행되고 있다.

6. 컴퓨터언어학

6.1. 개관

컴퓨터언어학, 또는 전산언어학은 컴퓨터가 인간의 언어를 처리할 수 있도록 하는 방법을 연구한다. 인간의 의사소통에 사용되는 언어는 자연언어라고 하고, 이에 대비하여 컴퓨터 프로그래밍 언어, 논리식 등을 가리키는 언어는 형식언어라고 할 때, 컴퓨터가 인간의 언어를 처리한다는 것은, 인간이 자연언어를 말하고, 듣고, 읽고, 쓰는 것처럼 행동하도록 언어에 대해 인간이 알고 있는 지식을 컴퓨터에 이식하거나 학습시킨다는 것을 가리킨다. 이런 의미에서, 컴퓨터에 의한 인간 언어의 처리를 자연어처리라고 한다. 컴퓨터가 인간 언어를 처리하기 위해서는 결국 인간 언어에 대한 지식을 다루는 언어학 전 분야에 대한 지식을 형식화해야 하고 계산 모형으로 다루어질 수 있도록 연구해야 한다. 컴퓨터언어학은 인간과 기계의 의사소통, 그리고 기계를 매개로 한 인간과 인간의 의사소통을 위한 학문이다.

6.2. 컴퓨터언어학의 출발

컴퓨터언어학은 언어와 정보에 대한 수리모형에서 시작되었다. 현대적 의미의 컴퓨터가 개발되기 전에 영국의 수학자 튜링(Alan Mathison Turing, 1912~1954)은 튜링 머신이라는 논리적 계산 모델을 고안해 내었고, 1956년 촘스키는 언어 구조를 형식화하는 형식언어의 위계에 대해 발표하였다. 촘스키는 언어를 형식화하는 문법을 생성 능력에 따라서 '정규문법 < 문맥자유문법 < 문맥의존문법 < 무제한문법'으로 위계를 세울 수 있다고 하였다. 촘스키의 연구 성과가 출판된 시기와 비슷한 시기에 배커스(John Warner Backus, 1924~2007)와 나우르(Peter Naur, 1928~2016)는 형식언어를 정의하는 방식을 발표하였다. 이들의 연구는 BNF(Backus-Naur Form)이라는 문맥자유문법을 설계할 수 있는 표기체계로 정착이 되었고, 3세대 프로그래밍 언어인 ALGOL(ALGOrithmic Language)이라는 프로그래밍 언어가 탄생하게 되었다. 이렇게 하여 자연언어든 형식언어든, 문법을 형식적으로 기술할 수 있는 기반이 마련되었다.

6.3. 컴퓨터언어학과 언어 연구

컴퓨터언어학은 현대 언어학을 이끌고 있다.

컴퓨터언어학은 인간이 알고 있는 언어지식을 활용하여 유용한 컴퓨터 시스템을 개발하는 것이 목적이다. 컴퓨터 기술의 발전과 더불어 최근에는 언어 연구에도 컴퓨터가 적극 활용되고 있다. 나아가서 인문학 전반에 걸쳐서 컴퓨터와 언어 연구의 축적된 기술이 활용되고 있다. 그 몇 예를 들어 보면 다음과 같다.

첫째, 맞춤법 검사와 교정인데, 단순히 검사뿐만 아니라 오류라고 인식된 표현에 대해서 올바른 표현이라고 생각되는 후보들을 워드프로세서가 추천하고 교정을 지원하는 기능이다. 맞춤법 검사를 위해서는 자연언어의 형태음운론적인 지식이 컴퓨터에 구현되어야 하며, 어휘형태사전과 문법형태사전, 그리고 어휘형태와 문법형태의 결합 가능한 구조에 대한 지식이 컴퓨터에 구현되어야 한다.

둘째는 문법 검사와 교정이다. 이를 위해서는 자연언어에 대한 문법

지식이 있어야 한다.

셋째는 음성합성과 음성인식을 들 수 있다. 음성합성은 글자텍스트를 음성텍스트로 변환하는 것으로 글자텍스트를 음성으로 합성하는 것이다. 음성인식은 음성텍스트를 글자텍스트로 변환하는 것으로 음성 입력을 인식하여 텍스트로 출력해 주는 것이다. 이 경우 개별언어의 소리가 음성학적으로 실현되는 양상에 대한 지식이 올바르게 적용되어야 양질의 합성음을 생성할 수 있고, 또한 인식할 수 있을 것이다.

넷째는 기계번역이다. 기계가 자연언어를 완벽히 번역한다는 것은 쉬운 일이 아니다. 기계번역의 역사는 컴퓨터언어학의 출발 시기와 같을 정도로 그 역사가 오래 되었지만 아직도 방법론적 발전이 계속 이루어지고 있다. 전통적으로 기계번역은 규칙기반 접근법으로 이루어져 왔지만, 최근에는 통계기반 접근법들이 적용되어 실현되고 있다. 통계기반 번역은 병렬말뭉치로부터 학습시킨 결과를 바탕으로 번역을 시도하는 방식이다.

아울러 컴퓨터언어학의 발전과 더불어, 언어에 대한 지식을 컴퓨터로 이식시키기 위한 연구 이외에도, 컴퓨터언어학에서 활용되는 다양한 기술들을 언어 연구에 적용하는 방법론들이 이루어지고 있다. 또한, 언어 연구뿐만 아니라 전통적인 인문학 영역에 속하는 비판정본, 문헌계보 연구, 고전문헌 주석 디지털 아카이브 구축 등에도 컴퓨터언어학이 적용되고 있다. 방언학과 역사언어학 분야에서는 다양한 계산통계 기법을 적용해서 언어나 방언의 차이를 계산하는 연구가 이루어져 왔다.

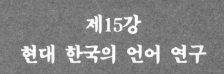

제15강
현대 한국의 언어 연구

1. 주시경의 언어 연구

18세기, 19세기를 거치면서 서양 선교사들에 의해 한국어의 사전이 편찬되고 문법이 기술되었던 것에 이어서, 20세기를 전후하여 한국인에 의해서도 문법 연구와 사전 편찬이 시작되었다. 여기에는 주시경이 중심에 있었다.

주시경(1876~1914)은 한국어 연구를 현대적으로 발전시킨 한국의 대표적인 언어학자이다. 그는 나라의 힘과 겨레 정신의 근본적인 바탕이 되는 말과 글을 바로잡으려

한국의 대표적인 언어학자 주시경

는 이론을 세우기 위해 말소리와 문법을 연구하였다. 그의 연구 성과는 《국어문법》(1910)에 체계적으로 제시되어 있는데, 그의 독창적이고 합리적인 이론은 한국어 연구의 기반을 마련하였다. 주시경의 한국어에

대한 이론 연구와 말글 실천 정신은 그의 국어강습소에서 배운 제자들에 의해 계승되어 오늘날에 이르렀다.

주시경의 한국어 연구는 민족의 정신과 문화를 잇고 가꾸는 데서 시작하였다. 말을 민족정신과 문화의 뿌리라고 생각하였다. 이러한 생각은 주시경 학문의 바탕이 되었으며, 평생을 일관되게 지닌 태도였다. 그래서 주시경은 나라 안팎으로 어려운 시기에 한국어 연구를 언어과학으로 승화시킨 언어학자였으며, 또한 한국어 연구를 바탕으로 말글 사랑을 실천하여 민족의 정신과 문화를 꿋꿋하게 지킨 언어 운동의 실천가였다.

주시경의 주요 저서에는 《국어문전음학》(國語文典音學, 1908), 《국어문법》(國語文法, 1910), 《말의 소리》(1914)가 있다. 그의 연구는 《국어문법》에 체계적으로 제시되어 있다. 그의 독창적이고 합리적인 이론 전개는 한국어 연구의 기반을 마련하였다는 점에서 의의가 크다. 《국어문법》은 일찍이 그가 서양 학문을 배우기 시작한 1893년부터 저술하기 시작하여 스물두 살 때인 1898년 12월에 초고가 이루어졌다고 스스로 밝혔다. 그 이후 다듬고 고쳐 1910년 4월에 발간하였다. 《국어문법》에서는 학술용어를 순수한 한국어로 썼다. 현대어의 품사를 '기'라 하였는데(나중에 '씨'로 고침), "기의 갈래 아홉의 이름은 조선어로 만든 것이니, 한자로 만들면 그 글자의 뜻으로만 풀이하고자 하는 습관이 있어, 그 정의를 말하지 않으면 안 되기 때문이다."라 설명하면서, 기 갈래를 '임, 엇, 움, 겻, 잇, 언, 억, 놀, 끗'이라 하였는데, 현대어로 옮기자면 '명사, 형용사, 동사, 조사, 접속사, 관형사, 부사, 감탄사, 종결사'이다.

《국어문법》에서 다루는 큰 갈래는 '기난갈'과 '짬듬갈'이다. 기난갈의 '기'는 낱말, '난'은 나눈다, '갈'은 연구의 뜻으로 '품사분류론'이란 뜻이며, 짬듬갈의 '짬'은 짜서 꾸민다, '듬'은 말이 구성되는 법의 뜻으로 '문장론'이란 뜻이다.

말은 밖으로 나타난 표면구조로만 규정되는 것이 아니라, 그 뜻을 결정하는 심층구조가 있다는 것이 변형생성문법 이론인데, 주시경 문법에서 이러한 생각이 이미 두드러지게 나타났다. '먹는다'란 말은 그 쓰이는 상황에 따라서 하나의 완성된 문장이 될 수 있다. 그런데 그 상황이란 것은, 말 밖에 있는 주어와 목적어를 속으로 짐작할 수 있는 말의 환경을 말한다. 그는 이 말의 그림풀이에서 주어와 목적어 자리를 비워 놓고 그 빈자리에 ㅅ 을 표시하고서 그 자리에 숨은 성분, 곧 속뜻이 있는 것으로 설명하였다. 속뜻이 숨어 있다는 설명은 심층구조를 표현한 것으로 매우 합리적인 설명이다. 속뜻으로 있는 것이 겉으로 숨어서 나타나지 않았다는 것을 분명히 하고 있으니, 이것은 현대 언어학의 설명 방식과 비슷하다. 이미 100여 년 전에 주시경은 이러한 문법 이론을 제시하였다.

기술언어학의 핵심 개념 가운데 '형태소'는, 일정한 음성형식과 일정한 의미형식을 갖춘, 가장 작은 단위를 말한다. 이 개념은 미국의 구조주의 언어학자 블룸필드가 1926년에 제시하였다. 그러나 이와 똑같은 개념으로 '늣씨'라는 개념을 이미 1914년의 《말의 소리》에서 주시경이 제시한 바 있어 주목된다. '해바라기'를 '해-바라-기'로 분석하여 제시하였다.

이렇듯 주시경은 형태소 분석을 철저히 추진한 최초의 학자이다. 그는 형태소를 분석하는 데 그치지 않고, 그것을 맞춤법에 반영시켜, 원형을 고정시켜 글 읽기에 편리하도록 하려고 노력하였다. 그리하여 모든 자음 글자를 종성에 모두 쓸 수 있도록 하는 원칙을 세우게 되었다. 이러한 주시경의 표기법 원리를 한 마디로 정리하자면 '현실발음대로 적되 형태음운적으로 분철표기함'이라고 할 수 있겠다. 그리고 이 원리는 조선어학회(지금의 한글학회)의 《한글 마춤법 통일안》(1933)의 '소리대로 적되, 어법에 맞도록'이라는 원칙으로 이어졌다. 이를 근본으로 하는 《한글 맞춤법》은 현재까지 한국의 규범 표기법이다.

주시경이 처음 말을 연구하게 된 것은, 바로 이러한 표기법을 바로 잡으려는 데서 시작되었다. 그러기 위해서 그는 말의 소리를 연구하게 되었고, 이론의 뒷받침이 되는 문법을 연구하게 되었던 것이다. 그 당시의 모든 조건들, 이어받을 만한 학문의 토대가 전혀 없었던 점, 나라 형편이 매우 혼란 상태에 있고 나라의 운명이 기울어져갔다는 점, 개인적인 생활이 극도로 가난했다는 점, 그의 학문 활동의 햇수가 그리 길지 못했다는 점 등을 생각할 때는 주시경의 학문적 성과는 매우 큰 것으로 평가하지 않을 수 없다.

주시경의 업적은 그 학문에만 그치는 것이 아니다. 국어교육자로서의 업적, 국어 사랑 운동의 선구자로서 업적 또한 크다. 국어 순화 운동도 주시경이 시작하였으며, 한글전용이라는 글자 생활의 새로운 운동도 실천하였다. 언어정책 면에서 지금 문제가 되고 있는 모든 사실들은 주시경이 시작한 셈이다. 이런 점에서 주시경의 한국 언어학사에 끼친 공헌과, 한국 문화사에, 민족투쟁사에 남긴 영향이 매우 컸다고 할 것이다. 이러한 주시경의 한국어에 대한 이론 연구와 실천 정신은 최현배, 김두봉을 비롯한 그의 제자들에 의해 계승되었다.

독립기념관에 세워진 주시경 어록비에 담긴 글, '한나라말'의 한 부분을 옮겨 둔다.

"말은 사람과 사람의 뜻을 통하는 것이라. 한 말을 쓰는 사람과 사람끼리는 그 뜻을 통하여 살기를 서로 도와 줌으로 그 사람들이 절로 한 덩이가 되고, 그 덩이가 점점 늘어 큰 덩이를 이루나니, 사람의 제일 큰 덩이는 나라라. 그러하므로 말은 나라를 이루는 것인데, 말이 오르면 나라도 오르고, 말이 내리면 나라도 내리나니라. 이러하므로 나라마다 그 말을 힘쓰지 아니할 수 없는 바니라."

"글은 말을 담는 그릇이니, 이지러짐이 없고 자리를 반듯하게 잡아 굳게 선 뒤에야 그 말을 잘 지키나니라. 글은 또한 말을 닦는 기계니, 기계를 먼저 닦은 뒤에야 말이 잘 닦아지나니라. 그 말과 그 글은 그 나라에 요긴함을 이루 다 말할 수가 없으나, 다스리지 아니하고 묵히면 덧거칠어지어 나라도 점점 내리어 가나니라."

2. 외래 언어 이론의 수용 양상

20세기 한국의 언어 연구는 외래 이론을 수용하여 이를 한국어 특성에 맞게 적용하여 수행되었다. 전통언어학 이론, 기술언어학 이론, 변형생성문법 이론이 차례대로 수용되어 연구되었다. 이제 이러한 언어 이론을 수용한 양상에 대하여, 특히 문법 이론의 수용 양상을 대상으로 살펴보자.

2.1. 언어 이론의 수용

현대 한국어, 한국어 문법 연구는 자발적이든 그렇지 않은 간에 외래의 언어 이론을 바탕으로 성립되었다는 것은 부인할 수 없는 사실이다. 따라서 이러한 연구의 과거를 되돌아보아, 언어 이론 수용의 양상과 그 성과와 문제점을 논의해 볼 필요가 있다. 이를 위하여 먼저 한국어 문법 연구에서 언어 이론 수용의 일반 양상을 검토한 다음, 한국어 문법 연구에 영향을 미친 전통언어학 이론, 기술언어학 이론, 변형생성문법 이론을 차례로 살펴보자.

언어 이론을 수용하는 데는 대체로 두 가지 방향이 있다. 첫째는 직접 수용의 방향이고, 둘째는 간접 수용의 방향이다. 직접 수용은 그 이론을 직접 접하여 수용하는 것으로 이론 수용의 전형적인 방법이다. 간접 수용은 다른 나라에서 이미 수용한 이론을 통해서 간접적으로 받아들이는 방법이다.

한국어 연구 초기에는 대부분 일본 언어학계를 통한 간접 수용의 방향에 치우쳐 있었다. 한국의 언어학 전통에 소쉬르의 언어관과 방법론이 깊이 뿌리내려 있는 것이 바로 이러한 영향이다. 소쉬르의 《일반언어학 강의》가 이른 시기에 일본어로 번역될 정도로 소쉬르 언어학은 일본

언어학계에 깊이 뿌리내려 있었다. 일본 언어학계에 전반적으로 의지하고 있었던 초기의 한국 언어학계로서는 당연히 이러한 소쉬르 언어학에 영향을 받게 되었다. 소쉬르뿐만 아니라 유럽의 구조주의 언어학 이론도 일본을 경유하여 간접 수용한 것이었다. 이러한 초기의 방향과는 달리 광복 이후의 한국어 연구는 미국의 언어학 이론에 대한 직접 수용의 방향으로 나타났다. 그 결과 광복 이후의 한국어 연구는 미국의 언어학 이론에 치우친 경향을 보였다.

미국의 언어학 이론에 치우치게 된 이유는 다음과 같다. 첫째는 이론 자체의 우월성에 있다. 아무리 다른 계기가 마련되어 있다고 하더라도 그 이론이 우월성을 가지지 못한다면 수용되지 않을 것이다. 둘째는 미국과의 국제 관계에 있다. 광복 이후 문화를 비롯하여 정치, 경제, 사회 모두가 미국의 영향을 받게 되었다. 이러한 문화의 미국적 영향에 기대어 학문, 좁게는 언어 이론에 대해서도 미국의 영향을 입게 되었다. 셋째는 학자들의 외국어 능력에 있다. 대부분 학자들의 외국어 능력은 영어에 국한되어 있었다. 프랑스어나 독일어, 러시아어 등에 익숙해 있지 않았기 때문에 유럽의 언어 이론을 수용할 수 없었고 자연히 익숙한 영어로 미국의 언어 이론을 수용하게 된 것이다. 넷째는 학자들의 언어학사에 대한 인식의 부족에 있다. 언어학의 전반적인 경향을 이해하는 데에 무관심하였기 때문에 언어학에 대한 시각이 넓지 못하였다. 언어학의 연구 경향을 이해한 바탕에서 외래이론을 수용하여야만, 정당한 평가 속에서 그 이론을 수용할 수 있을 텐데, 그렇지 못할 때에는 일방적으로 어느 한 이론만을 바라보고 절대시하여 수용하게 된다.

외래이론을 수용하는 자세는 다음과 같은 세 가지 유형으로 나타난다. 첫째 유형은 무비판적인 수용이고, 둘째 유형은 수용에 대하여 무비판적인 배척 또는 무관심이다. 그러나 이러한 두 유형은 모두 경계해야 할 자세이다. 셋째 유형은 비판적인 수용의 자세인데, 이러한 자세는 외래이론을 비판적으로 수용하여서 이것을 독창적인 이론으로 발전시켜 계

승하려는 자세이다. 따라서 외래이론을 수용하는 바람직한 자세는 무비
판적인 수용이나, 수용에 대한 무비판적인 배척이나 무관심은 모두 경계
하여야 하며, 비판적인 관점에서 외래이론을 수용하여, 이것을 독창적으
로 발전·계승하여야 하는 것이다.

2.2. 전통언어학 이론의 수용

전통언어학, 즉 전통문법 이론은 그 성격이 규범적이다. 이제 이러한
전통문법 이론의 수용과 한국어 문법 연구에 대하여 살펴보기로 하자.

초기에 선교 목적에 의해 소개된 전통문법 이론은 현대 한국어 문법
연구에서 처음으로 수용한 서양의 언어 이론이었다. 이러한 점에서 전통
문법 이론의 수용은 연구사 관점에서 중요한 평가를 받을 수 있다. 전통
문법 이론의 수용은 동양의 사고 기준을 서양의 새로운 기준으로 전환시
키는 일이었기 때문에, 한국어 연구에 새로운 방법론으로 인식되었으며,
그 결과 전통문법 이론의 수용은 그 이후 지금까지 한국어 문법 연구의
발전에 밑바탕이 되었다고 할 수 있다.

전통언어학 이론은 19세기부터 서양 문법서를 통해서 수용하였다.
서양 선교사들을 중심으로 선교 목적으로 한국어 문법서가 발간되어,
이러한 문법서를 통하여 서양의 전통언어학 이론을 수용하는 계기가
되었다. 이와 같은 수용이 직접 수용의 방법이라면, 일본어 문법서의
영향을 받은 수용은 간접 수용의 방법이다. 개화기 당시에는 서양 문법
서나 일본어 문법서를 학습하는 가운데 서양의 전통언어학 이론을 수용
하였지만, 일제 강점기에는 서양의 문법 이론을 직접 수용하는 경우는
적었고 대부분 일본어 문법 연구에서 세운 문법 체계에 기대거나, 일본
어로 번역된 서양 이론을 통하여 수용하였다.

전통언어학 이론은 한국어 문법 연구에 상당한 영향을 미쳤다. 문법

연구에 그치지 않고 언어 연구 전반에 큰 영향을 미쳤다고 할 수 있다. 문법을 과학적인 방법으로 연구하는 기틀을 마련하였다는 데에 가장 큰 의의가 있었다. 주요한 성과라고 생각되는 몇 가지를 들어 보면 다음과 같다.

첫째, 문법의 연구 대상을 확립하였다. 전통언어학 이론이 추구하는 언어 연구의 영역이 음운론, 문법론이 중심이었기 때문에 문법의 연구 분야가 확립되었다. 그때까지 한국어의 연구 분야는 문자론, 음운론, 어휘론이 주가 되었는데 이제 문법론이 한국어 연구의 중심을 차지하면서, 품사론과 문장론에 대한 연구 분야가 명시화되었다.

둘째, 연구 방법이 체계화되었다. 전통언어학 이론을 수용하면서 한국어 문법 연구는 학문적인 체계를 갖추게 되었다. 그 결과 전통언어학에서 문장의 구성 요소, 구와 절, 그리고 품사와 같은 단위를 정의·분석하고 분류하는 연구 방법이 체계화되었다.

셋째, 전통언어학이 가지고 있는 규범문법이라는 성격에 따라 언어와 글자의 규범을 정하는 데 크게 기여하였다. 기술언어학 이론이나 변형생성문법 이론은 순수 이론을 강조하고, 규범에 대한 관심은 보이지 않는데 비해 전통언어학 이론은 그 성격이 규범문법적이기 때문에 언어의 실용적인 문제에 관심을 돌렸다. 그 결과 언어생활과 글자생활의 규범을 확립하는 데 상당히 기여하였다.

그러나 전통언어학 이론에 의한 연구의 문제점은 다음과 같다. 이 이론이 가지는 규범문법적인 성격에 의해 문법 연구에서 한국어의 특징이 고려되지 못한 것이 한계점이다. 전통언어학 이론이 서양 사고의 산물이라고 한다면 이로 인하여 동양의 전통 사고를 단절시켰다는 점도 이 이론의 수용이 남긴 문제점이다. 또한 전통언어학 이론에 바탕을 둔 연구에서 품사 분류 문제에 지나치게 관심을 가지게 되어, 전반적인 한국어 문법 연구로 나아가지 못했던 점이 이 이론의 수용이 남긴 문제점이기도 하다.

결론적으로 한국어 문법 연구에서 전통언어학 이론을 수용한 언어학 사적인 의의는 대단히 크며, 비록 전반적인 한국어 문법 연구가 이루어지지는 못했지만, 전통언어학 이론에 의한 연구 업적이 바탕이 되어 오늘날 한국어 문법 연구가 발전하였다고 할 수 있다.

2.3. 기술언어학 이론의 수용

기술언어학 이론은 미국의 구조주의 언어학 이론이다. 20세기 구조주의 언어학은 유럽의 구조주의 언어학과 미국의 구조주의 언어학으로 나뉜다. 유럽의 구조주의 언어학은 광복 이전에 일본의 언어학계를 통해 간접 수용하였다. 광복 이전의 이러한 유럽의 구조주의 언어학 이론의 수용과는 달리 미국의 구조주의 언어학, 즉 기술언어학 이론의 수용은 광복 이후 미국 문화의 수용과 함께 급속하게 이루어졌다. 이를 계기로 이제 한국어 문법 연구가 이론적으로 미국 언어학 이론에 치우치기 시작하였다.

이미 제12강에서 살펴보았듯이, 미국의 기술언어학은 아메리카 원주민의 문화, 나아가서 언어를 연구하는 데서 그 방법론이 확립되었다. 그래서 그 언어를 우선 관찰하여 자료를 정확하게 수집하고, 이를 바탕으로 언어를 분석하여 그 언어의 구조를 기술하는 것이다. 따라서 귀납적이고 철저히 객관적인 연구 방법론이 성립되고 층위적인 연구 방법론이 또한 성립되었다. 그 결과 음운론과 형태론 연구는 주요 연구 분야로 자리 잡았으나 통사론에 대한 방법론은 거의 확립되지 못하였다.

기술언어학 이론의 수용은 전적으로 직접 수용의 방향이었다. 미국 문화의 수용과 함께 자연스럽게 수용되었다. 기술언어학의 이론서가 본격적으로 소개되었다. 기술언어학 이론을 수용하는 데에 기여한 당시의 주요 이론서는 다음과 같다. Sapir, E.(1921), *Language: An*

Introduction to the Study of Speech. Bloomfield, L.(1933), *Language.* Bloch, B. and G. Trager(1942), *Outline of Linguistic Analysis.* Hockett, C.(1958), *A Course in Modern Linguistics.* Nida, E.(1949), *Morphology: The Descriptive Analysis of Words.* Harris, Z.(1951), *Methods in Structural Linguistics.* Gleason, E.(1955/1965), *An Introduction to Descriptive Linguistics.* 무엇보다도 이 이론을 수용하는 데에 있어 이론서의 출판이 상당히 기여하였다. 특히 허 웅(1963): 《언어학개론》(정음사)은 기술언어학 이론을 정확하고 쉽게 소개하여 한국에서의 언어학 연구에 오랫동안 지침서가 되었다는 점에서 그 의의는 높이 평가된다.

이러한 기술언어학 이론에 의한 한국어 문법 연구의 남긴 성과는 다음과 같다.

첫째, 형태론 중심의 문법 이론을 확립하여 한국어 문법의 본질을 밝히는 데에 기여하였다. 한국어는 주로 문법형태에 의해 문법범주가 실현되기 때문에, 형태소의 정밀한 형태 분석을 토대로 형태소의 성격, 형태소의 결합 관계, 형태소의 문법 기능 등을 밝혀 기술하려 한 기술언어학 이론에 입각한 연구는, 한국어 문법의 특성을 밝히는 데에 기여하였다.

둘째, 한국어 문법론 연구를 이론문법으로 승화시키는 데에 기여하였다. 전통언어학에 입각한 연구는 그 성격상 다분히 규범문법적이었는데 비하여, 기술언어학 이론은 이론문법적인 성격으로 인하여, 한국어 문법 연구도 규범문법적인 성격에서 벗어나 이론문법으로 체계를 세우게 되었다.

셋째, 기술언어학 이론은 자료-중심적인 귀납적인 연구 방법론에 힘입어 문법 자료를 정확하고 철저히 분석하여 기술하게 되었다. 한국어 문법 연구에서 문법형태의 정확한 분석을 가능하게 하였다. 기술언어학 이론의 수용을 통하여 자료에 대한 정확한 기술 태도를 확립한 것은 한국어 문법 연구사에서 중요한 의의를 가진다.

그러나 기술언어학 이론이 한국어 문법 연구에 남긴 문제점은 역시 이 이론 자체가 가지고 있는 한계점과 관련을 맺고 있다.

첫째, 형태론 중심의 기계주의적인 분석에 그치고 말았다. 따라서 통사론에 대해서는 거의 연구가 이루어지지 못하였다.

둘째, 언어 자료의 정확하고 객관적인 기술만을 강조한 결과 언어 현상에 대한 언어학적인 설명, 해석의 단계에 이르지 못하였다.

셋째, 공시적인 연구 방법론이 강조되었기 때문에, 문법의 통시적인 연구, 즉 문법사의 연구가 대단히 소홀히 되었다.

2.4. 변형생성문법 이론의 수용

변형생성문법 이론은 미국의 기술언어학 이론의 한계점을 극복하면서 촘스키에 의해 성립된 언어 이론이다. 기술언어학이 가지는 한계점을 극복하였기 때문에 기술언어학 이론과는 이론적인 배경, 연구 방법, 연구 대상 모든 것이 대조적이다. 이에 대한 구체적인 내용은 제13강 참조.

한국어 문법 연구에서 변형생성문법 이론의 수용 방향은 직접 수용의 방향이었다. 이론서가 직접 소개되기도 하였으며, 기본 이론서가 번역되기도 하였으며, 이론에 대한 해설논문, 비평논문도 잇달아 발표되었다. 1970년대 이후 변형생성문법 이론에 대한 이론서와 개론서가 대량으로 국내에 소개되었다. 변형생성문법 이론의 수용 초기에 널리 소개된 주요 이론서와 개론서는 다음과 같다. Chomsky, N.(1957), *Syntactic Structures*. Chomsky, N.(1965), *Aspects of the Theory of Syntax*. Katz, K. and J. Fodor(eds. 1964), *The Structure of Language*. Jacobs, R. and P. Rosenbaum(1968), *English Transformational Grammar*. Langacker, R.(1968), *Language and Its Structure*. 그 이후 1980/1990년대에 소개된 변형생성문법에 관한 이론서들은 다음과 같다. Chomsky, N.(1981) *Lectures on Government and Binding*. Radford, A.(1981), *Transformational*

Syntax. Radford, A.(1988), *Transformational Grammar: a first course*. Sells, P.(1985), *Lectures on Contemporary Syntactic Theory*. Haegeman, L.(1991) *Introduction to Government and Binding Theory*. 아울러 이러한 이론서는 번역되어 학계에 변형생성문법 이론을 정착시키는 데에 기여하였다. 연구회와 학술지의 역할도 변형생성문법 이론 수용에 대단히 큰 역할을 하였는데, 주요 학술지로는, 《언어》(한국언어학회), 《문법연구》(문법연구회), 《어학연구》(서울대학교 어학연구소), 《언어와 언어학》(한국외국어대학교 언어연구소) 등이다.

변형생성문법 이론을 한국어 문법 연구에 수용하면서 한국어 문법학계가 보인 수용의 자세는 다음과 같은 세 가지로 나타났다.

첫째는 무비판적인 수용의 자세이다. 한국어 문법 현상 자체를 관찰하여 기술하기보다는, 지금까지 이루어진 현상을, 미국 언어학에서 논의되는 대상에 맞추어 변형생성문법의 변모하는 여러 이론에 따라 설명해 보려는 시도가 있었다. 한국어 문법의 내적 필요성에 의한 연구가 되지 못하였다.

둘째는 무비판적인 배척 또는 무관심의 수용 자세이다. 이러한 변형생성문법 이론에 대한 무관심 또는 배척의 태도는 다음과 같은 이유에서 나온 자세라고 생각된다. 이론에 대한 이해가 어려웠기 때문에, 또는 이론 자체의 결함 때문에 배척하였다. 이론이 한국어의 유형론적인 특징과 맞지 않기 때문에 무관심하거나 배척하기도 하였다.

셋째는 비판적인 수용의 자세이다. 변형생성문법 이론에 대한 비판적인 수용의 자세는, 구조주의적 방법론에 입각한 형태론에 대한 충실한 연구가 바탕이 되고, 변형생성문법 이론에 의한 한국어 분석의 결과를 비판적으로 수용한 연구 자세이다. 이러한 수용 자세는 변형생성문법 이론 수용의 초기에 보였던 무비판적인 수용에 대한 반성과 한국어 문법 본질에 대한 반성이 있은 뒤 1980년대에 이르러 나타났다.

변형생성문법 이론의 수용은 한국어 문법 연구에 새로운 방향을 제시하는 데에 크게 기여하였다. 이제 변형생성문법 이론의 수용이 한국어 문법 연구에 어떠한 영향을 미쳤는지, 연구 방법의 관점과 연구 대상의 관점에서 살펴보자.

먼저 연구 방법의 관점이다. 첫째, 한국어 문법 연구에서 설명 중심의 연구 방법론을 확립하였다. 지금까지의 연구가 언어 자료를 수집하여 이를 분석하고 기술하는 것에 관심을 가진데 비하여, 변형생성문법 이론을 수용하면서는 언어 자료를 분석하여 기술하는 데에 그치지 않고 기술한 언어 현상을 가지고 이론화하려는 연구 방법을 확립하였다. 언어 현상에 대한 설명의 단계에 이르게 되어 과학적 연구로의 한국어 문법 연구를 가능하게 하였다. 둘째, 언어보편성의 이해에 기여하였다. 변형생성문법 이론이 언어의 보편성에 큰 관심을 가지고 있기 때문에, 이 이론을 수용하면서 언어보편성에 대한 인식을 새로이 하고, 아울러 언어 유형론도 함께 이해하게 되었다. 이것은 결과적으로 다른 언어와의 관계 속에서 한국어 문법의 특징을 더욱 분명하게 파악하는 데에 기여하였다.

다음에는 연구 대상의 관점이다. 첫째, 통사론 연구를 본격화하였다. 지금까지 소홀하게 다루었던 통사론 연구에 관심을 높이고, 문장 구조를 이론에 입각해서 설명한다는 것을 인식하고, 통사 현상을 발굴하여, 통사론 연구를 문법 연구의 중심이 되게 하였다. 둘째, 통사론 연구의 영역을 확대하였다. 통사 현상 가운데 아직까지 발굴되지 못했던 현상을 찾아 연구를 심화시켰다. 셋째, 의미론 연구를 촉진시켰다. 형태소의 의미든, 문장의 의미든, 의미에 대한 연구는 언어학의 중요한 분야이다. 이러한 관점에서 변형생성문법 이론의 수용에 따라 의미에 대한 새로운 연구가 가능하게 되었다.

변형생성문법 이론이 한국어 문법 연구에 남긴 문제점 역시 연구 방법과 연구 대상의 관점에서 검토하면 다음과 같다.

먼저 연구 방법의 관점이다. 첫째, 변형생성문법 이론 자체의 문제점을 들 수 있다. 이론의 맹목적 추구는 이론 자체의 결함까지 받아들이게 된다. 따라서 일일이 들지는 않겠지만 변형생성문법 이론이 가지고 있는 방법론 그리고 대상론의 결함을 그대로 수용한 결과를 남겼다. 둘째, 언어보편성의 문제를 들 수 있다. 언어보편성 이론이 한국어에 그대로 적용될 수 있다는 생각에 입각해서 한국어의 문법 특성이 소홀히 되는 연구가 있었으며, 보편성을 추구하다가 지나친 일반화가 대두되었다. 셋째, 가설검증적, 수리논리적 방법론의 문제를 들 수 있다. 이론 배경에 대한 인식이 부족하여서 변형생성문법 이론의 피상적인 적용, 적용상의 오류가 있었다. 이론의 검토 없이 규칙과 원리를 설정하여, 문장 구조와 의미 구조를 설명하려 하였다.

다음에는 연구 대상의 관점이다. 첫째, 형태론이 경시되고, 통사론에 지나치게 치우친 연구가 되었다. 기술문법 이론에 힘입어 한국어 형태론의 연구 대상과 연구 방법이 확립되고, 마침내 한국어 형태론의 연구가 막 시작하려는 시점에 변형생성문법 이론이 수용되었다. 그 결과 한국어 형태론의 지위는 위기에 처하게 되었다. 변형생성문법 이론은 기본적으로 연구 대상을 통사론, 의미론, 음운론으로 삼았다. 그래서 형태론을 연구할 이론이 변형생성문법 틀 속에 규정되어 있지 않았다. 그뿐만 아니라, 형태 현상에 대한 연구는 단순히 자료에 대한 분석, 기술에 지나지 않고, 통사 현상에 대한 연구만이 문법 현상에 대한 설명인 것으로 잘못 인식하게 되었다. 더 나아가서 분명히 형태 현상임에도 불구하고 이를 통사 현상으로 혼동하여, 형태 현상마저 모두 통사 현상으로 대상을 삼은 연구가 나타났다. 그뿐만 아니라, 변형생성문법 이론에서 생성 형태론이 등장한 후부터 형태론은 주로 단어구성론에 관심을 두게 되었다. 형태론을 문장을 생성하는 통사 규칙의 마지막 단계인 어휘구성규칙에 국한하였다. 기술언어학 이론에서의 형태론은 주로 형태론적 구성의 구조 분석에 초점을 두었다면, 생성형태론은 단어 생성과정의 음운 현상에 관심을 두게 되었다. 둘째, 특정 주제에 한정되어 연구하였다. 문법 전반의 체계가 고려되지 않고, 특정 과제에만 한정되어 연구되었다. 이것은 이론이 내적 요구에 의한 수용이 아니었기 때문이었다. 특히 사동법, 피동법, 관계화, 보문화, 주제화 등에 대한 연구가 한동안 관심을 가진 것도 영어에서 이러한 과제가 중시되었기 때문이다. 따라서 이러한 과제에만 한정된 연구는 바람직한 태도가 아닐 것이다. 셋째, 문법 변화의 연구가 위축되었다. 변형생성문법 이론이 수용되면서 통시적인 연구는 상당히 위축되었다. 변형생성문법 이론은 자료의 문법성 판단을 직관에 의존하는데 문헌 자료는 직관으로 판단이 불가능하다. 물론 변형생성문법 이론 자체가 통시적 연구의 방법론을 제시하지 못하였다.

아울러 변형생성문법 이론에 입각한 연구에서 연구 자료에 대한 문제점도 지적할 수 있다. 이론은 자료를 바탕으로 성립된다. 그럼에도 불구하고 충실한 자료의 관찰과 기술이 소홀히 되어 연구가 이루어진 경우가 많았다. 이것은 근본적으로 이 이론이 자료보다는 이론 중심의 연구였으며, 직관에 근거하여 언어 자료를 평가하였으며, 이론화를 위하여 작례한 자료를 가지고 연구하였기 때문이었다.

3. 현대 한국의 언어 연구 흐름

20세기 이후 현대 한국의 언어 연구 흐름과 그 성과를, 위에서 살펴본 외래 이론의 수용 양상을 바탕으로, 다음과 같이 분야를 나누어 살펴보기로 한다.[1] [1] 음운론 및 음성학 연구, [2] 문법론 및 의미론 연구, [3] 역사비교언어학 연구. 그리고 북한의 언어 연구에 대해서도 덧붙인다.

---

1 이러한 현대 한국의 언어 연구는 언어 및 국어 관련 학회의 활동과 학회지를 통해 대부분 수행되었다. 이에 기여한 주요 학회와 학술지는 다음과 같다. 한글학회(창립: 1908년, 《한글》), 국어국문학회(창립: 1952년, 《국어국문학》), 국어학회(창립: 1959년, 《국어학》), 사단법인 한국언어학회(창립: 1956년, 《언어학》), 한국언어학회(창립: 1975년, 《언어》) 등이다. 최근에는 각 지역마다, 각 학교마다, 언어학 각 분과마다 많은 학회가 창립되어 다양하게 학회지를 발간하여 한국의 언어 연구 발전에 기여하고 있다.

3.1. 음운론 및 음성학 연구

음운론 연구는, 문법론이나 의미론 연구와 마찬가지로, 외래 언어 이론을 수용하여 토착화하면서 발전해 왔다. 초기에는 유럽과 미국의 구조주의 음운 이론을, 1970년대 이후에는 생성음운론 이론을 수용하여 주로 한국어 음운 체계와 음운 현상을 규명하면서 음운 이론을 구축하였다.

유럽의 구조주의 음운 이론을 수용하여, 비록 음운사에 치우친 연구 경향을 보이긴 했지만, 현대적인 음운론 연구를 시작하였다. 음운 체계, 자음 체계, 모음 체계라는 술어가 처음으로 등장한 것은 이숭녕(1954): '15세기 모음 체계와 이중모음의 Kontraktion적 발달에 대하여'(《동방학지》1)에 이르러서이다. 이 시기가 바로 프라하학파의 음운 이론을 받아들인 시기이다. 초기에는 이러한 유럽의 구조언어학, 특히 프라하학파의 이론을 바탕으로 한국어 음운 현상을 규명한 연구가 계속되었다. 허웅(1965):《국어음운학》(정음사, 개정판: 1985,샘문화사), 김완진(1963): '국어 모음체계의 신고찰'(《진단학보》24), 이기문(1968): '모음조화와 모음체계'(《이숭녕박사 송수기념논총》) 등이 대표적인 연구이다.

변형생성문법 이론에 입각한 음운론 연구가 생성음운론이다. 생성음운론 이론은 1970년대 이후 본격적으로 연구되었으며, 이 이론에 바탕을 두고 한국어 음운 현상을 기술하고 설명하려는 이론이 새롭게 수립되었다. 생성음운론 이론은 한국어 음운 연구의 주된 관심을 음운사 연구에서 현대 한국어 음운론 연구로 전환하는 계기가 되었다. 그리고 1980년대 후반에는 음운론과 형태론의 상호작용에 관심을 기울인 이론을 받아들여 생성형태론이 연구되었다. 1990년대부터는 최적성 이론을 받아들였는데, 이 이론에 기반을 둔 다양한 음운 연구가 수행되었다.

운율론은 주로 성조 연구가 대상이 되었다. 초기 연구로는 허 웅(1955):'방점 연구 - 경상도 방언 성조와의 비교 - '(《동방학지》2)가 있다. 경상도 방언 성조에 대한 공시적 기술인데 최소대립어를 통하여 성조소를 확인하고 어간 음절수에 따른 성조 유형을 밝힌 뒤 어간과 어미의 결합 시에 발생하는 성조 변동을 기술하였다. 그 이후 김차균(1977):《경상도 방언의 성조체계》는 자료 기반의 성조 연구를 대표한다.

다음에는 음성학 연구에 대하여 살펴보자. 20세기 중엽의 음성학 연구는 영국 런던대학 교수 존스로부터 음성학을 공부한 서울대학교 언어학과 교수 김선기에 의해 활기를 띠었다. 그의 런던대학 석사학위 논문인 '한국어음성학'(Phonetics of Korean, 1937)이 초기의 대표적인 업적이다. 1970년대 이후 음성학 연구가 본격적으로 이루어졌다. 음성음향 실험실이 마련되고 첨단실험기자재가 확충되었는데, 이를 통하여 순수한 음성학 연구는 물론 언어치료를 위한 기초적 연구, 음성처리를 통한 음성인식, 음성합성 등 응용 연구도 활발하게 연구되어 오늘날 음성과학, 음성공학을 발전시키고 있다.

3.2. 문법론 및 의미론 연구

20세기 전반기를 대표하는 문법 연구는 최현배(1937):《우리말본》(정음사)이다.《우리말본》은 한국어 문법을 일정한 체계로 확립하여, 문법의 개념과 연구 대상을 분명히 규정하여 한국어 문법 연구를 본 궤도에 올려놓은 연구라 평가할 수 있다. 또한 객관적인 언어 자료를 대상으로 이를 귀납적으로 기술하고 설명한 과학적 방법뿐만 아니라, 타당성과 일관성을 지닌 기준을 설정하여 언어 현상을 체계화한 연구 방법도 역시 높이 평가할 수 있다. 그리고 한국어의 특성을 올바르게 이해한 바탕에서, 일본과 서양 학자의 이론을 비판적으로 수용하면서, 외래 이론으로는 풀기 어려운 여러 언어 현상을 밝혀 한국어 특성에 맞는 이론으로 체계화한 연구이다.

광복 이후 언어학 연구의 경향은 역사언어학의 관점에서 음운론의 연구가 중심이 되었다. 그 결과 문법론 및 의미론의 공시적 연구는 비교적 관심이 적은 편이었다. 그러나 지금에 와서는 오히려 언어학 연구의 경향이 공시적인 문법론 및 의미론 연구에 치우쳐 있는 편이다. 문법론이나 의미론의 연구 역시 외래 언어 이론의 수용과 함께 발전해 왔다. 초기에는 유럽과 미국의 구조주의 문법 이론을 수용하였으며, 1960년대 이후에는 변형생성문법 이론을 중심으로 이론문법 연구와 개별언어의 문법 연구가 함께 이루어졌다.

1960년대 말부터 미국의 변형생성문법 이론이 본격적으로 연구되기 시작하였다. 통사론 중심의 연구였는데, 미국에서 변형생성문법의 이론적 변모가 진행되는 대로 그 이론이 그대로 소개되고 적용되었다. 통사론뿐만 아니라 의미론과 화용론 연구를 가능하게 한 생성의미론에 입각한 연구도 1970년대에 들어서면서 연구되었다. 생성의미론은 모든 의미·화용 정보를 망라하여 기저구조를 추상적으로 설정하며 변형규칙을 최대한 이용하는 이론이었다. 생성의미론은 이론적인 결함으로 바로 비판되었으며, 변형생성문법 이론은 해석의미론, 확대표준이론, 수정확대표준이론, 지배결속이론, 최소주의 프로그램 등으로 전개되어 지금까지 연구가 이어졌다. 변형생성문법 이론에 입각한 연구는 주로 한국어를 대상으로 이론언어학을 수립하려는 것이 중심 목표였다.

변형생성문법 이론에 대한 비판적인 수용 태도는, 구조주의적 방법론에 입각한 형태론에 대한 충실한 연구가 바탕이 되고, 변형생성문법 이론에 의한 한국어 분석의 결과를 비판적으로 수용한 연구 태도이다. 그 대표적인 성과는 남기심·고영근(1985): 《표준국어문법론》(탑출판사)이다.

의미론과 관련하여 어휘에 대한 연구는 오랜 역사를 가진다. 어휘 자료의 정리, 어휘 의미의 연구, 어휘 형성에 대한 연구 등 어휘와 관련한 많은 연구 성과가 그 동안 축적되었다. 의미론이 하나의 독립된 학문 영역으로 확립된 후 초기의 가장 주된 관심은 단어의 의미 변화의 문제, 즉 변화의 원인, 과정, 결과 등을 추구하는 것이었다. 1960년대 이후 의미론에 대한 연구는 역시 변형생성문법 이론에 입각하면서 수행되었다. 어휘의미론, 형식의미론, 화용론, 양화의미론, 담화 분석 등의 연구에서 한국어의 다양한 의미 현상을 설명하였다. 그 이후 의미론 연구는 언어 연구의 중심에 자리 잡으면서, 통사론, 담화·정보 구조, 음운론 등과의 상관성에 대한 관심도 깊어갔다. 또한 문법론, 의미론, 화용론과 깊은 관련을 맺고 독일어권 학계를 중심으로 연구되기 시작한 텍스트언어학은 1990년대 이후 관심을 가지기 시작하였다.

3.3. 역사비교언어학 연구

광복 이후 초기에는 그 당시 언어학 학풍에 따라, 연구의 주된 관심 분야는 한국어의 역사언어학 연구였다. 그래서 문헌 시대 이후의 한국어 역사를 과학적으로 정밀화하는 것과 한국어 계통, 곧 한국어와 알타이언어와 관계를 밝히는 것이 중심 과제였다. 이를 음운사, 문법사, 계통론으로 나누어 살펴보자.

한국어 음운사 연구는 없어진 글자의 소릿값에 대한 연구가 출발이 되었다. 이숭녕(1947): '조선어의 히아투스와 자음발달에 대하여'(《진단학보》 15), 이숭녕(1949): ''애·에·외'의 음가변이론'(《한글》 106), 이숭녕(1949): 《조선어음운론연구 제1집 ' ㆍ '음고》(을유문화사), 허 웅(1952): ''에, 애, 외, 이'의 음가'(《국어국문학》 1), 허 웅(1953): '병서의 음가에 대한 반성'(《국어국문학》 7) 등에서 음운사 연구 초기의 관심을 볼 수 있다. 이들은 뒤를 잇는 한국어 음운사 연구의 토대가 되었으며, 음운사 연구는 프라하학파 이론이 수용하면서 본격적으로 연구되었다.

1970년대에 접어들면서 음운사 연구는 생성음운론 이론의 영향으로 새로운 경향을 보였다. 언어 변화를 체계 변화라는 관점에서 규칙 변화라고 보는, 즉 언어 변화에 대한 시각이 달리 나타났다. 이 시기의 음운사 연구의 특징은 구조주의를 바탕으로 하면서 생성음운론이 접목된 것이라고 할 수 있겠다. 즉, 음운 체계가 변하는 요인을 기능적·구조적인 것에서 찾으면서, 음운 체계를 기저 표시와 음성 표시로 구분하고, 또한 음운 체계를 음운 현상과의 관련 속에서 파악한 것이다.

한국어 문법사 연구는, 초기의 문법사 연구가 다 그러하듯이 고전시가의 주석에서 비롯되었다. 한국어 문법사 연구는, 초기 음운사 연구가 없어진 글자의 소릿값에 대한 연구에서 출발한 것처럼, 현대어에서 찾아볼 수 없거나 그 기능이 달라진 문법형태 연구로부터 시작되었다. 즉, 15세기 한국어의 특징적인 문법형태와 그 역사적인 변천 과정을 밝히는 일이 주요 과제였다. 높임법의 형태 '-시-', '-습-', '-이-'에 대한 연구, 인칭법, 주체-대상법 또는 의도법에 관여하는 것으로 연구된 선어말어미 '-오/우-'에 대한 연구, 그리고 현대 한국어와 다르게 실현되는 의문법에 대한 연구들이 전개되었다. 이와 같은 주제별 문법사 연구가 진척되면서 중세 한국어의 문법을 체계화한 저서들이 출간되었다. 이숭녕(1961):《중세국어문법》(을유문화사), 이기문(1961):《국어사개설》(민중서관, 개정판: 1972, 탑출판사), 허 웅(1975):《우리 옛 말본-15세기 국어 형태론-》(샘문화사) 등이 그것이다. 특히《우리 옛 말본》은 풍부한 자료와 정비된 체계로 15세기 한국어의 형태론을 상세하게 서술한, 한국어 문법사 연구의 큰 수확이라 할 수 있다. 허 웅은《우리 옛 말본》에 이어 허 웅(1989):《16세기 우리 옛말본》(샘문화사)을 저술하였으며, 허 웅(1987):《국어 때매김법의 변천사》(샘문화사)를 통해 문법범주별 문법사 연구의 방법론을 제시하였다. 그리고 안병희(1993):《국어사자료연구》(문학과지성사), 안병희(1993):《국어사연구》(문학과지성사)는 언어사 연구의 실증적 방법론을 바탕으로 한 연구 성과로 평가된다 한국어의 계통 연구는 처음에는 외국 학자들에 의해 시작되었다. 그러나 광복 이후에 한국 언어학계가 관심을 가지게 되었다. 한국어와 알타이언어와의 비교 연구의 필요성을 역설하고 그 기반을 마련한 분은 김선기, 이숭녕이었다. 한국어의 계통 문제를 본격적으로 다룬 저서는 김방한(1983):《한국어의 계통》(민음사)이다. 한국어와 알타이언어를 음운, 형태, 어휘 면에서 비교하면서, 특히 음운 대응에 주목하였다. 음운 체계 전반에 걸친 음운 대응을 정확하게 공식화할 수 있는 단계에까지 아직 이르지는 못하고 있으나 앞으로 대응의 규칙을 더 보강되고 정밀화할 가능성이 충분히 있음을 제시하였다. 또한 한국어와 알타이언어의 관계를 도식화할 정도로 확실하지는 않지만, 한국어가 퉁구스제어와 매우 밀접한 관계에 있을 개연성이 가장 높다고 주장하였다. 그리고 고대 한반도에는 계통을 달리하는 두 언어층이 있었던 것으로 추정하고, 하나는 퉁구스어계의 언어층이고 또 다른 하나는 어떤 불명의 언어층인데 고아시아어족의 길리야크어라고 추정하였다.

이기문(1958): A Comparative Study of Manchu and Korean (*Ural-Altaische Jahrbücher*, XXX:1-2), 이기문(1977): '한국어와 알타이제어의 어휘 비교에 대한 기초적 연구'(《동아문화》 14), 성백인(1978): '한국어와 만주어의 비교 연구(1)'(《언어학》 3), 성백인(1990): '한국어와 만주·퉁구스제어의 비교 연구 - 현상과 몇 가지 문제 - '(《대동문화연구》 24) 등은 알타이언어와의 비교 연구로서 본격적인 비교 연구의 성과이다.

그러나 그간 한국 학계의 계통론 연구에는 알타이언어들을 직접 접하지 못하고 문헌에만 의존했다는 한계가 있었다. 그러나 1990년대 중국과 러시아의 개방 이후부터 알타이언어 사용 지역에 직접 가서 알타이언어를 조사하고 분석할 수 있게 되었다. 폭넓고 깊이 있는 현지 조사를 통해 한국어와 알타이언어의 특성을 대조하고 비교할 수 있는 계기를 마련하였다.

한편 방언 연구도 활발하게 이루어졌다. 가장 큰 업적은 1970~80년대 한국정신문화연구원의 방언 조사 작업이다. 그 성과인《한국방언자료집》과《대한민국 언어지도집》은 한국 방언 연구 업적을 집대성한 결과이다. 국립국어원에서도 2000년 이후 전국을 대상으로 방언 조사를 실시하여 각 지역의 언어 특성과 구술 자료를 담은 보고서를 출판하였다.

3.4. 북한의 언어 연구

1945년 광복 이후 북한에서도 언어학 각 영역에서 연구가 수행되었다. 그 동안의 연구 성과를 집대성하여 2005년《조선어학전서》47권(발행: 사회과학출판사)을 발간하였다. 이 전서는 북한의 사회과학원 언어학연구소에서 새 세기에 들어서면서 언어학을 시대 요구에 맞게 발전시키고 새로운 연구 분야를 개척하기 위하여, 한국어를 일반언어학적 관점에서 접근한 동시에 규범적 언어 연구를 지향한 것으로 성격을 규정할 수 있는데, 그 의의를 다음과 같다.

첫째, 광복 이후 지금에 이르기까지 이루어진 북한 언어 연구의 성과를 종합적으로 체계화한 의의가 있다. 언어의 일반 이론과 언어정책, 언어의 문법 구조, 음운 구조, 의미와 어휘 구조를 비롯하여 역사, 방언, 사전, 언어공학, 언어규범 등 모든 분야를 포함하였다.

둘째, 규범적 언어 연구를 달성한 의의가 있다. 언어 연구의 이론적 깊이를 보장하고 언어의 실천적인 문제를 해결하는 방향에서 집필하면서, 종합적인 규범문법 연구서의 성격을 지니게 하였다.

셋째, 새로운 언어학 분야를 개척한 의의가 있다. 다음과 같은 언급에 주목할 수 있다. 지난 50여 년 동안 이룩된 언어과학 연구 성과를 종합적으로 체계화하는 한편, 민족어의 발전과 정보 시대의 요구를 실현하는 동시에 최신 언어공학의 연구 성과를 널리 받아들였다. 지금까지의 연구가 한국어의 구조와 역사에 대한 전통적인 연구였다면, 앞으로의 연구는 정보화 시대에 걸맞은 언어공학적인 연구가 되어야 한다고 하였다. 새로운 연구 분야로서 언어공학을 전면적으로 수용하여 언어 현상을 과학적으로 분석하고, 이를 실제 언어생활에 적극적으로 활용하는 것이 앞으로의 연구가 나아갈 방향이라고 제시하였다.

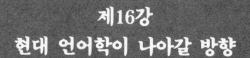

제16강
현대 언어학이 나아갈 방향

제16강
현대 언어학이 나아갈 방향

1. 연구사의 의의

오늘날 모든 학문은 하루가 다르게 새롭게 발전을 거듭하고 있다. 언어학 역시 그 대열에서 빠지지 아니하며, 오히려 앞장서서 학문 발전을 주도하고 있다. 한국에서의 언어학 역시 지난 세기 눈부실 정도로 발전해 왔으며 그 성과는 이제 상당한 수준에 이르렀다. 이는 앞선 원로 학자들이 이룩한 학문 업적의 전통과 이를 기반으로 한 젊은 학자들의 열성적인 연구의 결과라 믿는다. 학문 연구란 아무런 바탕 없이 갑자기 새롭고 엄청난 업적이 나오는 것이 아니라, 항상 앞선 연구의 전통이 바탕이 되어 이를 계승하고, 수정·보완해서 더 완벽한 연구로 발전해 간다. 이러한 학문 전통의 계승·발전의 관계를 밝혀 제시하는 것이 바로 학문의 연구사이다. 언어학의 연구사, 즉 언어학사는 언어학 연구의 역사적 전개 과정을 되살피고 현재의 연구 성과를 기술하고 평가하여, 이를 토대로, 앞으로 전개될 연구가 지향하여야 할 바람직한 방향을 모색하는 것이다.

이제 이러한 관점에서 지금까지의 언어학 연구, 특히 한국의 언어학 연구를 되돌아보아 앞으로 전개될 새로운 시대의 언어학 연구가 지향해야 할 바람직한 방향을 모색해 보고자 한다. 이를 위해 우선 다음과 같은 전제를 설정한다.

첫째, 언어학 연구의 역사적 전개 과정과 현황을 분석·반성한 바탕에서, 앞으로 지향해야 할 연구 방향을 제시하고자 한다. 앞으로 전개될 상황에 대한 방향 제시는 반드시 지금까지의 상황을 분석하여 이를 극복하는 데서 이루어져야 한다. 지금의 언어학 연구에서 무엇이 문제이며, 무엇이 한계인가를 분석하여 이를 극복해야만, 미래를 전망하고, 또한 지향해야 할 바람직한 방향을 모색할 수 있기 때문이다.

연구사는 현재의 관점에서 미래를 전망한다. 사단법인 한국언어학회 창립 60주년 기념 여름학술대회 포스터에서

둘째, 언어학의 연구 목표, 연구 대상, 연구 방법 등으로 나누어 새로운 방향을 모색하고자 한다. 학문의 성격을 이해하는 길은 그 학문이 무엇을, 어떻게, 그리고 왜 연구하는가를 이해하는 일이다. 언어학을 이해하기 위해서도 언어학은 무엇을, 어떻게, 왜 연구하는가, 즉 연구 대상, 연구 방법, 연구 목표가 무엇인가에 대하여 관심을 가져야 할 것이다. 따라서 언어학이 나아갈 방향을 모색하기 위해서도 언어학의 연구 대상, 연구 방법, 연구 목표에 대하여 관심을 가져야 할 것이다.

2. 연구 목표

우리는 어떤 일을 수행하면서 그 일을 왜 하는지, 즉 목표에 대하여 무관심하는 경우가 종종 있다. 그러나 일의 성격이 어떠하든 간에 뚜렷한 목표를 설정하지 않고 수행하면 일의 방향을 가늠하기 어렵고, 체계적인 판단이 불가능하게 되어 성공적인 결과를 기대할 수 없게 된다. 언어학 연구에 있어서도 마찬가지이다. 언어학을 연구하는 목표가 제대로 잡혀 있지 않으면, 체계적인 연구가 어려울 뿐만 아니라, 연구 성과의 종합적인 축적도 어려울 것이다. 따라서 언어학의 바람직한 연구를 위해서는 반드시 학문적으로 의의 있는 목표를 설정해야 할 것이다.

언어학을 왜 연구하는가에 대한 대답은 쉽지 않지만, 그러나 다음과 같이 목표를 설정해 볼 수 있다. [1] 언어의 본질을 밝히는 것이라 할 수 있다. 언어의 본질을 밝히는 것은 언어의 음운, 의미, 문법 구조의 특징을 체계적으로 밝히는 것과 언어의 계통과 역사의 전개 과정을 밝히는 것을 포함한다. [2] 이를 기반으로, 2-1. 언어, 글자, 나아가서는 인류 문화를 발전시키는 데에 기여하는 것, 2-2. 언어능력, 인지능력 등 인간의 본성을 이해하는 데에 기여하는 것, 2-3. 언어와 관련한 여러 영역, 즉 언어교육, 언어정책, 언어공학 등과 같은 응용에 기여하는 것이라고 할 수 있다.

이제 지금까지의 언어학 연구를 연구 목표와 관련해서 검토해 보기로 하자. 여기서 제기될 수 있는 문제는 첫째, 연구 목표가 명시적으로 제시되었던가 하는 문제와 둘째, 연구 목표의 설정은 타당했던가 하는 문제이다.

첫째, 연구 목표가 명시적으로 제시되었던가 하는 문제이다. 결과적으로 말하자면, 지금까지 대부분의 연구에서 명시적인 목표 제시가 없었던 것이 사실이다. 물론 암묵적으로는 연구 목표를 설정했으리라 생각하지만, 언어학 관련 연구 논저들을 꼼꼼히 살펴보면 연구가 지향하는 목표를 명시적으로 설정한 경우가 흔치 아니하였다.

둘째, 연구 목표의 설정은 타당했던가 하는 문제이다. 목표 설정의 타당성은 목표의 초점을 어디에 두느냐와 관련된다. 언어학 연구 목표의 초점을, [1] 언어의 본질 규명에 두느냐, [2] 이를 기반으로 인류 문화 발전에 기여하거나, 인간 본성 이해에 기여하거나, 언어와 관련한 응용에 기여하는데 두느냐 하는 것이다. 물론 언어학 연구의 중심 초점을 연구의 고유 목표인 [1]에 두는 것이 지극히 당연한 것이기는 하지만, 지금까지의 언어학 연구의 목표를 검토해 보면, 명시적이든, 암묵적이든, 대부분 [1]에만 관심을 집중시켰다. 그러나 여기에서 문제는 [2]에 연구 목적을 두는 것에 무관심하거나, 더 나아가서 그 가치를 경시, 비하하는 태도였다. 특히 응용 연구는 언어학자가 할 일이 아닌, 또한 언어학자가 한눈팔아서는 안 되는 일이라 하기도 하였다. 이것은 언어학의 연구 목표에 대한 인식이 부족했기 때문에 나온 태도였다.

이와 같은 지금까지의 언어학 연구의 목표와 관련해서, 이제 앞으로 전개될 언어학이 모색해야 할 연구 방향을 다음과 같이 제시하고자 한다.

첫째, 언어학의 올바른 연구를 위해서는 먼저 연구 목표를 명시적으로 설정해야 할 것이다. 목표가 뚜렷이 설정되어 있어야만 연구 대상과 방법이 분명해질 것이다. 목표가 명시적으로 설정되어 있지 않으면, 연구 대상과 관련해서, 연구 범위를 한정하기가 어려울 것이며, 연구 결과를 체계적으로 판단하기 어려울 것이다. 연구 방법과 관련해서는, 연구의 방향이 제대로 잡히지 않을 것이며, 연구 주제에 합당한 방법론이 세워지지 않을 것이다.

둘째, 언어학의 올바른 연구를 위해서 목표를 설정할 때, 목표 유형의 균형을 추구해야 할 것이다. 어느 한 유형에 치우치지 말 것이며, 각각 서로 다른 목표를 인정·존중하고, 더 나아가서 상호 보완적인 관계를 형성해야 한다. 이를 위해 우리는 언어학의 연구 목표에 대한 인식을 새롭게 해야 할 것이다. 언어학은, 언어의 본질을 정확하게 규명하여, 이를 기반으로, 인류 문화를 발전시키고, 나아가서 인간 삶의 질을 향상시키는 학문으로 다가가야 할 것이다.

3. 연구 대상

지금까지의 언어학의 연구 대상을 분석해 보면 대체로 다음과 같은 특징을 찾아볼 수 있다.

첫째, 언어학의 기본적인 세 연구 분야, 즉 음운론, 의미론, 문법론에 대한 연구가 시대에 따라 또는 언어학 이론의 배경에 따라 어떤 분야는 중시되고 어떤 분야는 경시되는 경향을 보여 왔다. 예를 들어, 문법론의 경우, 기술언어학에 바탕을 둔 연구에서는 형태론이, 변형생성문법 이론에 바탕을 둔 연구에서는 통사론이 연구의 중심이 되었다. 어떤 특정 분야가 연구의 중심이 되는 현상 못지않게 더 심각한 문제는 상대적으로 다른 특정 분야를 경시하거나 무시하는 현상이다. 변형생성문법의 초기 이론이 형태론을 경시한 예가 그러하다. 한국어 문법 연구의 경우, 형태론의 비중이 높다는 개별언어의 특징이 무시된 채 한때 통사론 연구가 주류를 이루었던 경우이다. 이는 연구 대상과 관련하여 경계해야 할 태도이다. 언어의 본질을 규명하기 위해서는 언어를 구성하는 어느 한 분야라도 소홀히 해서는 안 된다. 지금까지 이러한 연구 경향이 있었음은 반성해야 할 것이다.

둘째, 언어학의 큰 영역의 불균형뿐만 아니라, 각 영역의 하위 분야별로 불균형을 이룬 경향도 보여 왔다. 예를 들어, 통사론의 경우, 그간의 연구에서 특정 주제에 관심이 집중된 경우가 허다하였다. 그 주제가 그만큼 중요했기도 하지만, 실제는 특정 언어학 이론이 그 주제에 관심을 가졌기 때문이기도 하다. 그러나 언어학 연구는 몇몇 한정된 주제에만 관심을 집중할 것이 아니라, 늘 새로운 주제를 발굴하여 그 영역의 모든 분야를 빠짐없이 연구하는 것이 올바른 태도일 것이다.

셋째, 언어의 역사, 즉 언어의 계통과 형성, 발달 과정을 연구하는 분야가 소홀히 되었다. 언어학의 기본적인 연구 대상은 언어의 구조와 역사이다. 이 두 대상은 언어의 본질을 규명하는 데, 같은 비중을 가진다. 그런데 최근에 와서는 언어 구조에 대한 연구가 언어의 역사에 대한 연구를 압도하고 있는 실정이다. 변형생성문법 이론이 언어학에 수용된 뒤로 더욱 심해졌다. 언어사 연구가 현대 언어의 공시적 연구에 비해 위축되었다는 사실은 매우 아쉬운 일이다.

넷째, 언어학의 응용 연구에 대한 이해가 부족했음도 한 특징이다. 응용 연구에 대한 이해가 부족했던 것은 학문은 순수 학문 그 자체로만 의의가 있는 것으로 생각하는 편협한 학문관에서 비롯되었다. 인문학은 인간 본성을 밝히는 그 자체로 의의 있는 학문임은 재론의 여지가 없다. 그러나 인문학 연구에서 이루어진 성과가 인간 삶의 질을 향상시키는 데 기여할 수 있다면, 이에 대한 관심과 연구에 머뭇거릴 필요가 없다.

결과적으로, 위에서 분석한 내용을 반성하는 데에서, 앞으로 우리가 지향해야 할 언어학 연구 대상의 올바른 방향을 모색해야 할 것이다.

첫째, 언어 구조를 연구하는 기본적인 세 분야, 즉 음운론, 의미론, 문법론에 대한 연구가 균형을 이루어야 할 것이다. 어느 특정한 분야에 연구의 관심과 인력이 편중되지 않도록 해야 할 것이다. 이를 위해서는, 다음에 다시 언급하겠지만, 우선 연구 방법론을 균형 있게 제시해야 할 것이다. 그래서 어떤 특정 분야가 연구의 중심이 되어, 결과적으로 다른 분야를 경시하는 현상에서 벗어나야 할 것이다. 언어의 본질을 규명하기 위해서는 언어를 구성하는 어느 한 분야라도 소홀히 되어서는 안 된다.

둘째, 언어학 연구 영역의 균형뿐만 아니라, 각 영역의 하위 분야별로 균형을 이루는 연구도 지향해야 할 것이다. 어느 특정 주제에 관심을 집중할 것이 아니라, 새로운 주제를 발굴하고, 그 영역 모든 분야를 빠짐 없이 연구해야 할 것이다. 부단히 연구 방법론을 개발하여 새로운 주제를 발굴하는 데에 힘쓰며, 연구사적인 검토를 통해 학문 체계 전반을 늘 조망하는 연구 태도를 견지해야 할 것이다. 또한 연구 인력을 균형 있게 배분하는 일에도 관심을 기울여야 할 것이다.

셋째, 언어의 역사, 구체적으로 언어의 계통과 형성, 발달 과정을 연구하는 분야에 관심을 높이도록 해야 할 것이다. 오늘날 인류 문화를 형성하였으며, 정신세계를 이끌어 온 언어를 올바르게 이해하기 위해서는 현대 언어의 공시적 특성뿐만 아니라 통시적 전개 과정도 함께 이해해야 한다. 따라서 언어의 계통과 역사를 이해하는 데에 인식을 새롭게 해야 할 것이다. 19세기 언어학이 통시태 연구에 비중을 둔 역사언어학의 시대라고 한다면, 20세기 언어학은 공시태 연구에 비중을 둔 구조언어학의 시대이다. 그러나 공시태와 통시태는 그 어느 것이 더 비중이 높을 수 없으며, 이 둘은 또한 상호 의존적이기도 하다. 언어의 역사를 연구하기 위해 새로운 문헌 자료를 발굴하고, 방언 자료를 정밀하게 정리하며, 또한 언어의 계통을 밝히고 형성 과정을 규명하기 위해서는, 친근어 사이의 비교 연구는 물론이거니와 주변 언어들과의 접촉 관계에 대해서도 폭넓은 관심을 가져야 할 것이다.

넷째, 언어학의 응용 연구에 대한 이해를 새롭게 해야 할 것이다. 지금까지 응용 연구에 대한 이해가 부족했던 편협한 학문관을 극복해야 할 것이다. 앞에서도 언급했듯이, 인문학은 인간 본성을 밝히는 그 자체로 의의 있는 학문이지만, 인문학 연구에서 이루어진 성과가 인간 삶의 질을 향상시키는 데 기여할 수 있다면, 우리는 관심을 가지고 응용 연구에도 힘써야 할 것이다. 언어학 연구 역시 그러하다고 믿는다. 언어학의 응용 분야 가운데, 특히 언어교육, 언어정책, 언어공학 등이 인간 삶의 질을 향상 시키는 분야이며, 우리가 관심을 집중해야 할 분야일 것이다.

언어교육은 효과적인 의사소통을 위한, 말하기, 듣기, 쓰기, 읽기 등 언어사용 능력 교육과 언어의 본질을 올바르게 이해하기 위한 언어지식 교육을 포함한다. 언어학에서 연구된 성과를 바탕으로 언어교육의 방향을 제시해야 할 것이다. 효과적인 의사소통을 위해 언어사용 능력을 신장시키기 위해서는 언어의 다양한 양상을 정확하게 이해하는 과정이 필요한데, 이는 언어학에서 연구된 성과를 바탕으로 전개할 수 있을 것이다. 그리고 학교 교육에서 문법을 체계적이고 효과적으로 교육하기 위한 방법을 탐구하는 일은 언어사용 능력을 신장시키는 기반 지식으로서, 또한 언어의 본질을 올바르게 이해하는 지식으로서, 매우 가치 있는 일일 것이다. 앞으로 다가올 시대에는 언어학 이론에 기반을 둔 언어교육 방법에 더욱 관심을 가져야 할 것이다. 또한 외국인에게 한국어를 교육하기 위한 교수 방법, 평가 방법, 언어능력 검정 방법 등을 어떻게 개발할 것인가도 당장 언어학이 담당해야 할 과제이다.

언어정책 역시 의사소통의 수단으로서 말과 글을 편리하게 사용할 수 있도록 방향을 제시하는 응용 분야이다. 언어와 글자의 규범을 바로 잡고, 언어생활을 바르게, 쉽게, 풍부하게 하기 위한 과학적 방법을 제시하는 일, 역시 언어학이 담당해야 할 과제이다. 한국의 언어정책은 또한 통일에 대비하여 언어학 이론과 연구 성과를 정비하여 남북한의 언어, 글자, 언어관의 차이를 극복하기 위한 방향을 제시하는 일, 역시 언어학의 담당해야 할 과제라고 본다.

또한 언어정책과 관련해서 주목하고자 하는 것은 한국어를 세계의 필요한 곳곳으로 보급하는 일과, 한국이 세계에 대하여 자랑할 수 있는 대표적 문화유산인 한글을 세계에 널리 펼치는 일이다. 예를 들어 글자가 없는 소수 민족들을 대상으로 그들의 언어를 기록하는 표기 수단으로서 한글을 제공하는 일도, 한국의 언어학이 관심을 가질, 대단히 가치 있는 일일 것이다.

언어공학은 언어생활을 훨씬 더 풍요하게 할 수 있을 것이기 때문에 주목받을 응용 분야이다. 이는 언어학과 컴퓨터과학, 인지과학이 만날 수 있는 분야이기도 하다. 예를 들어, 음성합성의 경우, 발화의 자연성을 높이기 위해서는 컴퓨터과학 힘만으로는 불가능할 것이며, 음성학의 정밀한 기술을 기반으로 해야 가능할 것이다.

언어공학의 또 다른 관심 분야는 한국어-외국어 자동 번역 프로그램의 개발일 것이다. 이는 단순히 언어생활을 풍요하게 하는, 삶의 질 향상에 의의가 있는 것이 아니라, 어쩌면 위기에 놓일지도 모르는, 한국어를 지키는 주요한 방편이 된다. 정보의 세계화가 전개되면 그러할수록 외국어에 대한 이해는 불가피하게 된다. 특히 인터넷으로 공급되는 정보자료가 영어로 되어 있는 한, 앞으로 정보화 시대에 노출될 다음 세대들은 영어 속에서 생활하고, 영어로 생각해야 할 것이다. 영어를 모르면, 쏟아지는 정보에 눈을 막고 살아야 할 판이다. 정보에 눈을 막을 수가 없다면, 영어에 매달려 일상생활을 하지 않을 수 없다. 그렇게 될 경우, 한국 민족을 오늘날까지 이끌어 온 문화유산, 한국어에 대한 자긍심이 사라질 뿐만 아니라, 나아가서 영어 전용의 시대가 될 지도 모른다. 이를 극복하기 위한 유일한 길은 완벽한 영어-한국어 자동 번역 프로그램을 개발하는 데 관심을 가지는 일이다. 한국어를 지키기 위해서도 언어학이 언어공학으로 연구 대상을 확대하지 않을 수 없는 시대가 이제 우리 앞에 다가왔다.

4. 연구 방법

지금까지의 한국의 언어학 연구가 외래 이론을 바탕으로 수행되었다는 것은 부인할 수 없는 사실이다. 특히 최근으로 올수록 그 정도가 더욱 깊어 가고 있으며, 본격적인 세계화 시대에는 더욱 그러하리라 짐작된다. 그렇지만 우리가 지향해야 할 연구 방법의 가장 중요한 방향은 전통의 계승·발전이라는 것은 이미 앞에서 언급한 바 있다. 따라서 다가올 시대에 지향해야 할 언어학의 연구 방법은, 외래 이론은 비판적 수용으로 극복하고, 고유한 학문의 전통을 계승하고 창조하는 관점에서 모색되어야 할 것이다.

먼저 그간 언어학 연구에서 외래 이론을 수용한 양상을 살펴보면, 우리는 거침없이 밀려오는 외래 이론을 단순히 수용한 면이 없지 않았는지 반성해 볼 필요가 있다. 기술언어학 이론, 변형생성문법 이론을 수용하는 과정에서 그러하다. 특히 변형생성문법 이론을 수용하면서 한국어 현상 자체를 기술하여 설명하기보다는 변형생성문법의 변모하는 여러 이론에 따라 적용해 보려는 시도가 그러하다. 이러한 상황에서 학문 전통의 계승·발전은 어렵게 되었다.

외래 이론의 편향된 수용도 생각해 볼 문제이다. 알다시피 한국의 언어학 연구 초기에는 대부분 일본 언어학계를 통한 유럽의 언어학 이론을 수용하는 데에 치우쳐 있었고, 이와는 달리 광복 이후의 언어학 연구는 미국의 언어학 이론에 지나치게 편향된 경향을 보였다. 이는 언어학의 전반적인 경향을 이해하는 데에 무관심하였기 때문에 언어학에 대한 시각이 넓지 못하였다. 그래서 특정 외래 이론을 정당하게 평가하여 수용하지 못하고, 일방적으로 특정 이론만을 절대시하여 수용하기도 했으며, 또는 특정 이론을 무비판적으로 배척하거나 그에 대하여 무관심한 태도를 보이기도 했다.

위에서 검토해 본 바를 기반으로 하여 이제 우리가 지향해야 할 언어학의 연구 방법을 다음과 같은 관점에서 생각해 보기로 하겠다. 먼저, 외래 이론 수용과 관련하여, 기본적으로 비판적 수용의 태도를 확립하는 것이 중요하다. 앞서 외래 이론을 수용하면서 경계해야 할 태도는 무비판적인 수용과 무비판적인 배척 또는 무관심이라고 하였다. 변형생성문법 이론 수용의 초기에 보였던 무비판적인 수용의 반성을 통한 1980년 대에 이르러 보인 비판적 수용의 태도, 즉 구조주의적 방법론에 입각한 형태론에 대한 충실한 연구가 바탕이 되고, 변형생성문법 이론에 의한 언어 분석의 결과를 비판적으로 수용한 연구 태도는 이를 극복한 좋은 예가 될 것이다. 이러한 극복은 언어학사의 안목을 넓히고, 언어학의 선행 연구 방법을 계승하여 발전시키는 데서 가능할 것이다. 그뿐만 아니라, 특정 외래 이론에 치우치지 않고, 비판적인 관점에서 여러 다양 한 이론을 수용하여야 할 것이다.

다음은, 독자적인 연구 방법 형성과 관련한 문제이다. 독자적인 연구 방법은 학문 전통의 계승·발전과 밀접한 관련을 맺으며, 새로운 시대 특성을 반영하여야 할 것이다. 이렇게 형성된 연구 방법은 언어의 본질 을 규명하는 데는 물론이거니와, 인류 문화를 발전시키고, 더 나아가 인간 삶의 질을 향상시키는 데 기여해야 할 것이다.

학문 연구의 성과란 아무런 바탕도 없이 갑자기 이루어지는 것이 아 니라, 항상 앞선 연구의 전통이 바탕이 되어 이를 계승하고, 수정·보완 해서 완성되어 발전해 간다. 그래서 앞사람들이 이루어 놓은 성과를 잘 검토하고 이어받을 만한 것은 이어받아, 그러한 토대 위에서 새로운 이론을 창조적으로 개척해 나가는 자세가 필요하다. 그렇게 하기 위해, 앞으로 우리가 전개해야 할 언어학의 연구 방법에서 고려해야 할 몇 가지 전제를 다음과 같이 제시해 본다.

첫째, 지금까지의 언어학이 경험주의를 지양하고 이성주의에 입각했 었다면, 이제 이를 극복하는 방법론을 모색해야 할 것이다. 인류가 언어 에 관심을 가진 이래, 경험주의 연구관과 이성주의 연구관은 순환하면서 오늘날에 이르렀다. 그러나 이 둘은 순환하거나 어느 한 가지를 지양하는 관계가 아니라 이제는 공존하면서 상호 협조적인 관계로 발전해야 할 것이다. 구체적인 언어 사실을 기술하는 경험주의의 관점도 존중되어야 하며, 언어능력을 해명하려는 이성주의의 관점도 존중되어야 할 것이다. 구체적인 언어 사실에 대한 연구는 언어 속에 작용하고 있는 일반 원리를 찾아내는 일에 기여하며, 새로운 이론은 언어 사실을 기술하는 데에 효과적인 방법을 제공할 것이다.

둘째, 지금까지의 연구가 연구 분야를 세분화하여 자율성을 강조하고, 분야별로 개별 연구 방법을 추구하였다면, 이를 통합하는 이론이 전개되어야 할 것이다. 분야에 있어서는, 예를 들어, 음운론과 문법론을 별개의 분야로 개별적으로 연구할 것이 아니라, 상관성이라는 관점에서 연구해야 음운 특성이나 문법 특성을 더 분명하게 밝혀 낼 수 있을 것이다. 연구 방법에 있어서도 통합적 연구 방법을 지향하면 훨씬 더 경제성 있는 이론을 개발할 수 있을 것이다.

셋째, 연구 방법을 철저히 규격화한 것이 지금까지의 연구 경향이라고 한다면 이 또한 극복해야 할 것이다. 규격화된 이론적 틀에서 벗어나, 다양한 방법으로 언어 현상에 접근한다면, 언어의 본질을 규명하는 데 훨씬 더 효과적일 것이다. 이상적이고 규격화된 문법 중심의 연구 방법 못지않게 실제의 언어사용을 중시하는 화용 중심의 연구 방법에 관심을 가져야 할 것이다. 또한 문장을 단위로 삼는 연구를 넘어서 범위를 담화로 확장하는 연구 방법 개발에 관심을 기울여야 할 것이다.

넷째, 공시적 연구에 치우쳤던 20세기의 언어 연구 방법을 극복하여, 통시적 연구를 더욱 활성화해야 할 것이다. 이는 언어의 역사적 변화를 연구하는 데 기여할 뿐만 아니라, 공시태 규명에도 기여할 것이다. 더 나아가서 공시적 연구와 통시적 연구를 통합할 수 있는 범시적 연구 방법을 확립하는 일도 중요할 것이다.

5. 현대 언어학의 과제

끝으로 오늘날의 언어학은 무엇에 관심을 가지고 있으며, 앞으로 언어학 연구를 어떻게 전개해야 할 것인지에 대한 몇 가지 과제에 대해 살펴보기로 하자.

첫째, 언어학과 다른 학문의 협동에 대한 것이다. 현대 학문의 중요한 특징은 서로 이웃하는 학문끼리 도움을 주고받는 것이다. 최근 언어학이 이웃하는 학문과 협동하는 연구는 매우 활발하다.

예를 들어, 언어를 사회적 상황에서 연구하는 사회언어학은 언어 현상이 사회 요인과 관련하여 어떻게 변이되어 나타나는가에 관심을 가지며, 언어정책, 광고언어 등에 대해서도 탐구하고 있다. 또한 사회언어학은 언어와 관련한 사회 제도의 여러 문제를 탐구한다. 다언어 사회에서의 이중언어 사용 문제, 다른 문화권과의 교류에서 생기는 다양한 문제들이 주요 대상이 된다.

심리언어학은 언어의 심리적 처리와 반응을 대상으로 말소리의 지각, 단어의 연상과 기억, 언어습득 등에 관심을 가진다. 이러한 분야뿐만 아니라 언어학은 언어와 뇌 관계를 추구하는 신경언어학, 그리고 실어증과 같은 언어장애치료 등에도 눈을 돌리고 있다.

둘째, 컴퓨터언어학과 인지언어학의 발전에 관한 것이다. 오늘날 컴퓨터언어학의 발전은 눈부시다. 음성인식과 음성합성, 언어정보의 검색, 전자사전, 외국어 자동번역, 음성과 글자의 자동 변환 프로그램 개발 등, 언어와 컴퓨터가 만나는 수많은 영역이 연구를 기다리고 있다. 또한 인지과학은 요즘에 확립된 복합과학이다. 인지과학은 다양한 방법론을 가지고 마음의 문제를 앎의 문제로 접근하는 학문이다. 인지과학을 구성하는 주요 학문은 언어학, 철학, 심리학, 인공지능학, 인류학, 신경과학 등이다. 언어학은 언어가 인지 과정의 핵심이며 인지의 주요 도구이자 형식이라는 점에서, 또 의미의 문제를 언어학에서 다룬다는 점에서 인지

과학에서 중요한 역할을 담당하고 있다. 언어학은 언어의 문법 구조, 언어와 인지의 관계, 자연언어 처리 등의 문제를 직관적, 실험적 방법을 통해 연구하여 컴퓨터언어학, 인지과학 발전에 기여해야 할 것이다.

셋째, 현지 언어 조사와 보전에 관한 것이다. 사라져 가는 지역방언은 물론이고 절멸 위기에 놓인 세계 여러 언어들을 현지 조사하여 보전하려는 연구에 언어학자들이 책임감을 가져야 할 것이다. 특히 한국어와 유형론적으로, 지리적으로 그리고 계통론적으로 이웃하고 있는 알타이어족에 속하는 여러 언어들을 현지 조사하여 음성 및 영상 자료를 구축하는 연구에 관심을 가져야 할 것이다. 이들 언어 가운데는 얼마 가지 않아 이 세상에서 사라질 위기에 놓인 언어들도 있어, 이들 언어들을 조사하여 연구하는 것은 인류 문화유산 보전이라는 점에서 큰 가치를 지닌다.

사라져 가는 언어를 조사·보전하는 일은 '책임을 다하는 언어학'이다.

언어학은 인간의 언어와 관련한 여러 현상들을 과학적인 방법으로 연구하는 학문이다. 이러한 언어학이 역사적으로 전개해 온 연구 대상과 연구 방법을 폭넓고 올바르게 이해하고, 지금 시대의 다양한 여러 이론을 균형 있게 이해한 바탕에서, 앞으로의 언어 연구 방향을 가늠해 보는 것은 언어학에서 매우 중요한 의의를 지닌다. 이러한 뜻에서 글쓴이는 언어와 언어 연구에 관심을 가지는 모든 이들이 언어학사의 발자취를 되살펴, 앞으로의 언어 연구에 기여하고, 나아가서 인류 문화를 발전시키고 우리 삶의 질을 향상시키는 데에도 기여하게 되기를 희망한다.

참고 문헌

강범모 (역) 2007, 《언어학의 역사 – 스토아학파로부터 촘스키까지》(R. Robins 1997, *A Short History of Linguistics*, 4th ed.), 한국문화사.

강인선 2014, '가나의 역사와 현황', 《한글》 307: 45-73, 한글학회.

고영근 (편) 1985, 《국어학 연구사 – 흐름과 동향 – 》, 학연사.

고영근·성광수·심재기·홍종선 (편) 1992, 《국어학연구백년사》, 일조각.

국어국문학회 (편) 1989, 《국어국문학과 구미이론》, 지식산업사.

국어연구회 (편) 1990, 《국어연구 어디까지 왔나 – 주제별 국어학 연구사》, 동아출판사.

권연진 (역) 1999, 《현대 언어학의 흐름》(G. Sampson 1980, *Schools of Linguistics*), 부산대학교출판부.

권재선 1988, 《국어학 발전사》(합본), 우골탑.

권재일 (역) 1989, 《일반언어학 이론》(R. Jakobson 1963, *Essais de linguistique générale* 1), 대우학술총서 번역 25, 민음사.

권재일 1989, '로만 야콥슨의 언어이론에 대하여', 《인문과학논총》 21: 31-49, 건국대학교 인문과학연구소.

권재일 1990, '에드워드 사피어의 언어 이론에 대하여', 《인문과학논총》 22: 55-69, 건국대학교 인문과학연구소.

권재일 1990, '한국어 문법 연구와 외래 이론 수용의 역사', 《대구어문론총》 8: 17-39, 대구어문학회.

권재일 1991, '변형생성문법 이론의 수용과 한국어 문법 연구', 《건국어문학》 15·16: 505-518, 건국대학교 국어국문학연구회.

권재일 1993, '국어사 연구의 전통과 그 계승·발전', 《문학과 사회》 22: 744-754, 문학과지성사.

권재일 1995, '외솔의 월갈 연구와 그 영향', 《한힌샘 주시경 연구》 7·8: 265-287, 한글학회.

권재일 1995, '최현배 선생의 문헌 연구에 대하여', 《한말연구》 1: 7-20, 한말연구모임.

권재일 1996, '야콥슨', 김우창 외 엮음 《103인의 현대사상 − 20세기를 움직인 사상의 모험가들》: 441-446, 민음사.

권재일 1997, '21세기 국어학 연구의 새로운 방향', 《대구어문론총》 15: 23-36, 대구어문학회.

권재일 1997, '한국 언어학의 연구 성과와 미래의 방향', 《한글사랑》 6: 282-296, 한글사.

권재일 2000, '통일시대 한국어 연구의 과제', 《우리말글》 20: 1-16, 우리말글학회.

권재일 2011, '국어 연구의 응용언어학적 접근', 《어문학》 114: 1-14, 한국어문학회.

권재일 2012, 《북한의 "조선어학전서" 연구》, 서울대학교통일학연구총서 14, 서울대학교출판문화원.

권재일 2012, 《한국어 문법론》, 태학사.

권재일 2013, 《세계 언어의 이모저모》, 도서출판 박이정.

권재일 2014, '주시경 선생의 말글 사랑과 그 사랑 이어가기', 《새국어생활》 24-3: 61-75, 국립국어원.

권재일 · 김윤한 · 김효중 · 문양수 · 허창운 1999, 《언어학과 인문학》, 인문학연구총서 4, 서울대학교출판부.

김방한 1970, 《언어학논고》, 서울대학교출판부. = 김방한 1984, 《언어학논고 (1)》, 서울대학교출판부.

김방한 (역) 1982, 《언어학사》(M. Ivić 1965, *Trends in Linguistcs*), 형설출판사.

김방한 1985, 《언어학논고 (2)》, 서울대학교출판부.

김방한 (편) 1991, 《언어학연구사》, 서울대학교출판부.

김방한 1998, 《소쉬르 − 현대 언어학의 원류》, 민음사.

김석득 1983, 《우리말 연구사》, 정음문화사. = 김석득 2009, 《우리말 연구사 − 언어관과 사조로 본 발전사》, 태학사.

김성수 2013, '순자의 언어관', 《우리말글》 59: 281-304, 우리말글학회.

김완진 · 안병희 · 이병근 1985, 《국어연구의 발자취 (1)》, 대학교양총서 17, 서울대학교출판부.

김주원 2013, 《훈민정음 – 사진과 기록으로 읽는 한글의 역사》, 민음사.

김현권 1991, '언어학사 기술과 인식론의 문제', 김방한 (편), 《언어학연구사》: 691-714, 서울대학교출판부.

김현권 2008, 《소쉬르의 '인도유럽어 원시모음체계 논고'와 '일반언어학 강의'의 방법론적 비교》, 한국학술정보.

김현권 (역) 2012, 《일반언어학 강의》(F. de Saussure 1916, *Cours de Linguistique Générale* 및 1972, Tullio de Mauro (éd), *Cours de Linguistique Générale*), 지식을만드는지식.

김현권·남승호·목정수·권재일 2010, 《언어의 이해》, 한국방송통신대학교출판부.

나병모 (역) 1986, 《현대 언어학의 흐름》(F. Newmeyer 1980/1986, *Linguistic Theory in America – The First Quarter-Century of Transformational Generative Grammar*), 도서출판 글.

남기심 1977, '국어학이 걸어온 길', 《언어과학이란 무엇인가》: 391-411, 문학과지성사.

남기심 1989, '국어학의 구미 언어이론 수용의 역사', 《국어국문학과 구미 이론》: 95-104, 지식산업사.

노마 히데키 2011, 《한글의 탄생 – <문자>라는 기적》(2010, 《ハングルの誕生》, 돌베개.

문양수 1991, '미국학계의 음운이론의 변천', 김방한 (편), 《언어학연구사》: 3-63, 서울대학교출판부.

박동근 2000, '계량적으로 살펴본 20세기 형태론 연구 경향과 전망', 《겨레어문학》 25: 69-88, 겨레어문학회.

박수영 (역) 1992, 《언어학의 사상사》(R. Robins 1967, *A Short History of Linguistics*의 독일어 번역본 Gutknecht und Panther 1973, *Ideen-und Problemgeschichte der Sprachwissenschaft*), 도서출판 이목.

박영배 (역) 1986, 《언어학사 – 현대언어학의 성립 배경 –》(J. Waterman 1970, *Perspectives in Linguistics – An Account of the Background of Modern Linguistics*), 학연사.

송철의 2010, 《주시경의 언어이론과 표기법》, 서울대학교출판문화원.

신익성 1985, 《훔볼트 - 카비말연구 서설》, 대학고전총서 21, 서울대학교 출판부.

안병희·임홍빈·권재일 1997, '언어 연구의 회고와 전망', 《인문논총》 38: 1-86, 서울대학교 인문학연구소.

안재원 2003, '디오니시오스 트락스의 Ars Grammatica - 문법은 경험인가? 기술인가? 아니면 학인가?', 《언어학》 35: 131-152, 한국언어학회.

안재원 2009, '바로(Varro)의 문법론과 소쉬르(Saussure)의 언어학 비교 - 유추(analogia)를 중심으로 - ', 《언어학》 53: 57-76, 한국언어학회.

안재원 (주해) 2013, 《로마의 문법학자들》(수에토니우스 지음), 한길사.

양동휘 1984, '한국어 통사론 연구의 새로운 전망', 《한글》 183: 141-188, 한글학회.

연규동 2016, '세계에서의 훈민정음 연구', 《국어학》 77: 377-399, 국어학회.

유창균·강신항 1961, 《국어학사》, 민중서관.

이병근·민병수 (외) 1985, 《국어국문학연구사》, 도서출판 우석.

이성준 1999, 《훔볼트의 언어철학》, 인문사회과학총서 27, 고려대학교 출판부.

이종진·이홍진 (역) 1983, 《중국언어학사》(王力 1980, 《中國語言學史》), 계명대학교출판부.

임혜순 (역) 1999, 《언어학파의 형성과 발달》(O. Amsterdamska 1987, *Schools of Thought: The Development of Linguistics from Bopp to Saussure*), 아르케.

임환재 (역) 1984, 《언어학사》(G. Helbig 1970, *Geschichte der neueren Sprachwissenschaft - Unter dem besonderen Aspekt der Grammatiktheorie*), 경문사.

장병기·김현권 (편역) 1998, 《소쉬르의 현대적 이해를 위하여》, 박이정.

장석진 1994, 《현대언어학 지금 어디로》, 한신문화사.

조두상·권연진 2010, 《언어학사와 언어학의 제문제》, 한국학술정보.

최승언 (역) 2006, 《일반언어학 강의》(F. de Saussure 1916, *Cours de Linguistique Générale* 및 1972, Tullio de Mauro (éd), *Cours de Linguistique Générale*), 민음사.

한문희 (역) 2000, 《아르노와 랑슬로의 일반이성문법》, 민음사.

한문희 (역), 2013, 《음운론의 원리》(N. Trubetzkoy 1939, *Grundzüge der Phonologie*의 프랑스어 번역본 Jean Cantineau 1976, *Principes de phonologie*), 서울대학교출판문화원.

허 웅 1963, 《언어학개론》, 정음사.

허 웅 1981, 《언어학 – 그 대상과 방법 – 》, 샘문화사.

홍종선 2002, '언어학 이론의 수용과 국어 문법론 연구의 전개', 《국어국문학회 50년》: 317-382, 태학사.

Allan, K. 2013, *The Oxford Handbook of the History of Linguistics*, Oxford University Press.

Amsterdamska, O. 1987, *Schools of Thought – The Development of Linguistics from Bopp to Saussure*, D. Reidel Publishing Company.

Bloomfield, L. 1933, *Language*, Holt, Rinehart and Winston, Inc.

Chomsky, N 1957, *Syntactic Structures*, Mouton & Co.

Chomsky, N. 1965, *Aspects of the Theory of Syntax*, The MIT Press.

Chomsky, N. 1966, *Cartesian Linguistics*, Harper & Row.

Chomsky, N. 1981, *Lectures on Government and Binding*, Foris Publications.

Chomsky, N. 1995, *The Minimalist Program*, The MIT Press.

Dinneen, F. 1967, *An Introduction to General Linguistics*, Holt, Rinehart and Winston, Inc.

Gleason, E. 1955/1965, *An Introduction to Descriptive Linguistics*, Holt, Rinehart and Winston, Inc.

Helbig, G. 1970, *Geschichte der neueren Sprachwissenschaft – Unter dem besonderen Aspekt der Grammatiktheorie*, Leipzig.

Hockett, C. 1958, *A Course in Modern Linguistics*, The MacMillan

Company.

Ivić, M. 1965, *Trends in Linguistcs*, Janua Linguiarum No.42 Mouton & Co. (Translated into English by M. Heppell from Serbo-Croation original written in 1961/2, published in 1963.)

Jakobson, R. 1963, *Essais de linguistique générale* 1, Les éditions de Minuit. (Traduit et Préfacé par N. Ruwet)

Koerner, E. F. K. 1999, *Linguistic Historiography −Projects & Prospects*, John Benjamins Publishing Co.

Koerner, E. F. K. & A. Elizabeth (eds.) 1995, *Concise History of the Language Science −From Sumerians to the Cognitivists*, Pergamon.

Law, V. 2003, *The History of Linguistics in Europe from Plato to 1600*, Cambridge University Press.

Lepschy, G. (ed.) 1994, *History of Linguistics*, vol. 1: *The Eastern traditions of Linguistics*, vol. 2: *Classical and Medieval Linguistics*, Longman.

Matthews, P. 1993, *Grammatical Theory in the United States from Bloomfield to Chomsky*, Cambridge University Press.

Matthews, P. 2001, *A Short History of Structural Linguistics*, Cambridge University Press.

Newmeyer, F. 1980, *Linguistic Theory in America −The First Quarter-Century of Transformational Generative Grammar*, Academic Press.

Paul, H. 1880, *Prinzipien der Sprachgeschichte*, Max Niemeyer.

Robins, R. 1967, *A Short History of Linguistics*, Longman. = Robins, R. 1997, *A Short History of Linguistics* (4th ed.), Longman.

Sampson, G. 1980, *Schools of Linguistics*, Stanford University Press.

Sapir, E. 1921, *Language −An Introduction to the Study of Speech*, Harcourt, Brace & World, Inc.

Saussure, F. de 1916, *Cours de Linguistique Générale*, (Paris) Payot.

Saussure, F. de 1972, Tullio de Mauro (éd), *Cours de Linguistique Générale*, (Paris) Payot.

Thomas, M. 2011, *Fifty Key Thinkers on Language and Linguistics*, Loutledge.

Trask, R. & B. Mayblin 2000, *Introducing Linguistics*, Icon Books/Totem Books.

Trubetzkoy, N. 1939, *Grundzüge der Phonologie*, TCLP VII, Prague. = Trubetzkoy, N. 1958, *Grundzüge der Phonologie*, (Göttingen) Vandenhoeck & Ruprecht.

Waterman, J. 1970, *Perspectives in Linguistics − An Account of the Background of Modern Linguistics* (second ed.), The University of Chicago Press.

http://terms.naver.com/list.nhn?cid=44411&categoryId=44411 (네이버 학문백과 '언어학', 대표집필: 권재일)

http://en.wikipedia.org/wiki/Main_Page (위키피디아 백과사전)

https://www.google.com/imghp?hl=ko (인물사진 일부)

찾아보기